蔡昉 主编

中国智慧

Chinese Wisdom

中国社会科学出版社

图书在版编目（CIP）数据

中国智慧/蔡昉主编 .—北京：中国社会科学出版社，2018.11（2020.5 重印）

ISBN 978－7－5203－3588－1

Ⅰ.①中… Ⅱ.①蔡… Ⅲ.①改革开放—成就—中国 Ⅳ.①D619

中国版本图书馆 CIP 数据核字（2018）第 255684 号

出 版 人	赵剑英
责任编辑	王 茵
特约编辑	王玉静 李凯凯
责任校对	王 龙
责任印制	王 超

出　　版	中国社会科学出版社
社　　址	北京鼓楼西大街甲 158 号
邮　　编	100720
网　　址	http：//www.csspw.cn
发 行 部	010－84083685
门 市 部	010－84029450
经　　销	新华书店及其他书店

印刷装订	北京君升印刷有限公司
版　　次	2018 年 11 月第 1 版
印　　次	2020 年 5 月第 3 次印刷

开　　本	710×1000　1/16
印　　张	28.25
插　　页	2
字　　数	371 千字
定　　价	78.00 元

凡购买中国社会科学出版社图书，如有质量问题请与本社营销中心联系调换
电话：010－84083683
版权所有　侵权必究

目　录

绪　论 …………………………………………………………（1）

第一章　改革路径：基层探索与顶层设计 ……………………（32）

第二章　对外开放：从参与者到引领者 ………………………（60）

第三章　宏观经济：坚持稳中求进统领 ………………………（98）

第四章　区域发展：梯度推进到协调发展 ……………………（134）

第五章　"三农"政策：从城乡融合发展破题 …………………（165）

第六章　从大规模减贫到精准脱贫 ……………………………（200）

第七章　产业发展：从做大到做强 ……………………………（234）

第八章　科技引领：超越传统后发优势 ………………………（262）

第九章　生态文明：从手段论到目的论 ………………………（296）

第十章　人力资源：从人口红利到人才红利 …………………（335）

第十一章　社会保障：建设与基本公共服务均等化 …………（364）

第十二章　收入分配：走向公平与效率的统一 ………………（407）

参考文献 ………………………………………………………（438）

后　记 …………………………………………………………（447）

绪　论

一　引言

自1978年以来，中国的改革开放迄今已走过了40个年头。孔子曾对人生中的不同阶段做出过如下的经典论述："三十而立，四十而不惑。"其实，孔子的这种说法并非仅指个体的人生，原本就具有社会层面的含义。有关30年这一阶段，孔子也曾说过："如有王者，必世而后仁。"根据《论语》权威学者的注解，"世"为一代或指30年时间，孔子此言意味着改善民生的政策需要30年才能够见到实效。而四十不惑则意味着对实际经验的提炼与升华，或者用今天的语言就是，从必然王国进入自由王国。

因此，历经40年的改革开放发展分享成就，以及实践经验的积累，既证明了改革开放政策的正确性，也意味着需要将这种经验升华为理论，以为中国自身改革的后续推进提供指导，为其他发展中国家的改革者带来启迪。可见，这个四十不惑之际，对于理论研究是一个有意义的时间节点。

早在改革开放到了孔子所说"十有五而志于学"的时候，即1994年，林毅夫、蔡昉、李周即预测了中国经济对日本和美国的赶超[①]。

[①] 林毅夫、蔡昉、李周：《中国的奇迹：发展战略与经济改革》，上海三联书店、上海人民出版社1994年版。

而恰好是当时，克鲁格曼等西方经济学家正在发动一场否定和批评包括中国在内的东亚经济增长模式的论战，我称之为"克鲁格曼—扬诅咒"。

迄今为止，这些学者已经至少发起了三轮对中国经济发展的批评或诅咒。第一轮，基于艾尔文·扬等人的计量研究，保罗·克鲁格曼认为亚洲四小虎的经济增长仅依靠要素投入，而没有生产率的进步，因此既不是奇迹，也不可持续，堪称"纸老虎"[1]。这一次诅咒也捎带着中国。第二轮，他们把目光直接转向中国。艾尔文·扬做了一篇很重要的文章，说只需要运用一点统计上的小小技巧就可以将所谓的"中国奇迹"化神奇为腐朽[2]。第三轮是在中国经济取得前所未有的高速增长后开始减速之际，他们宣称中国经济终于要"撞墙"了[3]。

他们否定中国经济增长的可持续性，似乎既有理论依据也有经验证据。在理论上，他们不愿意承认中国增长奇迹，是因为从新古典增长理论假设出发，不懂得劳动力无限供给条件下的二元经济发展特点。从这个先入之见出发，他们则有意玩弄统计手腕，从经验上否定中国生产率的改善。既然增长动力主要是要素投入而没有生产率进步，中国经济的增长充其量只是一些体制改革措施带来的一次性向生产可能性边界的回归，不可能有很高的潜在增长率，因此，表现出的高增长率从长期看也是不可持续的。

绝大多数经济学家并不赞成这种唱衰中国经济的观点，而是高度评价中国改革开放创造的增长奇迹。但是，占主流的研究者也由于所依据的不适用的理论假设，以及在经验上认识不深入等这样那

---

[1] Paul Krugman, "The Myth of Asia's Miracle", *Foreign Affairs*, Vol. 73, No. 6, 1994, pp. 62 – 78.
[2] Alwyn Young, "Gold into the Base Metals: Productivity Growth in the People's Republic of China during the Reform Period", *Journal of Political Economy*, Vol. 111, No. 6, 2003, pp. 1220 – 1261.
[3] Paul Krugman, "Hitting China's Wall", *New York Times*, July 18, 2013.

样的原因，没有能够完好地对中国经验进行理论概括，造成认识上的片面性，也贬低了中国经验的一般意义。大体来说有如下几种具有代表性的文献。

第一，看不到中国高速增长的必要条件。曾任世界银行首席经济学家的钱纳里（Hollis Chenery）认为，一个国家如果认识到了它的体制弊端并进行改革，即便不具备发展所需的必要条件，也能实现一个快速的发展。在一部2008年出版的关于中国经济转型的著作中，中外学者对改革成效进行了详尽的分析。担任主编的布兰德和罗斯基教授试图用钱纳里这个观点统领全书①。然而，认为中国并不具备发展的必要条件这种观点容易让人困惑，无法解释40年来中国经济的高速发展从何而来，因而为"克鲁格曼—扬谊咒"提供了理论依据。

第二，低估了中国发展过程中的分享性质。对于中国改革开放和发展成就，国内外绝大多数经济学家都给予了高度赞誉。然而，对于经济发展结果是否充分得到分享，却有着不尽相同的评价。否定派或悲观派通常不懂得二元经济发展，因而未能充分认识到劳动力转移对于提高农民收入的积极效应，反而经常会有一种声音，认为农民工的工资受到人为的抑制。从经验上，学者们引用一些收入不均等指标，如居民收入基尼系数和城乡收入比率等变化趋势，来支持这样的结论。

第三，完全忽视了中国改革和发展的主动性和内在逻辑。诺贝尔经济学奖获得者、已故经济学家哈耶克指出，有一类社会变化实际上"是人类行为的意外结果"。其含义就是尽管并没有朝着某个既定的方向去努力，结果无意中达到了那个目标。包括同为诺贝尔经

---

① Loren Brandt and Thomas G. Rawski, "China's Great Economic Transformation", in Loren Brandt and Thomas G. Rawski (eds.), *China's Great Economic Transformation*, Cambridge, New York: Cambridge University Press, 2008.

济学奖获得者的罗纳德·科斯及其追随者如张五常和王宁等人①，都把中国作为该说法的绝妙案例。把中国改革开放的创举作为无心插柳的结果，从方法论上妨碍我们科学总结中国奇迹和中国智慧，也把中国改革探索者、设计者、实践者的智慧和努力避重就轻地一笔带过。

爱因斯坦曾说：复利是人类的第八大奇迹。从复合增长率的角度，把中国改革开放时期的经济增长，与工业革命以来几个高速成长大国（英国、美国和日本）在相应时期的增长表现进行比较，可以进一步肯定"中国奇迹"的存在。

英国在 1880—1930 年，人均 GDP 的年均增长率只有 0.9%。以 1880 年时出生人口预期寿命 50 年算，此期间一个平均寿命的英国人，可于自己的一生中感受到生活水平提高 56%。英国的这一增长表现，是对绵延数千年的马尔萨斯贫困陷阱的第一次突破。

继英国和其他西欧国家之后，美国成为又一个现代化强国。在 1920—1975 年，美国的人均 GDP 增长率约为 2%。以 1920 年出生人口预期寿命 55 年算，那一代美国人终其一生，生活水平可以达到近一倍的改善。

日本是亚洲第一个成功赶超、实现了现代化的国家。1950—2010 年，日本的人均 GDP 年平均增长速度超过 4%。以平均预期寿命 60 年算，1950 年出生的日本人，一生中经历的生活水平提高了将近十倍。

自 20 世纪 80 年代初起，改革开放把中国推进高速增长的轨道。在 1981—2011 年的 30 年期间，中国的人均 GDP 年均增长率为 8.8%，一个普通中国人已经感受到十余倍的生活水平改善。并且在此之后，人均 GDP 仍然保持着持续增长势头。以平均预期寿命 68 岁

---

① 如 Ronald Coase and Ning Wang, *How China Became Capitalist*, Palgrave Macmillan, 2012。

算，1981年出生的中国人可以预期活到2049年，即中华人民共和国成立100周年之际。如果过去的增长速度得以保持，终其一生，一个典型的"80后"中国人可以经历高达数百倍的收入水平提高。虽然中国经济增长未来不会保持既往的速度，但是，其所创造的经济增长和生活水平改善奇迹，无疑可以提前载入人类社会发展史册。

作为中国的经济学家，特别是学术生涯与改革开放发展同步的一代研究者，以严肃的态度和规范的方法，把过去40年高速增长的必要条件和充分条件准确地揭示出来，阐明中国改革开放发展的自身特色，不仅对于推动进一步的改革开放，保持经济增长和收入水平提高的可持续性，具有重要的意义，也是把中国经验上升为中国智慧，对发展经济学做出贡献所要求的。中国作为最大的发展中国家，人口占世界总人口的比重近1/5，因此，中国经济发展成功的道路，必然会对人类社会发展提供经验借鉴，中国方案必然对其他发展中国家具有重要的启示意义。

二 中国高速增长的必要条件

在计划经济体制模式下，排斥市场机制导致资源配置的宏观无效率，缺乏激励机制导致经济活动的微观无效率，没有奖惩制度伤害了工人、农民和管理者的工作积极性。在政府强力的资源动员下实现的生产要素增长，很大的部分被全要素生产率的负增长所抵消，没能转化为良好的经济增长绩效。因此，对这种体制进行改革，可以使微观效率从而经济增长绩效迅速回归到生产可能性边界上面。正是因为这个原理，钱纳里所说不具备增长的必要条件也可以实现更快的增长，实际上是指即便"没有形成额外的增长源泉"，仅仅回归"经济增长的稳态"，也可以改善增长绩效。

然而，中国作为十数亿人口的大国，所实现的长达40年、高达

9.6%的经济增长速度,却是以往的任何经济体都未达到过的增长表现。因此,需要找出决定中国经济增长的必要条件,或者说在"把体制搞对"的条件下,增长稳态是什么样的。这才是正确解说其长期增长绩效,以及认识和挖掘未来发展潜力的关键。

正如图0—1所显示,中国改革开放及其带来高速增长的时期,与人口转变的一个特殊阶段是高度重合的。作为人口转变特定阶段即生育率显著下降的结果,1980—2010年,中国的15—59岁劳动年龄人口以年平均1.8%的速度增长,而该年龄之外的依赖型人口则基本处于零增长状态(-0.2%)。两类人口增长形成的这种剪刀差态势,同时也表现为人口抚养比的持续下降,创造了一个人口机会窗口。其产生的对于经济增长的正面促进效应,即所谓的人口红利。

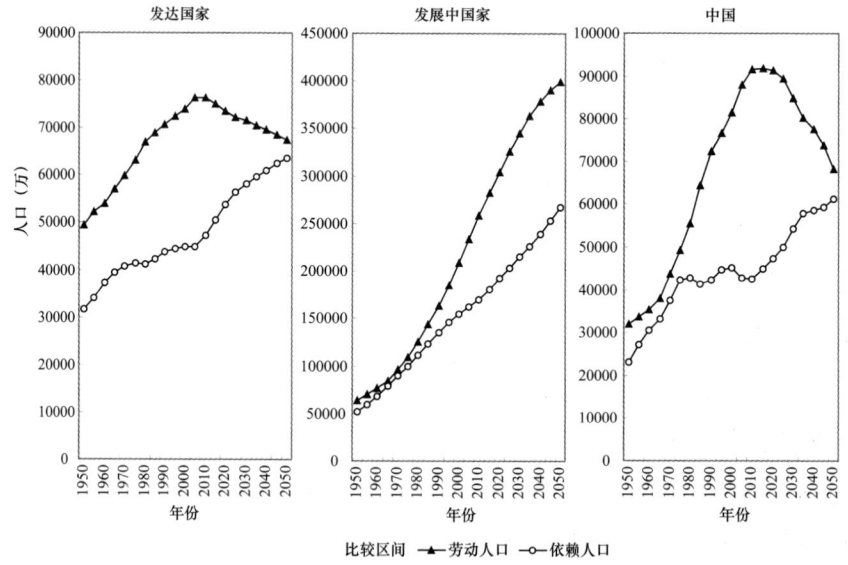

图0—1　人口年龄结构变化与机会窗口期

资料来源:United Nations, Department of Economic and Social Affairs, *Population Division*, *World Population Prospects*: *The 2015 Revision*, DVD Edition, 2015。

在同一时期里,无论是发达国家作为总体,还是不包括中国在内的发展中国家作为总体,劳动年龄人口和依赖性人口的相对增长态势,都远远不如中国来得有利。例如,在同一时期(1980—2010年),从发达国家平均来看,劳动年龄人口与被抚养人口的增长速度几乎相同;而从不包括中国在内的发展中国家平均来看,虽然劳动年龄人口增速更快,但是被抚养人口的增长率也是显著的。所以,在某种意义上说,中国在此期间具有的人口结构特点,近乎得天独厚。

在很长时间里,中外决策者和研究者大多认为人口增长对资源、环境、就业和社会福利造成压力,因而是不利于经济社会发展的。随着对发展经验的观察和比较研究,经济学家开始承认在特定的人口转变阶段,会形成一个有利于经济发展的人口结构,并通过相关经济发展经验对此进行了经验检验,并把这个特有的经济增长源泉冠名为人口红利。经济学家利用增长核算或增长回归方法,在诸如生产函数等式的右手边放入人口抚养比作为一个代理变量,以揭示人口红利的贡献。

采用类似的方法,研究者也观察到中国改革开放时期尽享人口红利的情况,并从经验上实际估算了人口红利对经济增长的贡献。例如,王丰和梅森以人口抚养比作为人口红利的代理指标,估计出1982—2000年,人口红利对中国经济增长的贡献为15%[1]。蔡昉和王德文对同一时期的估计显示,其间抚养比下降对人均GDP增长的贡献高达26.8%[2]。

---

[1] Feng Wang and Andrew Mason, "The Demographic Factor in China's Transition", in Loren Brandt and Thomas G. Rawski (eds.), *China's Great Economic Transformation*, Cambridge, New York: Cambridge University Press, 2008, p. 147.

[2] Fang Cai and Dewen Wang, "China's Demographic Transition: Implications for Growth", in Ross Garnaut and Ligang Song (eds.), *The China Boom and Its Discontents*, Canberra: Asia Pacific Press, 2005.

实际上，如果从广义上认识人口红利作为增长率的贡献因素，或者说不以人口学的思路而是以增长理论来认识人口红利，它们体现在生产函数等式右边的几乎所有解释变量中，成为高速增长的必要条件。而把抚养比作为变量估计出的贡献率，充其量只是人口红利贡献的残差。用东亚经济体和中国经济发展的实际经验，吸收二元经济理论等，来拓展新古典增长理论框架，我们可以对人口红利贡献做出新的假设和解释。下面，我们归纳与人口相关的经济增长因素，并借助相关文献提供的经验证据，展示更全面的人口红利的贡献。

首先，较低且持续下降的抚养比有利于实现高储蓄率，而劳动力无限供给特征则延缓资本报酬递减现象的发生，从而使资本积累成为经济增长的主要引擎。世界银行早期研究发现，在1978—1995年的GDP增长中，物质资本积累的贡献率为37%[1]，而蔡昉和赵文估计的资本积累对增长的贡献率更高[2]。近期的研究显示，中国的劳动生产率是经济增长的显著贡献因素，但是同时发现，在劳动生产率提高的因素中，资本深化或资本劳动比的贡献比重很高，且具有提高的趋势[3]。

资本投入对经济增长的这个明显贡献，被一些经济学家批评为粗放型增长模式，认为由此驱动的高速增长算不上奇迹，也预测其

---

[1] World Bank, *China 2020: Development Challenges in the New Century*, Oxford University Press, 1998.

[2] 如 Fang Cai and Wen Zhao, "When Demographic Dividend Disappears: Growth Sustainability of China", in Aoki, Masahiko and Jinglian Wu (eds.), *The Chinese Economy: A New Transition*, Basingstoke: Palgrave Macmillan, 2012.

[3] 参见 Xiaodong Zhu, "Understanding China's Growth: Past, Present, and Future", *Journal of Economic Perspectives*, Vol. 26, No. 4, 2012, pp. 103 – 124; IMF, "Asia Rising: Patterns of Economic Development and Growth", Chapter 3 of *World Economic Outlook*, September, 2006, p. 4; Louis Kuijs, "China through 2020 – a Macroeconomic Scenario", *World Bank China Research Working Paper*, No. 9, 2010.

没有可持续性。东亚经济体和中国经验多次证明这种预测的不正确，在理论上也恰恰说明，秉持新古典增长理论的经济学家失算在不懂得二元经济发展的这个独特增长源泉。事实上，在包括中国在内的东亚经验所印证的刘易斯二元经济发展阶段上，劳动力无限供给特征的存在，的确在一定时期延缓了资本报酬递减现象的发生[1]，所以这个贡献实际上是人口红利的一种表现。

其次，有利的人口因素确保了劳动力数量和质量对经济增长做出显著的贡献。年轻的人口结构意味着充足的劳动力供给，无疑以这种生产要素的充分供给对经济增长做出贡献。然而，容易被研究者忽略的是，有利的人口结构条件保障了新成长劳动力的不断进入，而对于发展中国家来说，劳动力整体人力资本的改善，主要是靠这个增量途径实现的。

总体而言，在收获人口红利期间，中国成年人口的受教育年限改善十分迅速。根据联合国发展计划署人类发展报告数据，1990—2015年，世界平均的期望受教育年限从10.0提高到13.2，而中国从8.8提高到13.5。在其他条件不变的情况下，中国更明显、更突出的人力资本改善，无疑使其对经济增长的贡献更加显著。例如，根据沃利等人的估计，改革开放时期中国人力资本对经济增长的贡献率为11.7%。不仅如此，在考虑了教育水平具有促进生产率提高作用的情况下，他们估计的人力资本贡献率可提高到38%[2]。

再次，农业剩余劳动力和企业冗员按照生产率从低到高的顺序，

---

[1] 白重恩等的研究表明，在改革开放的很长时间里，中国资本回报率保持在很高的水平（参见 Chong-En Bai, Chang-Tai Hsieh, and Yingyi Qian, "The Return to Capital in China", *NBER Working Paper*, No. 12755, 2006）；而在劳动力无限供给特征消失的情况下，资本回报率则迅速下降（白重恩、张琼：《中国的资本回报率及其影响因素分析》，《世界经济》2014年第10期，第3—30页）。

[2] John Whalley and Xiliang Zhao, "The Contribution of Human Capital to China's Economic Growth", *NBER Working Paper*, No. 16592, 2010.

在产业之间、行业之间和地区之间流动，带来资源重新配置效率的改善，成为全要素生产率提高的主要组成部分。库兹涅茨所识别并指出的这种产业结构变革的生产率效应[①]，在中国得到了最好的验证。

例如，在前引世界银行的研究中，作者把全要素生产率进一步分解为资源重新配置效率和残差，前者即劳动力从生产率较低的部门（劳动力剩余的农业和冗员的国有企业）转向生产率更高的部门（非农产业和新创企业）所带来的生产率提高，对经济增长的贡献率为16%。蔡昉和王德文估计早期劳动力从农业向非农产业转移，带来全要素生产率的提高，对经济增长的贡献率高达21%[②]。前引朱小东的研究则发现，1978—2007年全要素生产率的良好表现，靠非国有经济的较快发展和更快的生产率增长率。

最后，对一个国家来说，人口规模大就意味着创新具有更大的需求力度和供给潜力，可以通过加快技术进步和提高全要素生产率，对经济增长做出贡献。这个观点来自于经济增长理论和经济史的最新贡献，经济学家也尝试进行了一些经验检验，不过，我们尚未见到以中国为对象的此类经验研究成果发表。

三　中国经济奇迹的充分条件

理论上有利于经济增长的人口结构，并不会自然而然地变为人口红利，在现实中成为高速增长的因素。经验表明，不仅许多具有

[①] Simon Kuznets, "Quantitative Aspects of the Economic Growth of Nations II: Industrial Distribution of National Product and Labor Force", *Economic Development and Cultural Change*, Vol. 5 (Supplement), pp. 3 – 110.

[②] 蔡昉、王德文：《中国经济增长的可持续性与劳动贡献》，《经济研究》1999年第10期，第62—68页。

与中国相同或类似的人口转变经历的国家,并没有在同一时期,或者在较早或稍晚的时期取得与中国同样的经济增长绩效,改革开放以前已经呈现的有利人口结构也没有促进中国经济增长。

例如,世界银行和国际货币基金组织按照人口转变阶段把国家或地区分为"后人口红利经济体"(post-dividend)、"晚期人口红利经济体"(late-dividend)、"早期人口红利经济体"(early-dividend)和"前人口红利经济体"(pre-dividend)①。其中包括中国在内的54个国家和地区被划分在晚期人口红利阶段,即1985年时生育率高于更替水平,预计2015—2030年劳动年龄人口比重或下降或保持不变。中国之外的44个有数据的国家,经济增长表现无一可与中国媲美。1978—2015年,中国GNI平均增长率为9.73%,其他44个国家算数平均值为3.77%。在这些国家中,1978年中国的人均GNI最低,仅为200美元。假设其他几个当时人均GNI低于1000美元的国家具有与中国大致相当的趋同潜力,但是,它们随后的增长率远逊于中国。

事实上,20世纪60年代中期以后,中国的人口结构已经显现出有利于经济增长的态势,人力资本和物质资本积累也有较好的表现。例如,1980年中国人均GNI或人均GDP排在世界上有统计数字的100多个国家的倒数第四位,但25岁以上人口平均受教育年限,在有数据的107个国家中排在第62位;出生时预期寿命在有数据的127个国家中排在第56位②。虽然低下的人均收入水平代表着较低的资本禀赋,由于计划经济时期的中国具有很强的资源动员能力,

---

① World Bank and International Monetary Fund (IMF), *Global Monitoring Report* 2015/2016: *Development Goals in An Era of Demographic Change*, Washington, DC: The World Bank, 2016, pp. 268–273.

② 参见 Fang Cai, *Demystifying China's Economy Development*, Beijing, Berlin, Heidelberg: China Social Sciences Press and Springer-Verlag, 2015; Thomas Rawski, "Human Resources and China's Long Economic Boom", *Asia Policy*, 2011, No. 12, pp. 33–78。

实现了很高的资本积累率。1953—1978 年，中国的积累率平均达到 29.5%，高于世界平均水平[①]。

然而，计划经济却不能完好地解决经济增长的另外两个必要的体制条件，即资源配置和激励机制问题，因而人口红利并没有转化为经济增长源泉。因此，只有对传统经济体制进行深刻的改革，才能创造出增长的充分条件。

根据一般规律，一个国家实现成功的经济发展，在体制上需要解决物质资本和人力资本的积累和配置问题，因此就要涉及机制、信号、效率和激励等问题。从一个不能解决上述问题的计划经济体制出发，启动最初的改革需要突破的障碍颇多，要在政治上可行和实践中可操作，至少需要满足三个条件。第一，改革给特定的劳动者、微观单位和社会群体带来收益，才能形成发动改革的基本动机。第二，这一改革不与任何其他社会群体的利益直接抵触，即它要的是所谓的帕累托改进。第三，这一改革潜在地发动起一个关键的变革齿轮，由此推动逻辑链条上其他领域的改革。不过，从事前的角度看，最后这个条件往往是不可知的。

农业中实现家庭承包制和废除人民公社的改革，最符合上述改革前提条件。从 20 世纪 70 年代末开始，家庭承包制改革就在一些地区开始悄悄试行。早在中国共产党十一届三中全会之前，这种自发性改革试验已经大量出现在安徽、四川和内蒙古等地区。在 20 世纪 80 年代初的短短几年里，中央政策对之经过了默许现状、允许边远贫困地区试验，及至在全国范围推行等几个阶段的演变，使这一农业经营体制的改革迅速完成。到 1984 年年底，全国农村的全部生产队和 98% 的农户都采取了家庭承包制的经营形式，随后人民公社

---

① Justin Yifu Lin, Fang Cai and Zhou Li, *The China Miracle: Development Strategy and Economic Reform*（*Revised Edition*），Hong Kong：The Chinese University Press, 2003, p. 71.

体制也被正式废除。

这一改革一举解决了长期存在的农业劳动和经营激励问题,并且在农户获得剩余索取权的同时,也相应赋予和逐渐扩大了他们对生产要素的配置权和经营活动的自主权。在家庭承包制推行的短短几年里(1978—1984年),粮食单产提高了42.8%,总产量增加了33.6%,农业增加值实际增长52.6%。根据计量分析,这一期间农业产出增长的46.9%来自于家庭承包制这一制度变革的贡献[①]。同期,农民人均收入名义增长166%,在贫困标准从每人每年100元提高到200元的情况下,农村绝对贫困人口从2.5亿减少为1.28亿。这一变化也大幅度增加了城市农产品供给,为几年后取消粮票制度创造了条件。

以往的一些分析认为,在20世纪80年代初中国经济改革中,唯有以家庭承包制为核心的农村改革可圈可点[②]。其实,方式和效果上类似的改革同样发生在国有企业。1978年企业恢复奖金制,实际上是关于工资制度的放权和改革,解决的是职工劳动激励问题,涉及的是职工与企业的关系。与此同时,也开始了以放权让利为主要内容的企业改革,重点解决企业及其经营者的激励问题,触及的是企业与市场的关系以及与国家的关系。

概括而言,作为城市经济改革核心的企业改革,主要沿着三条主线进行。第一,从赋予并不断扩大国有企业经营自主权开始,逐步构造有活力的经营主体,最终落脚于建立现代企业制度即公司制改造。第二,重新界定国有企业与国家的关系。最初的改革以国家向企业让利为特征,目前正在推进的改革,方向是以管资本为主加

[①] Justin Yifu Lin, Rural Reforms and Agricultural Growth in China, *American Economic Review*, Vol. 82, No. 1, 1992, pp. 34-51.

[②] 例如 Yasheng Huang, *Capitalism with Chinese Characteristics: Entrepreneurship and the State*, Cambridge, New York: Cambridge University Press, 2008。

强国有资产监管，改革国有资本授权经营体制，组建若干国有资本运营公司，支持有条件的国有企业改组为国有资本投资公司。第三，允许和鼓励非国有经济发展，抓大放小以及引进外商直接投资，为国有企业提供了竞争压力和经营动力。在进行产权制度和治理结构改革的同时，多种所有制企业之间的竞争，以及混合所有制的形成，是国有企业成为市场主体，更加注重提高效率的关键。从统计角度看，多种所有制和混合所有制并存、竞争发展的格局已经基本形成。

在农户和企业的激励机制逐渐形成的情况下，还需要有正确的市场信号，才能真正确立它们的市场主体地位，以及促进生产要素和资源的合理流动和重新配置。也就是说，符合逻辑的下一步改革任务，必然是通过发育产品和要素市场，矫正扭曲的价格信号。从产品的计划定价到市场决定价格，从产品和生产资料的计划分配到市场自由交易，从生产要素的统一配置到通过要素市场的自由流动，所有这些关键性的变化都是通过双轨制形式，即计划轨道与市场机制的渐进式过渡，以及前者与后者的消长实现的。

通过上述符合计划经济向市场经济转轨逻辑的改革历程，逐步建立起物质资本和人力资本的积累激励和市场配置机制，并形成了相应的宏观政策环境。中国的经济改革是多方面和全方位的，但是，诸多其他方面的重要改革，都可以看作是围绕上述基本逻辑，随着改革进程中新问题不断暴露出来并得到应对，进而在相关的领域、通过适当的方式加以推动和完成的。

特别值得指出的是政府职能转变，或政府与企业和市场关系方面的改革。总体来说，政府逐渐退出对经济活动的直接参与，转而承担通过再分配促进社会发展的职能。不过，中国政府特别是地方政府对经济发展的高度关注，在很长时间里体现在地方政府之间推动地方 GDP 增长从而使财政能力增长的竞争。这种政府作用方式对于把改革形成的激励转化为增长速度，发挥了积极的作用，与此同时也产生了政府过度介入直接资源配置,妨碍市场机制作用的负面效果。随着中国经济进入新常态,简政放权改革向纵深发展,政府职能越来越多地转向履行促进教育发展、加强社会保护、维护市场秩序、宏观经济调控等公共品供给等责任。

对外开放与上述经济改革过程,①具有推进逻辑上的一致性;②在时间上是并行不悖的;③从效果上看是互为条件和相互促进的;以及④推进方式是相同的,即采取了循序渐进的方式。通过扩大国际贸易、引进外商直接投资、企业对外投资、参与全球经济治理,以及近年来积极实施"一带一路"建设,对外开放使中国最大限度地参与到经济全球化中,同时对实现企业成为竞争主体、吸纳国外技术和管理经验、加快中国市场主体学习资源配置的过程、在经济增长中兑现人口红利、在产业发展中获得比较优势等一系列改革和发展目标,起到了促进作用。

四 中国特色道路的本质和本源

绝大多数研究者和观察者都高度认同中国的经济改革是成功的。经济学家常常联系中国的经济改革成效和经验,进行关于改革目标模式和改革方式的讨论,涉及华盛顿共识和北京经验的比较、改革的渐进性和激进性的比较,以及政府作用和市场发育的讨论等。面对同样的中国经验,学者们常常得出不尽相同的结论。造成这种对现象的观察和概括产生对立结论的原因,看似在于许多研究者从既有理论的教条出发,无法解释相对于其他国家来说,中国的改革理念和实践存在诸多独特性,其实,更为根本的是未能理解这些特点背后的改革出发点和推进逻辑。

大多数研究者观察到了中国改革的渐进性质。针对计划经济条件下微观环节的体制弊端,农业中和企业中的改革直接切中缺乏激励和低效率的问题，可以采用诸如承包制这样的改革形式即时改善激励、增加生产、推动经济增长。在显示了改革成效从而坚定了社会对改革信心的同时，更加有活力的微观经营单位开始寻求更多的计划外生产要素投入，以便进一步改善配置效率、增加经营利润和劳动收入。因此，改革顺理成章地进入资源配置的层面，在计划机制之外生长出市场机制，并不断扩大后者调节产品流通和生产要素配置的范围和规模。随着产品和要素市场范围的扩大，价格逐步地摆脱计划控制，转向由市场供求和相对稀缺性决定。

人们观察到的另一个特点是改革的增量性质。改革从解决激励问题和微观效率入手，却不过早地涉及存量的调整，因而不会伤害传统体制下的既得利益群体。在中国，在很多情况下，相当部分所谓的既得利益群体，实际上也是收入水平较低的普通居民。例如，对国有企业就业进行打破"大锅饭"式的存量调整可能波及的职工群体，不仅工资水平低，而且年龄偏大、教育程度和技能都难以在劳动力市场具有竞争力。商品价格改革一下子放开的方式可能伤及的居民，也是在低工资制度下承受力较弱的人群。因此，坚持增量改革原则，适度保护既得利益群体，并不仅仅意味着对拥有特权的既得利益群体的妥协，更是着眼于降低改革伴随的社会风险和人的代价。

许多国外的观察家和研究者都注意到，中国的渐进式经济改革，是在没有一个总体蓝图的情况下起步，采取解决当时存在的紧迫问题和追求直接效果为出发点的方式，分步骤进行的。即便在1992年中国共产党十四大确立了建立社会主义市场经济体制的目标模式之后，"摸着石头过河"的改革特点，也在很长时间里存在，主要表现在对多数改革任务来说，没有明确的时间表，改革次序也不是有意识确定的，并且呈现出改革推进方式因时因地而宜。直到党的十八大以后，改革的顶层设计特征才日益呈现出来。

研究经济转型的经济学家,往往十分关注如何把改革对既得利益集团的伤害降到最低水平,从而最大限度地降低改革的政治成本和风险。以此政治经济学逻辑解释中国特色的改革方式,仅仅从理论出发的话,尚可谓适当。然而,中国的改革固然避免了不必要的风险,其显现出的特征却不是由此逻辑决定的。毋宁说,中国的改革虽然在一段时间里并没有清晰地形成某个既定的目标模式,但是从其起步伊始,根本出发点以及推进逻辑便十分明确,即邓小平所说的"三个有利于"——发展生产力、增强国力和提高人民生活水平。从这个目的出发发动和推进改革,并以此作为改革方向是否正确、改革方式是否恰当、改革成效是否满意的衡量标准。

正是由于坚持了这个改革哲学和直接出发点,才使中国改革的指导原则和推进方式并没有陷入任何先验的教条中,既不照搬任何既有的模式、道路或共识,又坚持渐进式改革方式,更秉持了改革、发展和分享理念。即使在党的十四大确立了建立社会主义市场经济体制以后,这个改革取向也没有成为一个无条件、独立的目标模式,而是服从于发展生产力、提高国力和改善民生的根本目的。

同时,这种改革出发点和推进方式,也保证了改革的整体推进特点。虽然改革初期没有一个明确宣布的总体蓝图,由于经济体制是一个整体,体制的每个环节需要统一配套运作并互相适应,又由于中国改革在推进上结合了"三个有利于"标准与尊重群众首创精神的统一,以及自上而下与自下而上相结合的性质,因此,改革领域的选择和改革进程的决定,虽然有时具有自发的特点,却并不是随机的和任意的,仍然呈现出内在的逻辑性。

深入考察中国经济改革历程和逻辑,我们可以发现,在整体上表现为只涉及增量变化的循序渐进特点的同时,在不同时期、不同阶段和不同领域,也交织着涉及存量变化的相对激进的改革。改革采取什么样的形式和步骤,取决于体制作为一个整体的相互适应性的需要和社会承受力。无论从局部效果还是阶段效果来观察，其实改革是整体推进的，并不存在实质上超前或滞后的领域。

邓小平在他著名的南方谈话中提出的这个"三个有利于"标准，作为改革遵循的原则，自始至终是明确的并得以坚持。在这个改革理念指导下，改革、发展和稳定成为一个整体，改革是为了发展，也要服从于稳定，而发展成效被用来检验改革道路的正确与否，稳定则为进一步改革创造条件。

党的十八大以来，中国特色社会主义进入新时代。坚持以人民为中心的发展思想是习近平新时代中国特色社会主义经济思想的基石。正如习近平总书记指出，中国共产党来自人民、服务人民，党的一切工作，必须以最广大人民根本利益为最高标准。中国共产党领导的改革也是一样，把人民群众作为改革和发展的主体，也是分享的主体和最大、最终极受益者。

坚持以人民为中心的发展思想，是把中国共产党与世界上其他政党区别开来的试金石，其正确性也为中国实践对共产党执政规律、社会主义建设规律和人类社会发展规律的长期探索所检验。下面，我们以世界经济发展中长期存在的一个做大蛋糕和分好蛋糕的两难问题为例，说明中国改革开放发展所具有的分享性质。

经济增长、技术变迁和经济全球化，总体上无疑都具有做大蛋糕的效果，然而却并不能自动产生分好蛋糕的效果，即不存在经济发展与收入分配关系的所谓"涓流效应"。一些国家的政治家出于争取选票的动机，在竞选中往往对福利和民生竞相承诺，而一旦当选要么口惠而实不至，忘记做出的许诺，要么采取民粹主义的政策，导致过度福利化，根本无力兑现。只有以全心全意为人民服务为宗旨的中国共产党，坚持以人民为中心的发展思想，通过体制机制和政策体系的安排，可以打破这个做大蛋糕和分好蛋糕的两难。

通过扩大就业和在城乡之间、地区之间和产业之间重新配置劳动力，兑现人口红利而实现的高速增长，从逻辑上讲，应该是一种分享型的经济发展模式，而且中国经验也证明如此。我们可以通过回顾改革开放期间的经历，特别是结合经济发展阶段的变化，考察中国城乡居民如何通过在时间上继起且在空间上并存的三种途径，分享了改革开放发展的成果。

第一，在典型的二元经济发展阶段上，劳动力无限供给特征虽然抑制了工资水平的提高，却保持并强化了劳动密集型产业的比较优势和国际竞争力，创造了更多的非农就业岗位，提高了城乡居民特别是农民收入。1978—2015 年，在实际 GDP 总量和人均 GDP 水平分别增长了 29 倍和 20 倍的同时，城乡居民实际消费水平提高了 16 倍。值得指出的是，在 2004 年出现劳动力短缺现象（即到达刘易斯转折点）之前，这一收入提高效果，主要得益于这一时期非农产业就业参与率的提高，而不是工资水平的提高。

观察中国经济在到达刘易斯转折点之前的经验，可以清晰地看到这一效果。在 1997—2004 年农民工工资没有实质增长的情况下，由于劳动力外出规模从不到 4000 万人增加到超过 1 亿人，农民工挣得的工资总额实现了年均 14.9% 的增长速度，因而农户的工资性收入，即使在被低估的情况下，占农户纯收入的比重也从 24.6% 显著提高到 34.0%[1]。

第二，在 2004 年中国经济迎来刘易斯转折点之后[2]，随着二元经济的一些特征逐渐消失，劳动力短缺显著提高了劳动者在就业市场上的谈判地位，普通劳动者工资和低收入家庭收入加快提高。例

---

[1] 蔡昉、都阳、高文书、王美艳：《劳动经济学——理论与中国现实》，北京师范大学出版社 2009 年版，第 220 页。

[2] 关于刘易斯转折点的定义以及到达时间的讨论，请参见 Cai Fang, *Demystifying China's Economy Development*, Beijing, Berlin, Heidelberg: China Social Sciences press and Springer-Verlag, 2015。

如，农民工实际工资，2003—2016 年以 10.1% 的速度增长。普通劳动者工资的上涨这一刘易斯转折点特征，相应推动了收入差距峰值即库兹涅茨转折点的到来。按不变价计算的城乡居民收入差距（城镇居民收入与农村居民收入的比率），从 2009 年最高点的 2.67 下降到 2016 年的 2.36，共降低了 11.6%；而全国居民收入的基尼系数从 2008 年最高点的 0.491 下降到 2016 年的 0.465，共降低了 5.3%。

第三，与刘易斯转折点到来的时间点相吻合，中央和地方政府都明显加大了再分配政策力度，通过推进基本公共服务供给的充分化和均等化，使经济发展的共享程度得到进一步提高。不仅城市职工和居民的社会保障覆盖水平大幅度提高，2004 年以后更把社会保障制度建设的重点延伸到农村，城市社会保护政策越来越多地覆盖到农民工及其随迁家庭成员，以及未就业人群。特别表现在劳动力市场制度和社会保障体系加快建设，经济发展与社会发展更加协调，更加凸显了中国经验中内含的广泛包容性。

五　中国智慧和中国方案的世界意义

习近平主席在世界经济论坛 2017 年年会开幕式上的主旨演讲中，指出世界经济领域存在的突出矛盾分别是：①全球增长动能不足，难以支撑世界经济持续稳定增长；②全球经济治理滞后，难以适应世界经济新变化；③全球发展失衡，难以满足人们对美好生活的期待[1]。如果说，在当今世界经济这三个问题中，前两个问题即增长问题和治理问题，分别是后金融危机时期世界经济格局变化带来的新挑战的话，最后这个问题即发展或贫困问题，则是全球治理中

---

[1] 习近平：《共担时代责任　共促全球发展——在世界经济论坛 2017 年年会开幕式上的主旨演讲》，《人民日报》2017 年 1 月 18 日 03 版。

最为古老的问题。而且,这第三个问题因涉及发展的目的这一根本理念问题,也与前两个问题紧密相关。

前世界银行经济学家伊斯特利在其著作中谈到世界上的穷人面临着两大悲剧。第一个悲剧尽人皆知,即全球有数亿人处于极度贫困状态,亟待获得发展援助。而很多人避而不谈的第二个悲剧是,几十年中发达国家投入了数以万亿美元计算的援助,却收效甚微①。我们可以把这个重要的命题称之为"伊斯特利悲剧"。从更一般的意义上看,越来越具有全球化意义的经济增长、贸易和技术交流,都没有解决好进步成果如何在国家间和一国内均等分享的问题,总体而言,在国际和国家层面都远远没有破题。回答世界经济面临的挑战,破解"伊斯特利悲剧"难题,中国已经直接做出了贡献,也可以以自己的成功发展经验为发展中国家提供新的选择。

1981—2013 年,全世界的绝对贫困人口,即每天收入不足 1.9 国际美元(2011 年不变价)的人口,从 18.93 亿减少为 7.66 亿,同期中国从 8.78 亿减少为 2517 万,这就是说,中国对全球扶贫的贡献率为 75.7%。对于全球贫困做出这一中国贡献,一方面来自于中国的改革开放从而促进经济发展和成果共享,同时也在于实施了针对区域贫困的扶贫战略。作为世界第二大经济体、经济全球化的积极参与者和世界经济稳定发展的推动者,中国将在全球经济治理中发挥更加积极的作用。特别是,面对全球贫困这一长期攻而不克的难题,中国最有资格也有责任提出解决方案,以自己的经验、智慧和能力做出更大的贡献。

早在 1979 年,中国改革开放总设计师邓小平在向来访的日本客人解释小康社会时就指出:有了这个(经济)总量,就可以做一点

---

① [美]威廉·伊斯特利:《白人的负担——为什么西方的援助收效甚微》,中信出版社 2008 年版。

我们想做的事情了，也可以对人类做出比较多一点的贡献①。在编入《邓小平文选》第二卷时，这句话被正式表述为："到了那个时候，我们有可能对第三世界的贫穷国家提供更多一点的帮助。"②

习近平指出，中国要努力为人类和平与发展事业做出更大贡献。在帮助亚洲和非洲等地区的发展中国家加快发展，以及为世界应对各种人类挑战的努力中，中国并不是把自己的发展道路定为一尊，更不会把自己的发展道路强加于人。而是立足于找准世界经济和发展中国家面临问题的根源，将自身发展机遇同世界各国分享。中国改革开放促进发展和分享，并在区域发展中得以复制的成功经验，以及进一步的发展，就是中国为世界发展提供的公共品，并且通过"一带一路"建设等倡议和开放战略，使各国特别是广大发展中国家搭上中国发展的便车。

在过去40年里，中国在激励机制、企业治理结构、价格形成机制、资源配置模式、对外开放体制和宏观政策环境等众多领域推进改革，逐渐拆除了计划经济时期阻碍生产要素积累和配置的体制障碍。物质资本、人力资本和劳动力等传统生产要素得到更迅速的积累和更有效率的配置。这就意味着，改革推动的高速经济增长，不仅有要素投入的驱动，也伴随着生产率的大幅度提升。中国经济增长在很大的程度上是由劳动生产率的提高所支撑，而这一生产率提高的很大部分来自于产业结构调整效应，城乡就业更加充分和劳动力的更有效配置。而就业的扩大意味着广大城乡居民得以亲身参与改革开放和发展过程，并均等地分享了取得的成果。

中国故事既是全国性的又是地区性的。由于历史形成的区域发展差距，改革开放进程也具有区域上的梯度性，在一定时期也产生

---

① 董振瑞、益蕾：《回忆70年代末邓小平访问日本和会见大平正芳——王效贤访谈录》，《党的文献》2007年第2期，第18—20页。

② 邓小平：《邓小平文选》第二卷，人民出版社1994年版。

经济发展在东部、中部和西部地区之间的差别。解决的方式是把早期在经济特区,随后在更广泛的沿海地区形成的改革开放促进发展和分享的经验,创造性地复制于中西部地区的发展。即在改革开放逐步深入中西部地区的同时,针对这些省份人力资本欠缺、基础设施薄弱、产业结构单一以及对资源依赖性过强等制约经济发展速度的问题,从21世纪初开始,中央政府开始实施西部大开发战略,随后又启动中部崛起战略和东北等老工业基地振兴战略等,基础设施投资和基本公共服务投入大幅度向中西部地区倾斜,并落实在一系列重大建设项目的实施上。

这一系列区域发展战略固然也有值得汲取的教训,迄今整体上取得明显效果,改善了中西部地区的交通状况、基础设施条件、基本公共服务保障能力和人力资本积累水平,投资和发展环境显著改善,良好地调动了这些地区劳动者、创业者、企业家和各级干部参与地区发展的积极性和创造力。

在21世纪第一个十年中,中国经济发展迎来了两个重要的转折点,标志着进入崭新的发展阶段。第一是跨越了刘易斯转折点,表现为自2004年以来劳动力持续短缺,并导致普通劳动者工资的迅速上涨。第二是人口红利消失转折点,表现为增速早已逐渐放缓的15—59岁劳动年龄人口,最终于2010年达到峰值,人口因素相应地全面转向不利于经济增长。这种转折点效应率先表现在沿海地区劳动力成本提高从而制造业比较优势弱化,使得经济增长难以保持既往的速度。如果完全以国外发展经验为依据,即遵循所谓的国际产业转移的雁阵模式[1],中国制造业比较优势的下降,将导致产业大规模向劳动力成本低廉的国家转移。

---

[1] 关于雁阵模型请参见 Kiyoshi Kojima, "The 'Flying Geese' Model of Asian Economic Development: Origin, Theoretical Extensions, and Regional Policy Implications", *Journal of Asian Economics*, No. 11, 2000, pp. 375 – 401。

然而，随着西部开发和中部崛起战略效果的显现，并且由于这些地区仍然保持劳动力成本较低的优势，产业转移更多地发生在沿海地区与中西部地区之间，国际间的雁阵模式变成了中国的国内版①。劳动密集型制造业开始加快向中西部地区转移，中西部地区的工业投资领先增长，促进了这些地区更快的经济增长。例如，规模以上工业企业的固定资产增长速度，中西部地区自2005年以来明显超过东部地区。这不仅推动区域间的经济发展均衡水平显著提高，还由于中西部地区对全国经济增长贡献加大并保持了较高的速度，把中国经济增长的减速年份延缓了数年。从2016年各省GDP增长率看，西部有半数地区增长速度在全国中位数及以上，对中国保持经济发展新常态下的中高速增长发挥了重要的作用。

中国改革开放促进发展与分享的成功故事，以及建立经济特区和试验区先行先试，继而实施区域发展战略，在中西部地区创造条件重演沿海地区发展奇迹的有益经验，一方面可以通过在理论上升华为具有一般意义的中国智慧，为其他发展中国家所借鉴，作为一个可能的选项，另一方面还可以通过中国进一步参与经济全球化和世界经济治理，成为促进经济全球化健康发展，帮助广大发展中国家摆脱贫困、走向现代化的中国方案。

世界各国分别处于不同的发展阶段，有各自不同的历史和文化，但是，各国人民对于和平与发展有着共同的愿望。以摆脱贫困和改善人民生活质量为基本标志，提高国家的经济社会发展水平，也是各国执政者的目标和不断做出的承诺。与此同时，人们也倾向于同意，任何国家在谋求自身发展时也应兼顾他国，各国共同发展才是一国发展的可持续性所在。习近平同志于2013年担任中国国家主席

---

① Yue Qu, Fang Cai, and Xiaobo Zhang, "Has the 'Flying Geese' Phenomenon in Industrial Transformation Occurred in China?" in Huw McKay and Ligang Song (eds), *Rebalancing and Sustaining Growth in China*, Canberra: Australian National University E Press, 2012, pp. 93–109.

以来，一贯倡导并做出深刻阐释的构建人类命运共同体理念，迅速得到了国际社会的广泛认同，这个概念本身也被载入一系列联合国决议。

共同的发展愿望并不意味着唯一道路，也不要求单一模式，而是允许发展途径的多样化、本土化和与时俱进。不过，各国发展的道路上也面临着一些共同的障碍，如资本积累的瓶颈、国际经贸关系中的不平等、基础设施能力的不足、人力资本培养的难点、人力资源动员能力的缺乏和配置的无效率，等等。因此，在承认和鼓励模式多样性的同时，世界各国特别是发展中国家也急需一个既有利于创造发展的必要条件，打破关键领域瓶颈制约，又有助于借鉴成功经验、汲取失败教训，同时又给每个国家以充分选择空间的发展战略框架。

中国国家主席习近平 2013 年提出的"一带一路"倡议就是这样一个开放性的框架。首先，"一带一路"倡议的基本理念和主体思路，已经为中国改革开放时期的发展和分享的经验所验证。其次，"一带一路"倡议坚持"共商共建共享"的原则。倡议并非简单地借用古老的陆地和海上丝绸之路这个符号，还有更深的历史含义和现实启迪，更强调东西方文明相互交通、互学互鉴在人类发展历史上的作用，更加注重通过所有国家的参与消除全球贫困的新理念。再次，"一带一路"倡议抓住了基础设施建设这一各国普遍面临的关键性制约。最后，"一带一路"倡议为各国根据国情探索适合自身的发展模式提供了充分的空间。每个国家摆脱贫困、走向现代化，终究需要立足于国情，依靠内在的决心和努力，消除在发展动力和制度环境方面现存的各种障碍。"一带一路"就是这样一种夹带着中国智慧，同时又可以同各国自身需要和努力并行不悖的中国方案。

六　中国经验的若干特征化事实

在一个国家实践成功的经验未必能够无条件地具有普遍意义，这也是中国从不照搬他国模式，也不输出自身模式的原因。然而，一国改革和发展的成功，必然是遵循某种符合特定国情理念进行实践探索的产物。从这个意义来说，把成功的做法进行理论提炼，揭示其一般含义，无疑在发展经济学的层面上具有学术价值。由于中国人口占世界比重近1/5，中国在改革开放的起点上面临的问题和困难，与许多发展中国家具有相似性，因此，总结好中国经验，将其提升为中国智慧和中国方案，不啻为其他发展中国家提供一种全新的选择。作为实现这个庞大和艰难的学术目标的一个步骤，这里先尝试对中国改革开放发展分享的已有经验进行初步概括，形成若干特征化事实。

（1）基层探索与顶层设计相结合的改革路径。改革方式的"摸着石头过河"早期特征和党的十八大以后强调的顶层设计，两者之间并无矛盾，也都不是中国的改革与其他国家改革之间的根本差异所在。区分改革方式的中国特色与其他模式的根本差异在于出发点的不同。从邓小平发动改革，解决温饱和基本实现小康社会，到习近平推动全面深化改革，满足人民日益增长的美好生活需要，一脉相承的是以人民为中心的发展思想。以提高人民生活水平为出发点和落脚点，决定了改革的终极目标，由此选择改革方式，确定改革时间表，完善推进改革的路线图，从根本上否定了任何先验的模式，也从实践上证明了中国经验的有效性和一般意义。

（2）从参与世界经济分工到引领经济全球化的开放之路。就业是最大的民生，也是对外开放和拥抱全球化的出发点。通过接受世界贸易组织（WTO）现行规则，进入世界分工体系，把人口红利转化为比较优势，通过扩大就业实现人民收入水平的提高，中国成为经济全球化的最大受益者。随着中国经济进入新的发展阶段，比较优势发生变化，国际上针对中国的保护主义愈演愈烈，以及中国日益走近世界舞台的中央，应该对人类做出更大的贡献，对外开放进入更高的层次，需要进一步提升开放水平。被动接受西方国家制定的规则和确立的方向，已经不再能够保证中国获得开放红利。中国并不做现行规则的破坏者，但是另辟蹊径，通过"一带一路"建设等方式，填补已有规则的缺陷，提供另一种可供选择的人类命运共同体构建道路，是对人类做出更大贡献的情怀和改革开放初衷所决定的必然选择。

（3）坚持稳中求进的工作总基调，保持宏观经济稳定。保障和改善民生既是改革开放发展的出发点，也是保持宏观经济稳定的落脚点。与那些被灌输和遵循"华盛顿共识"的国家不同，中国没有将此类"共识"奉为圭臬，却在整个改革开放发展期间实现了宏观经济的稳定。不仅有效化解了亚洲金融危机和世界金融危机的冲击，成功应对了特大水灾和特大地震等自然灾害的破坏，也渡过了诸如价格闯关和减员增效等激进改革造成的难关，在经济总量扩大和产业结构优化的同时，经济增长的波动性也越来越小。

稳中求进为经济和社会政策乃至行政手段确立了以下基调。第一，把经济增长速度稳定在潜在增长率上面。在短缺经济条件下着力防止经济过热；在遭遇外部冲击时，宏观经济政策着力防范短期需求侧冲击，通过反周期手段促使实际增长速度回归潜在增长率；经济发展进入新常态后，认识到减速的供给侧原因，不追求 V 字型复苏。第二，持续推进改革和审慎选择改革时机，都充分考虑到潜在的社会风险，既充分利用了帕累托改进的机会，也尝试运用了卡尔多改进方法。第三，为维护宏观经济稳定、降低系统性风险和维护社会安定，采取多种政策工具，实现各种政策手段之间的协同和配套。

（4）从梯度推进到协调发展的区域发展政策。虽然中国并没有正式实施一个梯度发展战略，由于各地区在改革开放的起步时间、资源禀赋、经济发展水平和产业结构的历史遗产上存在的差异，客观上形成了地区间发展的不平衡。早期的这个过程确立了改革开放的决心，积累了经济增长和结构调整的经验。自21世纪开始实施的一系列区域发展战略，在相对不发达地区加大了人力资本积累，加强了基础设施建设，改善了体制和政策环境，创造出这些地区经济发展的必要条件和充分条件。随着沿海地区劳动力成本提高从而制造业比较优势的弱化，中西部地区得以承接产业转移，加快了与发达地区的趋同。

（5）由城乡一体化破题的三农政策。农村改革和三农政策的最初突破是实行家庭联产承包制，而这项改革并非仅仅解决农业劳动和经营的激励问题，也是对包括劳动力在内的生产要素的解放，表现为劳动力向非农产业转移和利用农村资本和土地发展乡镇企业。早期发展经济学所讨论的农业的要素贡献，实际表现为资源重新配置提高了中国经济的整体劳动生产率。农业现代化和农民收入可持续性最终受制于土地经营规模，而后者的扩大又要以劳动力的充分转移为条件。因此，最终解决三农问题又一次集中到城乡关系上面，对户籍制度改革和土地制度改革提出紧迫的要求。党的十九大部署的乡村振兴战略，归根结底是一个城乡一体化的国家战略。

（6）坚持人民为中心，打破扶贫效果递减律。在世界各国的扶贫实践中，通常会出现一个边际效果递减的现象，即随着贫困人数减少，最后的较小规模贫困人口，由于在地理上集中居住于生态、生产和生活条件恶劣的地区，并且具有残疾、疾病、老龄、受教育程度低等劳动能力不足等特征，其脱贫的难度极大地增强。因此，扶贫脱贫这最后一公里举步维艰，绝大多数发展中国家甚至很多发达国家，都未能攻克这个最后的贫困堡垒。

在物质生产领域，一旦遭遇到边际报酬递减现象，投资活动通常就会停止并转向其他领域。然而，扶贫的投入对象是人而不是物，不应遵循相同的原则。正是因为坚持了以人民为中心的发展思想，改革开放以来，特别是党的十八大以来，中国扶贫脱贫攻坚实践及其取得的成就，被世界银行赞誉为"世界反贫困事业最好的教科书"，其中体现的中国智慧和中国方案，核心要义正是以人民为中心的发展思想。在贯彻这个理念的实践中，中国创造出一系列行之有效的工作方法和工作机制，使扶贫脱贫事业大幅度推进，预计在2020年农村贫困人口全面脱贫，实现全面小康一个也不能少。

（7）从做大到做强的产业发展道路。在一个通过"干中学"实现的经济增长过程中，产业"做大"是"做强"的必要路径，"大"也是"强"的前提条件。这个路径包括以下几个步骤或阶段。第一步，产业结构变化把资源从生产率低的农业配置到生产率更高的非农产业特别是制造业，产生资源重新配置效应，提高全要素生产率；第二步，在二元经济发展条件下，通过市场配置资源机制，把具有比较优势（从而高生产率）的第二产业做大，把人口红利转化为比较优势和竞争优势；第三步，在劳动力无限供给特征逐渐消失的情况下，依靠市场配置资源的机制，按照动态比较优势的方向实施产业政策，通过做强和优化产业结构提升产业竞争力。

（8）从后发优势到先发优势的科技引领。中国经济增长的一个重要引擎是生产率的提高。作为一个学习和趋同的过程，经济增长处于起飞时与发达国家之间的巨大技术差距，也是中国的一个后发优势。在具备经济增长的充分条件和必要条件的情况下，这一技术上的后发优势，为中国经济提供了趋同或赶超的机会。通过引进吸收应用型技术，依靠全要素生产率的提高，以及物质资本积累和人力资本改善，后发优势得以转化为较高的潜在增长率。

作为经济发展阶段变化的一个必然结果，中国在科技领域与发达国家的差距显著缩小，与此同时，保持经济增长却对全要素生产率产生更高的依赖。诚然，发挥后发优势的潜力尚未消失，并且可以利用市场规模庞大的优势，学习借鉴基础科技可以在商业上进行规模延伸（如所谓的"新四大发明"）。然而，创新引领经济增长，要求从着眼于后发优势，转向在更多的领域特别是战略性新兴产业中的核心技术上抢占先发优势。鉴于发达国家特别是美国在核心技术上对中国的掣肘，这一转变有着日益增强的必要性和紧迫性，由于中国可以利用巨大市场和产业规模优势，形成巨大需求和提高投入能力，这一转变也具备更为有利的条件。

（9）从手段论到目的论的生态文明建设。对于资源环境生态问题，在国际发展理论中曾经经历过"先污染后治理"到"边污染边治理"，及至不以后代人发展条件为代价的可持续发展的理念变化。这个理念变化轨迹虽然显示出越来越重视对资源环境生态的保护，但仍然是将其作为发展的手段看待，而没有自觉地上升到发展目的本身的高度。中国在经济高速增长的一个时期，也曾经陷入这种手段论，付出了沉重的代价。党的十八大以来，以习近平同志为核心的党中央，把生态环境作为人民群众对美好生活向往的一个重要方面，揭示出"环境就是民生，青山就是美丽，蓝天也是幸福，绿水青山就是金山银山"这一与时俱进的发展目的论，形成了生态文明建设思想，加大了治理污染和保护生态环境的力度，取得了明显的成绩。

（10）从利用人口红利到积累人力资本的人力资源战略。在典型的二元经济发展时期，秉持就业为民生之本的发展理念，通过改革逐步消除一系列阻碍劳动力流动的体制障碍，实现了产业结构的调整，农村劳动力剩余和城镇企业冗员被消化，在就业扩大和城乡居民收入得到提高的同时，资源配置效率得到改善，全要素生产率显著提高。在中国经济跨越刘易斯转折点，人口红利加速消失的情况下，在人口转变规律作用下，劳动力数量变化趋势已难以逆转，而人力资本的积累力度仍有大幅度提高的潜力。人力资本不仅可以替代劳动力数量,更是全要素生产率的来源,还可以提高劳动者面对机器人的竞争力。因此,高速增长转向高质量发展,必然要求人力资源战略从利用人口红利转向提升人力资本。

(11) 以基本公共服务均等化为路径构建社会保障体系。中国在改革开放时期的社会保障制度和体系建设,以"从无到有"来概括并不准确,毋宁说是一个不断均等化的过程。在计划经济体制下,尽管不存在现代意义上的社会保障制度,但是,劳动报酬之外的保障或福利仍然是存在的,依就业类型和单位类型而不同。因此,一直以来存在着全民所有制与集体所有制之间、城镇与乡村之间、就业与不就业之间、正规就业与非正规就业之间的巨大差别。社会保障制度建设和改革,实际上是一个不断扩大覆盖面,提高均等化水平的过程。作为一种再分配形式,社会保障均等化程度随着发展阶段变化而不断提高,目前已经进入一个社会保障,或者更广义的基本公共服务(医疗、基础教育、养老、劳动力市场制度和社会治理等)全面提高均等化水平的新阶段。

(12) 公平与效率相统一的分享发展。经济增长、技术进步和经济全球化都具有做大蛋糕的效应,但都不能自动分好蛋糕,以致传统观点认为公平与效率之间只能具有相互替代或此消彼长的关系(trade-off)。中国在改革开放发展过程中,总体上遵循了公平与效率相统一的理念,虽然在不同时期,面对不尽相同的挑战,政策的关注重点有所不同,发展成果的分享机制不尽相同,分享的程度也有差异。一方面,由于树立了以人民为中心的发展思想,改革开放的推进坚持以改善民生为出发点,发展成果总体得以分享;另一方面,中国共产党长期执政这一根本特征,确保政策始终关注最广大人民的长期和根本利益,因而避免实行民粹主义政策。

(蔡 昉)

第一章　改革路径：基层探索与顶层设计

说到邓小平同志作为改革开放的总设计师，我们往往就会想到，中国自20世纪70年代末以来的改革，应该是顶层设计的结果。但如果再谈到当年安徽凤阳小岗村的故事，我们又会觉得，改革更应该是从底层发力、逐步扩展开来。

事实上，中国的改革恰恰是这两个故事的合一，既有顶层设计亦有基层探索；二者的有机联系与频繁互动，才是改革走到今天的要诀。如果只在于某一个方面，都难以获得今天这样的良好局面。

不过，纵观改革40年的历程，有时候顶层设计多一些，有时候基层探索多一些，这往往会带来改革进程中的"不平衡"。比如双轨制改革阶段，基层探索多一些，但因没能在顶层设计上有一个预先的谋划，付出的成本就多一些；再比如今天的国企改革，顶层设计多一些，出了一些条条框框，但实践上落实得不够，基层探索不够踊跃，结果就是国企改革的成效也打了折扣。再比如，本轮国际金融危机以来的金融创新与大发展，也是在顶层设计上缺乏一个成熟的思路，实践走在前面，监管走在后面，以致杠杆率高企，金融风险攀升，成为三大攻坚战首先要解决的问题。还有房地产的发展，也是缺少总体谋划和长效机制，"十年九调控"，结果不尽如人意。在经济发展方面，过于重视速度与赶超，忽视了全面协调可持续，也使得发展不平衡问题非常突出。这不仅是顶层设计不够（比如转变增长方式1995年就提出了），还在于落实得不够，是改革的不配套。

当然，对于改革不能苛求。从哲学层面讲，都要想好了再做，是不现实的。美好的蓝图也是来自于对实践的认知。蓝图绘得好不好，甚至取决于对实践把握的程度。从实践到认识，再实践再认识，这恰恰说明了基层探索与顶层设计的一个辩证关系，也是知行合一的一个根本体现。

一 "摸着石头过河"寻找改革的突破口

改革之初，完整的蓝图是没有的。因此总设计师提出要"摸着石头过河"。

农村改革，包括企业改革、非公经济发展等，都基本上是"摸着石头过河"。这是有原因的。一是中国要搞的社会主义市场经济，没有先例可循，要靠自己闯；二是中国幅员广阔，发展不平衡，各地差异大，面临的挑战不同，解决的途径也各异；三是这些能够摸到的石头，恰恰是从基层探索中"脱颖而出"的，是改革的突破口。

根本上来说，正是实践探索发现了问题，也找到了解决办法，才为改革提供了样本和借鉴。如果说改革要取得成效，需要的是问题导向，那么这些问题恰恰来自于实践，来自于基层探索。

（一）农村改革

1978年夏秋之际，安徽发生了百年不遇的特大旱灾，人民生活出现严重困难。安徽省委做出把集体无法耕种的土地借给农民耕种，谁种谁收、不向农民收统购粮的"借地种粮"决策。"借地种粮"的政策唤起了农民的生产积极性，也引发了一些地区"包产到组"

"包干到户"的行动。

凤阳县小岗生产队成为全国农村率先实行"包干到户"的一个典型。1978年年底，18位农民以"托孤"的方式，冒着极大的风险，立下生死状，在土地承包责任书上按下了红手印。在实行"包干到户"的当年，小岗村粮食总产量66吨，相当于全村1966年到1970年五年粮食产量的总和。

不过，这里经过的曲折可能是不为人所知的。因为，恰恰是1978年十一届三中全会《〈关于加快农业发展若干问题的决定〉草案》，规定"不许包产到户"。那么，又是经历了哪些艰难的历程，这一项农村重大改革才获得了中央的首肯，成为顶层安排了呢？

当时"文化大革命"的十年结束，中国百废待兴。解决吃饭问题是根本，因此农业农村农民问题是当务之急。

1979年年底，"包产到户"在全国还只是个别地方试行，比重仅占9%，由于一些地方自发仿效，其数量在逐步增加。

1980年4月，中央召开编制长期规划会议。在征求意见会上，杜润生建议在贫困地区搞"包产到户"。这个意见汇报到邓小平那里，邓小平说：在农村地广人稀、经济落后、生活贫困的地区，像西北、贵州、云南等地，有的地方可以实行"包产到户"之类的办法。

1980年5月，邓小平同志在另一次谈话中，赞扬了安徽肥西县的包产到户和凤阳的"大包干"。他说，"农村政策放宽以后，一些适宜搞'包产到户'的地方搞了'包产到户'，效果很好，变化很快"[①]。邓小平的两次谈话，标志着"包产到户"可能成为中国经济改革的一个突破口。

1978年，安徽实行"包产到户"的生产队达到1200个，1979

---

① 邓小平：《关于农村政策问题》，1980年5月31日。

年又发展为3.8万个,约占全省生产队总数的10%;到1980年年底,安徽全省实行"包产到户""大包干"的生产队已发展到总数的70%。与此同时,在四川、贵州、甘肃、内蒙古、河南等地,"包产到户"也在或公开或隐蔽地发展着。到1980年秋,全国实行"包产到户""包干到户"的生产队占到总数的20%;1981年年底扩大到50%。

实践的发展推动着理念的转变。1981年冬的全国农村工作会议,以及会后不久起草的1982年中央"一号文件"(即《全国农村工作会议纪要》),正式肯定了土地的家庭承包经营制度,结束了"包产到户"30年的争论。"包产到户"之所以能在全国推开,其中非常重要的一点,是它解放了土地和劳动力。1978年,中国粮食产量约为3000亿公斤,集体化20多年当中,国家每年收购粮食300亿—350亿公斤,只要多购1/10就会挤占农民的口粮。可是,一搞"包产到户"和"包干到户",到1984年,粮食就增加到4000亿公斤,同时,农业总产值增长68%,农民人均收入增长166%,取得了举世瞩目的成就。

(二) 非公有制经济发展

改革开放之初,一批个体经营者和私营企业主开始冲破阻力,在计划经济体制之外的夹缝中寻求生存与发展。他们勇于创新,敢于承担风险,大胆改革,艰苦创业,成为改革的先锋者。中国的领导层逐渐认识到个体私营经济所蕴含的改革能量,逐步调整传统体制下对其的压制性政策,不断放松对其的限制,认可他们的存在和发展,并赋予其合法的地位;随着改革开放的不断深入,又不断创造环境和条件,鼓励其发展,为使其平等参与市场竞争进行了持续的探索。

改革开放以来非公有制经济发展也是"摸着石头过河",关于非公有制经济的政策演变也呈现出渐进的特点。总的来看，大体经历了四个阶段：

第一阶段，从1978年到1984年，主要是允许个体经济的存在和发展。1982年通过的《中华人民共和国宪法》规定"在法律规定范围内的城乡劳动者个体经济，是社会主义公有制经济的补充。国家保护个体经济的合法的权利和利益。国家通过行政管理，指导、帮助和监督个体经济"，个体经济由此获得了合法的地位。

第二阶段，从1984年到1992年，主要是允许私营经济的存在和发展。1987年党的十三大提出"以公有制为主体发展多种所有制经济，以至允许私营经济的存在和发展，都是由社会主义初级阶段生产力的实际状况决定的。只有这样做，才能促进生产力的发展"，并指出"目前全民所有制以外的其他经济成分，不是发展得太多了，而是还很不够。对于城乡合作经济、个体经济和私营经济，都要继续鼓励它们发展"；在此基础上，1988年的《宪法修正案》规定"国家允许私营经济在法律规定的范围内存在和发展。私营经济是社会主义公有制经济的补充。国家保护私营经济的合法的权利和利益，对私营经济实行引导、监督和管理"，由此明确肯定了私营经济存在和发展的合法性①。

第三阶段，从1992年到2002年，主要是逐步赋予非公有制经济平等参与市场竞争的地位，同时明确了各种非公有制经济在社会主义市场经济中的重要地位和作用。1992年党的十四大再次肯定了建立多种经济成分并存的所有制结构的必要性。1993年中共十四届三中全会通过的《关于建立社会主义市场经济体制若干问题的决定》明确提出："国家为各种所有制平等参与市场竞争创造条件，对各类企业一视同仁。"1997年党的十五大总结了过去20年在所有制改革

---

① 之后从1988年下半年开始，获得合法地位的私营经济一度因形势的变化而发展受阻。

方面的经验，指出"以公有制为主体、多种所有制经济共同发展，是我国社会主义初级阶段的一项基本经济制度"；"非公有制经济是社会主义市场经济的重要组成部分。对个体、私营等非公有制经济要继续鼓励、引导，使之健康发展"。这与传统社会主义理论把非公有制经济排除在社会主义经济制度之外的解释是根本不同的，它改变了只有公有制才是社会主义的传统思维，把多种所有制与社会主义性质融合在一起，把非公有制经济从社会主义经济制度之外纳入制度之内，从地位上的补充和作用上的拾遗补阙提升到重要组成部分和对国民经济发展具有重要作用。这是对传统社会主义所有制观念的一个重大突破。之后 1999 年通过的《宪法修正案》规定"国家在社会主义初级阶段，坚持公有制为主体、多种所有制经济共同发展的基本经济制度"，并规定"在法律规定范围内的个体经济、私营经济等非公有制经济，是社会主义市场经济的重要组成部分"，"国家保护个体经济、私营经济的合法的权利和利益"，这就标志着对非公有制经济的定位已由"体制外"转入"体制内"。

第四阶段，从 2002 年至今，主要是进一步改善非公有制经济的政策环境。2004 年通过的《宪法修正案》从国家大法的角度强化了对非公有制经济的"鼓励"和"支持"。2005 年发布的首个促进非公有制经济发展的政府文件——《关于鼓励支持和引导个体私营等非公有制经济发展的若干意见》，标志着对非公有制经济从分散的政策支持到形成政策体系框架的转变，特别是该文件着眼于创造公平竞争的体制环境，对非公有制经济进入一些重要领域包括垄断性行业作出了明确规定。2007 年党的十七大提出：坚持平等保护物权，形成各种所有制经济平等竞争、相互促进新格局。法律上的"平等"保护和经济上的"平等"竞争这"两个平等"成为促进非公有制经济发展的重要着力点，进一步推动实现非公有制经济在获得市场准入和融资方面的公平机会。在此基础上，2010 年再次发布《关于鼓励和引导民间投资健康发展的若干意见》，进一步拓宽民间投资的领域和范围，明确了为非公有制经济创造公平竞争、平等准入的市场环境。

这种在国有经济外部率先寻求突破的"外线发展战略"极大地促进了非国有经济的发展，已经成为中国微观经济基础充满活力的一部分。根据国家工商总局有关全国市场主体发展情况的通报，截至2014年年底，全国私营企业1546.37万户，注册资本（金）59.21万亿元；个体工商户4984.06万户，资金数额2.93万亿元。由此，非国有经济主要是非公有经济在国民经济中的比重明显上升。目前，非公有制经济创造的工业增加值已经占中国年工业增加值的约1/2，贡献的就业量占全国城镇年新增就业量的3/4甚至更多，实现的外贸进出口总额占全国年外贸进出口总额的约3/4，完成的城镇固定资产投资总额占全国城镇年固定资产投资总额的约2/3，税收的贡献超过了50%。非公有制经济由此成为国民经济的重要支撑力量。

二 南方谈话后开启了市场经济改革的整体推进

1992年年初邓小平南方谈话为走上中国特色社会主义市场经济道路奠定了思想基础。1992年10月的党的十四大明确了建立社会主义市场经济的改革目标，1993年11月的十四届三中全会通过了《中共中央关于建立社会主义市场经济若干问题的决定》的行动纲领，决定改变过去的"整体渐进、阶段突破"改革战略，提出了"整体推进，重点突破"的新方针。50条《决定》选择财税体制、银行体制、外汇管理体制、国有企业体制、社会保障体制五个重点方面进行配套改革，使市场经济制度的框架得以形成。从20世纪70年代末市场化取向改革的发端，到20世纪90年代初朝向建立社会主义市场经济体制的整体改革推进，中国经济改革迈出了更加坚定、更为有力的步伐。

（一）从发展商品市场到发展要素市场

这包括资金、劳动力以及土地要素的市场化改革。一是资金要素市场化改革，涉及资本市场发展、利率市场化以及汇率市场化。尽管迄今为止，多层次资本市场的构建以及利率与汇率市场化改革仍在进行中，但当初迈出这一步已属不易。二是劳动力市场化改革。改革伊始，就着手打破劳动力资源行政统一配置的格局，逐步扩大市场配置劳动力资源的范围。一方面，对于非公有制经济，劳动力资源从一开始就主要是通过市场来配置的，劳动力价格（即工资）也主要由劳动力市场供求状况决定，并成为国有部门工资标准的重要参考依据。另一方面，在国有经济内部，1995年以后，随着《劳动法》及其相关配套法规的出台，国有经济内部开始推行全员劳动合同制，由此基本实现了劳动力资源配置方式的并轨，劳动力供求双方在劳动合同基础上进行双向自主选择。三是土地市场化改革。首先是恢复土地资源的商品属性，推行土地有偿使用制度。其次是逐步引入土地使用权公开交易制度，建立土地价格的市场化形成机制。1990年发布的《城镇国有土地使用权出让和转让暂行条例》规定土地使用权出让和转让可以采用协议、招标和拍卖三种方式。20世纪90年代中后期开始，加快推动土地要素的市场化配置进程，逐步扩大市场形成土地价格范围。2006年首次把工业用地纳入招拍挂范围。2013年通过招拍挂出让土地面积占全部出让国有建设用地面积的比例达到92.3%。此外在农村，20世纪90年代后期土地使用权开始流转，农民在实践中创造了转包、转让、租赁（包括反租倒包）、置换及土地入股等多种流转方式，农村土地使用权流转市场也在探索建立中，承包地所有权、承包权和经营权"三权分离"的制度安排逐渐确立起来。根据农业部数据，截至2014年6月底，全国家庭承包经营耕地流转面积3.8亿亩，占家庭承包耕地总面积的28.8%。

（二）从微观改革到宏观改革

首先是财税体制改革。主要在三个领域展开：一是中央和地方政府间财政分配关系改革；二是税制改革；三是预算制度改革。其中，政府间财政关系的改革是核心领域，围绕这一改革，大体经历了三个阶段：第一阶段，始自20世纪80年代初，从中央对地方的放权让利入手，实施中央与地方"分灶吃饭"的财政包干制。第二阶段，在中央和地方财政之间实行分税制改革。第三阶段，20世纪90年代末开始探索实施。其次是金融体制改革。涉及金融组织体系改革、金融市场体系改革、政府金融宏观调控体制改革（事实上，与政府职能有关的还包括金融监管体制改革和国有金融资产管理体制改革）。仅就金融宏观调控体制改革而言，主要在三个层面上进行：在调控主体方面，首先明确了中国人民银行作为中央银行实施金融宏观调控的地位和职责，并逐步将证券业监管职能、保险业监管职能以及银行业监管职能从中国人民银行的职能中剥离出来，由此实现了货币政策与金融监管特别是银行监管职能的分离。在调控客体方面，实行政策性金融与商业性金融分离，组建政策性银行，将原各专业银行转变为国有商业银行，同时逐步发展股份制和区域性商业银行以及各种非银行金融机构。在调控方式方面，从主要依靠信贷规模管理，转变为运用存款准备金率、中央银行再贷款利率和公开市场业务等货币政策工具；央行还创设定向调控货币政策工具，包括2013年年初推出公开市场短期流动性调节工具（Short-term Liquidity Operations，SLO）和常备借贷便利（Standing Lending Facility，SLF）两项短端利率调控工具，作为对公开市场常规操作的必要补充，以及2014年年中探索抵押补充贷款（Pledged Supplementary Lending，PSL）这一引导中期利率的调控工具。

（三）从主要关注效率到更加注重公平

第一阶段，着眼于克服平均主义的弊端，坚持"效率优先，兼顾公平"。这在很大程度上打破了"平均主义"的窠臼，有力地激发了社会的活力，推动了社会生产力的迅速发展。在社会财富迅速累积的过程中，个人也都享受到绝对收入的快速增长和个体福利的明显改进。

第二阶段，基于收入差距不断扩大的现实矛盾，强调"更加注重社会公平"。在收入分配状况恶化、贫富差距不断扩大的背景下，整个社会对公平的诉求日益强烈。有鉴于此，党的十六大在论述公平与效率的关系时，没有再坚持"效率优先，兼顾公平"的原则，而开始强调"初次分配注重效率，再分配注重公平"，旨在通过再分配过程来解决分配中的不公平问题。中共十六届四中全会按照构建社会主义和谐社会的要求，强调要"注重社会公平"。中共十六届五中全会进一步提出，"要在经济发展的基础上，更加注重社会公平，使全体人民都能享受到改革开放和社会主义现代化建设的成果"。党的十七大则明确提出，"初次分配和再分配都要处理好效率和公平的关系，再分配更加注重公平"。这些提法及所强调的重点的变化，反映出对公平与效率问题认识的不断深化。围绕更加注重社会公平，着力推进了收入分配制度和社会保障制度改革。

三 缺乏顶层设计之弊：渐进式改革及其局限

渐进式改革是中国经济改革道路的最主要特征，是中国改革取得成功的宝贵经验。渐进式改革不是表现为首先打破旧的体制，而是首先在旧体制的"旁边"或"缝隙"中发展起新的体制成分。随着这种新体制成分的发展及其在整个经济中所占比重的扩大，逐步地深化对旧体制的改造。这种改革采取先易后难、先表后里的方式，在旧有制度的框架内审慎推进改革，具有在时间、速度和次序选择上的渐进特征。也因为如此，新旧体制在一段时期内的并存是渐进改革的重要特征。而对旧体制的容忍，一方面是在改革初期适当维持既得利益以减少改革所面临的社会阻力的需要，另一方面，新体制的成长不会在一夜之间完成，因此也是实现体制平稳转轨的需要。渐进式改革内容丰富，主要概括为双轨过渡与试验推广（或摸着石头过河）。40年来，中国能实现经济持续高速增长并保持稳定的政治局面，很大程度是与中国实施了渐进式改革分不开的。

不过，在肯定渐进式改革取得巨大成果的同时，也应看到这种模式充满着"改良主义"的色彩，即在不彻底否定旧体制的前提下逐步引进市场因素。中国改革基本上遵循了一条"周边推进"的战略，先处理一些容易解决的问题，将最难处理的问题放到最后来解决。这种做法具有稳健的一面，但也带来很多挑战。

首先，双重体制的摩擦。与激进式改革相比，渐进式改革的最大弱点是改革的不彻底性和持久性。所谓"长痛不如短痛"就是对此而言的。改革开放40年，中国的市场化程度已有很大的提高，但旧体制的痼疾却未得到根治，如政府与市场关系未能理顺，政府干预所造成的扭曲仍在很多领域存在，由此所带来的低效率及政府隐性担保导致的道德风险正在使得经济体积累的风险加剧。

其次，不同领域的改革未能协同推进。改革的"协同推进"，是指各领域改革同时逐步展开，而不是等一个方面的改革搞完再搞另一个方面的改革。并且，各领域内同时推进的改革要尽可能地相互协调，相互促进，而不是相互阻碍。如果各领域改革不能协同推进，就会互相掣肘进而影响整个体制的效率。随着经济更具市场导向，已推行改革的某些经济领域会因其他领域的改革滞后而面临风险。例如，汇率控制比十年前更为松动。在资本流入国内之际，对外汇市场大规模干预，有可能造成金融体系内资产负债表严重失衡（尽管这一矛盾在近两年随着国际收支格局的变化和本币升值压力的减轻，以及央行基本退出常态式外汇市场干预，而有所缓解）。同样，随着自由化的发展，由政府支撑的银行业承担另一轮坏账的风险将上升。而且，金融系统高效率运转的许多制约因素是互相关联的。因此，改革需要一个综合方法。中国在40年里取得了巨大进步，但仍有很长的路要走。中国应坚持试错法，但应采取更大胆的尝试。"现在可能该超越摸着石头过河了，而是应在改革道路上迈出更大的步伐。"[1] 就当前中国而言，金融改革与政治改革需要及时跟进。

再次，不平衡战略带来的问题。"渐进式改革"选择的是局部的、不均衡的、由点到面的路径。这种路径选择从一开始就决定了经济发展的不平衡，允许一部分人先富起来，先富带动后富，最后实现共同富裕。而改革开放至今，"先富"已经多有体现，但离共同富裕还有很长的距离。从城乡发展来看，虽然改革的突破口是从农村开始的，但为了推进工业化进程，采取优先发展城市的战略。结果造成城市与农村出现"二元经济"，农村发展长期滞后，并且与城市差距不断拉大。尽管近年来有所缓和，但绝对差距仍然很大。从地区发展来看，由于沿海地区拥有一系列优势，所以走到了改革的前沿，成为改革的最大受益者，然而中西部地区长期落后，两者差距大。虽然国家实行了西部大开发、东北振兴、中部崛起、东部率先等战略，但地区发展不平衡在短时间内还无法从根本上得到改变。还有，随着经济的发展，社会收入分配和公平的问题也日益凸显，

---

[1] ［英］马丁·沃尔夫：《中国改革：请超越渐进式发展模式》，英国《金融时报》2006年6月12日。

这些都将成为影响社会经济正常、有序发展的阻碍。

以上问题表明渐进式改革也有其局限。这一局限的根本表征在于没有从总体上对改革进行顶层设计，改革缺乏协同性、系统性、全面性，从而使得不同领域的改革有快有慢，有的改了有的没有改，于是导致体制性套利，滋生出一大批既得利益者，并使得进一步的改革障碍重重，全面而彻底的改革难以推动。

四　缺乏基层探索之弊：王安石变法与休克疗法

如前所述，仅有基层探索、缺乏顶层设计会带来不少问题。顶层设计强调整体性，而且由顶层推动也具有权威性、合法性（基层探索有时是"擦边球"）。因此，顶层设计非常有必要，往往也很受青睐。不过，顶层设计独木难支，单单顶层设计是没有生命力的。这里举出两个典型：一个是中国历史上的王安石变法，另一个是苏东国家的休克疗法。

（一）王安石变法

北宋时期的王安石变法在中国历史上占有重要的地位。其变革的初衷是好的，并且由当时的神宗皇帝支持，但效果却并不理想。究其原因，或许就是过于注重顶层设计而忽略了基层探索。

首先，王安石变法有一个崇高理想且有皇帝支持，这是很多顶层设计都必备的要素。王安石自谓"经术所以经世务"，又劝神宗"为治首择术，当法尧舜，何必唐太宗"[①]。也就是说，王安石所要实现的理想是上追尧舜的，连唐太宗都不放在眼里。他的高远理想

---

① 钱穆：《国史大纲》，商务印书馆2010年版。

是什么呢？通过保甲等制度，欲造成一个兵农合一、武装自卫的社会；通过方田、青苗、均输、市易等制度，欲造成一个裁抑兼并、上下俱足的社会。通过兴学校、改科举等制度，欲造成一个开明合理、教育普及的社会。

其次，变法未能获同僚之支持，缺少"统一战线"。王安石变法的遭遇与范仲淹不同。反对范仲淹的（范也曾提出改革主张），全是当时所谓小人；而反对王安石的，则大多是当时的所谓君子。甚至连当时赞同范仲淹变法的诸君子，如韩琦、富弼、欧阳修等，亦反对王安石。比如欧阳修是竭力奖进王安石的前辈，司马光是王安石同时好友，程颢也是很有意襄助王安石的人，但这些人都不能与王安石始终共事，实在是王安石变法失败的最大原因。所以当时人说他性情执拗，不晓事。

再次，从顶层到基层，全失立法之本意。王安石的新法，因为执行者不得力，从而全失立法的本意。陆佃受经于王安石，其告王安石，亦谓："新法非不善，但推行不如初意，还为扰民。"[①] 当时遭受反对最烈者如青苗，反对派的理论多就实际人事言。而王安石则多就立法本意言。王安石尝说："使十人理财，其中容有一二败事，要当计利害多少。"[②] 这是当时两派相争的一个重要方面。王安石推行新政的又一缺点，在于只知认定一个目标，而没有注意到实际政治上连带的几许重要事件。程颢本赞成新法，其后亦转入反对派方面。

最后，急于求成之心理。范纯仁告神宗："道远者理当驯致，事大不可速成，人才不可急求，积弊不可顿革。傥欲事功急就，必为憸（xiān）佞所乘。"[③] 这实际上点到了王安石新政的膏肓要病。曾

---

① 钱穆：《国史大纲》，商务印书馆2010年版。
② 同上。
③ 同上。

巩也曾致书王安石细论,可惜王安石并不省悟。熙宁六年张商英上五事札子谓:"陛下即位五年,更张改造者数十百事。其中法最大、议论最多者有五:曰和戎,曰青苗,曰免役,曰保甲,曰市易。和戎之策已效,青苗之令已行。惟免役、保甲、市易三者,有大利害焉。得其人而缓图之,则为大利;不然则为大害。愿陛下与大臣安静休息,择人而行之。苟一事未已,一事复兴,终莫见其成矣。"①张商英强调的也是要干的事这么多,不能操之过急。急于求成心理实际上和休克疗法有一拼,就是希望快刀斩乱麻,很快解决问题。但实际上,很多问题犬牙交错、纠缠不清,改革要有耐心与定力,"缓图之"才能出成效。

(二) 休克疗法

苏联东欧国家采取的激进式改革亦称休克疗法。这种改革方式的特点是试图在短期内全面、彻底地摧毁计划经济体制的各项制度安排,然后通过一整套激进的转型措施(如经济自由化、财产私有化与宏观稳定化)迅速建立起市场经济的制度框架,从而实现从计划到市场的一步跨越,因而也被称为"大爆炸"战略(Big Bang)。

苏东国家因休克疗法付出了沉重的代价。截至 2004 年(转型经过了 15 年),只有约一半国家的国内生产总值恢复到了 1989 年的水平。值得一提的是,俄罗斯的国内生产总值只相当于 1989 年的 80%多一点,乌克兰只有 50%左右。经济恢复最好的是波兰,达到 140%多。其次为斯洛伐克、斯洛文尼亚、匈牙利等。就经济恢复的速度而言,波兰是恢复得最早的(1991 年左右开始恢复);匈牙利也恢复得较早(1993 年左右开始复苏)。

另外,转型过程中,苏东国家除了 GDP 的下滑外,收入分配差距

---

① 钱穆:《国史大纲》,商务印书馆 2010 年版。

也不断扩大。转型前与转型后的贫富差距比较（以基尼系数来衡量），其中，乌克兰恶化最厉害，基尼系数上升了 0.24；吉尔吉斯斯坦、俄罗斯与爱沙尼亚的基尼系数上升也较多，分别上升了 0.145、0.142 和 0.124；波兰的基尼系数上升幅度最小，只有不到 0.03。

波兰、匈牙利在转型中经济表现良好，在很大程度上不是因为他们在改革上采取了休克疗法，相反，他们在许多方面实际上采用了渐进性改革的策略。波兰前第一副总理和财政部长、著名学者格·科勒德克指出："波兰的成功来自于抛弃了休克疗法，而非相反。毫无疑问，'休克疗法'这一政策失败了，而且，依据'休克疗法'方式进行的思维与行动，导致了生产的大幅滑坡，'休克疗法'应当对如此悲惨的后果承担责任。"

休克疗法为什么不成功？尽管我们可以提出很多的原因，比如忽略了制度支撑的重要性；忽略了政府在转型中的重要作用；休克疗法的三项内容（价格自由化、私有化、政府维持财政平衡和宏观稳定）不能同时实现等。但一个重要的原因是，休克疗法作为一种理想的设计，还没有经过实践的检验，还未在基层探索中得到有力的支持。

五 全面深化改革需要顶层设计与基层探索相结合

（一）全面深化改革启幕

如果说，1994 年推出了"整体推进、重点突破"的改革战略，那么，党的十八大以来的改革部署，就是升级版的整体推进战略。因为 1994 年的整体改革还主要局限于经济领域，而十八大以来的全方位改革则涵盖了经济改革之外的政治、文化、社会与生态文明体制改革。党的十八届三中全会通过的《中共中央关于全面深化改革若干重大问题的决定》，提出了全面深化改革的总目标，对全面深化改革作出系统部署。这说明，在新的历史条件下，面对错综复杂的矛盾局面，改革措施的制定和政策的出台必须注重相互照应，统筹兼顾，突出全面性，体现系统性、整体性、协同性，不能顾此失彼。尤其是面对党的十八大提出的全面建成小康社会的奋斗目标，确立的中国特色社会主义事业"五位一体"总体布局，攻坚克难、涉险迈坎的任务更加艰巨，这就决定了要以更大的决心、智慧和力度全面推进和深化改革，靠全面深化改革赢得发展的新优势。

改革进入新阶段，系统性、整体性、重构性的特征尤为突出，力度规模之大、涉及范围之广、触及利益之深前所未有。当前改革进入深水区，每一项改革都会对其他改革产生重要影响，每一项改革又都需要其他改革协同配合。如果总是某一方面的改革单兵突进，这样的改革不仅不可能走得好、行得远，甚至还会造成改革在一定程度上的异化。经济体制改革当然要继续发挥带动引领作用，但是同样要加快推进政治、社会、文化、生态、党的建设、国防军队等各个领域的改革。我们要"不失时机深化重要领域改革"，通过各项改革的相互促进，良性互动，整体推进，重点突破，形成继续推进改革开放的强大合力。

十八届三中全会吹响了全面深化改革的号角。新时代的全面深化改革，既凸显了顶层设计的重要性，如强调改革的系统性、整体性、协同性，又意味着基层探索的必要性，如国企改革，中央地方关系改革以及更好地发挥政府作用等，都需要在实践中趟出一条新路来。因此，顶层设计与基层探索的有机结合才是推进全面深化改革的必经之途。

（二）顶层推动是中国改革的宝贵经验

改革是一项十分复杂的系统工程，既有"破"又有"立"，进程相当漫长,而且关乎社会各阶层的切身利益,蕴藏较大的风险。没有统一、坚强的政治领导,包括具备较强执行力和公信力的权威政府,变革是无法顺利进行的。中国国情的特殊性和复杂性,也决定了政治领导包括政府作用在改革过程中的特殊重要性。过去40年,作为领导层的中国共产党及其领导下的政府在改革中的统筹协调作用具体体现在以下三个方面。

1. 确保改革的政治合意性

首先,确保相对明确和一致的改革方向和目标。某些转轨国家的教训表明,转轨期间,如果政治更迭过于频繁,任何一届领导者都无法贯彻一套完整的战略和政策,并且战略和政策制定受寡头政治所左右的话,政治经济的震荡就尤为剧烈,转轨的时间也会更长。在中国,目标比较一致、具有相对明确战略意图的领导者,凭借其在发起改革时的智慧和能力以及在坚持改革构想时的影响和坚定性,始终比较成功地主导着改革的进程,使之在方向上不发生偏离,沿着既定的目标不断前行。这是确保改革具有合意性的基础。

其次,确保改革路径的有效性。这一方面表现在中国领导层对自上而下改革的部署与引导,另一方面表现在其对自下而上改革的激励与升华。从改革方案的部署特别是初始行动的选择看,主要是由中国的领导层根据现实中最主要的约束或者说最迫切需要解决的问题以及缓解约束或解决问题的时机而相机抉择的。由于改革往往是"路径依赖"的,当最初的改革推出后,后续的改革要求会接踵而来,制度变迁便沿着某种内在的逻辑向另一种路径不断演进。基于此,中国的领导层在后续的行动中,注意遵循这种内生性的轨迹,在"自觉"引导改革的进程中,尽可能确保改革的速度和顺序与诱致性制度变迁的路径相契合。也正因为如此,尽管中国看起来没有事先设计好的完整改革战略,但事后来看,中国的改革进程是符合某种合理的逻辑顺序的。对于突破已有体制框架的来自局部的改革试验和创新,中国的领导层是允许甚至是鼓励的;并且对来自基层的改革实践经验,比较成功的部分会及时加以总结和完善,出现偏差的部分也会及时给予纠正和调整。在此基础上,集中基层的智慧,将之提升到理论上来概括,提升到制度上来创新,并向全国推广。

最后,确保决策程序的正当性。这与近年来完善公共治理的诉求密切相关。最近几年,中国在进行改革决策时,注意引入公共选择过程,不断提高社会参与程度,在听取各有关部门和地方意见的同时,也更加注重采取多种方式组织社会力量包括专家等共同研讨改革方案,以提高改革决策过程的公共参与性、透明性、科学性,确保利益相关者能在某种程度上参与决策,努力使改革决策兼顾到各方面利益。

2. 确保改革的政治可行性

首先,注重保持转型期国家的统一性和社会的稳定性。40年来,中国在改革的过程中,注意发挥领导层"统揽全局、协调各方"的中坚作用,把十几亿人的力量凝聚起来,努力维持变革社会中的秩序。从中国改革的实践可以看出,在推进经济主体多元化的改革过程中,依靠统一的领导,能够防止国家陷入一盘散沙和四分五裂的境地,为改革的顺利推行提供基础性的条件。

其次,注重协调各方面的利益关系,以减少改革的摩擦成本。改革是一场涉及经济基础和上层建筑许多领域的深刻革命,必然要改变旧体制固有的和体制转变过程中形成的各种不合理的利益格局,不可避免地会遇到各种阻力和挑战。特别地,由于中国在经济转轨的早期,在加速推动市场化的过程中,采取了某些策略性的选择,如对某些国有部门的策略性保护,政府部门和地方政府作为"运动员"而非"裁判员"直接参与市场竞争等,这些策略性的制度安排在经济转轨的中后期阶段可能引发利益集团的内生形成。这种内生性利益集团不同于市场化过程中由公平竞争产生的一般性利益集团,他们往往受到更强烈的激励去维持现状，抵制某些具有帕累托改进性质的改革政策的引入。由于这些特殊的利益集团具有较一般的利益集团更强的行动能力，可以对政治决策过程施加更强的政治影响力，因此更有可能妨碍尚未完成的市场化转轨，使制度安排被锁定在低效率均衡状态。在这种格局下，利益关系调整已成为影响改革攻坚实际进程的重大因素。具有一定权威的政治力量在推进改革上的明确态度或者说对改革进程的有效管理能力可以在很大程度上对来自各方的政治影响力做出主观修正，抑制特殊利益集团的扩张，推动社会状态向有效率的均衡点移动[1]。正是在这一背景下，近年来，随着改革进程的不断深入，中国在进行改革决策的过程中，注重发挥政治权威对改革的统筹协调作用，尽可能防止某些既得利益集团特别是部门和地方利益左右改革方案的制定和改革的进程。通过设置高层次、跨部门、利益相对超脱的改革协调机构来设计改革方案，有利于破除特殊利益集团的掣肘，保证改革的连续性，防止改革走形变样。

最后，注重执政能力建设。国际上有关转型经济的研究强调了政府转型在经济转轨中的重要作用。特别是为了实现政府向市场扶持型的转变，从而支持和利用市场的作用，有效的公共部门和更新政府的人力资本是至关重要的。有论者曾经指出，"无论对经济还是对政治而言，如何更新过时的人力资本也许都是转轨的中心问题"[2]。中国在过去40年的改革过程中，注意推动官员职业化的变迁，着力培养其制定和执行恰当改革战略和政策的能力。这是中国领导层较之其他一些转型国家的领导层在维护和推动市场化进程中

---

[1] 关于这方面的理论分析，参见汤玉刚、赵大平《论政府供给偏好的短期决定：政治均衡与经济效率》，载《经济研究》2007年第1期。

[2] [美]安德烈·施莱弗、罗伯特·维什尼：《掠夺之手》，赵红军译，中信出版社2004年版。

表现更为出色的重要原因之一。

3. 确保改革的政治可信性

首先，确保改革基本政策的时间一致性。比如前已述及的土地承包政策连续性和稳定性对农户持续投资土地的激励。其次，确保投资激励的可信承诺。这也主要反映在前面论述的相对可信的投资政策性环境与非公有制经济的蓬勃发展。最后，确保再分配承诺的可信性。在改革所涉及的利益调整过程中，可信的政治承诺，特别是再分配政治博弈的动态一致性是确保改革成功的重要因素。从拉丁美洲国家的改革实践看，正是个人对未来政策结果的不确定性连同可信的再分配承诺的缺乏增大了改革的阻力，弱化了改革共识。而在中国改革的过程中，领导层试图做出可信的承诺来提高改革的收益，通过税收—转移支付计划对改革中的利益受损者进行补偿，从而增大了改革被接纳的可能性。

（三）从"摸着石头过河"到顶层设计

改革开放初期，邓小平同志提出了"摸着石头过河"理论，实质是号召全党和全国人民解放思想，大胆探索，这一理论也曾指导了初期和中期的改革。现在改革向深水区推进，依靠感性认识寻找改革的突破点的做法已经不可取，必须转向理性探索，这是一种更高层次的改革，更多地依靠理论的自信、道路的自觉来引导改革向纵深发展。改革的方式由以下推上的典型示范转向以上带下的顶层设计。过去的重大改革都是群众在基层通过典型示范趟出路子、做出样子，形成示范效应，被中央发现后在全国推广，这是自下而上的改革过程。家庭联产承包就是安徽凤阳县小岗村18户农民把土地分田到户，后被邓小平同志首肯，在全国推广开的，这次群众首创的重大改革解决了全国人民吃饭问题、农业稳定和发展问题，也引发和推动了城市的国企改革，成为全国改革的原发点。今后的改革要靠党中央、国务院顶层设计，谋划改革方案，采取以上带下的方式在全国推进改革，这是改革的新路径、新方式和新选择。

改革到了现在这个阶段，确实需要顶层设计，以确保改革的正确方向，在重大关系和关键环节上不出大的问题。经过多年的探索实践，中国积累了较为丰富的改革经验，具备做好顶层设计的条件。要从战略全局出发，精心进行顶层设计和整体谋划，做好不同改革措施的相互配套与衔接，全面协调推进改革。

现代市场经济是一个复杂而精巧的巨大系统。它的建设不可能边设计边施工，也不是一双粗陋的、结构不需设计的草鞋，"边打边像"。否则的话，各个子系统之间不可能互联互通和协调互动。市场经济是一个大系统，各个地方和部门往往会从自己的工作方便和利益着眼，使制度安排有利于实现局部利益，如果先由基层各自为政进行设计，然后拼接起来成为一个体系，这样的体系恐怕是无法协调运转的。

所谓顶层设计，就是考虑到中国全面改革的新特点，有别于过去单兵突进的改革模式，对经济体制、政治体制、文化体制、社会体制、生态体制做出统筹设计，加强对各项改革关联性的研判，努力做到全局和局部相配套，治本和治标相结合，渐进和突破相促进。采取整体主义的改革战略，把握改革的系统性、关联性、配套性。

改革的顶层设计涉及三个方面：

一是加强对改革的研究，做好充分理论准备。客观地说，十八届三中全会已经在理论上为我们描绘了社会主义市场经济的总体蓝图，并大致勾画了达到这一理想境界的基本路径。但是，一方面，由于改革是千百万民众参与的伟大事业，用这种理论去教育群众，并广泛吸收群众的建议，进一步丰富这一理论体系，仍是我们需要完成的艰巨任务；另一方面，由于改革涉及面极广，我们对某些方面改革的理论准备略显不足。因此，通过动员社会各种力量，加强对改革的研究，当可不断完善我们改革的理论和策略，找到更有效的改革路径。通过这一过程，我们还可提高公众对改革的参与，调动公众参与改革的积极性。

二是需要从整体上把握改革，系统设计，全面推进，避免碎片化。虽然十八届三中全会决定已对各项改革做出了全面、系统部署，但由于改革的牵涉面过广，实践性太强，在各个领域中，改革方案均有进一步完善、细化的要求，特别是后续的整体推进规划，尤须明晰具体思路。下一步，我们需要从整体上把握改革，避免碎片化，同时，对各项改革提出明确的目标和路线图。改革应简化规则，减少烦琐的行政程序。应提高透明度，推进社会规则的重建，在更为公开透明的社会规则下，推进改革的实施。渐进改革由于"逐个""逐步"进行，在协同推进与系统性上不够，往往导致体制之间的相互掣肘。正如青木昌彦（Masahiko Aoki）在《比较制度分析》一书中指出的，一个体系中的各种制度具有战略互补性，某一项或几项制度发生变革，其他的制度要么进行相应的变化，要么就会与新制度难以配合，对新制度的实施产生阻碍。[①] 因此，制度变革本质上就应该是整体推进的，在实施上可以分步进行，否则，就会存在巨大的制度运行成本问题。改革开放是一场深刻而全面的社会变革，每一项改革都会对其他改革产生重要影响，每一项改革又都需要其他改革协同配合。因此，改革开放是一个系统工程，必须坚持全面改革，在各项改革协同配合中推进。这样的改革，没有顶层设计肯定是行不通的。

三是加强改革的机制设计。在进行改革顶层方案设计时需要有一个超脱于局部利益的高层权威机构，在基层创新的支持下进行自上而下的设计规划和监督规划的执行。在做顶层设计的时候，一定要让更

---

① ［日］青木昌彦：《比较制度分析》，上海远东出版社2001年版。

多的人参与，要倾听民众的改革诉求和基层政府的政治创新。机制设计的一个基本理念是，如果切西瓜的人是最后一个拿西瓜的人，那么，这个西瓜就会分配得很公平。改革顶层设计也应有这样的机制，即不能让改革设计变成改革利益的事先切割，而是让所有参与改革者在其中能看到公平分享改革利益的希望和切实的机制保障。

（四）基层探索与试点是改革最终取得成功的保障

当然，强调顶层设计并不是要舍弃摸着石头过河。中国是一个大国，决不能在根本性问题上出现颠覆性错误，一旦出现就无可挽回，无法弥补。同时又不能因此就什么都不动什么也不改。要采取试点探索投石问路的办法，取得经验达成共识。看得准了再推开，积小胜为大胜。中国地域广袤，各地情况千差万别，现阶段的改革又非常复杂，许多情况事先难以预料。对那些必须取得突破但一时还把握不准的重大改革，要鼓励和支持一些具备条件的地方先行先试，或者在改革试验区进行探索。成功了就及时推广，出现问题就及时纠错，把风险和影响控制在局部范围。这样做，是积极而又稳妥推进改革顺利实施的有效方法。在今后的改革进程中，既要加强宏观思考和顶层设计，更加注重改革的系统性、整体性、协同性，同时也要继续鼓励基层创新、大胆试验、大胆突破，不断把改革开放引向深入。

中国改革事业的成功，既要高瞻远瞩、顶层设计，又要有基层创新、试点推广。改革往往要走未走过的路，因此，免不了要试错。而为了不犯颠覆性的错误，试错的过程就是必要的。试点为降低改革风险、摸清改革规律打牢基础。实践是检验真理的唯一标准，也是认识规律、把握规律、运用规律推动事业发展的必由之路。通过试点、试错，不断实践，总结规律，才能应对全面深化改革这样复杂而艰巨的挑战。

一句话，试点是重要的改革方法。习近平总书记在中央全面深化改革领导小组（简称深改组）第十三次会议上指出，"试点是改革的重要任务，更是改革的重要方法。试点能否迈开步子、蹚出路子，直接关系改革成效"。在中央深改组第三十五次会议上，习近平总书记进一步指出："试点目的是探索改革的实现路径和实现形式，为面上改革提供可复制可推广的经验做法。试点要取得实效，必须解放思想、与时俱进，尽可能把问题穷尽，让矛盾凸显，真正起到压力测试作用。"

试点是打破僵局、取得改革成效的有力保障。随着改革不断深入，其艰巨性、复杂性、系统性愈加凸显，要打破僵局，啃下改革硬骨头，就需要通过试点探索改革的实现路径和实现形式，为面上改革提供可复制可推广的经验做法，发挥好试点对改革全局的示范、突破和带动作用。从自贸区改革试点，到国企改革试点，从司法领域改革试点，到生态领域改革试点……近年来，以习近平同志为核心的党中央聚焦重大改革任务，突出抓了一系列重大试点，深耕细作改革"试验田"，为推进全国面上改革积累了丰富经验、激发出生机活力。实践证明，试点能否迈开步子、蹚出路子，直接关系改革成效。抓好试点，是改革破局开路的重要一招。在改革涉深水、闯险滩的关键时期，搞试点既是解决具体问题的现实需要，也是通过以点带面实现整体突破、取得总体成效的有力保障。

试点可以最大限度调动各方面改革的积极性。一方面，改革试点要注意同中央确定的大的发展战略紧密结合起来，在遵循顶层设计的同时，尊重基层实践，多听基层和一线声音，多取得第一手材料，正确看待新事物新做法。对待试点不能求全责备，而应辩证地看、发展地看，要有试错、容错的空间。只要是符合实际需要，符合发展规律，就给予支持，鼓励试、大胆改，保护好地方和部门的积极性，最大限度调动各方面推进改革的积极性、主动性、创造性。

另一方面，要加大对试点的总结评估，对证明行之有效的经验做法，及时总结提炼、完善规范，在面上推广，推动试点由点及面逐次铺开，带动改革全局。

试点要充分考虑到现实情况的差异性，"十个手指弹钢琴"。"物之不齐，物之情也。"现实情况千差万别，提高改革试点工作科学性，需要区分不同情况，分析各个改革试点内在联系，实施分类指导，加强统筹协调，把握好改革试点工作节奏。对具有基础性、支撑性的重大制度改革试点，要争取早日形成制度成果；对关联度高、互为条件的改革试点，要统筹协调推进；对领域相近、功能互补的改革试点，可以开展综合配套试点，推动系统集成；对任务进展缓慢、到期没有完成的改革试点，要提前预警、督促落实。唯有本着"一把钥匙开一把锁"的原则，运用"十个手指弹钢琴"的方法，以系统思维、精准施策实现力量聚合、经验整合，才能让试点为面上改革提供有益经验和前进动力。

试点考验改革的勇气与担当。善于运用试点的办法开展工作、深化改革，体现勇气智慧，考验责任担当。很多事情，不试怎知行不行。但改革会触碰思想观念障碍，触及体制机制弊端，触动利益固化藩篱，必然会遭遇阻力、矛盾和问题，难以一蹴而就，更不会一帆风顺，决不能凭想当然、靠拍脑袋去搞改革试点。局部试点为的是收获全局之利，意味着改革试点要注意同中央确定的大的发展战略紧密结合起来，为国家战略实施创造良好条件。各地应加强改革试点的统筹部署、督察指导和主体责任落实，根据改革需要的试点条件灵活设置试点范围和层级，做到效果可期、风险可控，牢牢掌握试点工作的主动权，形成可复制可推广的试点经验和成功做法，让试点真正成为改革克难关、解难题的利器。当前，全面深化改革进入深水区、攻坚期，希望通过试点，涌现出一大批改革的实干家、促进派。

（五）坚持顶层设计与基层探索相结合是全面深化改革的必由之路

新时代全面深化改革需要顶层设计与基层探索的有机结合。

一是维护改革发展稳定大局的需要。改革发展稳定是我国社会主义现代化建设的三个重要支点。改革是经济社会发展的动力，发展是解决经济社会问题的关键，稳定是改革发展的前提。40 年来，我们之所以能够取得举世瞩目的成绩，很重要的是我们注重处理好改革发展与稳定的关系。中国是一个 13 亿人口的大国，决不能在根本性问题上出现颠覆性错误，否则损失将是无可挽回、无法弥补的。因此，改革既要注重顶层设计，尽可能少走弯路；又要摸着石头过河，对于看不清楚、拿不准的改革，要先行探索，积累经验，然后再在面上推开。只有这样，才能保证改革的平稳进行，维护改革发展稳定的大局。

二是由全面深化改革的复杂性、艰巨性决定的。在改革开放初期，我们进行的改革大多数属于增益型改革，参与改革者几乎都是受益者，而且参与改革者的利益增进并不损害其他群体的利益，因此容易得到参与改革者的认同，达成社会共识。随着改革进入攻坚期、深水区，改革涉及的利益越来越复杂，面临的阻力越来越大。各种深层次的矛盾纷纷显现，各种经济、社会、政治问题相互交织，使得任何一项改革都可能牵涉其他改革，任何一项改革都很难通过制定一两条政策来解决，单纯摸着石头过河已经不能适应改革形势发展的需要，必须加强顶层设计，进行全面、系统、科学的规划。

三是提高改革决策科学性的需要。顶层设计与摸着石头过河各有优势。顶层设计是一种目标思维，有利于从总体把握改革方向，防止出现全局性错误；能够有效衔接各项改革措施，克服改革的片面性；能够降低改革的成本，避免在实施过程中相互扯皮、拖延不决。摸着石头过河针对的是一种问题思维，有利于避免改革的盲目性，防止因情况不明、举措不当引起社会动荡，是推进改革健康有序发展的一种重要改革方法。顶层设计与摸着石头过河在根本上是一致的，顶层设计科学合理，能够为具体领域的改革指明方向和路径，减少"摸石头"的成本；摸着石头过河摸得好，有利于顶层设计的进一步完善，能够加快顶层设计目标的实现。全面深化改革，既要注重顶层设计，也要注重基层探索，这样才能提高改革决策的科学性。

（张晓晶）

第二章　对外开放：从参与者到引领者

引言　1978 年遇到世界

1978 年 10 月 22 日，邓小平应日本政府邀请乘专机前往东京开始了他的访日之旅。这也是中华人民共和国成立以后，中国国家领导人第一次访问日本。访日期间，邓小平参观了日产汽车公司、新日本钢铁公司君津钢铁厂、松下电器产业公司茨木工厂、大阪造币工厂等企业并与日本经济界人士交流，还乘坐了东京至京都的新干线 "光-81号" 超特快列车。在日产汽车公司的纪念册上，邓小平写下了 "向伟大、勤劳、勇敢、智慧的日本人民学习、致敬" 的题词。在君津钢铁厂热轧车间观看车间控制中心利用电子计算机控制轧制钢板时，邓小平请 "日本朋友一定要把先进的管理经验介绍给正在这里或即将来这里实习的中国工人"。乘坐新干线列车时，邓小平应日本记者之邀谈感受说 "就感觉到快，有催人跑的意思，我们现在正适合坐这样的车"。在宴会上，邓小平还对日方友好人士提出的 "中国最好举办中外合资企业" 的建议表示肯定。离开日本前的谈话中，他表示 "高兴地看到伟大的日本人民在经济建设和科学技术方面取得的巨大成就"[1]。

---

[1] 中共中央文献研究室编：《邓小平年谱（1975—1997）》（上卷），中央文献出版社 2004 年版，第 406—415 页。

邓小平是同时代中国主要领导人中很具有国际眼光的一位。早在 20 世纪 20 年代，他出国时就乘坐过五万吨邮轮。① 复出之后，邓小平通过各种渠道已经感到了中国经济、科技水平与世界主要大国之间的巨大差距。他在多个场合谈到，60 年代中国和国际上的差距还比较小，60 年代后期到 70 年代世界科学发展突飞猛进、一日千里，中国和国际的差距越来越大，要承认落后，学习外国的先进技术，要努力赶。② 1978 年 4 月，他听取时任副总理兼国家基本建设委员会主任谷牧等汇报前往法国、瑞士、比利时、丹麦和西德访问的准备工作时，提出"访问中，要广泛接触，详细调查，深入研究一些问题。好的也看，坏的也看，看看人家的现代工业发展到什么水平了，也看看他们的经济工作是怎么管的。资本主义国家先进的经验、好的经验，我们应当把它学回来"③。除了谷牧带队的考察团外，1978 年上半年还有其他三路中央政府委派的考察团，他们的考察报告为中国如何扩大对外交流加快现代化建设提供了建议。1978 年 9 月，邓小平率团赴平壤参加朝鲜 30 周年国庆庆典，在同老朋友朝鲜劳动党中央委员会总书记金日成会谈时坦承，"最近我们的同志出去看了一下，越看越感到我们落后"④。

百闻不如一见。通过各种间接渠道了解到的情况，比不上亲自走一走、亲眼看一看给邓小平带来的触动大。1978 年这次访日以及 1979 年年初访美的见闻，坐实甚至强化了邓小平对中国与世界先进水平差距悬殊的判断，更坚定了他打开国门搞建设的决心。1977 年 9 月，邓小平会见欧洲外宾时介绍了中国发展科学技术的目标，是

---

① 中共中央文献研究室编：《邓小平年谱（1975—1997）》（上卷），中央文献出版社 2004 年版，第 245 页。
② 同上书，第 164、201、218、223、316、389 等页。
③ 同上书，第 305 页。
④ 同上书，第 372 页。

"在二十世纪末力求接近当时的世界先进水平，相当的部分赶上当时的世界先进水平，个别的要超过"[1]。在出访日本、美国之后，邓小平比较大幅度地调低了对中国未来经济发展水平的预期。1979年3月21日，他在会见一个英国代表团时表示，"现在我们的技术水平还是你们五十年代的水平。如果本世纪末能达到你们七十年代的水平，那就很了不起。就是达到这个水平，也还要做许多努力"，他把这称为"中国式的现代化"[2]。

以后见之明观之清，邓小平上述这些多少有些让人感到"示弱"的论断实在切中肯綮。横向来看，1978年，中国按现价计算国内生产总值（GDP）还不到1500亿美元，占世界比重约为1.8%，而同期美国和日本分别为2.4万亿美元和1.0万亿美元，占世界比重分别为27.6%和11.8%；中国人均国民总收入约200美元，仅为同期世界平均水平的10%，日本水平的2.7%以及美国水平的1.9%；中国商品出口额不到100亿美元，占世界比重仅约0.8%，而美国和日本分别约为1460亿美元和980亿美元，占比分别为11.5%和7.7%。[3] 纵向来看，站在1978年这个十字路口的中国，也处于两千年以来经济相对规模的低谷。根据麦迪森用购买力平价法（PPP）对历史上各国经济规模的匡算，中国经济总量占世界经济的比重，公元元年为26.2%，1000年为22.7%，1500年为25%，1600年为29.2%，1700年为22.3%。清朝嘉庆帝驾崩、道光帝继位的1820年达到历史的高点32.9%，约合世界GDP的1/3。即便是鸦片战争之后，中国外受挫于西方列强，内受损于太平天国，到1870年，中国GDP占世界比重仍高

---

[1] 中共中央文献研究室编：《邓小平年谱（1975—1997）》（上卷），中央文献出版社2004年版，第206页。
[2] 同上书，第496页。
[3] 根据世界银行数据库数据整理计算，https://data.worldbank.org.cn/。

达17.2%。① 但是到了1978年，这一比重还不到5%，自1961年跌至5%之下以来，这个状态已经持续了18年之久。②

邓小平当时并不掌握上面这些数据，但直觉和观感令他透过历史的迷雾，精准地研判出世界大势和中国的处境。不过这并不让他沮丧，反倒激起了发展的雄心。他多次对外国人士坦言中国当时的落后与弱小。他对法国客人说，中国"就发展水平来说，是个小国，顶多也是个中小国家，连中等国家都算不上"③。甚至对一些来自中小国家的客人，他也并不讳言。他对索马里客人说"按生产和科学水平来说，我们同你们一样，只能算是一个小国……牛皮不能吹大了"④。实际上，他曾在多个场合表示，要拿世界上最先进的成果作为发展的起点。⑤ 他还务实地表示，"搞建设，单有雄心壮志不够，没有具体政策、具体措施，就像氢气球一样，一吹就破了"⑥。

打开国门、与世界相融汇就是他所倡导和推动的一系列政策措施中最重大的举措之一。美国《时代》周刊将邓小平评为1978年度世界风云人物，介绍词中这样写道：一个崭新中国的梦想者——邓小平向世界打开了"中央之国"的大门。这是人类历史上气势恢宏、绝无仅有的一个壮举！⑦

---

① 参见［英］安格斯·麦迪森《世界经济千年史》，伍晓鹰、许宪春等译，北京大学出版社2003年版，第261页。转引自张宇燕、冯维江《中国的和平发展道路》，中国社会科学出版社2017年版，第18页。
② 根据麦迪森数据计算。参见 Angus Maddison, Statistics on World Population, GDP and Per Capita GDP, 1−2008 AD, http://www.ggdc.net/maddison/oriindex.htm.
③ 中共中央文献研究室编：《邓小平年谱（1975—1997）》（上卷），中央文献出版社2004年版，第229页。
④ 同上书，第279页。
⑤ 同上书，第223、369页。
⑥ 同上书，第211页。
⑦ 同上书，第468页。

一　国际背景

　　从世界潮流看，中国的对外开放并非历史长河之中一桩孤立的事件。历史学家陈寅恪在评论学术新潮流时，借用佛家名词提出了"预流"的概念，称"得预此潮流者，谓之预流。其未得预者，谓之不入流。……非彼闭门造车之徒，所能同喻者也"[①]。不独学人之于学术潮流如此，国家之于历史发展的潮流同样如此。预流者，能够进入这个潮流顺势而为，就可以获得较快的发展，取得较大的成就；不入流者，一味故步自封、夜郎自大，就会被潮流或时代所抛弃。20世纪七八十年代之交，东西方冷战格局悄然变化，东亚的一些开放经济体也在"领头雁"日本的带动下纷纷开始腾飞，邓小平敏锐地注意到了时代潮流的变化，以他为首的中国第二代领导集体逐渐成型并在重要历史关头作出战略决断，中国得以不失时机地成为世界潮流的预流者，一往无前地走上了对外开放之路。

（一）东西方冷战格局的演变

　　从1947年"杜鲁门主义"出台算起，冷战到20世纪70年代末已经持续了30年，经过了20世纪50年代中后期到20世纪60年代初的"美攻苏守"阶段，经历着20世纪60年代中期以来的"苏攻美守"阶段。美国处于相对守势有其客观原因。首先，苏美战略军事力量对比发生变化。1965—1970年，苏联国防开支增长超过30%，苏联战略武器及其他武器数量迅速增加。[②] 到1969年，苏联

---

　　① 陈寅恪：《陈垣〈敦煌劫余录〉序》，《金明馆丛稿二编》，上海古籍出版社1980年版，第236页。

　　② [美]梅尔文·P.莱弗勒：《人心之争：美国、苏联与冷战》（中译本），孙闵心等译，华东师范大学出版社2012年版，第226页。

取得与美国相匹敌的有效核均势,双方首次尝试就武器问题举行谈判时发现,苏联在很多方面已经赶上美国,如果再次出现类似1962年古巴导弹危机的状况,苏联退却的可能性很小。[1] 其次,越南战争的巨额成本和20世纪70年代石油危机的冲击削弱了美国的实力。最后,西方阵营内部出现分化。法国长期憎恶居于领导地位的美国及其对欧洲的影响。[2] 联邦德国随着经济快速增长和政治日益稳定,也越来越看重保卫作为独立国家的地位而不满于再接受美国等国的"监护"。[3]

与美国的守势相比,苏联的全球战略表现出明显的进攻态势,在全世界推进"阶级斗争",搞"输出革命"。勃列日涅夫曾表示,制定对外政策要考虑地球上每一个角落的情况。[4] 对东欧国家,苏联从政治军事经济上严加控制、粗暴干涉,肆意"教训"捷克等挑战苏联权威的国家。对第三世界,苏联不断扩大自己的影响,用政治军事经济外交等手段和培植代理人等方式,介入国际纷争,攫取战略要地,强化与美国地缘对抗中的地位。[5] 这种扩张性的全球攻势在1979年12月苏联入侵并占领阿富汗事件中达到高潮,也引起了美国的严重不满和强势反击。1980年1月美国卡特主义出台,强化了对苏联的遏制战略。1981年极端反苏的里根担任美国总统,他摒弃对苏"缓和",积极振兴美国经济,同时扩大国防预算,旨在与苏联的竞争中重新夺回主动权。[6]

美国积极争取国际合作,联合抵制苏联对阿富汗的入侵,对苏

---

[1] [英]理查德·克罗卡特:《五十年战争:世界政治中的美国与苏联(1941—1991)》,社会科学文献出版社2015年版,第265—266页。
[2] 同上书,第257页。
[3] 同上书,第259页。
[4] 刘金质:《冷战史》,世界知识出版社2003年版,第920页。
[5] 同上书,第922—927页。
[6] [英]理查德·克罗卡特:《五十年战争:世界政治中的美国与苏联(1941—1991)》,社会科学文献出版社2015年版,第386页。

联实施制裁，呼吁各国一起抵制，退出莫斯科奥运会，进而宣布实施战略防御计划（"星球大战"），寻求西欧盟友等共同孤立、遏制苏联。这些行动意味着美国对包括中国在内国际社会支持的需求急剧上升，这与正在谋求对外开放的中国的战略诉求十分契合。实际上，20 世纪 50 年代末中苏关系就开始出现严重的裂痕。20 世纪 60 年代末，中苏发生大规模武装冲突，毛泽东判断中国的主要威胁来自苏联，而不是美国。1971 年美国国务卿基辛格秘密访华，次年美国总统尼克松访华并签署《中美上海联合公报》，中美关系开始正常化，但正常化的进程比预计的要慢。究其原因，一则美苏之间一度走向"缓和"，美国对改善与中国关系的需求下降，同时也让中国对美国意图抱有疑虑；二则原本承诺在第二任期结束前实现中美建交的尼克松因"水门事件"下台；三则当时的中国仍在"文化大革命"之中，没法打开国门搞建设。20 世纪 70 年代末，这个障碍不复存在。在对"台湾问题"做出相关安排之后，中美于 1978 年 12 月 15 日（苏军进入阿富汗前五日，此前苏军已在苏阿边境大量集结部队）签署建交公报，半个月之后的 1979 年元旦公报生效，中美正式建交。

（二）中国反对地区霸权主义

基辛格秘密访华之后，中国开始对美国国际事务中的重要关切提供帮助，比如敦促越南与美国实现和解。不过越南一些人认为中国是为了美国牺牲越南，并认为加强与苏联的关系对减轻来自中国越来越大的政治压力至关重要[1]，这为越南后来仰仗苏联的支持入侵柬埔寨、驱赶迫害华侨并没收其财产、在中越边境挑衅和入侵的地

---

[1] ［英］R. 麦克法夸尔、费正清编：《剑桥中华人民共和国史》（中译本），中国社会科学出版社 1992 年版，第 441—442 页。

区霸权主义行径埋下了伏笔。

中国曾是越南反抗帝国主义入侵的长期支持者，对越南提供了大量道义上和物资上的援助。1975年越南共产党取得全国性的胜利之后，认为没有必要再与中国保持原先的关系①，并开始在苏联的支持下谋划并吞柬埔寨、老挝，建立"印度支那联邦"。鉴于老挝已经建立了亲越政府，越南的矛头指向柬埔寨。1978年12月初，越南和苏联签署了和平友好条约，旋即在月底入侵并迅速占领了柬埔寨。1979年1月，邓小平访美时向卡特通报了解放军将要采取的军事行动的规模和持续时间。在邓小平看来，中国的对越自卫反击战的惩戒是在履行中美建交公报中"反对任何国家或国家集团建立霸权"的义务，对此两国应当采取互补的举措，并在全球而非地区的背景下理解这场战争②，如果中国不承担起责任，这个责任就得由美国来承担。③ 1979年2月17日，中国边防部队对侵犯中国领土的越南军队进行自卫还击作战，短时间内占领了越南北部20余个重要城市和县镇，3月16日全部撤回国内，完成作战任务。

尽管美国没有公开支持这次惩戒行动，甚至卡特还按照内部商议的结果向邓小平表示了对中国采取军事行动的反对，但总体上美国认为这是中国对美国利益的支持。美国对不久前从这块土地上不

---

① ［英］R. 麦克法夸尔、费正清编：《剑桥中华人民共和国史》（中译本），中国社会科学出版社1992年版，第464页。

② 邓小平在同卡特的会谈中指出，"对付苏联称霸世界，美国理所当然是一个主要力量，但在相当长时间内，美国在尽自己的责任方面有某些不足。苏联在世界各地扩张，特别是利用古巴在非洲插手，支持越南侵柬，没有受到应有的遏制和惩罚"。参见熊志勇《中美关系60年》，人民出版社2009年版，第201页。关于越南侵柬问题，邓小平进一步指出，这是苏联战略部署的一个部分，"一头通过越南搞印支联邦，推行亚安体系，另一头，通过控制阿富汗、伊朗、印度、南下波斯湾，连接两者的马六甲海峡，苏联也正设法加以控制""从战略全局考虑，有必要对越南的这种狂妄野心给以教训"。参见宫力《对越自卫反击战过程中的中美苏三角关系》，《党史文汇》1995年第8期，第35页。

③ ［英］R. 麦克法夸尔、费正清编：《剑桥中华人民共和国史》（中译本），中国社会科学出版社1992年版，第467页。

体面的撤离记忆犹新，以致无法重新直接干预该地区的安全，只能由中国承担起地区安全间接保护人的角色。① 解密资料显示，美国后来实际做出了有利于中国的反应，如在安理会中给予中国实际支持，在阻止苏联干预方面付出努力，安排财政部部长布卢门撒尔如期访华且与中国达成了众多的经济合作协议等②，总之，美国以"冠冕堂皇"的方式给中国"打掩护"，这与邓小平"两国采取互补举措"的期待无疑是相符的。③

中国为这次反对地区霸权主义的对越自卫反击战流血牺牲，并且支付了昂贵的经济代价。中国政府不得不因为预算限制缩减与日本企业签订的工厂建造合同，甚至要实施为期3年的经济调整政策④，但这一决策对此后几十年对外开放奠基之功远大于一时的经济成本。

一方面，此举不啻与苏联公开决裂，这和美国的战略利益高度契合，特别是让中国开始赢得了美国的信任，并让美国领导人生出了"不应当辜负中国人的信任"之感，为日后中国被接纳并融入美

---

① ［英］R. 麦克法夸尔、费正清编：《剑桥中华人民共和国史》（中译本），中国社会科学出版社1992年版，第468页。

② 布卢门撒尔访华期间谴责中国对越自卫反击战的做法，卡特特地发去一份紧急电报，"严饬他检点言论"。参见［美］布热津斯基《实力与原则：1977—1981年国家安全顾问回忆录》，邱应觉等译，世界知识出版社1985年版，第469页。

③ 1979年2月16日美国国安会确定的应对目标及原则包括，对苏联形成牵制，阻止其武力介入。并且卡特倾向于同情中国，认为中国政府在进行自卫反击战之前就已将消息告知美方，表明了对美国的信任。美国应"珍视中国的信任"，在公开表态中不要提及中越武装冲突爆发前邓小平对卡特总统的信件，否则将陷中国于不义。因此，在卡特的强烈建议下，会议一致决定明确回答："邓在访美期间未提及中越战争问题。" 2月17日，美国给苏联的照会包括如果苏联采取行动，美国也将"采取对等的行动"；特别是，"如果苏联军舰在这一地区的活动增加，我们也将采取相应的军事应对措施"的内容。此外，战争期间美国还分别于2月24日和3月7日两度致信苏联领导人，并于2月24日和27日两次紧急召见苏联驻美大使多勃雷宁（Anatoly Dobrynin），表达要求苏联克制、警告苏联不要采取使战争升级的行动的立场。参见关敬之、栗广《从最新解密档案看美国对一九七七年"对越自卫反击战"的立场》，《党史研究与教学》2016年第1期。

④ ［英］R. 麦克法夸尔、费正清编：《剑桥中华人民共和国史》（中译本），中国社会科学出版社1992年版，第469页。

国主导的开放经济体系奠定了基础。① 在对越自卫反击战之后的氛围之下，1979年4月邓小平会见美国参议院代表团时，提出与华盛顿开展公开安全合作的可能性问题，包括访问军港、购买美国先进武器以及在中国领土上用美国监测站核查苏联执行武器控制条约情况等。② 出售敏感技术意味着美国将中国视为准同盟者。这在当时环境下被视为"异想天开"之事，最终在多番游说下于苏联入侵阿富汗后取得成效。美国政府放松了向中国出口各种尖端技术的限制，原先维系的美苏、美中等距格局被打破。

另一方面，这一仗为中国在周边国家树立了负责任国家的形象，一定程度解除了本地区对中国谋求建立"势力范围"的顾虑，为中国在其后的对外开放中向周边国家学习和与之进一步合作奠定了良好基础。美国从越战中撤出之后，中国即希望向世界特别是周边国家示好，希望各国领导人相信中国不会再"输出革命"，不会继续支持各国共产党游击队的武装斗争行动。越南入侵柬埔寨之后，中国对越南的军事行动制衡起到了提供地区安全公共产品的作用，中国也确实许诺，如果越南进攻泰国中国将为后者提供军事援助，并在联合国柬埔寨问题会议上坚定支持东盟国家，联合泰国和新加坡组成一个外交"统一战线"阻止国际社会承认越南扶植的傀儡政府，并在区域范围孤立越南。这些做法也在周边特别是东南亚起到了增信释疑的效果。而新加坡、泰国等东南亚经济体后来也确实成了中国对外开放学习和开展合作的重要对象。

（三）亚洲开放经济体成功经验

在中国开始准备向外部开放、与世界接轨的时候，亚洲一些小

---

① 有人将这次战争视为中国结好美国的"投名状"。
② ［英］R. 麦克法夸尔、费正清编：《剑桥中华人民共和国史》（中译本），中国社会科学出版社1992年版，第472页。

型开放经济体已经率先一步展示出巨大的"开放红利",引起了邓小平的关注。1978年5月,邓小平提道:"现在东方有四个'小老虎':一个是南朝鲜、一个是中国台湾、一个是中国香港、一个是新加坡。它们的经济发展很快,对外贸易增长很快。它们都能把经济发展得那么快,我们难道就不能吗?"①

邓小平提到的东方四个"小老虎"后来以"亚洲四小龙"之名为国人所熟知。它们从20世纪60年代起,利用发达国家特别是日本向外转移劳动密集型产业的机会,吸引外资和技术,推行出口导向型发展战略,在较短时间内成功实现了经济腾飞,成为新兴的亚洲富裕地区。第二次世界大战以后,从日本经济崛起,到亚洲四小龙腾飞,再到后来的亚洲"四小虎"(泰国、马来西亚、菲律宾和印度尼西亚)以及中国大陆经济的次第跟进,在亚洲形成了一种产业结构在不同国家间传递并呈现出以日本为领头雁的"雁行国际分工体系",这种发展模式又被称为"雁行模式"。中国从雁行模式的先行者身上得到了莫大的鼓励。

第二次世界大战结束后,日本经济在1955年恢复到战前最高水平,此后直到20世纪70年代初日本进入一段接近20年的高速增长期。引进先进技术和注重创新是支持高速增长的重要原因。研究显示,1960—1973年,资本、劳动、居民消费、全要素生产率(TFP)等因素中,对日本增长贡献最大的是资本的增加,其次是代表技术进步的TFP。欧美发达国家的先进技术被迅速引入日本,原先被军需生产培育起来的技术也转入民营部门,伴随技术革新的设备投资有力推动了日本经济增长。除引进先进技术之外,日本还从美国等引进了成本管理、经营计划调查以及职务分析等知识和方法,提高

---

① 中共中央文献研究室编:《邓小平年谱(1975—1997)》(上卷),中央文献出版社2004年版,第320页。

企业管理现代化程度。日本向欧美大量派出企业家和工会人员组成的海外考察团学习欧美的管理方法，1955—1975 年共派出 1000 批以上，人数在 1 万人以上，被称为"昭和遣唐使"。政府对市场的引导或合适的产业政策也发挥了积极作用。值得强调的是，这些发挥作用的政策并非由政府单向推行，而是政府与民间协调推进的行政指导和产业政策。人口由农村向城市大规模移动带来的充裕劳动力和消费扩大，也分别从供给和内需两个方面推动了增长。加工贸易型出口不断增加，也从外需上给日本经济以有力支撑，并且随着出口结构向高附加值方向转化，日本经常项目收支在高速增长期成功实现并保持了盈余，从而对经济增长做出了贡献。[①] 世界银行 1993 年出版的《东亚奇迹》在更大范围内对日本、"亚洲四小龙"及印度尼西亚、马来西亚和泰国的增长特征和经验进行了总结，主要包括"政府引导型"发展模式、实现宏观经济稳定和推动出口增长、创新的人力资本投入和积累、高投资和高储蓄率等。[②]

20 世纪 70 年代后期，韩国、中国台湾、中国香港等已经成长为新兴工业经济体，逐渐丧失美国给予的地缘政治优待，并且向日本那样开始面临美国实施的关税、配额、汇率等贸易限制，它们自身

---

① ［日］滨野洁等：《日本经济史 1600—2000》（中译本），彭曦等译，南京大学出版社 2010 年版，第 243—262 页。

② World Bank, *The East Asian Miracle*, New York: Oxford University Press, 1993, pp. 8 – 59. 当然，对东亚奇迹也不乏质疑性的反思，比较著名的当属克鲁格曼（Paul Krugman）的质疑，他认为亚洲增长主要来自汗水而非灵感，来自更努力而非更聪明的劳动。见 Paul Krugman, "What Ever Happened to the Asian Miracle?" *Fortune*, August 18, 1997, p. 27. 在经历了亚洲金融危机之后，世界银行 2001 年出版了一本《反思东亚奇迹》的论文集，对"东亚奇迹"提出之后东亚发展方式的动力和原因再度探讨，其中对之前被公认的东亚模式进行了概括，包括：坚持宏观经济管理基础（鼓励长期投资的稳定的低通胀的商业环境、可持续的财政政策、维持出口竞争力的汇率政策、能够最大化动员国内储蓄并与世界金融体系接轨从而提升配置效率的开放发达的金融业、价格扭曲最小化、积极支持教育），能就制定和执行长期规划作出承诺的强政府的官僚体系，促进工业化和出口的政策，采取灵活务实、能及时"止损"的发展战略。见 Joseph Stiglitz and Shahid Yusuf (eds.), *Rethinking the East Asian Miracle*, Oxford, U. K.: Oxford University Press, 2001, pp. 5 – 7.

也出现劳动力短缺、劳资纠纷加剧、土地价格上升、环保代价增加等带来生产成本上升的问题，为了确保获得稳定廉价的劳动力，它们有动力将生产网络向中国大陆及其他东南亚国家扩展，从而让中国的对外开放与这些经济体的发展表现出较大的指向双赢的互补性。[①] 亚洲开放经济体取得的成效给中国的对外开放提供了有益的启示，也坚定了中国打开国门搞建设的决心和信心。

（四）世界大战打不起来

打开国门搞建设需要以和平环境为前提。毛泽东时代对国际环境或时代主题的判断主要是战争与革命。中共八大（1956年）报告对国际环境的判断是"世界局势趋向缓和，持久和平有可能实现"，但从中共九大（1969年）到中共十一大（1977年），党代会报告对国际环境的判断都强调了战争的危险。中共九大是"美帝、苏修猖狂反华"，中共十大提出"当前国际形势的特点，是天下大乱"，中共十一大认为"革命因素继续增长的同时，战争因素明显增长"。这样的环境下，很难一心一意搞建设，更别说实施对外开放了。70年代与80年代之交，中国对国际环境或时代主题的战略判断开始发生转变。由战争与革命转向和平与发展，这为开启对外开放进程提供了必要条件。

早在1975年，邓小平在军委扩大会议上就下过"五年内仗打不起来"的判断。1977年8月，邓小平表示自己在中央军委座谈会讲话上"五年内仗打不起来"的判断可以在大军区党委常委会上传达。此时，这样的判断还只能局限在一定范围之内。1977年12月28日，邓小平在军委全体会议上提出"可以争取延缓战争的爆发"，一方面有中国主观努力的空间，"因为我们有毛泽东同志的关于划分三个世

[①] 苏耀昌（Alvin Y. So）、张恒豪（Heng-Hao Chang）：《中国自改革以来的发展之谜》，载张敏杰主编《中国的第二次革命》，商务印书馆2001年版，第37页。

界的战略和外交路线,可以搞好国际的反霸斗争",另一方面也有客观的有利于维持和平现状的条件,"苏联的全球战略部署还没有准备好。美国在东南亚失败后,全球战略目前是防守的,打世界大战也没有准备好"①。1978年7月听取军工生产汇报时他又提到"仗可能五年打不起来",8月听取汇报时说"五年内仗肯定打不起来"。1979年3月,他听取中央军委科技委员会汇报时讲,"看来世界大战十年内打不起来",对世界总体和平期的判断有所延长。②

在会见外宾时,邓小平更是多次表达需要维持长期和平环境的意图。1977年9月会见日本客人时,他提出"起码我们希望二十三年不打仗,二十三年就是到二十世纪末"。1978年8月会见利比亚客人时邓小平表示,"我们希望有二十年的和平时期,好好搞建设。我们希望安定二十年,有一个安定的国际环境,来发展我们的经济,增加人民的收入"。同月稍晚时,他对泰国客人讲"我们跟很多外国朋友讲过,就中国来说,我们至少还需要二十二年的和平时间。因为我们需要这个时间来实现我们已经制定的政策,实现四个现代化。一打仗,实现四个现代化就困难了"③。

邓小平的判断逐渐成为中央对国际环境的共识。到了党的十二大(1982年),党代会报告对国际环境的基调有所转变,认为"世界大战的危险越来越严重。但是,世界人民能够打乱它们的战略部署"。其后,历次党代会报告更强调国际环境的和平性因素,认为"东西方关系出现了一定程度的缓和","在今后一个较长时期内,争取和平的国际环境,避免新的世界大战,是有可能的","在相当

---

① 邓小平:《在中央军委全体会议上的讲话(一九七七年十二月二十八日)》,《邓小平文选》第二卷,人民出版社1994年版。
② 中共中央文献研究室编:《邓小平年谱(1975—1997)》(上卷),中央文献出版社2004年版,第191、336、351、494页。
③ 同上书,第201、352、363页。

长的时期内,避免新的世界大战是可能的","新的世界大战在可预见的时期内打不起来","国际力量对比朝着有利于维护世界和平方向发展,国际形势总体稳定","国际力量对比朝着有利于维护世界和平方向发展,保持国际形势总体稳定具备更多有利条件",等等。[①]

回过头来看,对中国来说,和平与对外开放是一个相互建构的过程。没有和平固然无法坚持打开国门搞建设,而对外开放范围的扩大、水平的提升本身也会强化维护和平的能力和坚定维护和平的信念,让包括中国在内的各国不愿退回剑拔弩张甚至兵戎相见的状态。但无论如何,和平或"世界大战打不起来"可算是中国对外开放的逻辑起点,今天中国的对外开放能取得如此成效,与邓小平为核心的第二代领导集体"世界大战打不起来"的战略判断密不可分。

二 从参与、融入到引领的开放进程

中国自 1978 年以来的对外开放进程大致可以划分为三个阶段。第一个阶段是从 1978 年至 2000 年,起点的标志是开启改革开放政策的十一届三中全会。在这个阶段,中国开始打开国门、接触世界、参与国际分工并尝试性地接受全球化浪潮的洗礼。第二个阶段是从 2001 年至 2011 年,起点的标志是中国加入世界贸易组织(WTO)。在这个阶段,中国全面拥抱或融入美国主导的国际经济体系,经受了国际金融危机的冲击,并由这个体系的边缘位置不断向中心位置接近。第三个阶段是 2012 年至今,起点的标志性事件是中国新一届领导集体就位。在这个阶段,以习近平同志为核心的党中央开始带领中国开启了"进行伟大斗争、建设伟大工程、推进伟大事业、实

[①] 张宇燕、冯维江:《中国的和平发展道路》,中国社会科学出版社 2017 年版,第 77—78 页。

现伟大梦想"的新征程，对外开放进入全面开放新阶段。

（一）改革开放参与世界经济

1978年十一届三中全会实际确立了以邓小平同志为核心的党的第二代领导集体[①]，确立了以经济建设为中心的新的发展目标，掀开了改革开放的历史新篇章。实际上，经过此前中央委派的相关出国考察访问及考察结果的汇报、国务院在中南海怀仁堂报告厅召开的关于加快现代化建设务虚会讨论等一系列酝酿和准备，到1978年，实施对外开放政策、促进经济发展和现代化建设的思想已经在全党达成共识。十一届三中全会郑重提出"在自力更生的基础上积极发展同世界各国平等互利的经济合作，努力采取世界先进技术和先进设备"的经济工作指导方针，这表明新时期中国实行对外开放的方针已定。[②]

虽然方针已定，但其实施还需能"一抓就灵"的抓手。抓手之一是设立经济特区。1979年年初，广东省委提出希望利用接近港澳的优势，设立沿海出口加工基地，实行一些特殊优惠政策的设想。同年4月这个设想经习仲勋、杨尚昆等汇报给邓小平，得到后者的赞同。邓小平说"还是叫特区好，陕甘宁开始就叫特区嘛。中央没有钱，可以给些政策，你们自己去搞，杀出一条血路来"[③]。从1979年到1985年，中国制定了第一个有关中外合资企业的法律，在广东和福建共设立了四个经济特区，这些特区为外国投资者提供优惠条

[①] 这个领导集体除了邓小平，主要成员还有陈云、李先念、叶剑英。参见陈云《陈云文选》第3卷，人民出版社1995年版，第341页。邓小平曾谈道："党的十一届三中全会建立了一个新的领导集体，这就是第二代的领导集体。在这个集体中，实际上可以说我处在一个关键地位。"见《邓小平文选》第3卷，人民出版社1993年版，第309页。

[②] 柳建辉、曹普：《中国共产党执政历程（第三卷）（1976—2011）》，人民出版社2011年版，第98页。

[③] 中共中央文献研究室编：《邓小平年谱（1975—1997）》（上卷），中央文献出版社2004年版，第520页。

件，所得税率仅为15%，还保留了有限的外汇优惠和低廉的土地使用费。① 兴办经济特区在国内外特别是港澳同胞中反响强烈，他们纷纷前来考察，就加工装配、补偿贸易、合资经营等开展洽谈。② 1988年，海南经济特区设立。1992年将经济特区模式转移到国家级新区，上海浦东等国家级新区纷纷涌现，成为新一轮改革开放的标志。

抓手之二是向外方借款。1979年9月，谷牧受中央委派出访日本，达成以年利率3%、期限30年条件的首批500亿日元（折合当时2.3亿美元）的政府贷款。此举打破了长期以既没有外债又没有内债为荣、坚持不从西方国家贷款的思维桎梏，开了今后大规模利用国外贷款之先河。从1979年至1981年，中国先后与科威特、比利时等国签订政府贷款协议，还争取恢复了世界银行、国际货币基金组织（IMF）的席位，开始向这些国际组织借款。③

无论是设立经济特区还是向外借款，都是在特定范围或特定要素上借力于外部世界，最多只能算是对世界经济的有限参与，特别是在规则意义上与世界接轨而言，中国对自身的认识是逐渐深入的，参与对外开放的进程也并非总是一帆风顺。例如，中国从1986年出于获得纺织品配额的需要，开始了恢复在关贸总协定的合法席位（"复关"）谈判，但很长时间内最大的困难是中国不承认在搞市场经济。④ 1992年邓小平南方谈话中说"计划多一点还是市场多一点，不是社会主义与资本主义的本质区别。计划经济不等于社会主义，资本主义也有计划；市场经济不等于资本主义，社会主义也有市场。计划和市场都是经济手段"。这段论述解放了思想，让市场经济在中

---

① 张敏杰：《中国的第二次革命》，商务印书馆2001年版，第51页。
② 柳建辉、曹普：《中国共产党执政历程（第三卷）（1976—2011）》，人民出版社2011年版，第100页。
③ 同上书，第103页。
④ 胡舒立、胡野碧：《龙永图：谈判是这样完成的》，《财经》2001年第47期，第38—47页。

国得到承认。此后中国谈判代表团在"复关"谈判中才与谈判对手开始了真正的对话。1994年4月15日,在摩洛哥的马拉喀什市举行的关贸总协定乌拉圭回合部长会议决定成立更具全球性的世界贸易组织(WTO),以取代成立于1947年的关贸总协定。1995年1月1日,WTO成立,关贸总协定与WTO并存一年后结束了历史使命,而中国尚未成功的"复关"努力转而变为加入WTO("入世")的谈判,继续旷日持久地开展着,直到1999年11月15日与美国达成协议,中国入世最大的"障碍"才被克服。

不断推进对外开放扩大参与世界经济的同时,中国对外部世界开放带来的风险也在增加。1997年7月,泰国发生金融危机,在东南亚国家和地区产生连锁反应,并波及中国台湾、韩国和日本,对世界金融市场也产生较大影响,史称亚洲金融危机。这让中国领导人受到触动,对此江泽民表示,"事实说明,金融风险突发性强、波及面广、危害极大,我们必须高度警觉"[1]。庆幸的是,中国资本项目比较严格地管制并未放开,这种"经常项目可兑换,资本项目外汇管制"的外汇体制经受住了亚洲金融危机的冲击。[2] IMF(国际货币基金组织)1999年与中国第四条款磋商的总结报告中,也把"谨慎的资本账户自由化政策"视为中国比较顺利渡过本次亚洲金融危机冲击的条件之一。其2000年磋商报告同样表示,支持中国对资本账户自由化的谨慎态度。[3]

亚洲金融危机对中国对外开放的附带影响是,大大推进了中国与东盟以及东盟与中日韩(10+3)的金融合作。至少部分是由于泰

---

[1] 江泽民:《全面推进改革开放和现代化建设的各项工作》,载中共中央文献研究室编《新时期经济体制改革重要文献选编(下)》,中央文献出版社1998年版,第1499页。

[2] 陈继勇等:《世界贸易组织的建立发展趋势与我国的对策》,人民出版社2000年版,第455页。

[3] Public Information Notice, "IMF Concludes Article IV Consultation with China", http://www.imf.org/en/news/articles/2015/09/28/04/53/pn0071.

国、韩国等处于亚洲金融危机重灾区的东亚国家对 IMF 救助条件的共同不满，以及其他各方对这种不满的感同身受，10+3 财长于 2000 年 5 月一致通过了关于建立货币互换协议网络的清迈倡议，试图组建本地区的金融安全网，以便在一国发生外汇流动性短缺或出现国际收支问题时，由其他成员集体提供应急外汇资金，以稳定地区金融市场。中国（以及日本）在此过程中发挥了积极作用。

（二）加入 WTO 融入世界经济

2001 年 12 月 11 日，中国正式加入 WTO，标志着中国的对外开放进入了一个全新的历史阶段。WTO 是最重要的国际经济组织之一，有"经济联合国"之称。其目标是建立一个完整的，包括货物、服务、与贸易有关的投资及知识产权等内容的，更具活力、更持久的多边贸易体系，使之可以包括关贸总协定贸易自由化的成果和乌拉圭回合多边贸易谈判的所有成果。WTO 的职能包括：提供多边贸易谈判场所及平台；实施和监测共同构成 WTO 的多边及诸边贸易协定，监督成员贸易政策；解决贸易争端；开展贸易能力建设；以及与其他机构合作，等等。WTO 坚持构成多边贸易体系基础的一些基本原则，包括非歧视、更加开放、可预测与透明、公平竞争、对欠发达国家优惠、保护环境等。[1]

中国加入 WTO 意味着不再是零敲碎打地参与世界经济，而是开始全面融入国际经济体系，为此中国改革自身经济体制以适配相关国际规则、履行开放和保护知识产权承诺、在"阵痛"中调整相关产业，开展了深度的"自我革命"。第一，加入 WTO 后，中国大规模开展法律法规清理修订工作，中央政府清理法律法规和部门规章 2300 多件，地方政府清理地方性政策法规 19 万多件，覆盖贸易、投

---

[1] https://www.wto.org/english/thewto_e/whatis_e/what_stand_for_e.htm.

资和知识产权保护等各个方面。第二，履行货物贸易领域开放承诺，大幅降低进口关税、显著削减非关税壁垒、全面放开外贸经营权。截至2010年，中国货物降税承诺全部履行完毕，关税总水平由2001年的15.3%降至9.8%。截至2005年1月，中国全部取消了进口配额、进口许可证和特定招标等非关税措施。自2004年7月起，中国对企业的外贸经营权由审批制改为备案登记制。第三，履行服务贸易领域开放承诺，广泛开放服务市场。截至2007年，中国承诺的开放9大类100个分部门全部开放到位。第四，从立法、执行等方面加强知识产权保护。第五，为透明度立法，及时向WTO通报国内相关法律、法规和具体措施的修订调整和实施情况。[1] 加入WTO融入世界经济的10多年，中国经济迅速发展，经济总量由世界第六位上升到第二位。

在此阶段，中国对外开放在全球治理和区域合作方面都取得重要进展。2008年，肇端于美国次贷危机的国际金融危机使中国发展遭遇严重困难，但中国见事早、判断准、行动快，及时果断实施一揽子计划，成功应对百年一遇的国际金融危机冲击，保持了经济社会大局稳定，避免了现代化建设进程出现大的波折[2]，在全球率先实现经济企稳回升[3]。这次国际金融危机中，美国、欧洲等成为危机策源地和重灾区，它们在开展全球协作、共同应对危机中对中国等新兴经济体的需求上升，后者在全球治理中的地位有所提高。建立于1999年的二十国集团（G20）机制在此次国际金融危机之后升格为领导人峰会，2009年9月举行的匹兹堡峰会将G20确定为国际经济

---

[1] 中华人民共和国国务院新闻办公室：《中国与世界贸易组织》，2018年6月。
[2] 温家宝：《总结经验 明确方向 不断开创金融工作新局面》，2012年1月6日，http://www.gov.cn/ldhd/2012-01/30/content_2054248.htm。
[3] 胡锦涛：《坚定不移沿着中国特色社会主义道路前进 为全面建成小康社会而奋斗——在中国共产党第十八次全国代表大会上的报告》，人民出版社2012年版，第12页。

合作主要论坛。与只汇集主要发达国家的七国集团（G7）相比，G20机制代表性明显提升，中国等发展中国家借助这个平台推动布雷顿森林机构改革，支持国际货币体系多元化发展，推动全球治理体系向更加公正合理方向转变。同样是在这次危机压力之下，2009年中国、俄罗斯、印度和巴西将2006年建立的金砖四国机制升格为领导人会晤，2010年吸收南非加入金砖机制。金砖国家成为协调发展中国家与新兴国家立场、推进全球治理改革的重要力量。区域合作方面，中国与东盟合作不断深化，2010年中国—东盟自贸区正式启动，成为涵盖18亿人口、GDP接近6万亿美元、贸易额达4.5万亿美元的世界上由发展中国家组成的最大的自由贸易区。

（三）奋发有为引领世界经济

2012年党的十八大之后，以习近平同志为核心的新一届中央领导集体就位，以更积极主动的姿态推进全面开放、引领全球经济治理和世界经济发展的浪潮。与对外开放的前两个阶段相比，2012年后的中国对外开放面临的外部压力更大，而中国的塑造外部环境的主动性也随国家实力的上升有所提升。从周边关系看，日本、菲律宾等国与中国领土领海争端一度升温，澳大利亚等域外国家也对中国南海指手画脚。大国关系上，中美竞争态势随着特朗普上台日益凸显，后者在其第一份国家安全战略报告中将中国列为主要的战略竞争者，并在任上以"美国优先"之名大兴保护主义之风。全球治理上，随着国际金融危机的缓解，原先在G20机制上推动达成的布雷顿森林机构改革方案迟迟无法推进。

面对这些压力，中国并未退回封闭的老路，而是以进一步的全面开放来应对。从理念上，推动弘扬人类命运共同体意识。2012年党的十八大报告中就提出了"要倡导人类命运共同体意识，在追求本国利益时兼顾他国合理关切,在谋求本国发展中促进各国共同发展"[1]。2017年1月18日,习近平在联合国日内瓦总部发表演讲详细阐述人类命运共同体的中国方案,倡导国际社会共同建设一个持久和平、普遍安全、共同繁荣、开放包容、清洁美丽的世界。[2] 2017年10月党的十九大确定将"推动构建人类命运共同体"写入党章,2018年3月通过的宪法修正案将"推动构建人类命运共同体"载入宪法,以正式制度彰显中国倡导人类命运共同体的意志和决心。

从机制上,大力推进"一带一路"机制及相关平台建设,使之成为推动构建人类命运共同体的重要实践平台。2013年,习近平主席在哈萨克斯坦和印度尼西亚分别提出"丝绸之路经济带"倡议和"21世纪海上丝绸之路"倡议,呼吁通过政策沟通、设施联通、贸易畅通、资金融通和民心相通来加强国际合作。为促进区域互联互通和经济一体化,向"一带一路"有关国家的基础设施建设提供资金支持,中国倡导建立亚洲基础设施投资银行(AIIB)并设立丝路基金。2014年丝路基金成立并开始运营,2017年"一带一路"国际高峰论坛上中国宣布向丝路基金新增资金1000亿元人民币。2015年AIIB正式成立,到2018年6月已经有87个正式成员。"一带一路"倡议的推进,客观上对进展缓慢的布雷顿森林机构改革起到倒逼作用,2015年12月,美国国会批准五年以前就已经达成的IMF份额改革方案,根据该方案,约6%的份额将向有活力的新兴市场和代表性不足的发展中国家转移,中国份额占比从3.996%升至6.394%,排名从第六位跃居第三位。

在行动上,中国对内推进以自由贸易试验区改革为抓手的进一

---

[1] 《坚定不移沿着中国特色社会主义道路前进 为全面建成小康社会而奋斗——在中国共产党第十八次全国代表大会上的报告》。

[2] 习近平:《共同构建人类命运共同体——在联合国日内瓦总部的演讲》,2017年1月18日,http://www.xinhuanet.com/world/2017-01/19/c_1120340081.htm。

步改革开放，在此基础上制定并公布对外开放重大战略举措[①]，推动人民币于 2016 年成为 IMF 特别提款权篮子货币，同时积极利用 G20 杭州峰会、厦门金砖峰会、"一带一路"国际合作高峰论坛、青岛上合峰会、博鳌亚洲论坛等主场外交机会以及联合国等重要国际场合，旗帜鲜明倡导经济全球化、反对保护主义，引导国际社会共同塑造更加公正合理的国际新秩序。

三 对外开放的绩效

对外开放的直接绩效主要表现在贸易、外国直接投资、中国对外直接投资等的大幅增加及其对经济增长的贡献上，间接绩效还包括这些对外经济活动在技术转移、人力资本提升、制度改善等方面的正向溢出，以及中国的对外开放对周边或区域合作与经济发展及全球治理的贡献。面临的问题包括创新不足、区域开放不协调、对外经济合作在环境等公共问题上的负面溢出、国际经济合作与竞争格局的深刻变化以及对外开放收益分配的非中性，等等。

（一）对外开放成效显著

1978 年以来，中国对外贸易发展势头迅猛。货物贸易出口额由 1978 年的 98 亿美元上升至 2017 年的 22635 亿美元，同期进口额由 109 亿美元上升至 18410 亿美元，2017 年货物贸易总额达 41045 亿美元，是 1978 年的 199 倍；服务贸易出口额则由 1982 年的 27 亿美元上升至 2017 年的 2281 亿美元，同期进口额由 20 亿美元上升至 4676 亿美元，2017 年服务贸易总额达 6957 亿美元，是 1982 年的

---

① 2018 年 4 月 10 日，习近平在博鳌亚洲论坛主旨演讲提出中国对外开放的四大战略举措，包括大幅度放宽市场准入，创造更有吸引力的投资环境，加强知识产权保护，以及主动扩大进口。

148倍。1978年至1993年,中国在货物贸易上主要处于逆差地位,16年中有11年都为逆差。自1994年起,中国货物贸易一直保持顺差地位,且顺差规模整体呈扩大势头。其中2008年至2011年因为国际金融危机的冲击有所缩小,但2012年至2015年又迅速扩大并在2015年达到5939亿美元的峰值,此后回落至2017年的4225亿美元。服务贸易情况有所不同。1982年至1997年,中国服务贸易主要处于顺差地位(平均值为24亿美元,只有1995年出现轻微逆差),但1998年至2004年为逆差(平均值为14亿美元),2005年至2008年为顺差(平均值为30亿美元),2009年以来总体上呈扩大的逆差势头,2016年达到2426亿美元的最高值,2017年略有回落但也高达2395亿美元。与2009年以来的逆差相比,此前的服务贸易无论顺差或逆差的规模都十分有限。国际金融危机以来,服务进口大幅提升是主要原因。

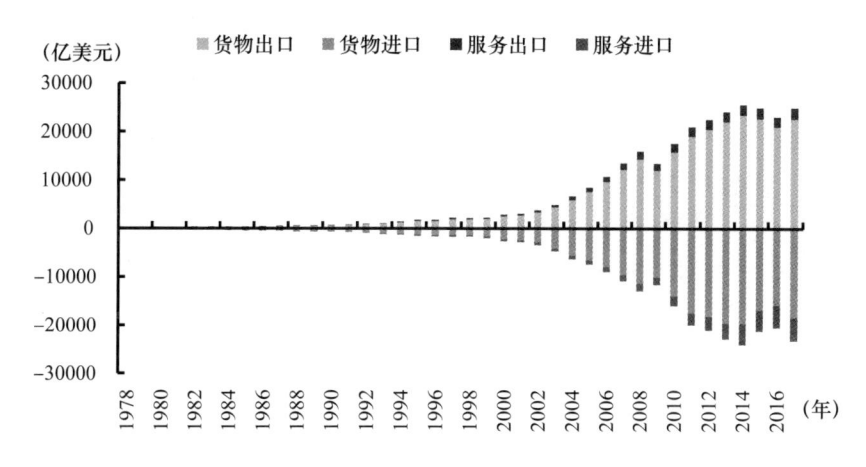

图2—1 对外开放以来中国的商品和服务进出口

资料来源:WIND数据库。

注:为显示方便,上图中出口为正值,进口为负值。

吸引外国直接投资成效显著,对外直接投资逐渐兴起。1984年实际利用外资额仅为12.6亿美元，到2017年攀升至1310亿元，是1984年的104倍。进入2018年实际利用外资金额仍呈上升趋势，1—5月合计为527亿美元，同比增长3.6%。近年来，中国对外直接投资（非金融类）也迅速提升，2016年非金融对外直接投资达到1701亿美元的峰值，同期实际利用外资额为1260亿美元，一度出现对外直接投资额超过吸引外资额成为资本净输出国的情况。但到2017年，受国内清查整顿对外投资等因素影响，对外直接投资规模回落至1201亿美元，被1310亿美元的外国直接投资额重新超过。从2018年1—5月的情况看，中国对外直接投资（非金融类）规模为479亿美元，略低于同期外国直接投资。

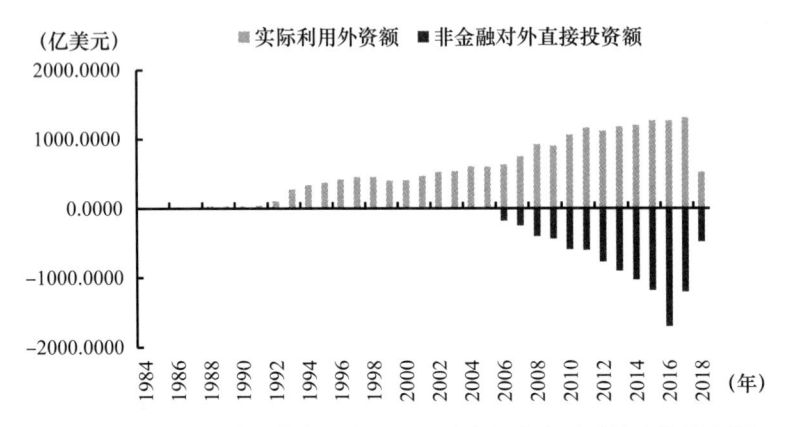

图2—2　对外开放以来中国实际利用外资和非金融对外直接投资额

资料来源：WIND数据库。

注：2018年为1—5月数据。为显示方便，非金融对外直接投资设为负值。

外国直接投资对经济增长的贡献，一是通过直接补充资本拉动增长的资本效应，二是外资通过出口拉动经济增长的贸易效应。对外开放之初，外国直接投资很快成为中国资本形成的重要组成部分。1985年实际利用外资与资本形成总额之比仅为1.6%，到1994年达到最大值14.6%。此后，随着中国资本形成总额的不断扩大，外资占比缓慢回落，到 2016 年为 2.5%。外商投资企业进出口金额占中国进出口总额之比同样经历了对外开放之后先上升再回落的过程。1995 年外商投资企业进出口金额占比为 39.1%，到 2006 年达到 58.9% 的最大值，占了大半壁"江山"，到 2016 年回落至 45.8%。从这个意义上说，中国对外开放条件下，外资的贡献不仅体现在早期其本身对经济的贡献上，还体现在通过外资活动激活国家内生经济动力，带动后续的内生经济增长超出外资部分的贡献上。已有研究表明，外国直接投资与中国国内投资、进出口、市场化水平之间具有明显的"互补效应"[1]。此外，外国直接投资还会通过人力资本[2]、技术转移和模仿学习等路径的正面溢出促进经济增长，经验分析表明，外资企业生产本地化反映的技术转移对经济增长绩效具有正面作用。[3]

（二）开放进程面临的问题

中国在对外开放和与世界互动的进程中，经济社会发展取得明显成效，但国内外面临的风险和挑战不少，全球化浪潮的负外部性特别在进入 21 世纪以来也越来越显著。从国内看，中国具备非常有利的发展条件，但发展中不平衡、不协调、不可持续问题比较突出，长期积累的深层次矛盾日益显露，制约发展的体制机制因素增多，发展方式粗放、发展效益不高、发展代价过大，来自人口资源环境方面的压力越来越大，传统的经济增长模式难以为继等问题愈加突

---

[1] 宋迎迎：《FDI 的经济增长效应及其影响因素研究——基于 2000—2015 年全国时间序列数据的实证分析》，《工业经济论坛》2017 年第 4 期，第 1—8 页。
[2] 代谦、别朝霞：《FDI、人力资本积累与经济增长》，《经济研究》2006 年第 4 期，第 15—27 页。
[3] 傅元海、唐未兵、王展祥：《FDI 溢出机制、技术进步路径与经济增长绩效》，《经济研究》2010 年第 6 期，第 92—104 页。

出。① 从外部环境看，中国开放进程的不同时期都存在较为严峻的外部约束。党的十五大报告指出"冷战思维依然存在，霸权主义和强权政治仍然是威胁世界和平与稳定的主要根源"，"不公正、不合理的国际经济旧秩序还在损害着发展中国家的利益"。党的十六大报告认为"不公正不合理的国际政治经济旧秩序没有根本改变。影响和平与发展的不确定因素在增加"，"霸权主义和强权政治有新的表现"。党的十七大报告指出"霸权主义和强权政治依然存在"，"世界和平与发展面临诸多难题和挑战"。党的十八大报告表示"世界经济增长不稳定不确定因素增多"，"霸权主义、强权政治和新干涉主义有所上升"。党的十九大报告强调"世界经济增长动能不足"，"非传统安全威胁持续蔓延，人类面临许多共同挑战"。总体上看，从十五大的"世界仍不安宁"，到十六大的"世界还很不安宁"，再到十七大和十八大的"世界仍然很不安宁"，再到十九大"世界面临的不稳定性不确定性突出"，随着中国实力的上升，外部战略自由度紧缩的氛围呼之欲出。

进入 21 世纪的头十年，面对这些问题，以胡锦涛同志为总书记的党中央提出"科学发展观"，强调第一要义是发展，核心是以人为本，基本要求是全面协调可持续，根本方法是统筹兼顾②，对外政策方面，则提出了推动建设和谐世界等思想③，国内外面临的开放的负外部性有所缓解。

习近平总书记在中共十八届五中全会第二次全体会议上的讲话中剖析了当前国家发展中的突出矛盾和问题，主要包括创新、协调、绿

---

① 本书编写组：《科学发展观学习辅导读本》，人民出版社 2013 年版，第 8、38 页。
② 胡锦涛：《深入学习领会科学发展观》，《胡锦涛文选》（第三卷），人民出版社 2016 年版，第 1—8 页。
③ 胡锦涛：《努力建设持久和平共同繁荣的和谐世界》，《胡锦涛文选》（第二卷），人民出版社 2016 年版，第 350—356 页。

色、开放、共享五大方面的内容。正是基于这些判断,党中央才提出五大新发展理念来克服上述问题。从一般意义上讲,当前中国对外开放进程中面临的问题,其实也是这五个方面中的问题在对外开放领域的投射,也即创新不足、区域开放不协调、对外经济合作在环境等公共问题上的负面溢出,国际经济合作与竞争格局的深刻变化以及对外开放收益分配的非中性等对进一步对外开放的环境、条件的制约或影响。解决这些问题的钥匙还在开放本身,因为五大发展理念之中,开放发展具有明显的系统重要性。作为创新发展基本内容之一的科技创新,既涉及自主研发,也涉及充分运用人类社会创造的先进科学技术成果和有益管理经验。在一个国家间相互依存度达到史无前例之高度的世界里,没有与外部世界的良性互动就不可能有内部的协调发展。当气候变化等全球问题频繁且日益严重地影响人类生存的时候,绿色发展本身就是一个需要世界各国采取共同行动加以应对的议题。不仅如此,开放发展理念的另一重大价值,还体现在中国积极参与全球治理上。全球治理本质上看是一套规范国家和非国家行动体之间博弈的规则体系。现行国际制度总体上是在美国等西方发达国家主导下制定的,因而也就更偏向于维护发达国家的利益。当今各大国综合实力对比正在发生深刻变化,这为中国联合其他新兴国家推动全球治理朝着更加公正合理的方向发展创造了条件。[①]

四　全面开放的中国方案

回顾中国对外开放的历程,可以为开放的中国方案总结出以下几方面的特征:第一,将对外开放作为基本国策,并一以贯之地坚持。第二,强调开放进程的渐进主义。第三,更好发挥政府作用条

[①] 张宇燕:《新时代呼吁更高水平的开放实践》,《经济参考报》2017年10月25日第8版。

件下开展市场导向的对外开放。第四，始终强调互利共赢的原则。第五，坚持对内改革与对外开放相辅相成。

（一）坚持对外开放的基本国策

从邓小平到习近平，中国一以贯之地坚持了对外开放的基本国策。邓小平从世界潮流或趋势出发做出了长期坚持对外开放的战略决断，他指出"现在的世界是开放的世界"，"发展经济，不开放是很难搞起来的，世界各国的经济发展都要搞开放，西方国家在资金和技术上就是互相融合、交流的"，"如果开放政策在下一世纪前五十年不变，那末到了后五十年，我们同国际上的经济交往更加频繁，更加相互依赖，更不可分，开放政策就更不会变了"①。近年来，在美国转向保护主义、中美关系中竞争一面不断凸显的大背景下，习近平更是在多个场合一再详细阐释对外开放的基本国策。

2015年9月22日，习近平在华盛顿州当地政府和美国友好团体联合欢迎宴会上的演讲中表示，中国开放的大门永远不会关上。对外开放是中国的基本国策，中国利用外资的政策不会变，对外商投资企业合法权益的保障不会变，为各国企业在华投资兴业提供更好服务的方向不会变。② 2016年11月在亚太经合组织工商领导人峰会的主旨演讲中，他重申中国开放的大门永远不会关上，只会越开越大，并详细阐释了中国所要采取的更加积极主动的开放战略的具体内容，表示"我们将实行更加积极主动的开放战略，创造更全面、更深入、更多元的对外开放格局"③。2018年6月21日，习近平在

---

① 邓小平：《邓小平文选》第三卷，人民出版社1993年版，第64、367、103页。
② 习近平：《在华盛顿州当地政府和美国友好团体联合欢迎宴会上的演讲》，2015年9月22日，http://www.xinhuanet.com/world/2015-09/23/c_1116656143.htm。
③ 习近平：《深化伙伴关系　增强发展动力——在亚太经合组织工商领导人峰会上的主旨演讲》（2016年11月19日），《人民日报》2016年11月21日第3版。

钓鱼台国宾馆会见来华出席"全球首席执行官委员会"特别圆桌峰会的知名跨国企业负责人时又指出,"我们对改革开放更加有信心,更加相信对外开放是中国发展的关键一招","中国开放的大门不会关闭,只会越开越大"①。从中国 40 年对外开放的进程不难发现,开放之于中国,绝对不是应对一时国际形势风云变幻的权宜之计,不是外部压力下的心不甘、情不愿的被迫之举,而是我们发展自己、实现民族复兴的内在要求。

(二) 开放进程中的渐进主义

无论是对外开放进程中国内层面的调整,如从经济特区的建立到沿海开放城市的设立再到自由贸易试验区的建立,还是国际层面的塑造引领,比如对国际规则与国际体系的改善,中国都秉持一种渐进主义的态度。

改革开放中强调的"摸着石头过河"就是渐进主义的形象说明。最早将摸着石头过河当作工作方法提出的是陈云。在可以查阅到的资料中,陈云最早提"摸着石头过河"是在 1950 年 4 月 7 日的政务院会议上,提出物价涨跌都对生产不利,还是摸着石头过河,稳当点好。1980 年 12 月 16 日,陈云在中央工作会议上发表了《经济形势与经验教训》的重要讲话。在这次讲话中,他总结了改革开放应采取的原则和方法,指出:"我们要改革,但是步子要稳。因为我们的改革,问题复杂,不能要求过急。改革固然要靠一定的理论研究、经济统计和经济预测,更重要的还是要从试点着手,随时总结经验,也就是要'摸着石头过河'。开始时步子要小,缓缓而行。"在 12 月 25 日的闭幕会上,邓小平明确表示完全同意陈云的讲话,他说陈云

---

① 《习近平会见出席"全球首席执行官委员会"特别圆桌峰会外方代表并座谈》,2018 年 6 月 21 日,http://www.xinhuanet.com/2018-06/21/c_1123017970.htm。

同志的"这个讲话在一系列问题上正确地总结了我国 31 年来经济工作的经验教训,是我们今后长期的指导方针"①。

习近平继承并发展了改革开放进程中"摸着石头过河"的思想,提出摸着石头过河和加强顶层设计辩证统一的观点。他指出"摸着石头过河,是富有中国特色、符合中国国情的改革方法。摸着石头过河就是摸规律,从实践中获得真知。摸着石头过河和加强顶层设计是辩证统一的,推进局部的阶段性改革开放要在加强顶层设计的前提下进行,加强顶层设计要在推进局部的阶段性改革开放的基础上来谋划。要加强宏观思考和顶层设计,更加注重改革的系统性、整体性、协同性,同时也要继续鼓励大胆试验、大胆突破,不断把改革开放引向深入"②。

对外开放的国内层面需要坚持摸着石头过河与顶层设计相结合的渐进主义,国际层面同样如此。对于目前的国际规则和国际制度,中国仍主要处于接受者的地位。当我们实力增强以后,就可能会提出一些诉求,寻求改变一些规则制度。有些人对此期待过高,但客观来看这仍旧是一个长期的过程。对于不合理的、准确说是对既得利益国家集团更为有利的国际秩序或规则,进行革命性的改变既不现实更无必要。我们未来十年需要和能够做的,在于利用机遇和联合其他主要新兴经济体,对现有非中性的国际规则进行局部改良,循序渐进,以求集细流而成江河之功效。

(三) 更好发挥政府作用条件下开展市场导向的对外开放

对外开放的经济逻辑表明,增长的源泉是劳动生产率的提升,劳动生产率的提升主要来自于分工和专业化水平的提升,而分工和

---

① 张宇燕、冯维江:《中国的和平发展道路》,中国社会科学出版社 2017 年版,第 81 页。
② 《习近平强调:以更大的政治勇气和智慧深化改革》,http://www.gov.cn/node_16404/content_ 2444191. htm。

专业化水平的提升又受益于市场规模的扩大。要发挥对外开放的正面效应，根本上还得从扩大市场规模，从市场化及强调市场配置资源的决定性作用上面下功夫。习近平指出："经济发展就是要提高资源尤其是稀缺资源的配置效率，以尽可能少的资源投入生产尽可能多的产品、获得尽可能大的效益。理论和实践都证明，市场配置资源是最有效率的形式。市场决定资源配置是市场经济的一般规律，市场经济本质上就是市场决定资源配置的经济。"①

市场导向的开放贯穿中国开放的全过程。改革开放之初，我们急需外国先进技术与管理，于是以建立经济特区等方式给予了外资超国民优惠待遇。这些优惠条件包括但不限于：简化审批程序，设置最长时限；延长土地使用权；特许外资企业保留所有外汇收入；外国投资者可以获得多次入境签证；外国银行可以在深圳设立分支机构；允许外资企业不受适用于国企的劳动管理条例约束，赋予其很大劳动雇佣方面的弹性，起初劳动成本仅占外资企业总成本的10%；免除进出口关税；企业利润免除公司所得税；特区工作的境外公民免征50%的个人工资收入所得税。从区域的角度看，出于接近国际市场的区位优势、历史渊源及海外联系等方面的考虑，中央政府主导下，倾向性地加大了对沿海开放地区的投资。1953—1978年中央政府在沿海、中部、西部的投资占比分别为39.52%、34.01%和26.47%，差别并不大；改革开放之后的1979—1991年，中央政府投资明显聚焦于沿海，三个区域占比分别为53.52%、28.26%和18.22%。② 在自身缺乏有效市场的条件下，由政府主动通过优惠等方式引入外部市场元素并面向外部市场开展生产，在当时来说是最优选择。

随着改革开放深入发展，政府引导创造公平有序的竞争环境来

---

① 习近平：《关于〈中共中央关于全面深化改革若干重大问题的决定〉的说明》，http://cpc.people.com.cn/n/2013/1116/c64094-23561783.html。

② 姚洋：《作为制度创新过程的经济改革》，上海人民出版社2008年版，第192—197页。

充分释放市场力量，越来越成为开放的新动力。金融方面，中国开始推动扩大金融业对内对外开放，推进政策性金融机构改革，健全多层次资本市场体系，完善人民币汇率市场化形成机制，加快推进利率市场化，推动资本市场双向开放。科技方面，开始强调建立健全鼓励原始创新、集成创新、引进消化吸收再创新的体制机制，健全技术创新市场导向机制。体制机制方面，强调放宽投资准入、推动自贸试验区先行先试、加快自由贸易区建设、扩大内陆沿边开放、进一步降低关税总水平，对外推动"一带一路"建设。

（四）照顾对方舒适度的互利共赢合作

强调互利共赢是中国对外开放的重要特征。中国领导人在许多场合都强调"中国始终不渝奉行互利共赢的开放战略"，"以互利共赢的方式促进共同发展、实现共同安全，扩大同世界各国利益交汇点，提升优势互补和互惠合作，为我国发展营造良好环境"，"发扬同舟共济、互利共赢的伙伴精神"。

与服膺赢者通吃、零和博弈、冷战思维的结盟政治不同，中国的对外开放强调共建共商共享的思维理念和行为逻辑。基于对人类社会战争与和平历史进程规律性的准确把握，特别是在深刻反思第二次世界大战惨痛教训的基础上，习近平指出，弱肉强食、丛林法则不是人类共存之道。穷兵黩武、强权独霸不是人类和平之策。赢者通吃、零和博弈不是人类发展之路。[1] 也正如中国外交部长王毅所言，"当今世界，赢者通吃、独善其身不但不合时宜，而且适得其反。谋求单方面的绝对安全只会使自己更不安全。只顾自身的发展终将失去前行的动力和空间。中国倡导的伙伴关系，旨在通过合作

---

[1] 钟国安：《以习近平总书记总体国家安全观为指引 谱写国家安全新篇章》，《求是》2017年第8期。

做大利益的蛋糕，分享成功的果实，实现共同的发展繁荣"①。不难看出，互利共赢是伙伴关系的核心内涵。

除了互利共赢之外，中国对外合作还特别强调照顾各方特别是对方舒适度。正如习近平所言，"坚持互尊互信、聚同化异的大原则，把握合作共赢、共创未来的大方向，尊重彼此核心关切，照顾对方舒适度"②；"在推进区域合作进程中，亚洲国家交流互鉴，坚持相互尊重、协商一致、照顾各方舒适度的亚洲方式，这是符合本地区特点的处理相互关系的传统。这个传统体现着亚洲的邻国相处之道，在今天应该继续发扬光大。"③ 在中国与东盟等国家或地区的自贸区谈判中，照顾舒适度原则已经得到体现或运用。比如"早期收获"条款中，中国愿意接受一些对对方更加有利的条件，以此换取合作的整体推进和未来贸易创造效应的更好发挥。

（五）对内改革与对外开放相辅相成

对外开放离不开对内改革的支撑，而对内改革也往往需要对外开放的倒逼。④ 一方面，改革不到位，开放的效益会大打折扣。正如前文分析的那样，20世纪80年代中国对市场经济定位和方向缺乏清晰认知的时候，"复关"等对外开放重要举措就很难推进。另一方面，改革开放40多年，国内也出现了盘根错节的既得利益。正如中

---

① 王毅指出，中国提倡的伙伴关系与以往传统国际关系理论存在四个不同的鲜明特征，一是寻求和平合作，二是坚持平等相待，三是倡导开放包容，四是强调共赢共享。见王毅《共建伙伴关系，共谋和平发展——在中国发展高层论坛年会上的午餐演讲》，2017年3月20日，http：//www.fmprc.gov.cn/web/wjbz_673089/zyjh_673099/t1447084.shtml。

② 习近平：《共创中韩合作未来 同襄亚洲振兴繁荣——在韩国国立首尔大学的演讲》，2014年7月4日，http：//www.xinhuanet.com/politics/2014-07/04/c_1111468087.htm。

③ 习近平：《守望相助，共创中蒙关系发展新时代——在蒙古国国家大呼拉尔的演讲》，2014年8月22日，http：//www.xinhuanet.com/world/2014-08/22/c_1112195359.htm。

④ 对内改革也包括了对内开放的内容。邓小平很早就提出，要实现经济上接近发达国家水平，就要尊重社会经济发展规律，搞两个开放，一个对外开放，一个对内开放。对内开放就是改革。见《邓小平文选》（第三卷），人民出版社2001年版，第117页。

央全面深化改革领导小组第二十五次会议指出,"改革是一场革命,改的是体制机制,动的是既得利益,不真刀真枪干是不行的"。打破这些既得利益,有时或者说相当多情况下需要对外开放或与国际规则接轨等方式来提供动力。

中央对改革与开放相辅相成的关系已有比较明确的认识。习近平总书记在2015年9月召开的中央全面深化改革领导小组第十六次会议上指出,"以开放促改革、促发展,是我国改革发展的成功实践。改革和开放相辅相成、相互促进,改革必然要求开放,开放也必然要求改革。要坚定不移实施对外开放的基本国策、实行更加积极主动的开放战略,坚定不移提高开放型经济水平,坚定不移引进外资和外来技术,坚定不移完善对外开放体制机制,以扩大开放促进深化改革,以深化改革促进扩大开放,为经济发展注入新动力、增添新活力、拓展新空间"①。

在中美竞争背景下,对外开放与对内改革相辅相成还必须强调另一层含义,即中国必须也只能根据自身的改革节奏,自主有序地推进开放。如果在外部压力之下,用行政命令替代市场机制来"推进"开放,不仅开放本身缺乏可持续性,还可能反过来打乱国内改革的节奏,对民族复兴构成严重干扰。

结　语

对外开放并非为开放而开放。开放的目的是发展经济并提高人民生活水平。要实现这一目的首先是解决如何实现长期经济增长的问题。如此,则对外开放的经济逻辑,主要阐述的就是开放带来贸易和市场扩大如何能促进长期经济增长。

---

① 习近平:《坚持以扩大开放促进深化改革　坚定不移提高开放型经济水平》,http://www.xinhuanet.com/politics/2015-09/15/c_1116570386.htm。

早在两千多年前,中国思想家、历史学家对自由贸易与经济繁荣之间的关系做出了精准的描述。《史记·货殖列传》中就有"以所多易所鲜"的句子。《淮南子·齐俗训》更进一步:"泽皋织网,陵阪耕田,得以所有易所无,以所工易所拙。"《淮南子》提到的"工拙说",与斯密所说的分工与专业化之结果完全是一回事。"工"与"拙"不仅包含了来自分工与专业化的"绝对优势"或劣势,也暗示了"比较优势"或劣势,还与专业化生产引发的技术或工艺创新密切相关。中国成语"扬长避短""因地制宜""互通有无",便是通过"易"(也就是交换)来获得贸易收益与经济发展的三个典型例子。纵观中国数千年历史,以"淮南子—司马迁定理"作为经济政策基础,强调贸易和扩大市场规模的时期,往往都伴随着经济繁荣、百姓富足、社会安定、文化发达。[①] 对外开放的 40 年也是如此。

在《中国的和平发展道路》一书中,我们阐述了刻画长期经济增长机制的斯密—奥尔森—熊彼特路径,也即创新加持下的"市场规模扩大→潜在的'得自贸易的收入'出现或增大→得到政府恰当保障的财产权和契约权→交易成为可能→分工和专业化程度加强→劳动生产率提高→经济增长"的机制。[②] 对外开放可以很好地嵌入上述路径之中。其一,从国家角度看,市场规模的扩大可以分为扩大国内市场规模和扩大国际市场规模,开放意味着国际市场的拓展和国内国际市场的贯通。其二,开放增加了私人部门选择具有可靠产权保护和足够治理水平政府的自由度,从而反过来可以倒逼包括本国政府在内的各国政府提高产权保护和治理的能力。其三,开放有利于国际分工的展开,并可以促进先进技术和管理方式的快速和大范围传播,从而提升劳动生产率。此外,开放有利于生产要素和生

---

① 张宇燕:《新时代呼吁更高水平的开放实践》,《经济参考报》2017 年 10 月 25 日第 8 版。
② 张宇燕、冯维江:《中国的和平发展道路》,中国社会科学出版社 2017 年版。

产条件的新组合的出现,帮助新产品、新方法、新市场、新原料和新组织的涌现,从而促进熊彼特意义上的创新。

改革开放40年来,一方面,中国对外开放取得了巨大的成就,为中国长期经济增长和中华民族伟大复兴提供了强劲的动力。这是中共中央几代领导集体带领全国人民坚持实事求是路线、从基本国情出发、共同努力推动技术进步、经济增长和社会发展的成果。党的十九大报告指出,新时代中国社会主要矛盾已经转化为人民日益增长的美好生活需要和不平衡不充分的发展之间的矛盾。国情的发展变化,也反映到对外开放道路的内容与形式之上。正如本书"绪论"所言,中国走了一条从参与世界经济分工到引领经济全球化的开放之路。新时代对外开放,应当着眼于人类发展和世界前途来谋划,统筹国内国外两个大局,实现促进民族复兴和人类进步、维护国家主权安全发展利益、构建人类命运共同体三大目标,为此要抓好"一带一路"建设、全球治理体系改革、打造全球伙伴关系网络、构建开放型世界经济四大抓手。另一方面,中国经济的快速增长也引起了当前国际体系主导国家的焦虑与警惕,"修昔底德陷阱"的讨论有滑向"自我实现的预言"之虞,中国进一步对外开放的外部战略自由度受到挤压。

自1978年作出改革开放的重大战略决断以来,中国的对外开放走到了又一个新的十字路口。改革开放40年里,中国从美国主导的国际经济体系的参与者变成了融入其中的主要贡献者,一些美国智库所做的评估也从侧面支持这样的判断。[1] 但是现在,主导国际体系

---

[1] 例如,美国兰德公司在一份发布较早的报告中敏锐地注意到,"尽管中国参与全球化体制中的时间比较晚,但是中国的态度比日本积极乐观得多。中国经济比日本经济的开放程度更大",中国已经发生了许多变化,"重要的变化是决定采纳西方法治的概念,将竞争作为经济行为中重要的元素,以及事实上把英语作为受过教育华人的第二语言。……可能最重要的是,中国将青年精英送到国外接受国际主义教育,正如以前罗马人把孩子送到希腊读书一样"。Overholt W. H., *China and Globalization: Testimony Presented to the US-China Economic and Security Review Commission on May 19, 2005*, Santa Monica, CA: RAND Corporation, 2005.

的美国开始选择采取一种危险的方式对待这个体系和作为主要贡献者的中国。美国制定对外政策的精英层在对华问题上已经达成一定的共识,中美关系开始进入质变期。这一质变可以概括为美国对华政策由"接触"(Engagement)调整为"规锁"(Confinement),后者的核心是要规范中国行为,锁定中国经济增长空间和水平,从而把中国的发展方向和增长极限控制在无力威胁或挑战美国世界主导权的范围以内。[①] 可以预见,在新的多边框架确定下来之前,贸易摩擦可能成为国际经济运行中频发的常态事件,一定条件下,单边主义、保护主义和民粹主义还可能愈演愈烈。但系统总结汲取改革开放经验教训可知,对中国来说,不忘初心,全面有序推进2.0版本的对外开放,才是应对外部压力或挑战的根本之策,是中华民族复兴战略利益之所向,也是当今之人不可推卸的责任和历史担当。

(张宇燕 冯维江)

[①] 张宇燕、冯维江:《从"接触"到"规锁":美国对华战略意图及中美博弈的四种前景》,《清华金融评论》2018年第7期。

第三章 宏观经济：坚持稳中求进统领

中国改革开放 40 年以来的宏观经济环境，一直伴随着市场化改革过程和经济发展过程，这和美欧等发达经济体有很大不同，美欧发达经济体处于一个相对定型的市场经济环境中。中国改革开放 40 年的过程，也是中国市场化程度和对外开放程度不断提高的过程。在这个过程中，中国经济与外部经济之间的一体化程度越来越高，国外宏观经济管理对中国的借鉴也越来越大。中国一方面学习发达经济体宏观经济管理的经验，吸取发达经济体甚至发展中经济体和新兴经济体宏观经济管理的教训；另一方面又不断适应自身独特的体制环境和发展环境，逐步形成了一套有中国特色的宏观经济管理理念与政策框架。

一 改革、发展与稳定：中国宏观调控 40 年历史

1978—2017 年，中国是世界主要经济体中经济增长最快和增长最稳定的国家（见表 3—1）。40 年间中国平均实际 GDP 增长率为 9.6%，GDP 增长率的标准差为 2.7 个百分点，用变异系数[①]来衡量

[①] 标准差衡量一组数据中各数据与均值的平均偏差。变异系数为一组数据的标准差与均值之比，用于衡量该组数据中各数据对均值的平均偏离程度。变异系数越大，说明各数据偏离均值的程度越大，该组数据的平均离散程度或者平均波动程度越大；变异系数越小，说明各数据越接近于均值，该组数据的平均离散程度或者平均波动程度越小。

的 GDP 增长率波动程度为 28%。同一时期，在发达经济体中，经济增长速度最快和最稳定的国家是美国，其平均实际 GDP 增长率为 2.7%，波动程度为 70%，显然，中国的 GDP 增速远高于美国，而波动程度远低于美国。在发展中经济体和新兴经济体中，除中国以外，经济增长速度最快的国家是新加坡，其平均实际 GDP 增长率为 6.5%，低于中国的经济增速；经济增长最稳定的国家是印度，其波动程度为 33%，经济稳定性低于中国。中国经济的高速增长缘于采取了有利于提高要素配置效率的改革和发展政策，中国经济的稳定性则缘于采取了符合中国实际情况的、相对有效的宏观经济管理政策。

表3—1　1978—2017 年世界主要国家实际 GDP 增长率的均值与标准差　　单位：%

	中国	美国	英国	日本	德国	法国	韩国	印度	新加坡
平均值	9.6	2.7	2.2	2.1	1.8	1.9	6.2	6.3	6.5
标准差	2.7	1.9	2.0	2.6	1.9	1.4	4.1	2.0	4.0
变异系数	28	70	88	125	105	75	66	33	61

注：平均值与标准差根据历年实际 GDP 增长率数据计算。平均值按几何平均值计算。变异系数为表中的标准差与平均值之比。由于数据可得性，印度仅有 1980—2017 年数据，其他各国均为 1978—2017 年数据。

资料来源：印度数据来自国际货币基金组织的 WEO DATABASE。日本 1978—1980 年 GDP 增长率数据来自日本统计局，其余年份和其余各国各年份 GDP 增长率数据均来自 Wind。

1978 年以来，中国共出现了 5 次经济高涨时期和 5 次经济增速下滑时期，目前正处于第 5 次增速下滑期（见图3—1）。每次高涨期，实际 GDP 最高增速均超过 10%，其中 1984 年更是达到了 15.2%，最近一次 GDP 增速高峰是 2007 年，其实际 GDP 增长率为 14.2%。

改革开放初期，中国的宏观经济波动与宏观经济管理具有明显的计划经济特点。

"文革"结束后，在国家领导人和整个社会中普遍存在加速经济发展、挽回"文革"损失的发展热情。1977年，国家计委修订《1976—1985年国民经济十年发展规划纲要》，1977年年底和1978年年初，中共中央和全国人大先后通过了新的《十年规划纲要》。该规划提出：1978—1985年，要新建和续建120个大型项目，包括10大钢铁基地、9大有色金属基地、8大煤炭基地、10大油气田等①。新规划导致1978年基本建设投资大幅度增加，实际资本形成总额增长25.1%，比1977年提升15.6个百分点，并导致1978年实际GDP增长11.7%，比1977年提高4.1个百分点②。经济增长大幅度加速，主要是由政府加速"积累"倾向造成的，加速积累倾向产生了快速的投资膨胀和总需求膨胀。这种情况在经济学上被称为"计划者冲动"引起的经济过热，是计划经济体制经济波动的常见形态之一③。

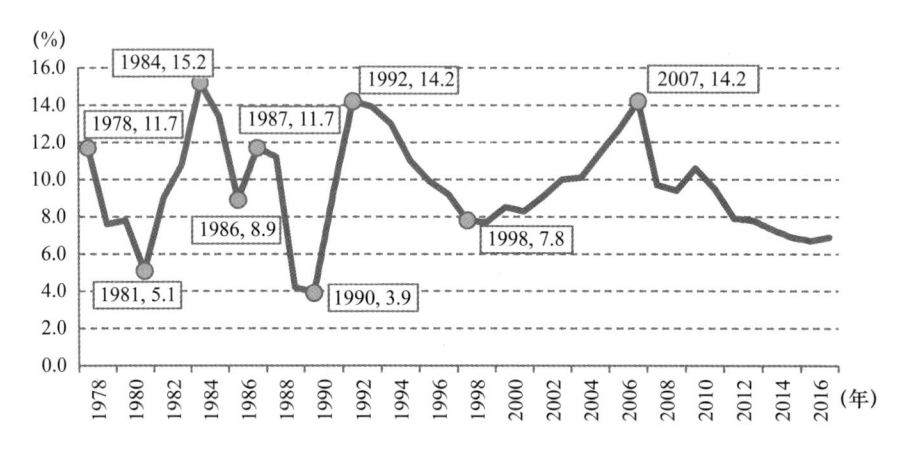

图3—1 1978—2017年中国实际GDP增长率

资料来源：Wind数据库。

---

① 数据来自人民网历届五年规划资料库：http://dangshi.people.com.cn/GB/151935/204121/205062/12925475.html。
② 投资和GDP数据来自Wind。如无特别说明，本章数据均来自Wind数据库。
③ 参见樊纲和张曙光等《公有制宏观经济理论大纲》，上海三联书店、上海人民出版社1994年版。

在价格受计划控制的情况下，投资膨胀和总需求膨胀带来严重的短缺现象。短缺范围蔓延和短缺程度加深，不仅使得计划中的投资项目无法真正完成，而且使得生产难以为继，消费受到抑制，整个国民经济陷入混乱。应对这种局面，不是依靠现代意义上的紧缩性财政政策和货币政策，而是依靠政府直接控制、用行政手段直接压缩基建规模，停建和缓建一批项目。1978年12月党的十一届三中全会指出，"基本建设必须积极地而又量力地循序进行，……不可一拥而上，造成窝工和浪费"①。这一精神体现出了限制基建规模的政策倾向。1979年4月中共中央工作会议提出"调整、改革、整顿、提高"八字方针，正式开启为期三年的国民经济调整。通过压缩基建规模、压缩国防开支和行政费用、限制银行贷款等措施，固定资产投资快速增长的势头得到遏制，国民经济迅速降温。1981年GDP增速回落到5.1%。

改革开放初期的第一轮经济勃兴和收缩到1981年基本结束，其宏观经济波动特征和宏观经济管理手段与现代市场经济体制中的经济波动及宏观经济政策完全不同。这一轮经济波动虽然发生在改革开放之后，但是仍然属于计划经济的"遗产"。

1982年中国开始了改革开放以来第二轮经济高涨，至1984年，GDP增长率达到15.2%的高峰，随后开始降温，1986年GDP增长率降至8.9%。这一轮宏观经济波动结合了计划经济体制和从计划经济向市场经济改革过程的双重特征。

其宏观波动的计划经济特征主要来源于中国管理经济的模式从集权体制向分权体制的转变。所谓集权体制就是由中央政府集中管理经济生活的方方面面，分权体制是指地方政府和国有企业获得部

---

① 参见1978年12月12日党的十一届三中全会公报：http://cpc.people.com.cn/GB/64162/64168/64563/65371/4441902.html。

分经济活动的自主权，比如地方政府在财政包干的体制下，获得部分自行支配的财政资源和投资自主权，国有企业在实行利润留成和利改税后获得部分可以用于投资的自筹资金，银行获得部分贷款自主权。在分权体制和软预算约束的环境下，地方政府和企业的扩张欲望，迅速推高了投资增长和经济过热。与1978年由"计划者冲动"造成的过热不同，这一轮经济过热主要是由地方政府和企业获得自主权后，在软预算约束环境进行"兄弟竞争"引起的。为了遏制经济过热，中央政府采取收回部分下放权力的办法，实现经济紧缩。这种基层自主权"收—放"交替和经济状态"冷—热"循环的相互叠加关系是计划经济体制宏观经济波动与宏观经济管理的另一个常见形态和典型特征[1]。

这一轮经济波动的改革特征主要源于中国在1982年从理念和制度上开启了向市场经济转型的过程。1982年9月，党的十二大报告明确提出"计划经济为主，市场调节为辅"，并在坚持国有经济主导地位的同时，支持和鼓励城乡集体合作经济和个体经济等多种所有制形式的发展[2]。1984年10月，党的十二届三中全会进一步明确中国实行有计划的商品经济，并决定将改革的重点由农村转向城市，以城市为重点，推动整个经济体制改革[3]。这一轮改革以"渐进改革"为主要方式，以"增量改革"和"双轨过渡"为主要特征。中国的"渐进改革"是不对原有的计划经济体制进行根本性改革的情况下，逐渐发展出一套市场化的经济体制。在计划经济体制之外新增一套市场经济体制，就表现为"增量改革"，而这种改革必然出现

---

[1] 参见樊纲和张曙光等《公有制宏观经济理论大纲》，上海三联书店、上海人民出版社1994年版。

[2] 参见党的十二大报告：http://cpc.people.com.cn/GB/64162/64168/64565/65448/4526430.html。

[3] 参见党的十二届三中全会1984年10月20日通过的《中共中央关于经济体制改革的决定》。

计划经济体制和市场经济体制"双轨并存"的现象，故也称这一段时期为"双轨过渡"期①。新增的市场化体制不仅包括主体的市场化，也包括资源配置机制的市场化。主体市场化是在国有经济之外发展出了具有完全投资自主权和经营自主权的非国有经济成分②，资源配置机制的市场化是指依靠价格机制而不是计划手段来配置资源。因而在"双轨过渡"期，存在国有经济和非国有经济并存以及计划内价格和计划外市场价格并存的局面。这种局面对1982—1986年的宏观经济形势开始产生影响。

在计划经济体制之外新增一套市场经济体制的"增量改革"，保证了原有计划经济部分的正常运行，防止了经济出现"休克疗法"中那种破坏性的下行，并在新增的市场经济成分中显著提升了资源配置效率，从而使得整个经济出现了超高速增长。另外，"双轨过渡"中的价格双轨制，意味着一部分商品价格脱离计划控制，由市场供需状况来决定，因而在这一轮经济过热中出现了大幅度的物价上升。其中GDP平减指数由1983年的1.1%上升到了1984年的4.9%，1985年进一步快速上升到了10.2%；消费物价指数也在1985年上升了9.3%。

这一轮经济过热，虽然有了市场化改革而具有不太一样的特征，但是市场化成分在经济中的比例还不高，因而在应对经济过热时，传统的计划经济体制下那些收回下放权力、降低投资规模和信贷规模等宏观经济管理方式，仍然有效地达到了紧缩经济的目的。1986年GDP增长率和通货膨胀率均大幅度下降。"微调"型的宏观经济政策有可能在防止经济过热的同时，延长经济繁荣的时间；而用直接控制经济的办法来防止经济过热，则会使经济迅速降温，增速明

---

① 参见樊纲、张曙光和王利民《双轨过渡与"双轨调控"》（上），《经济研究》1993年第10期。

② 实际上国有经济本身也在逐渐地市场化过程中。

显回落。这是用计划经济手段来管理宏观经济的一个重要缺陷。

1987年中国开始了改革开放以来第三轮经济高涨，当年实际GDP增长率达到11.7%的高峰，1988年仍然保持了11.2%的增长率。随后在国内外因素的共同作用下，经济增速迅速回落，至1990年GDP增长率降至3.9%，此为改革开放以来的最低增长率。

这一轮经济过热的机制与上一轮没有太大差别，仍然是结合了计划经济体制和市场化改革的双重特征。1987年出现了新一轮的放权让利，地方政府和企业自主权扩大引起的投资膨胀机制依然发挥作用，增量改革引起的非国有部门的成长进一步加快了经济过热的到来和加深了经济过热的程度。在这种情况下，更广泛的价格改革引起了更大的通货膨胀。1988年GDP平减指数增长12.1%，消费物价指数增长18.8%。短缺和高通胀并存的局面引发了"抢购风"和社会不稳定。

在应对这一轮经济过热时，一些间接调控宏观经济的手段开始得到使用。1987年1月1日中国人民银行将法定存款准备金率由10%提高到12%，1988年1月1日进一步提高至13%。1988年9月1日，中国人民银行将6个月期的定期存款利率提高0.36个百分点，将1年期和3年期定期存款利率均提高1.44个百分点。这样大幅度的提高存款准备金率和利率，在现代市场经济体制中，会具有相当大的紧缩经济的力度。然而，在当时，这些措施并没有起到遏制经济过热的作用。为此，1989年2月1日，中国人民银行将6个月期的定期存款利率一次性提高2.52个百分点，将1年期和3年期定期存款利率分别提高2.70和3.42个百分点。至此，中国6个月期的定期存款利率高达9.0%，1年期和3年期定期存款利率分别高达11.34%和13.14%。比较当前美联储每次0.25个百分点的加息幅度，中国一次性将利率加上2.52个百分点，显得加息幅度有点过于巨大了。为什么中国要采取那么大的加息幅度呢？与当时已经出现严重的经济过热和严重通货膨胀的宏观经济形势自然有关，但更重要的是，在分权体制和软预算约束下，地方政府和企业对利率高低并不敏感。大幅度加息虽然能在一定程度上抑制信贷和投资增长，但抑制的主体是乡镇企业和个体经济等非国有经济成分，而对于国有经济成分来说，利率调控远不如直接信贷控制、投资限制和价格控制那么有效。

事实上，1988年第三季度中国政府已经开始急剧地直接压缩固定资产投资规模，停止审批计划外建设项目；清理整顿公司，尤其是信托投资公司；严格检查和控制贷款规模；强化物价管理，对重要生产资料实行最高限价[①]。

上述一系列强硬的紧缩政策下，中国GDP增长率在1989年大幅度回落7个百分点至4.2%。高通胀局面也得到有效遏制。1989年GDP缩减指数增长率下降3.5个百分点至8.6%，消费物价指数增长率从1988年的18.8%，回落到1989年的18.0%和1990年的3.1%。中国宏观经济出现了过度紧缩现象。其中固定资本形成总额实际增长率从1988年的12.1%下降到了1989年的1.8%，1990年更是接近于零。

为了刺激经济回暖，中国人民银行从1989年年底开始放松贷款规模控制，重新增加向国有经济部门的贷款，并从1990年3月到1991年4月，三次大幅度下调了存款和贷款利率。国有经济和非国有经济在1991年均实现了复苏，实际GDP增长率上升至9.3%。

中国开始了改革开放以来第4轮经济高涨。实际GDP在1992年增长14.2%，并在1993年和1994年仍然保持了13.9%和13.0%的高速增长。与此同时，宏观经济迅速走向过热，物价水平快速攀升。1993年GDP平减指数增长15.2%，消费物价指数增长14.7%，

[①] 参见吴敬琏《当代中国经济改革教程》，上海远东出版社2010年版，第343—344页。

1994年GDP平减指数更是增长21.7%，消费物价指数增长24.1%。这一段时期成为改革开放以来通货膨胀形势最严峻的时期。

前三次经济过热，计划经济的特点更加明显一些。这一次过热，主要是市场化改革催生的。

1992年年初，邓小平发表南方谈话，号召加快改革开放。1992年10月，党的十四大决议，将中国经济体制改革的目标，确定为社会主义市场经济体制。1993年11月，党的十四届三中全会通过《中共中央关于建立社会主义市场经济体制若干问题的决议》。该决议确定了经济体制改革的整体框架。其主要内容包括：国有企业改革以建立现代企业制度为核心，市场机制改革以价格改革为核心，劳动市场改革以鼓励农村剩余劳动力向非农产业和城市转移及跨区域流动为核心，房地产市场改革以建立市场化的商业性土地使用权出让制度和完善二级市场价格形成机制为核心，财政体制改革以建立增值税为主的税收制度和实行中央地方分税制为核心，对外开放以放开外贸经营权、吸引外资和建立以市场为基础的有管理的浮动汇率制度和统一的外汇市场为核心等。

南方谈话以来的改革措施，极大地释放了中国经济的活力，国有经济继续发展的同时，以乡镇集体企业、私营企业、个体经济和外资企业为主要形态的非国有经济得到迅速发展，农村剩余劳动力大规模流向沿海地区，资源配置效率大幅度提升且不断增长。"增量改革"继续大放异彩，非国有经济成分和市场配置资源的程度不断提高，要素投入的增长和全要素生产率均快速增长，奠定了近10年快速增长的基础。20世纪90年代是改革开放40年中市场化改革推进最快的时期，也是经济增长最快的时期。1991—1999年，中国实际GDP年均增长10.6%，比1978—1990年年均增长9.2%提高了1.4个百分点。

快速的市场化改革也使得这一轮经济波动开始具有明显的市

经济特点。最明显的表现是非国有经济在投资过热中开始发挥显著作用。1993年非国有经济固定资产投资比上年增长99%，比国有企业固定资产投资增长率高出55%，非国有经济固定资产投资在全社会固定资产投资中所占比重也从1992年的32%迅速提高到1993年的39%，随后几年，非国有经济投资增速均显著高于国有经济，至1996年，非国有经济固定资产投资在全社会固定资产投资中所占比重上升到了48%，几乎占了半壁江山。另外，这一时期价格改革迈出大步，除电力、通信、石油等少数价格仍由政府定价之外，绝大部分生产资料和生活资料价格均由市场自由定价，实现了从双轨价格向单一市场价格的过渡。因而这一轮过热最明显的宏观经济特征不是严重短缺，而是严重通货膨胀。中国经济中的短缺现象，在这一轮经济波动之后，基本上被消除了。

　　应对这一轮过热，中国宏观经济管理手段也出现了明显变化。直接控制投资和信贷规模的力度减弱，紧缩性的财政和货币政策开始得到有效使用，中国经济实现"软着陆"，而并没有出现过去那种投资急剧萎缩和经济急剧降温的现象。1996年，降温以后的实际GDP增长率仍然高达9.9%。

　　这一轮改革提高了经济增长率，改变了宏观经济波动特征和宏观经济管理手段，同时，也为未来的宏观经济稳定奠定了制度基础。其中，1994年的财政体制改革，将中央政府财政收入在全国财政收入中的比重从1993年的22%迅速提高到了55%，并使得1978年以来全国财政收入在GDP中的比重不断下降的局面终止于1995年，保证了中国政府尤其是中央政府的财政稳定性，避免了改革过程中特别容易出现的财政危机及其引发的经济社会不稳定和政治不稳定。1994年的外贸体制改革和汇率制度改革，迅速将中国由一个贸易逆差国家转变为贸易顺差国家，并使外汇储备从1993年12月的212亿美元快速增加到了1997年6月的1200亿美元，为避免1997年7

月开始爆发的亚洲金融危机对中国的传染及在危机期间实现人民币不贬值提供了保障。

尽管亚洲金融危机没有引起中国的货币危机和金融危机，但是由于外需受到较大影响，中国经济还是受到了一定的负面冲击。1997年实际GDP增长率回落到9.2%，1998年进一步回落到7.8%。为此，中国第一次主动采取扩张性财政政策和货币政策。其中财政政策以发行国债支持基础设施投资为主，货币政策采取了降低存款准备金率、降低存贷款利率和扩大货币供给量等措施。这些措施对于防止经济进一步下滑，稳定投资和经济增长产生了一定效果。但是，并没有促进经济有效复苏。

1998年扩张性货币政策并没有带来货币供应量的加速扩张。1998年年底中国广义货币（M2）余额的增长率为15.3%，比上年同期增长率下降2个百分点。扩张性货币政策没有带来货币扩张是因为当时出现了信贷萎缩的现象。1998年年底金融机构各项贷款余额同比增长15.5%，比上年同期下降10个百分点。1999年的货币供应量和信贷规模增长率依然在下降。

为什么当时扩张性的货币政策不能产生货币和信贷的扩张效果呢？这是由中国经济改革中的过渡体制造成的。非国有经济的快速发展在促进了整个经济增长率大幅度提升的同时，也恶化了存在大量冗员、效率更低的国有企业的经营业绩。在经济下行期，国有企业通过裁员、降低工资等应对市场变化的空间较小，在当时也不存在针对国有企业的破产机制，因而当时存在大量亏损和业绩不佳的国有企业。另外，中国国有商业银行主导信贷资源的投放，其投放的主要方向是国有企业。在国有企业大量亏损的情况下，商业银行不良贷款率迅速攀升，严重影响了商业银行的盈利能力和加大信贷投放力度的能力。商业银行在自身经营压力下，不愿意主动继续加大对亏损国有企业的贷款。因而在中央银行采取扩张性货币政策的时候，反而出现了信贷萎缩。

总需求管理政策解决不了信贷萎缩的问题。解决信贷萎缩问题的是国有企业改革和商业银行体制改革。1998年中国启动了"抓大放小"和国有经济战略性重组的国有企业改革方案，并制定了国有企业三年脱困的计划。同时，成立了四大资产管理公司，将四大国有银行的不良资产剥离给相应的资产管理公司，并按照股份制银行的标准改革商业银行治理体系，为商业银行自主经营提供了财务基础和制度基础。

2002年开始，信贷萎缩的现象逐渐彻底改变，货币供应量和金融机构信贷总额增长率恢复扩张态势。中国也开始了改革开放以来第五轮经济高涨期。2002年，中国实际GDP增长9.1%，比上年提高0.8个百分点。此后五年，实际GDP增长率逐年上升，至2007年高达14.2%。这是改革开放以来繁荣持续期最长的一段时期。

2002—2007年，中国之所以能够保持较长时期高速增长，主要有五个方面的原因。其一，前期的国有企业改革和金融体制改革在很大程度上消除了经济中的低效率国有企业，留下来的国有企业均是具有较大盈利能力、效率较高的经济成分，而且"抓大放小"的国企改革壮大了效率较高的非国有经济部门，从而总体上提高了资源配置效率。其二，这一时期城市化和工业化快速发展。2001—2007年，中国的城市化率从37.7%提高到了45.9%，年均提高1.37个百分点，相当于每年约有1800万人从农村转移到城市。这一时期的工业化率也约提高了2个百分点。城市化和工业化的发展通过集聚效应、规模经济、技术进步和要素的重新配置提高了生产率和潜在增长能力。其三，2001年12月11日中国正式成为世贸组织成员，中国的外需增长获得了稳定的外部环境。其四，以住房货币化和允许发展按揭贷款为主的住房制度改革，激活了房地产市场，促进了房地产投资的大力发展。其五，在宏观经济管理上，在经济高涨初期就采取了"微调"型的适度从紧的货币政策。比如，从2003年9月开始，中国人民银行就将法定存款准备金率从6%提高到了7%，此后至2008年美国金融危机爆发之前，以每次0.5或1个百分点的幅度，共20次提高法定存款准备金率。这一时期还多次提高存贷款基准利率，并制定了适度从紧的货币供应量目标。这些宏观政策使这一时期在经济增长率不断提高的过程中，没有出现严重的通货膨胀。到2007年，消费物价指数比上年仅增长4.8%。也就是说，这一时期的持续繁荣，既有供需双方快速增长的制度和发展基础，又有宏观经济管理的成效。不过，这一时期的房地产市场发展，积累了资产泡沫，给未来的经济稳定造成了较大的威胁。

2008年美国金融危机后，中国实际GDP增长率迅速下行至9.7%。为了应对这一局面，中国采取了力度较大的扩张性财政政策和货币政策。2009年中国推出"四万亿"财政支出扩张计划，且大幅度放宽货币供应，当年广义货币余额增长32%。实际GDP增长率2009年稳定在9.4%，2010年甚至回升到10.6%。应该说，中国的宏观经济政策很好地管控住了这一轮外部冲击带来的经济急剧下行。但是，从2011年开始，中国实际GDP增长率再一次下行，且持续下行至2016年的6.7%。

正是在应对经济增长率持续下行的过程中，中国逐步探索出了一套有特色的宏观经济政策框架。在探索过程中，国际上有两个方面的思想和实践动态为中国提供了借鉴。一是金融危机后，宏观经济理论与政策界开始反思原有的被认为很成熟的宏观经济政策，并开始建立新的政策框架。二是关于"中等收入陷阱"的警示，提醒中国需要借鉴中等收入国家在发展过程中宏观经济管理不当的教训。在这两个背景下，结合自身实际情况，中国提出了经济形势处于"新常态"的判断。为了应对经济"新常态"，中国提出了以供给侧结构性改革、总需求管理和金融稳定政策为核心内容的三位一体的宏观经济政策框架。

二 总需求管理的局限：全球宏观经济政策反思

美国金融危机后，国际上对宏观经济政策存在三个方面的反思：一是宏观经济政策以熨平经济波动为主要目标，但是以货币政策为主的总需求管理政策，无法在事前防止出现金融危机这种引起经济大幅度波动的事件。二是建立在规则基础上的货币政策能够实现对宏观经济的"微调"，但是金融危机后，面对经济急剧下滑的形势，货币政策的效果不那么明显，需要重新考虑启用财政政策。三是面对金融危机后潜在经济增长率下降的局面，总需求管理政策只能将经济稳定在潜在增长率水平附近，而对提高潜在增长率无能为力，需要重新考虑能够提高潜在经济增长率的经济政策。其中，第一个和第三个方面的反思对于形成中国自己的宏观经济政策框架具有重要的借鉴作用。

20世纪30年代大萧条以后，凯恩斯的《就业信息和货币通论》带来一些共识，即商业周期和经济衰退是总需求不足造成的，用财政和货币政策可以维持充足的需求，因而经济的周期性波动是可以避免的。菲利普斯曲线总结出经济活力增强会带来通胀，因而宏观政策的核心是在高产出低失业的利益和高通胀的成本之间寻找一个最优平衡点。但到20世纪60年代末之后，理论和现实都出现了变化。菲尔普斯和弗里德曼均指出，通货膨胀和失业之间不存在稳定的折中关系[1]。20世纪70年代末美国等发达经济体开始出现通胀率与失业率同时上升的滞胀现象。此后，主流宏观经济思想发生很大变化，认为需求管理能控制通胀，降低经济波动程度，但不能提高平均产出水平。同时

---

[1] Edmund Phelps, Phillips curves, "Expectations of Ination and Optimal Unemployment Over Time", *Economica*, 1968, pp. 254 – 281. Milton Friedman, "The Role of Monetary Policy", *American Economic Review*, 1968, pp. 1 – 17.

还认为，要获得低通胀、低经济波动和无产出损失的良好经济表现，需要降低货币的相机抉择性，转而使用一个三位一体的组合：中央银行获得政治上的独立性、明确的通胀目标以及政策规则，财政政策的作用下降。20世纪80年代至21世纪初，美国等发达经济体实现了宏观经济的"大稳定"，被认为是货币政策稳定产出的巨大成功。然而，2008年美国金融危机暴露出，宏观经济学和宏观经济政策中忽略了金融危机，忽略了金融在经济体系的中心作用。能够实现"大稳定"的货币政策，无法防止金融危机的爆发。宏观经济政策应该将预防金融危机实现金融稳定列为主要任务之一。[1]

货币政策应该在金融稳定中发挥作用吗？事实上这是很难的。英格兰银行原副行长查尔斯·比恩2014年在伦敦政治经济学院演讲时谈到[2]，"适度的货币紧缩难以有效减弱已经形成的信贷繁荣，只有大幅度提高利率才能对信贷扩张产生有意义的影响。为防止金融风险而诱发经济衰退，只有勇敢的央行行长才能做到这一点"。布兰查德也认为[3]，利率政策不是用来解决杠杆率过高、过度冒险或者资产价格偏离基本面这类问题的合适工具，而应当主要用于维持实体经济和物价稳定。一些特定的周期性监管工具，更适合应对金融不稳定问题。如杠杆率过高，可以提高资本充足率要求；流动性太低，可以引入流动性比率的监管要求；要压低住房价格，可以提高首付比；要限制股价上涨，可以提高保证金要求。

危机后关于金融稳定问题的政策讨论和政策实践实际上也达成了一些新的共识：宏观经济政策应该将维持金融稳定纳入政策目标，实现金融稳定的工具不是财政与货币政策，而是良好的监管体系和

---

[1] Olivier Blanchard Lawrence Summers, "Rethinking Stabilization Policy", *Back to the Future*, Oct. 8, 2017.
[2] 参见查尔斯·比恩《货币政策的未来》，《比较》2015年第1期。
[3] 参见布兰查德《反思宏观经济政策》，《比较》2010年第1期。

建立在一系列逆周期监管工具基础上的宏观审慎政策。宏观经济管理部门需要统筹协调不同的机构和政策，尤其是协调货币政策和宏观审慎政策。中央银行除了承担维持物价稳定的职能之外，也应该承担维持金融稳定的职能。中国宏观经济管理框架形成过程中也充分吸取了国际上关于金融稳定政策讨论和政策实践的最新成果。

发达经济体在危机后长期使用扩张性的总需求管理政策，但经济增长一直低迷，直到2017年才开始有所起色。经济增长率无法提高，一方面是因为金融危机造成的破坏需要时间来修复，另一方面是因为发达经济体的长期经济增长率下降了。按照国际货币基金组织的数据，发达经济体的十年平均增长率从2007年以来不断下降，从3%左右的增长率逐渐下跌至2016年的1%左右，降到了第二次世界大战以来的历史最低水平。

发达经济体长期增长率为什么会处于如此低的水平呢？

20世纪30年代大萧条期间，存在过一种经济可能处于"长期停滞"状态的担心[1]。今天仍有这种担心[2]。"长期停滞"的原因被认为是支出低迷。一方面由于资本在国民收入中的份额上升以及富人在国民收入中的份额上升，导致消费支出不足；另一方面由于人口增长放慢和生产率增长放慢，导致投资支出不足。同时，实现充分就业的实际利率下降，而零利率限制和物价低增长或通货紧缩导致现实中的实际利率无法低到刺激投资的程度。货币宽松难以刺激投资和消费增长，反而会带来泡沫危及经济稳定。促进经济走出"长期停滞"的最有效办法可能是扩大公共支出[3]。然而，扩大财政支出

---

[1] Hansen, Alvin, "Economic Progress and the Declining Population Growth", *American Economic Review*, Vol. 29, No.1, 1938, pp.1–15.

[2] Summers, Lawrence, "Why Stagnation Might Prove to Be the New Normal", *The Financial Times*, December 15, 2013.

[3] Summers, L., "US Economic Prospects: Secular Stagnation, Hysteresis, and the Zero Lower Bound", *Business Economics*, Vol. 49, No 2, 2014.

其实难以解决不平等问题,更难以促进人口增长和生产率增长。因而财政政策无法消除使经济陷入"长期停滞"的因素,在逻辑上无法促进经济走出"长期停滞"。更何况发达经济体政府债务水平普遍较高,财政扩张的空间有限。

发达经济体长期增长率下降不仅仅是需求低迷的问题,而且是潜在增长率在下降。一般认为,潜在增长率下降主要是因为劳动增长和劳动生产率增长放慢造成的。

发达经济体均存在人口老龄化、出生率下降等导致劳动供给减少的现象。增长理论认为,劳动增长率下降一定会降低一个国家的长期经济增长率。但美国经济学家阿西莫格鲁等人的研究表明,人口老龄化与人均GDP增长率不存在明显的负相关关系,反而存在一定的正相关关系。他们的研究还发现,人口老龄化越严重的国家,机器人的使用程度越高[①]。这说明当劳动供给减少时,机器人就会替代人。劳动投入减少对GDP长期增长率的负面影响在一定程度上被机器人使用所带来的效率提高所抵消。因此,劳动增长放慢不一定会带来经济增速下降。

关于发达经济体的劳动生产率增长下降,一般认为是发达经济体全要素生产率的增长下降造成的。全要素生产率的增长主要来自技术进步。技术进步主要来自于研发。美国近年来的研发支出占GDP的比例约为2.7%,欧元区约为2.1%,德国约为2.9%,日本约为3.6%,这基本上是历史上最高的研发支出水平。为什么历史上最高的研发支出水平却伴随着最低的长期增长率呢?是研发没有产生技术进步,还是技术进步没有造成经济增长?

研发产生的技术进步是大家有目共睹的。互联网、智能手机等

---

① Acemoglu, Daron, Pascual Restrepo, "Secular Stagnation? The Effect of Aging on Economic Growth in the Age of Automation", *NBER Working Paper 23077*, 2017.

信息通信技术的发展已经显著改变了人类生活和商业模式，能源技术、基因技术以及智能机器人的发展，也非常迅速。问题不是在于研发没有产生技术进步，而是快速的技术进步没有造成快速的经济增长。为什么会这样呢？这是因为技术进步有创造性的一面，也有破坏性的一面。技术进步造成的创造性效应超过其破坏性效应时，才会给经济带来增长效应。发达经济体当前的技术进步，可能在有较大的创造性效应的同时，也有较大的破坏性效应。

通用科学技术的进步能够在更大范围内被使用，因而其创造性效应会更大一些。而特定公司的专用型技术进步只能在更小的范围内被使用，在为该公司提供创造性收益的同时，可能也在对一些使用原有技术的同行造成较大破坏性后果。最近的研究发现，美国公司研发投入占其销售收入的比例虽然在逐渐上升，但是其用于公开发表的研究的投入比例不断下降，而其在专利性研究上的投入比例不断上升[1]。说明美国研发投入增长带来的通用型科技进步在下降。

发达经济体在鼓励创新和创新成果转化方面出台了不少有效政策。目前看来，这还不够。未来的创新政策，还应该鼓励那些创造性效应相对于破坏性效应更大的创新活动，比如鼓励那些产出通用型科技进步的创新活动。但是，通用型科技进步的外部性较大，研发投入的收益不能完全由投入者获得，因而需要更多公共资金来参与这类研发活动。这对于发达经济体来说是一个很大的挑战。

发达经济体全要素生产率增长下降还有可能是一些其他的结构性因素引起的，比如过度劳动保护、过高福利水平等降低了劳动者从事生产活动的参与积极性，影响其劳动效率；比如不平等、教育体制不合理等降低了人力资本的积累速度；比如过高债务导致资源

---

[1] Arora, Ashish, Sharon Belenzon, Andrea Patacconi, "Killing the Golden Goose? The Decline of Science in Corporate R&D", *NBER Working Paper No. 20902*, 2015.

过度流向低效率部门等。

不管是创新问题,还是其他结构性问题导致全要素生产率和潜在增长率下降,总需求管理政策对此都无能为力。为此,一种办法是求助于包括鼓励创新在内的结构性改革。2016年二十国集团杭州峰会时,中国就曾在二十国集团内力推结构性改革以促进全球经济增长。另一种办法求助于供给学派的政策。以减税为核心的供给学派的政策,对于提高全要素生产率的作用是有限的,但其提高了资本回报率和劳动报酬,因而具有鼓励投资和劳动参与的作用,因而能够通过激励要素投入提高供给能力和潜在经济增长率。美国于2017年12月通过《减税与就业法》,主要采取供给学派的方法来提高潜在增长率。

中国潜在经济增长率下降的原因与发达经济体不一样,但是发达国家提高潜在增长率的政策讨论和实践对于中国形成自身的宏观经济政策框架是非常有帮助的。

三　不稳定的教训:中等收入陷阱警示

2007年,世界银行在一份报告中提出"中等收入陷阱"一词[1]。当时,中国已经是一个中等收入国家[2],随着中国经济增长率不断下行,"中等收入陷阱"逐渐成为学术讨论和政策讨论的中心议题之一。但是,关于是不是存在中等收入陷阱、什么是真正的中等收入陷阱、中等收入陷阱的形成原因是什么等一系列问题,还存在不少

---

[1] Gill, Indermit, Homi Kharas, *An East Asian Renaissance: Ideas for Economic Growth*, The International Bank for Reconstruction and Development / The World Bank, 2007.
[2] 根据世界银行的划分,中国在1997年以前是"低收入国家",1997年成为"中等偏下收入"国家,1998年下降为"低收入国家",1999—2009年属于"中等偏下收入"国家,2010年至今属于"中等偏上收入"国家。

的争议。

正常的增速回落当然不能叫作陷阱。真正的中等收入陷阱，是中等收入经济体的人均国民收入增速不能超过高收入经济体，导致中等收入经济体不能拉近与高收入经济体之间的收入差距，从而长期滞留于相对的中等收入水平；或者是中等收入经济体的人均国民收入出现增长停滞甚至负增长，导致其无法实现收入增长，或无法突破某个固定的中等收入区间、实现收入水平升级。[①]

从长期来看，中等收入经济体是否普遍地处于收入增长停滞或者增速低于高收入经济体的状态呢？根据世界银行的分类标准，中等收入经济体总体上一直处于收入增长过程，且其人均 GDP 增长率高于高收入国家。最近的世界发展指数显示，1960—2014 年，中等收入经济体的人均 GDP 年均实际增长 3.2%，按照不变价计算的 2014 年人均 GDP 是 1960 年的 5.4 倍；同期高收入经济体的人均 GDP 年均实际增长 2.3%，2014 年不变价人均 GDP 是 1960 年的 3.4 倍。可见，从总体增长绩效看，中等收入经济体一直在以高于高收入经济体的速度增长，一直在拉近与高收入经济体之间的收入差距。

中等收入经济体长期经济增速高于高收入经济体，但在短期内，其经济增速经常低于高收入经济体，甚至在一个经济周期或更长时期衡量的时间段内，其平均增速经常性地低于高收入经济体。根据《什么是真正的中等收入陷阱》一文的测算[②]，处于美国人均国民总收入（GNI）水平 4%—64% 的经济体，尽管其总体上的人均 GDP 增速高于美国这个代表性高收入经济体，但其七年人均 GDP 平均增速（可以作为一个经济周期内的平均增速）低于美国的概率达

[①] 关于中等收入陷阱的界定，可参见姚枝仲《什么是真正的中等收入陷阱》，《国际经济评论》2014 年第 6 期，第 75—88 页。

[②] 姚枝仲：《什么是真正的中等收入陷阱》，《国际经济评论》2014 年第 6 期，第 75—88 页。

41%—48%。或者说，处于美国人均GNI水平4%—64%的经济体，在其经济发展过程中，在41%—48%的时间段内，其人均GDP的七年平均增速是低于美国的。而且，正是因为这些中等收入经济体经常性地出现经济增速低于高收入经济体，导致其在长期增长速度高于高收入经济体的情况下，极难拉近与高收入经济体的收入差距。如果消除了这些经济增速低于高收入经济体的现象，则一个经济体从美国人均GNI的4%升级到64%的时间，将从几百年缩短至几十年。

由此可见，对中等收入陷阱成因的认识，关键是要理解中等收入经济体在长期增长率高于高收入经济体的情况下，为什么会经常性地出现一个经济周期内甚至更长的时间段内其经济增速低于高收入经济体的现象。

假定有两个周期同步的经济体，其中一个经济体的长期平均增长率比另一个经济体更高。如果这两个经济体增长率的波动程度也一样的话，则高增长经济体的增长率在任何时候都要高于低增长经济体。如果经常性地出现高增长经济体的增长率比低增长经济体的增长率还低的现象，唯一的原因就是高增长经济体增长率的波动幅度比低增长经济体要大，或者说，是因为高增长经济体比低增长经济体更不稳定。

第二次世界大战以来，世界经济主要由美国引领，各国经济周期与美国基本同步。根据上述逻辑，中等收入经济体在长期增长率高于高收入经济体的情况下，经常性地出现经济增速低于高收入经济体的现象，其主要原因就只能是中等收入经济体比高收入经济体更不稳定，其增长率的波动幅度更大。

图3—2显示，按2005年购买力平价（PPP）计算的各经济体人均GNI分组中，年人均GNI高于32000美元的经济体，其年度人均GDP增长率的平均标准差为2.4%，是所有分组中最低的。这反映

了高收入经济体的经济稳定性在所有分组中是最高的。各收入分组的经济体稳定性大致可以分为三类：一类为年人均GNI在16000美元以上的经济体，其年度人均GDP增长率的平均标准差为2.4%—2.8%；一类为人均GNI在4000—16000美元的经济体，其年度人均GDP增长率的平均标准差为3.8%—3.9%；还有一类为人均GNI在4000美元以下的经济体，其年度人均GDP增长率的平均标准差为4.8%—5.1%。这三大类经济体显示出随着人均国民收入水平提高，其经济增长的波动程度逐渐降低、稳定性逐渐提高的态势。

如果按照各经济体人均GNI与美国的相对比例来进行分类，同样可以清楚地看到（图3—3）：相对低收入的经济体，其经济波动幅度更大；相对高收入的经济体，其经济稳定程度更大；中等收入经济体的经济波动性比高收入经济体要大。由此可见，中等收入经济体确实具有比高收入经济体更不稳定、增长率的波动幅度更大的特点。

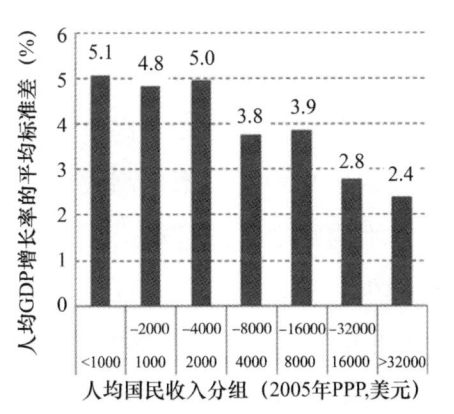

图3—2　1961—2014年各类经济体的经济波动程度：按绝对收入分组

资料来源：根据WDI数据计算。

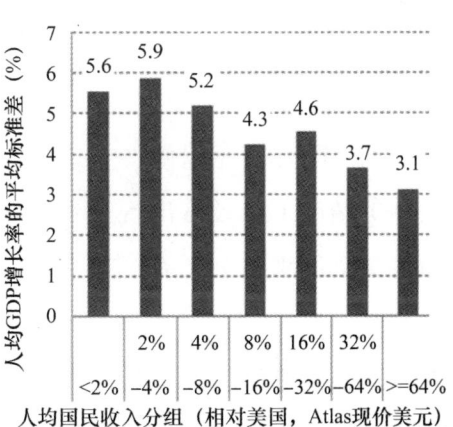

图3—3　1962—2014年各类经济体的经济波动程度：按相对收入分组

资料来源：根据WDI数据计算。

有一类经济体，如新加坡、韩国等，由于其长期平均增长率较高，即使某段时间短期波动剧烈，导致其人均 GDP 增长率短期内显著低于高收入国家，也无损于其快速升级为高收入国家。实际上，新加坡、韩国等快速成长为高收入国家的经济体，也有过经济波动幅度比较大的时候。新加坡在经济快速增长的 20 世纪 60 年代，韩国在经济快速增长的 20 世纪 80 年代，都出现过负增长现象。这些短期的"陷阱"，并没有阻止新加坡和韩国迅速变成高收入国家。

对于中等收入经济体来说，更为重要的，是另一种经济不稳定。即其用一个经济周期甚至更长时期来衡量的平均增长率也波动较大，导致其在长期增长率高于高收入经济体的情况下，经常性地出现在一个经济周期内甚至更长时期内的平均增长率比高收入经济体更低的现象。如果能够改变这种状态，提高其在低增长周期内的平均增长率，就能显著提高其长期内的平均增长率，从而缩短收入升级的时间。因而，这一类经济不稳定，才是避免落入中等收入陷阱的关键因素。避免这类不稳定，才能有效地摆脱中等收入陷阱。

到底是什么原因使得中等收入经济体在增长潜力高于高收入经济体的情况下，经常出现七年甚至更长期的平均增长率比高收入经济体更低的现象呢？答案是金融危机。平均每次金融危机会引起持续七年到十年左右的经济低迷和产出损失。正是中等收入经济体频繁地爆发金融危机，使其经常性地出现七年甚至更长时期的低增长。

金融危机会伴随严重的经济衰退，是容易被观察到的事实。更为重要的是，金融危机会造成持续较长时期的产出和收入损失。

本·伯南克在深入研究了 20 世纪 30 年代大萧条之后认为，金融体系崩溃是大萧条持续十年的主要原因，而一般性衰退只持续一两年时间①。更严格的计量研究指出，货币危机和银行危机均将造成持续十年的产出损失。其中货币危机造成的年产出损失高达 4%，银行危机造成的年产出损失高达 7.5%②。金融危机使得一个经济体如此长时期不能充分实现其增长潜力，正是中等收入经济体在一个经济周期内甚至更长时期内其增长率比高收入经济体更低的原因。

莱因哈特和罗格夫对 1857—2013 年期间世界上 100 次金融危机造成的影响进行了估算③。其结果显示，平均每次金融危机造成持续三年左右的人均 GDP 萎缩，累计萎缩幅度达 11.5%。然后，再需要五年，也就是总计需要八年左右的时间才能使人均 GDP 恢复到危机前的峰值。而且，在 100 次危机中，有 45 次出现了人均 GDP 双头探底的现象。新兴经济体受金融危机的损害更大，恢复时间更长。平均每次金融危机给新兴经济体造成持续四年左右的人均 GDP 萎缩，累计萎缩幅度高达 14.8%。然后，再需要六年，也就是总计需要十年左右的时间才能使人均 GDP 恢复到危机前的峰值。同时，双头探底现象的出现概率也提高到了 49%。

金融危机造成持续的产出和收入损失以及经济低迷，已经得到大量研究证实。中等收入经济体频繁爆发金融危机的事实也逐步得到研究认可。事实上，金融危机并非高收入经济体的专利，中等收入经济体更加容易、更加频繁地爆发金融危机。

莱因哈特和罗格夫研究了 800 年的金融危机数据之后认为，对于中等收入经济体来说，通货膨胀危机、货币危机、对外债务危机、

---

① 参见 Bernanke, Ben S., "Nonmonetary Effect of the Financial Crisis in the Propagation of the Great Depression", *The American Economic Review*, Vol. 73, 1983, pp. 257–276。
② 参见 Cerra, Valerie, Sweta Chaman Saxena, "Growth Dynamics: The Myth of Economic Recovery", *The American Economic Review*, Vol. 98, No. 1, 2008, pp. 439–457。
③ 参见 Carmen M. Reinhart, Kenneth S. Rogoff, "Recovery from Financial Crises: Evidence from 100 Episodes", *American Economic Review*, American Economic Association, Vol. 104, No. 5, 2014, pp. 50–55。

国内债务危机和银行危机这五类金融危机均会频繁发生,而绝大部分高收入经济体可以完全避免通货膨胀危机和货币危机,部分高收入经济体可以完全避免对外债务和国内公共债务危机①。可见,中等收入经济体爆发的金融危机种类比高收入经济体要多,因而其爆发金融危机也更加频繁。

阿根廷是一个经常被用来表示存在中等收入陷阱的典型例子。根据世界银行WDI的数据,阿根廷1964年的人均GNI为1110美元,为当时美国人均GNI的31%。40年以后的2004年,阿根廷的人均GNI增长到了3770美元,但与美国的相对比例下降到了8.6%。尽管此后十年阿根廷经济迅速发展,其人均GNI水平在2014年达到了14160美元,与美国的相对比例也提高到了25%。但是,50年过去,阿根廷的人均国民收入相对美国这样的高收入国家不仅没有拉近,反而更远了。阿根廷在这段时期内,并不是没有高增长时期,反映出其增长潜力还是高于发达经济体的。阿根廷在这段时期人均GDP增长率的波动较大,最高时为11.1%,最低时为-11.9%,标准差达5.6%。造成如此不稳定的原因,正是其反复爆发的金融危机。根据莱因哈特提供的资料②,1964—2004年,在短短40年的时间里,阿根廷爆发了13次金融危机,其中包括3次外债危机、3次国内公共债务危机、5次银行危机和2次超级通货膨胀危机。当然,不同种类的危机有时候是叠加发生的。比如在1982—1993年持续12年的外债危机期间,阿根廷还爆发了两次内债危机和3次银行危机。两次超级通货膨胀危机也是发生在这段时期。频繁的金融危机使阿根廷往往还没有从前一次危机中恢复过来,又陷入新一轮危机的泥

---

① [美]莱因哈特、罗格夫:《这次不一样——八百年金融危机史》,綦相、刘晓锋、刘丽娜译,机械工业出版社2012年版。

② Reinhart, Carmen M., "This Time Is Different Chartbook: Country Histories on Debt, Default, and financial Crises", *National Bureau of Economic Research*, 2010.

潭中。

中等收入经济体频繁爆发金融危机，是由其经济与社会转型所引发的一系列结构问题所导致的。这些结构问题可以归结为两大因素：经济因素和政治因素。

经济因素主要体现为中等收入经济体的结构转型引起财政能力不足和金融服务能力不足。

一个经济体进入中等收入的某个阶段以后，其财政收入与支出结构不能完全适应经济增长的结构变化，就容易造成财政能力不足。比如，一个中等收入经济体如果在过去主要依靠工业化实现快速增长，在其进入中等收入阶段以后，越来越多的增长份额会来自服务业，而不是工业。过去建立在工业部门基础上的税收体系如果不能及时调整，将很可能出现税收增长慢于经济增长的局面。再比如，从依赖投资和贸易的快速增长，逐渐变为消费为主的增长模式时，如果政府收入来源不能及时调整，则同样导致财政收入下降。相反，财政支出的调整可能更加迅速。随着人均收入的提高，居民对养老、健康、教育等方面的公共支出的要求开始提高，政府为了适应老百姓需求的变化，往往会较快地增加这些公共支出。较慢的财政收入结构调整和较快的财政支出结构调整，将导致财政收入的增长比不上财政支出的增长。如果再碰上一次短期经济衰退，需要扩张性的财政政策来刺激经济，则政府的债务水平就会迅速提高，此时，极易发生政府债务危机。如果政府债务主要依靠国外资金来融资，则更容易发生外债危机。如果政府试图通过发行货币来偿债，或用货币化的办法来降低债务水平，则极易发生通货膨胀危机，甚至出现超级通货膨胀。

经济转型还伴随着金融服务能力不足的问题。这主要也是因为经济转型产生了新的经济运营模式和经济增长部门，这些新的业务部门难以从传统的金融服务中获得金融支持。此时，要么是政府主动放松对金融部门的管制,允许金融部门发展新的金融服务;要么是这些新的业务部门主动寻求新的金融服务模式,甚至寻求国外金融机构的服务,从而事实上打破传统的金融服务模式。这两者其实均会伴随金融自由化过程。前者是政府主动进行金融自由化,后者是被动进行金融自由化。金融自由化则是一个容易引起金融危机的过程。卡明斯基和莱因哈特研究了1970年以来的金融危机和金融自由化之间的关系[①]。他们认为很多自由化都伴随着程度不同的金融危机,只有为数很少的国家平稳地渡过了金融自由化。在他们研究的26起银行危机中,有18起危机在发生前5年内实行了金融部门自由化。莱因哈特和罗格夫在《这次不一样——八百年金融危机史》一书中也指出,在1800年以来的金融史中,国际资本的自由流动程度与银行危机的爆发次数呈明显的正相关关系。国际资本流动程度越高,国际上发生银行危机的次数越多。可见,中等收入经济体在发展过程中的资本账户自由化及其他金融自由化过程,均是潜在的引发金融危机的因素。

除了经济因素之外,政治因素对金融危机也起到了不可忽视的作用。尼尔·弗格森在《货币崛起》一书中写道:"正如米尔顿·弗里德曼所言,通货膨胀确实是一种货币现象。但是,恶性通胀,在任何时候、任何地方都是一种政治现象,即由一个国家政治经济的根本缺陷所导致。"[②] 这句话点出了政治因素与金融危机的关系。恶性通胀和政治的关系,在于政治体制中没有给货币当局以适当的约束,使其可以根据个别利益集团的政治需要,而无视通胀给整个社会带来的恶果,肆意发行货币。恶性通胀往往还伴随货币危机和

---

① 参见 Kaminsky, Graciela L., Carmen M. Reinhart, "The Twin Crisis: The Causes of Banking and Balance-of-Payments Problems", *The American Economic Review*, Vol. 89, No. 3, 1999, pp. 473 – 500。

② [英]尼尔·弗格森:《货币崛起》,刘诚译,中信出版社2012年版。

银行危机。

对于频繁发生主权债务危机的经济体来说，政治因素同样十分关键。前面谈到的财政收入结构调整缓慢而财政支出结构调整较快，就主要是由于政治因素造成的。对于那些政治体制没有给予政府适当的财政约束的经济体来说，也容易产生过度负债和主权债务危机。

政治因素更重要的影响在于没有建立有效的金融监管和维持金融稳定的机制，没有建立良好的财政纪律和维持财政稳定的机制。这是由于利益集团或者政治格局的制约，以及政治领导人的忽视或被短期利益裹挟，使得长期有利的机制无法有效地建立起来。另外，政治不稳定本身也是金融危机和经济持续低迷的重要诱因。

中等收入经济体的长期增长率并不比高收入经济体低，但是由于其经济波动幅度较大，尤其是经常性地出现七年甚至更长时期的低增长陷阱，则在很大程度上拉低了中等收入经济体的长期增长率。避免这类低增长陷阱，将显著提高中等收入经济体的长期增长率，极大地缩短了收入升级的时间。由于造成这类低增长陷阱的原因，主要是中等收入经济体频繁爆发的金融危机，因此，要避免中等收入陷阱，关键在于防范金融危机。这对于正处于中等收入阶段的中国来说，是非常具有启示意义的。

四 新时代与新调控：应对新常态的宏观经济政策

面对 2011 年之后中国实际 GDP 持续下降的局面和关于中等收入陷阱的警示，如何看待当时的宏观经济形势，以及采取什么政策来应对这一形势，成为当时中国需要应对的一个重大挑战。

实际 GDP 增长率持续下降是总需求持续低迷造成的吗？在一个总需求和总供给的分析框架中，如果总需求曲线下移，则产出和物价会同时下降,因而总需求低迷会引起GDP增长率和通货膨胀率同时下降。2012年,实际GDP增长率下降了1.6个百分点,GDP平减指数增长率也从2011年的8.2%下降到了2012年的2.4%,即GDP平减指数增长率下降了5.8个百分点。消费物价指数增长率也从2011年的5.4%,下降到了2012年的2.6%,下降幅度为2.8个百分点。GDP增长率和通货膨胀率确实出现了同时下降的局面,宏观经济指标明显体现出了总需求不足的特征。2013年,实际GDP增长率和GDP平减指数增长率分别下降0.1个百分点和0.2个百分点,且这种两个指标同时下降的局面一直持续到2015年。(见表3—2)

表3—2　　　　　　　2012—2015年中国的宏观经济形势

	支持总需求不足的指标		支持潜在增长率下降的指标	
	实际GDP增长率的变动	通货膨胀率的变动	求人倍率的变动	农民工月收入的变动(元)
2012	-1.6	-5.8	+0.04	+241
2013	-0.1	-0.2	+0.02	+319
2014	-0.5	-1.4	+0.05	+255
2015	-0.4	-0.7	-0.05	+208

注:"变动"均为当年值减去上年值。通货膨胀率用GDP平减指数的增长率来表示。求人倍率为每年第4季度的数据,如果用每年4个季度的平均值来计算的话,不影响变动的正负符号和趋势。

资料来源:根据Wind数据计算。

与此同时,另一些宏观经济指标却显示出与总需求不足相悖的特征。当总需求不足时,供给方会减少生产,减少劳动需求,从而会出现失业增加和工资下降的局面。当时中国还没有发布调查失业率数据,无从了解当时的失业率变动情况,但可以从求人倍率来间接观察劳动市场和失业率的变动。求人倍率是指空岗数与求职人数之比。求人倍率大于1，表示空岗数多于求职人数，即劳动需求超过了劳动供给，求职者找到就业机会相对容易，而企业招工相对困难，可能需要提供更高的工资才能招聘到合适的员工。求人倍率小于1，则正好表示相反的情况。求人倍率上升，相当于空岗数相对于求职人数上升，求职成功的可能性加大，间接表示失业率下降。如果总需求不足引起企业开工不足的话，则劳动需求和空岗数会下降，求人倍率会下降。然而，求人倍率却在2012年至2014年期间处于不断上升的过程中。2015年的求人倍率虽然有所下降，但其数值仍然高达1.10，相当于100人求职却有110个岗位在等着。而且，农民工工资在2012年至2015年期间保持了持续上升的态势。劳动力市场并没有表现出总需求不足的特点。

经济增速下降会伴随着劳动力需求增长下降，在这种情况下为什么会出现求人倍率上升和工资上升的现象呢？主要原因就在于劳动力供给在下降。中国的劳动年龄人口在2010年已达到峰值，且劳动参与率也在下降，这两个因素对劳动供给减少具有叠加性的影响[①]。

劳动力供给减少说明中国存在潜在经济增长率下降的情况。加上农村外出劳动力增速大大减缓，通过劳动力重新配置带来全要素生产率提高的空间下降，以及新成长劳动力规模变小带来的人力资本积累速度减缓等，中国的潜在经济增长率可能还会有更大幅度的下降。正是综合考虑这些因素，蔡昉教授估计，中国的潜在GDP增长率，在20世纪90年代中期到2010年之前约为10.3%，2011—2015年期间约为7.6%；2016—2020年，如果不出现重大改革政策，会进一步降至6.2%[②]。当然，还有一些研究指出，中国目前这个阶

[①] 参见蔡昉《读懂中国经济》，中信出版社2017年版，第196—198页。
[②] 同上书，第199—201页。

段潜在经济增长率下降还有其他原因,比如随着经济发展水平的提高,依靠模仿带来快速技术进步的空间降低,未来的技术进步将主要依靠自主研发,从而技术进步引起的全要素生产率增速会放缓[1]。

在这一新的宏观经济形势下,2013年中央经济工作会议做出一个判断,认为中国经济处于增长速度换挡期、结构调整阵痛期、前期刺激政策消化期"三期叠加"阶段。"三期叠加"的说法,已经表明,中国宏观经济决策层已经认识到,中国经济的问题,不是单纯由总需求不足带来的。2014年,在中央政治局会议上,习近平总书记正式将当时那种的经济状态称为"新常态",并认为"新常态"有三个主要特点,分别是:速度变化、结构优化和动力转换[2]。所谓"速度变化"是指经济增长速度从10%左右的高速增长转向7%左右的中高速增长;"结构优化"是指需求结构逐渐由投资和出口为主转向消费为主,产业结构从工业为主转向服务业为主,生产方式从劳动密集型为主转向资本密集型和技术密集型为主;"动力转换"是指经济增长的驱动力由要素投入增长为主转向要素效率增长为主。把中高速增长当作常态,意味着中国宏观经济决策者已经认识到中国经济潜在增长率下降的问题。

到2016年,中国的宏观经济数据,进一步确认中国增速下滑不是总需求不足带来的,而是潜在增长率下降带来的。2016年中国实际GDP增长率下降到6.7%,比上年下降0.2个百分点。此时,通货膨胀率不降反升。GDP缩减指数增长率从上年的0.1%上升到1.1%,消费物价指数增长率从上年的1.4%上升到2.0%。如果把

---

[1] Eichengreen, Barry, Donghyun Park, Kwanho Shin, "When Fast-Growing Economies Slow Down: International Evidence and Implications for China", *Asian Economic Papers*, MIT Press, Vol. 11, No. 1, February 2012, pp. 42–87.

[2] 参见《经济工作要适应经济发展新常态》,载于《习近平谈治国理政》(第二卷),外文出版社2017年版,第229页。

潜在经济增长率理解为零通胀时期的 GDP 增长率时，则可以看出，到 2016 年，中国的潜在经济增长率实际上已经低于 6.7%。

应对当时经济增速不断下滑的形势，如果使用过度扩张性财政货币政策来刺激总需求，则可能会引起通货膨胀率的快速上升，造成新的宏观经济不稳定，或者引起资产泡沫积累、杠杆率升高从而造成金融不稳定。如果无法使用总需求管理政策来稳定经济增长，又有什么其他办法吗？经济学理论和各国经济实践指出，此时应该考虑针对供给方的政策。其中一个办法是使用以减税为主的供给学派的政策，另一办法是使用以改革劳动市场、降低债务水平等为主的结构改革政策。中国采取了什么办法呢？中国创造性地提出了"供给侧结构性改革"的办法。

供给侧结构性改革是指用改革的办法推进结构调整，提高全要素生产率和潜在经济增长率。其重点在于解决结构性问题，激发经济增长动力，主要通过优化要素配置和调整生产结构来提高供给体系质量和效率，进而推动经济增长[①]。供给侧结构性改革与国际上的结构改革政策不完全一样，但也吸收了国际上关于结构改革政策的优点，重在提高全要素生产率。中国提出了供给侧结构性改革的一个任务，即"三去一降一补"，分别是去产能、去库存、去杠杆、降成本和补短板。其中去产能、去库存、去杠杆、补短板均有助于减少资源的低效配置，提高全要素生产率；而"降成本"一项，是指降低企业在开办和经营过程中的成本，与单纯依靠减税来降低企业成本提高利润不一样，但是能够起到供给学派减税政策的作用。更何况，"降成本"本身也包含减税这样的政策选项。由此可见，中国的"供给侧结构性改革"，不同于供给学派的减税政策，也不同于国

---

① 参见《推进供给侧结构性改革》，载于《习近平谈治国理政》（第二卷），外文出版社 2017 年版，第 252—253 页。

际上的结构调整政策，而是结合了两者的优点和政策效果，是一套符合中国实际情况的针对供给方的政策工具。

当然，中国并非只使用供给侧结构性改革的政策。正如习近平总书记所说，供给侧和需求侧是管理和调控宏观经济的两个基本手段，经济政策是以供给侧为重点还是以需求侧为重点，要依据一国宏观经济形势做出抉择①。

另外，考虑到中国在 2007 年之前的经济高涨期积累了较大的房地产市场价格泡沫，和在应对 2008 年金融危机产生的外部冲击时，扩张性财政货币政策所引起的泡沫进一步累积和总体杠杆率过高的问题，以及美国金融危机破坏性效果的教训和中等收入陷阱的警示，中国也高度重视金融稳定问题。不仅在供给侧结构性改革中，把去杠杆当作主要任务之一，而且把防范金融风险当作 2020 年之前的三大攻坚战之一②。更重要的是，中国在国务院成立了金融稳定发展委员会，在制度安排上，将维持金融稳定当作有别于总需求管理和供给侧结构性改革的宏观经济政策。至此，中国初步摸索出了一套相对完整的宏观经济管理框架。

五　坚持稳中求进统领：中国宏观经济政策框架

积 40 年宏观经济管理的经验，中国逐步形成了一套自己的宏观经济政策框架，这套框架包括宏观经济管理的三大支柱：总需求管理政策、金融稳定政策和供给侧结构性改革。

---

① 参见《推进供给侧结构性改革》，载于《习近平谈治国理政》（第二卷），外文出版社 2017 年版，第 252—253 页。

② 三大攻坚战是指防范化解重大风险、精准脱贫和污染防治攻坚战。这是党的十九大报告中提出来的。

总需求管理政策以维持稳定的经济增长、稳定的物价和充分的就业为主要目标，以财政政策和货币政策为主要手段。总需求管理政策的逻辑来自于宏观经济学理论的发展和各国宏观经济政策的实践，即如果宏观经济运行处于潜在增长水平，则经济中的资源会得到充分利用，劳动市场会实现充分就业，而且还不会出现一般物价水平持续快速上升的局面。总需求的波动会使经济运行偏离潜在增长水平，总需求低于潜在产出时，会出现失业增加的现象；当总需求高于潜在产出时，会出现物价水平不断上升的现象；这两种情况都会损害整个社会福利甚至会带来社会不稳定。总需求管理政策就是要通过财政货币政策使总需求增长稳定在潜在增长率的水平上。当出现总需求低于潜在产出时或者总需求不足时，可以使用扩张性的财政政策和货币政策，刺激总需求增长；当出现总需求高于潜在产出是或者经济过热时，可以使用紧缩性的财政政策和货币政策，抑制总需求增长。

中国总需求管理政策的实践与发达经济体有一些不同。首先，中国更加重视财政政策的作用。这一方面是因为中国财政政策决策效率比发达经济体要迅速，能够在很短时期内针对宏观经济形势做出反应。另一方面是因为中国的中央政府债务水平还不高，财政政策的使用空间还较大。其次，中国的货币政策并不是基于规则的利率政策。借鉴通货膨胀目标制度能带来预期稳定的优点，中国也宣布宏观经济政策的通货膨胀目标。如2018年《政府工作报告》提出居民消费物价增长3%左右的目标。但是，中国的货币政策不以实现通胀目标为唯一目标，还要综合考虑增长目标和就业目标；中国的货币政策也不以利率为唯一的政策工具，还在使用法定准备金率、常备借贷便利等数量型政策工具。这与中国目前还没有基准利率有关。

总需求管理政策能够将宏观经济运行稳定在潜在经济增长率的

水平，但是有两个缺陷：一是无法有效抑制金融市场的泡沫和系统性金融风险；二是无法改变潜在增长率。金融稳定政策用于弥补第一个缺陷，供给侧结构性改革用于弥补第二个缺陷。

金融稳定政策以避免爆发系统性金融风险和维持金融稳定为主要目标，以完善金融监管和实施宏观审慎政策为主要手段。美国金融危机的教训和各国的实践表明，金融监管重在实现监管全覆盖和防止监管套利。宏观审慎政策重在从宏观角度和跨市场传染的角度识别系统性金融风险，并采用逆周期政策工具防范系统性金融风险。中国完全吸取了这些经验教训，并结合自身实际，成立国务院金融稳定发展委员会来统管金融稳定政策，防止了分部门分行业实施金融稳定政策可能带来的监管死角、监管套利和难以识别跨市场传染的系统性风险等问题。

供给侧结构性改革以提高潜在经济增长率为主要目标，以结构改革为主要手段。结构改革可以囊括范围很广的选择，包括：通过调整创新政策、完善创新创业体系提高技术进步的速度；通过改革教育与培训体系，提高人力资本积累速度；通过改革户籍制度和调整生育政策提高劳动力供给；通过"三去一降一补"提高资源配置效率和增加资本积累；等等。而且，在不同的时期，结构改革的重点可以不一样。随着经济发展和形势变化，阻碍潜在经济增长率提升的结构性问题可能和当前所遇到的问题完全不一样，结构改革的内容也可以随之发生变化。

以总需求管理政策、金融稳定政策和供给侧结构性改革这三大支柱为主的宏观经济政策框架，既来自中国的实践，也来自世界其他国家的经验教训；既符合中国实际，又能逻辑自洽，三大支柱各自有自己的功能，又能弥补其他支柱的缺陷；三大支柱三位一体，不可偏废，同时又可以不断完善、不断发展其政策内涵。在这三大支柱中，总需求管理政策和金融稳定政策均强调实现经济稳定，强调"稳"字；供给侧结构性改革则强调在经济稳定的基础上，进一步提高经济增长率，因而强调"进"字。可见，用"稳中求进"来概括中国的这一套宏观经济政策框架是非常合适的。

（姚枝仲）

第四章　区域发展：梯度推进到协调发展

改革开放40年来，中国区域经济经历了从早期的梯度推进到后来的协调发展的重大战略转变。为实现这种战略转变，中国政府在最初鼓励东部地区率先发展的基础上，相继实施了西部大开发、东北地区等老工业基地振兴和促进中部地区崛起战略，同时推进京津冀协同发展、长江经济带发展和主体功能区建设，积极扶持老少边穷地区加快发展，逐步形成了一个多层次的区域发展战略体系，从而有力地促进了区域经济的协调发展。经过40年的改革开放实践，目前中国已经逐步探索出一条具有中国特色的多元、渐进式区域协调发展道路，在促进区域协调发展方面取得了显著成效，为实现各地区共同富裕奠定了坚实的基础，也为发展中国家实现区域协调发展提供了中国智慧、中国方案和可供借鉴的有益经验。

一　改革开放初期的梯度推进战略

新中国成立以后，面对生产力分布严重不平衡的状况，加上思想上急于求成和严峻的国际形势，中国实行了以平衡生产力布局和缩小地区差距为主要目标的平衡发展战略，并在内陆地区开展了大规模的三线建设。应该说，在当时的条件下，这种平衡发展战略的实施，有力地推动了中西部地区的工业化进程，加快了中西部地区的经济发展，基本上改变了旧中国遗留下来的工业分布极端不平衡的状况。然而，由于过分强调国防原则和地区平衡发展，追求地区经济自成体系，在工业布点上搞大分散，忽视了充分利用沿海地区的基础，这种战略不仅没能有效阻止地区差距的扩大趋势，而且严重制约了沿海经济潜力的发挥，影响了沿海经济的增长，导致宏观和微观经济效益均较为低下，战略的实施效果较差。

在改革开放初期，为促进全国经济的增长，尽快缩小中国与发达国家之间的差距，中国开始采取梯度推进式的不平衡发展战略，国家投资布局和区域政策开始强调效率目标，向条件较好的沿海地区倾斜，由此促进了沿海经济的高速增长和繁荣。改革开放以来，中国之所以在初期采取梯度推进式的不平衡发展战略，首先是对新中国成立后区域发展经验进行总结做出的战略选择。党的十一届三中全会做出了把工作重点转移到社会主义现代化建设上来的重大战略决策。随着经济发展战略的转轨，理论界在对新中国成立以来中国生产力布局经验教训进行总结的基础上，对过去那种以牺牲效率目标为代价的平衡发展战略进行了批判，并重新探讨了社会主义生产力布局原则体系，把效率原则或效率目标放到第一优先的地位。这样，就在全国范围内形成了一种主张不平衡发展的思潮。采取支持有条件的沿海地区率先发展的梯度推进方式，符合当时中国经济社会发展的阶段特点，也是对国内外历史经验教训进行认真总结后的正确选择。

在指导思想上，邓小平同志在改革开放初期提出的"先富带动后富、最终实现共同富裕"思想，对这种战略转型产生了深刻影响。早在1978年年底，邓小平同志就指出，在经济政策上，"要允许一部分地区、一部分企业、一部分工人农民，由于辛勤努力成绩大而收入先多一些，生活先好起来。一部分人生活先好起来，就必然产生极大的示范力量,影响左邻右舍,带动其他地区、其他单位的人们向他们学习。这样,就会使整个国民经济不断地波浪式地向前发展,使全国各族人民都能比较快地富裕起来"。"当然,在西北、西南和其他一些地区,那里的生产和群众生活还很困难,国家应当从各方面给予帮助,特别要从物质上给予有力的支持"①。邓小平同志的这种先富后富、共同富裕思想,对后来中国区域发展战略和区域政策的制定产生了重要的影响。

正因为如此,在改革开放初期,中国采取了一种效率优先、梯度推进式的不平衡发展战略。支撑这种梯度推进的重要措施,首先是国家区域经济发展指导方针的转变。从"六五"计划开始,中国生产力布局和区域经济发展的指导方针,由过去主要强调备战和缩小地区差别,逐步转移到以提高经济效益为中心,向沿海地区倾斜。《中华人民共和国国民经济和社会发展第六个五年计划》明确指出:要"积极利用沿海地区的现有经济基础,充分发挥它们的特长,带动内地经济进一步发展";内陆地区要"加快能源、交通和原材料工业建设,支援沿海地区经济的发展"②。《中华人民共和国国民经济和社会发展第七个五年计划》进一步将全国划分为东部沿海、中部、西部三大经济地带,提出"要加速东部沿海地带的发展,同时把能源、原材料建设的重点放到中部,并积极做好进一步开发西部地带的准备"③。1988年年初,中共中央、国务院在分析国际经济发展的新形势,总结对外开放经验的基础上,又提出了以沿海乡镇企业为主力、"两头在外,大进大出"为主要内容的沿海地区经济发展战

---

① 中共中央书记处研究室、中共中央文献研究室:《坚持改革、开放、搞活——十一届三中全会以来有关重要文献摘编》,人民出版社1987年版,第13页。
② 《中华人民共和国国民经济和社会发展第六个五年计划(1981—1985)》,人民出版社1983年版。
③ 《中华人民共和国国民经济和社会发展第七个五年计划(1986—1990)》,人民出版社1986年版。

略。在1988年3月召开的沿海地区对外开放工作座谈会上，沿海地区经济发展战略作为国家的方针被正式提出。

第二个重要支撑措施就是国家投资布局重点逐步东移。在"六五"时期，中国生产力布局基本上是以提高经济效益为中心，向沿海地区倾斜。在全国基本建设投资分配中，沿海地区所占比重由"五五"时期的42.2%提高到47.7%，内地由50%下降到46.5%。这期间全国更新改造投资中，沿海地区占51.5%，内地只占45.8%[1]。到"七五"前期，中国生产力布局进一步向沿海地区倾斜。从1985年到1988年，在全国基本建设投资的地区分配中，沿海地区所占比重由48.4%提高到53.2%，内地由45.0%下降到39.9%，沿海与内地投资之比由1.07∶1增加到1.36∶1。在三年治理整顿期间（1988—1990），为了支持能源、原材料等重点产业的发展，国家在内地投资的比重略有提高。1990年，在全国基本建设投资的地区分配中，沿海地区占50.9%，内地占40.1%，沿海与内地投资之比下降到1.27∶1。但在整个"七五"时期，沿海与内地基建投资之比仍高达1.29∶1，远高于"六五"时期的1.03∶1，更高于"五五"时期的0.84∶1。

第三个重要支撑措施，就是在改革开放等方面采取梯度推进的方式。中共十一届三中全会确定了中国实行对外开放、对内搞活经济的重大战略方针。为了加快对外开放的步伐，1979年7月，中共中央、国务院正式批准广东、福建两省，在对外经济活动中，实行特殊政策、灵活措施。1980年以来，国家又相继在沿海地区设立了深圳、珠海、汕头、厦门和海南5个经济特区，实行特殊的经济政策和特殊的管理体制。1984年，国家又决定进一步开放14个沿海港

---

[1] 由于存在不分地区投资，因此沿海与内地投资之和不等于100%。沿海地区包括辽宁、河北、北京、天津、山东、上海、江苏、浙江、福建、广东、广西、海南12个省区市，内陆地区包括大陆其他19个省区市。下同。

口城市，包括大连、秦皇岛、天津、烟台、青岛、连云港、南通、上海、宁波、温州、福州、广州、湛江、北海，并允许其设立经济技术开发区，实行类似经济特区的政策。之后，国家又相继把长江三角洲、珠江三角洲、闽南厦漳泉三角地区、辽东半岛、胶东半岛等开辟为沿海经济开放区，并设立了福建台商投资区。1990年6月，中共中央、国务院正式批准上海市开发和开放浦东新区，实行经济特区的某些优惠政策。由此就形成了一条从南到北沿海岸线延伸的沿海对外开放地带。

总体上看，在改革开放初期阶段，随着经济发展战略和经济体制的双重转轨，国家在投资布局、对外开放、体制改革以及政策优惠等方面，采取梯度推进的方式，优先支持区位和经济条件较好的沿海地区率先发展。这一战略的实施大大改善了沿海地区的投资环境，有力地推动了沿海地区经济的快速发展。特别是，沿海地区凭借其区位优势、经济发展条件和国家优惠政策，逐步发展成为中国吸收外商直接投资的集聚地和外贸出口的重要基地。在1983—1991年间，沿海地区吸收的外商直接投资及其他投资额占全国各地区总额的90.6%；到1994年，沿海地区出口额占全国的比重已达到86.7%。经过10多年的持续快速发展，沿海地区已经成为推动中国国民经济高速增长的最重要力量，为提升中国的国际竞争力，逐步缩小中国与发达国家的差距做出了重要贡献。在1980—1992年间，东部地区生产总值（GRP）年均增长11.1%，比各地区平均增速高1.3个百分点，比中部、西部和东北地区分别高2.2、2.1和3.0个百分点[①]。

[①] 东部地区包括河北、北京、天津、山东、上海、江苏、浙江、福建、广东、海南10个省市；东北地区包括辽宁、吉林和黑龙江3省；中部地区包括山西、河南、安徽、湖北、湖南、江西6省；西部地区包括内蒙古、广西、陕西、甘肃、宁夏、青海、新疆、重庆、四川、贵州、云南、西藏12个省区市。后同。

然而，在这一双重转轨的过程中，由于体制和政策的不完善，加上市场力量的自发作用，也带来了地区差距特别是东西差距的快速扩大。从1980年到1992年，中国东部与中部地区间人均地区生产总值的相对差距由38.9%迅速提升到49.4%，而中国东部与西部地区间人均地区生产总值的相对差距由44.7%增加到51.0%，二者分别扩大了10.5和6.3个百分点。如果考察绝对差距，这种东西差距扩大的趋势将更为明显。即使消除物价上涨因素的影响，东西部间人均地区生产总值绝对差距的扩大幅度也是十分明显的。同时，由于长期以来国家对老工业基地采取"鞭打快牛"的政策，忽视对现有企业的技术更新改造和产业结构升级，从而导致老工业基地技术设备陈旧，产业结构和产品结构日趋老化，工业经济增长出现持续性不景气，发展后劲严重不足。在1979—1990年间，沿海新兴工业区工业增加值年均增长速度大都在12%以上，其中，浙江为16.4%，广东为14.3%，福建为13.8%，江苏为12.7%；而老工业区上海只有6.6%，辽宁只有6.4%，天津只有7.0%，黑龙江只有5.8%。这期间老工业基地工业增长速度只相当于新兴工业区的1/3到1/2左右。

二 从梯度推进走向区域协调发展

在20世纪90年代，随着改革开放的深入和中国国力的增强，面对地区发展差距特别是东西差距的不断扩大，中国政府正式把促进地区经济协调发展提到了重要的战略高度，并确立了地区经济协调发展的指导方针。这期间国家先后对外开放了长江沿岸城市、内陆边境口岸城市和省会（首府）城市，做出了加快发展中西部地区乡镇企业的决策，实施了国家"八七"扶贫攻坚计划。这标志着中国区域发展战略已从早期的优先支持沿海地区发展转变为强调地区协调发展。然而，由于缺乏强有力的政策手段和具体措施，国家促进区域协调发展更多停留在指导方针层面。其结果是，中国地区发展不平衡状况进一步加剧，东西发展差距急剧拉大。从1990年到1999年，东部与中部地区间人均地区生产总值的相对差距由42.8%提高到52.6%，东部与西部地区间人均地区生产总值的相对差距则由46.4%迅速提升到60.2%，分别增加了9.8和13.8个百分点。在这种情况下，为全面促进区域协调发展，1999年9月中国政府正式提出"实施西部大开发战略"，2003年10月决定"实施东北地区等老工业基地振兴战略"，2004年1月又提出要"促进中部崛起"，同时积极扶持老少边穷地区加快发展，由此标志着中国区域协调发展战略进入了全面实施阶段。总体上看，在促进区域协调发展方面，中国政府着重采取了以下几方面的政策措施。

第一，推进实施并完善区域协调发展战略。最早在1991年3月，中国政府在"八五"计划中首次正式提出促进地区经济协调发展，认为"生产力的合理布局和地区经济的协调发展，是我国经济建设和社会发展中一个极为重要的问题"[1]。这表明中国政府开始把区域协调发展提升到国家战略的重要高度。《中华人民共和国国民经济和社会发展十年规划和第八个五年计划纲要》进一步明确指出，要"促进地区经济朝着合理分工、各展其长、优势互补、协调发展的方向前进"[2]。1995年9月，中共十四届五中全会通过的《中共中央关于制定国民经济和社会发展"九五"计划和2010年远景目标的建议》，明确把"坚持区域经济协调发展，逐步缩小地区发展差距"作为今后国民经济和社会发展必须贯彻的重要方针之一[3]。

---

[1] 李鹏：《关于国民经济和社会发展十年规划和第八个五年计划纲要的报告》，《中华人民共和国国务院公报》1991年第12期。

[2] 《中华人民共和国国民经济和社会发展十年规划和第八个五年计划纲要》，《中华人民共和国国务院公报》1991年第12期。

[3] 《中共中央关于制定国民经济和社会发展"九五"计划和2010年远景目标的建议》，《人民论坛》1995年第10期。

第四章　区域发展：梯度推进到协调发展　|　141

　　1997年9月，江泽民同志在党的十五大报告中特别强调，要"促进地区经济合理布局和协调发展"，"从多方面努力，逐步缩小地区发展差距"①。

　　为全力促进区域协调发展，1999年9月中共十五届四中全会正式提出"国家要实施西部大开发战略"，2000年10月国务院发布了《关于实施西部大开发若干政策措施的通知》，随后有关部门制定实施了一系列政策措施支持西部大开发，加大对西部的资金投入力度。2003年10月，中共中央、国务院决定实施东北地区等老工业基地振兴战略，并联合发布了《关于实施东北地区等老工业基地振兴战略的若干意见》，各有关部门在项目投资、财税、金融、国有企业改革、社会保障试点、资源型城市转型试点、对外开放和基础设施建设等方面制定实施了一系列政策措施②。2004年1月，中央经济工作会议又提出要"促进中部崛起"，并于2006年4月发布了《中共中央、国务院关于促进中部地区崛起的若干意见》。这样，在改革开放以来鼓励东部地区率先发展的基础上，逐步形成了一个完整的区域发展总体战略。国家"十一五"规划纲要明确提出要"坚持实施推进西部大开发，振兴东北地区等老工业基地，促进中部地区崛起，鼓励东部地区率先发展的区域发展总体战略"③。"十二五"规划纲要进一步明确要实施区域发展总体战略和主体功能区战略，"十三五"规划纲要强调要"深入实施西部开发、东北振兴、中部崛起和东部率先的区域发展总体战略"④。党的十九大报告又提出要实施区

---

① 《中国共产党第十五次全国代表大会文件汇编》，人民出版社1997年版，第27—28页。
② 王洛林、魏后凯：《振兴东北老工业基地的主要政策措施》，《中国经济时报》2005年7月18日。
③ 《中华人民共和国国民经济和社会发展第十一个五年规划纲要》，《中华人民共和国国务院公报》2006年第12期。
④ 《中华人民共和国国民经济和社会发展第十三个五年规划纲要》，《中华人民共和国全国人民代表大会常务委员会公报》2016年第7期。

域协调发展战略,并将区域发展总体战略、支持老少边穷地区发展、构建科学合理的城镇格局、推动京津冀协同发展和长江经济带发展等纳入战略框架。

第二,实行全方位的对外开放政策。早在1988年11月,国务院就通过了《讨论新疆开放工作纪要》,给予新疆在扩大对外开放方面一系列的优惠政策。1991年4月,国务院办公厅转发经贸部等部门《关于积极发展边境贸易和经济合作促进边疆繁荣稳定的意见》,确定了边境贸易的方针和优惠政策。自1992年邓小平同志南方谈话以来,在进一步巩固沿海地区对外开放成果的基础上,国家逐步加快了中西部地区对外开放的步伐,先后对外开放了一批沿边口岸城市、长江沿岸城市和内陆省会城市,设立了三峡经济开放区,在中西部和东北地区设立了一批国家经济技术开发区、高新技术产业开发区、边境经济合作区、出口加工区、保税(港)区、综合配套改革试验区、国家新区、国家自主创新示范区、自由贸易试验区等重要经济功能区(见表4—1),鼓励外商投资企业到中西部和东北地区投资,支持沿边地区扩大对外开放,由此在全国范围内形成了沿海、沿边、沿江、沿线相结合的,多层次、多渠道、全方位的对外开放格局。特别是,自1999年国家民委等部门启动兴边富民行动以来,有关部门组织编制实施了三个兴边富民行动五年规划,采取多方面措施支持沿边重点地区加快开发开放。

表4—1　　　　国家主要经济功能区的分布(截至2017年年中)　　　　单位:个

类型	全国	东北地区	东部地区	西部地区	中部地区
国家高新技术产业开发区	156	16	67	35	38
国家经济技术开发区	219	22	98	49	50
出口加工区	63	4	43	8	8
保税区	12	1	11	0	0

续表

类型	全国	东北地区	东部地区	西部地区	中部地区
综合保税区	65	4	33	16	12
保税港区	14	1	11	2	0
边境经济合作区	17	5	0	12	0
综合配套改革试验区	12	2	5	2	3
国家新区	19	3	8	6	2
国家自主创新示范区	17	1	9	3	4
自由贸易试验区	11	1	5	3	2

资料来源：根据有关部委等网站资料整理。

第三，调整国家投资和产业布局政策。为加快中西部地区的经济发展，自20世纪90年代以来，国家投资布局重点逐步向中西部转移。在"八五"时期，国家提出在资源开发利用和大中型建设项目的布点上，对西部地区实行同等优先的政策，提高对西部地区的投资比重。"九五"时期，为加快中西部能源、原材料工业基地建设，国家进一步加大了对中西部重点建设投资的力度。"十五"以来，为配合区域发展总体战略的实施，国家加大了对促进西部开发、东北振兴和中部崛起的投资支持力度。在国家投资的拉动下，中西部地区全社会固定资产投资所占的比重迅速提升。从1995年到2016年，东部与中西部地区全社会固定资产投资之比从1.87下降到0.80。同时，国家还采取多方面措施积极推动沿海产业向中西部地区转移扩散。早在1993年，国务院就发布《关于加快发展中西部地区乡镇企业的决定》，实施了"乡镇企业东西合作示范工程"，并设立了一批乡镇企业东西合作示范区。从1998年开始，结合压锭改造，国家有计划地引导沿海地区和中心城市逐步将棉纺初加工能力转移到中西部产棉地区，并在政策和资金上重点扶持京、津、沪、广东等地一些大中城市将棉纺锭向新疆转移。为支持中西部地区承接产业转移，2010年1月国务院批复了《皖江城市带承接产业转移示范区规划》，8月又发布了《关于中西部地区承接产业转移的指导意见》，随后国家发展改革委相继设立了湖南湘南、湖北荆州、江西赣南、广西桂东、重庆沿江、晋陕豫黄河金三角、宁夏银川—石嘴山、甘肃兰白经济区、四川广安等国家承接产业转移示范区。

第四，积极扶持老少边穷地区发展。自改革开放以来，中国政府一贯高度重视支持老少边穷地区发展。在老区政策方面，中央财政从2001年起设立了革命老区转移支付，对做出重大贡献、财政较为困难的连片老区县（市、区）给予补助；国家发展改革委员会从2005年起安排国家预算内专项资金，用于支持红色旅游重点景区基础设施建设。2012年以来，国务院还先后批复了《陕甘宁革命老区振兴规划》《赣闽粤原中央苏区振兴发展规划》《左右江革命老区振兴规划》《大别山革命老区振兴发展规划》《川陕革命老区振兴发展规划》，并给予相应的政策支持。2001—2015年，中央财政已累计安排革命老区转移支付412亿元，其中2015年规模达到78亿元。在民族地区政策方面，中央财政从1992年开始设立了少数民族发展专项资金，2000年又设立了民族地区转移支付，支持少数民族地区发展。2007年以来国务院先后发布了促进新疆、宁夏、广西、内蒙古以及支持西藏、青海等地区经济社会发展的意见，进一步加大了对民族地区的支持力度。在原有全国对口支援西藏的基础上，2010年中央先后做出了全国对口支援青海省藏区和新疆的重大战略部署。在边境地区政策方面，中央财政从2001年起设立了边境地区转移支付，对陆地边境和沿海250个县市给予补助，启动实施了兴边富民行动，加大了资金投入和政策扶持力度，建设了一批兴边富民重点工程。2001—2015年，中央财政已累计下达边境地区转移支付723亿元，其中2015年规模达到136亿元。

在扶贫政策方面，1994年4月，国务院制订并实施了《国家八七扶贫攻坚计划》，计划用7年左右的时间，基本解决全国农村8000万贫困人口的温饱问题。1996年10月，中共中央、国务院发出了《关于尽快解决农村贫困人口温饱问题的决定》，号召实行全党动员，全社会扶贫济困，突出重点，集中力量解决农村贫困人口的温饱问题。"九五"计划又提出要基本消除贫困的目标。为推进扶贫开发工作，国家加大了扶贫资金投入，到1998年，中央扶贫资金总量已增加到183亿元。2000年之后，国家先后颁布实施了《中国农村扶贫开发纲要（2001—2010年）》和《中国农村扶贫开发纲要（2011—2020年）》，进一步加大了资金和政策支持力度，并于2008年和2011年两次提高农村贫困线标准。2013—2017年，中央财政累计安排补助地方财政专项扶贫资金2787亿元，年均增长22.7%。到2017年，中央和地方财政专项扶贫资金已超过1400亿元。其中，中央财政安排补助地方专项扶贫资金861亿元。

第五，积极推进国家主体功能区建设。推进主体功能区建设是中国的一大特色和创新。国家"十一五"规划纲要明确提出：要"根据资源环境承载能力、现有开发密度和发展潜力，统筹考虑未来我国人口分布、经济布局、国土利用和城镇化格局，将国土空间划分为优化开发、重点开发、限制开发和禁止开发四类主体功能区，按照主体功能定位调整完善区域政策和绩效评价"[①]。为加快推进主体功能区规划建设，2007年7月，国务院发布了《关于编制全国主体功能区规划的意见》。2010年6月，国务院常务会议审议并原则通过《全国主体功能区规划》，明确了四类主体功能区的范围、发展目标、发展方向和开发原则。2014年3月，国家发展改革委员会和环境保护部联合发布《关于做好国家主体功能区建设试点示范工作

---

① 《中华人民共和国国民经济和社会发展第十一个五年规划纲要》，《中华人民共和国国务院公报》2006年第12期。

的通知》，决定以国家重点生态功能区为主体，选择部分市县开展国家主体功能区建设试点示范工作。同时，中央财政还加大了转移支付的力度，在森林、草原、湿地、水流等领域以及重点生态功能区等区域开展生态保护补偿。2008年以来，中央财政设立重点生态功能区转移支付，并陆续将《全国主体功能区规划》中的生态限制类开发区、禁止开发区以及青海三江源、南水北调中线工程水源地等重点生态功能区纳入补助范围。2017年，中央财政下达重点生态功能区转移支付627亿元，补助县市总数达到819个，占国土面积的比例超过50%。

三　中国区域协调发展取得的成效

早在20世纪90年代初期，中国政府就提出了促进区域经济协调发展的总方针。然而，从总体上看，在整个20世纪90年代，国家投资布局和政策支持的重点仍主要集中在沿海地区。自1999年以来，随着西部大开发、东北地区等老工业基地振兴和促进中部崛起战略的实施，国家投资布局和政策支持的重点开始逐步向中西部和东北地区转移。在国家政策的大力支持下，区域经济呈现相对均衡增长态势，东西部发展差距由扩大转变为缩小，农村扶贫工作稳步推进，区域协调发展取得了显著成效。当然，也应该看到，目前中国的农村贫困标准还较低，区域发展差距仍然较大，实现区域协调发展的目标依然任重而道远。

（一）地区经济呈现相对均衡增长态势

改革开放以来，中国地区经济增长一度呈现出东部地区快、东北和中西部地区慢的不平衡增长格局。1980—2006年，东部地区生产总值年均增长率达到12.1%，而东北地区只有9.2%，中部地区为 10.3%，西部地区为 9.9%，东部地区分别比东北、中部和西部地区高 2.9、1.8 和 2.2 个百分点（见表 4—2）。在这 27 年间，东部地区有 21 个年份经济增长速度最高，而东北、中部和西部地区分别只有 2、3 和 1 个年份增长速度最高。之后，随着西部大开发、东北地区等老工业基地振兴、促进中部崛起战略的相继实施，在国家政策的有力支持下，中西部和东北地区经济增长速度逐步加快，中国区域经济增长开始呈现出东部地区慢、东北和中西部地区快的相对均衡增长格局。2007—2012 年，东部地区生产总值年均增长率为 11.5%，而东北地区为 12.8%，中部地区为 12.7%，西部地区为 13.7%，均高于东部地区的增长速度。在这 6 年间，西部地区有 5 个年份增长速度最高，东北地区有 1 个年份（2008 年）增长速度最高。这表明，中国区域经济正在由过去的不平衡增长转变为相对均衡增长。这种相对均衡增长并不是等速增长，而是指发展水平较低的地区增长速度加快，超过了发展水平较高的地区。①

表 4—2　　　　改革开放以来各地区 GRP 增长速度的变化　　　　单位：%

	各地区平均	东部地区	东北地区	中部地区	西部地区
1980—2006	10.9	12.1	9.2	10.3	9.9
2007—2012	12.2	11.5	12.8	12.7	13.7
2013—2016	8.3	8.2	5.3	8.7	9.1
1980—2016	10.9	11.6	9.4	10.5	10.4

注：四大区域 GRP 增长率根据各省区市 GRP 及其增长率实际数推算。

资料来源：根据国家统计局编《改革开放十七年的中国地区经济》、《中国统计年鉴》（各年度）和《中国统计摘要》（2017）计算。

---

① 中国各地区 GRP 汇总数与国家统计局发布的全国 GDP 数据不具有可比性。因此，在比较各地区 GRP 增长率时，不能把各地区 GRP 增长率与全国 GDP 增长率直接进行比较，而应与各地区汇总的 GRP 增长率进行比较。详细讨论参见魏后凯《中国 GRP 与 GDP 增长率差异分析》，《中州学刊》2009 年第 2 期。

然而，近年来在全国经济增速放缓和工业产能严重过剩的宏观背景下，由于多方面的原因，东北地区经济增长再次陷入困境，呈现出低速增长的态势。2013—2016年，全国31个省区市生产总值年均增长率为8.3%，其中，东部地区为8.2%，中部地区为8.7%，西部地区为9.1%，而东北地区仅有5.3%，其增速在四大区域中最低。特别是，2014年东北地区生产总值增长速度仅有5.9%，2015年仅有4.5%，2016年则进一步回落到2.5%，呈现出明显的增长不景气状态。需要说明的是，这期间中西部地区经济增速仍然高于东部地区，地区经济增长依然呈现相对均衡增长态势。

（二）产业布局由集中转变为扩散

中国区域经济增长格局的变化，导致全国产业布局由过去向东部地区集中逐步转变为向中西部地区转移扩散。在改革开放以来相当长一段时间内，中国区域经济的不平衡增长格局，导致全国经济生产活动持续向东部地区集中。从1980年到2006年，东部地区GRP占全国各地区总额的比重由43.6%提高到55.7%，增加了12.1个百分点；而东北地区由13.7%下降到8.5%，中部地区由22.3%下降到18.7%，西部地区由20.4%下降到17.1%，分别减少了5.2个、3.6个和3.3个百分点（见图4—1）。据研究表明，在1985—2003年间，除烟草制造业外，钢铁、石化、电子信息、纺织等制造业生产能力都在向东部地区集中[①]。这说明，自改革开放以来，在市场力量的作用下，中国的经济生产活动在逐步向经济繁荣的东部地区转移和集聚。这种集中化趋势是中国经济市场转型的结果，它主要表现为各种生产要素和工业尤其是制造业向东部地区的集聚。从

[①] 王业强、魏后凯：《产业地理集中的时空特征分析——以中国28个两位数制造业为例》，《统计研究》2006年第6期。

第四章 区域发展：梯度推进到协调发展 | 149

某种程度上讲，这种集中化将有利于提高资源配置的总体效率，但也会加剧区域经济差距的扩大趋势，不利于区域经济的协调发展。

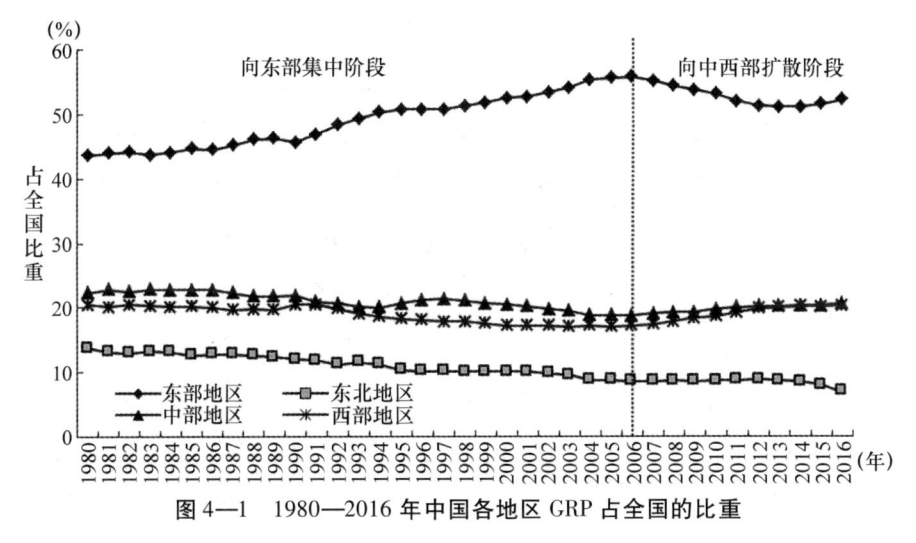

图 4—1 1980—2016 年中国各地区 GRP 占全国的比重

资料来源：根据国家统计局编《改革开放十七年的中国地区经济》、《中国统计年鉴》（各年度）和《中国统计摘要》（2017）计算。

进入 21 世纪以来，随着发展阶段和国家区域政策的变化，沿海企业向中西部尤其是西部地区迁移的速度开始加速。以江西为例，2001 年来自粤闽苏浙沪五地投资为 139.39 亿元，2010 年则达到 1426.06 亿元，年均增幅高达 29%。浙商向中西部地区投资规模迅速扩张也表明了经济活动分散化趋向明显。据 2006 年浙江省政府经济协作办公室和《浙商》杂志社发布的数据，浙江企业在各地的投资总额已超过 1.3 万亿元，其中，在中部、西部和东北地区的投资超过 2752、2990 和 930 亿元，分别约占浙商在省外投资的 20.9%、22.7% 和 7.0%[①]。另据 2010 年调查，有超过 640 万浙江人在省外投资创业，创办企业 26.4 万家，投资总额达 3.89 万亿元，比 2005 年调查增长 6.3 倍。浙商在西部人数最多，达 190 万人，创办企业也最多，达 6.3 万家；其次为

---

① 慎海雄、胡作华：《解密浙商投资分布图》，《经济参考报》2006 年 6 月 12 日。

中部,浙商人数110万人,创办企业6.1万家[①]。

从图4—1可以看出,自2006年以来,东部地区GRP占全国各地区总额的比重在逐步下降,而中西部地区所占的比重则在逐步提升。到2013年,东部地区GRP占全国各地区总额的比重已经下降到51.2%,比2006年减少了4.5个百分点;而中部和西部地区提高到20.2%和20.0%,分别增加了1.5个和2.9个百分点,东北地区则在8.5%—8.8%间波动。这说明,随着中西部地区经济增速的加快,全国经济生产活动在不断向中西部地区转移扩散。需要指出的是,近年来随着全国经济增速的逐步放缓,各地经济增速回落出现了较大差异,东北地区因经济增速大幅回落,其GRP占全国各地区总额的比重急剧下降,由2013年的8.6%下降到2016年的6.8%,减少了1.8个百分点,而同期东部地区提高了1.1个百分点,中部和西部地区分别提高了0.4个和0.3个百分点。

(三) 东西部差距由扩大转变为缩小

自改革开放以来较长一段时期内,随着区域经济的不平衡增长以及全国经济生产活动向东部地区的集聚,东西部地区间发展差距也在不断扩大。虽然这种东西差距的扩大并非是从改革开放之后才开始的,但1978年以来实行的东倾政策、外商投资和出口高度集中在东部少数地区以及中国经济向市场经济的转轨无疑对其起到了重要的推动作用。1980—2003年,除东部地区人均GRP相对水平在持续提升外,其他三个地区人均GRP相对水平都在趋于下降。这期间,东部地区人均GRP相对水平(以各地区平均为100)由128.7提高到159.8,而东北地区由150.8下降到109.3,中部地区由78.6下降到65.7,西部地区则由71.2下降到59.2。2004年以来,这种

[①] 徐益平:《近4万亿"浙籍资本"汹涌省外》,《东方早报》2011年1月5日第A20版。

情况出现了根本变化,东部地区人均 GRP 相对水平已开始下降,而中西部地区则出现了上升的趋势。到 2014 年,东部地区人均 GRP 相对水平已下降到 133.6,而中部和西部地区分别提升到 76.1 和 74.6。东北地区人均 GRP 相对水平在 2006 年至 2012 年间也在不断提升,由 101.9 提高到 107.5。然而,近年来,随着东部地区经济转型升级的加快和东北地区经济增长的不景气,这种情况又发生了较大变化,东部地区人均 GRP 相对水平出现了大幅提升,而东北地区则趋于急剧下降,到 2016 年其人均 GRP 相对水平已下降到 85.7,远低于全国各地区平均水平。这期间,中部地区的人均 GRP 相对水平仍保持上升势头,而西部地区则出现了小幅波动。

需要指出的是,近年来中西部地区人均 GRP 相对水平的提升除了其经济增长速度的加快之外,一个重要原因就是人口统计口径的变化和人口迁移的影响。过去,中国各地区人口是按户籍人口来进行统计的。自 2005 年起,各地区人口数根据 1% 人口抽样调查充分考虑了流动人口因素,即按常住人口来进行统计,考虑了人口迁移的影响。从 2005 年到 2015 年,东部地区常住人口占全国各地区总人口的比重由 36.1% 提高到 38.3%,其中,比重提高幅度较大有广东、上海、北京、天津和浙江;而东北地区由 8.4% 下降到 8.0%,中部地区由 27.4% 下降到 26.6%,西部地区由 28.0% 下降到 27.1%,其中,比重下降幅度较大的有河南、四川、安徽、贵州、湖北和黑龙江。这说明,近年来中西部和东北地区的人口在向东部地区迁移。

总之,自改革开放以来,中国东部与中西部地区间人均 GRP 相对差距已经由过去的扩大转变为逐步缩小,2003 年是一个重要的转折点。这种倒 U 型变化从图 4—2 中可以清楚地看出来[①]。在 2003 年之

[①] 关于中国地区差距的这种"倒 U 型"变化,详细讨论参见张燕、魏后凯《中国区域协调发展的 U 型转变及稳定性分析》,《江海学刊》2012 年第 2 期。

前，除个别年份外，东部地区与中西部地区间人均 GRP 的相对差距系数均呈不断扩大的趋势。从 1980 年到 2003 年，东部与西部地区间人均 GRP 相对差距系数由 44.7% 提高到 63.0%，而东部与中部地区间相对差距系数则由 38.9% 提高到 58.9%，二者分别增加了 18.7 个和 20.0 个百分点。在这期间，四大区域人均 GRP 的变异系数虽然出现多次波动，但总体趋势也在不断增加，由 1985 年的 0.334 提高到 2003 年的 0.465[①]。东西部差距扩大幅度较明显的主要集中在 1986—1989、1991—1994、1997—1999 年和 2001—2003 年四个时期。2004 年以后，尽管东部与中西部地区间人均 GRP 绝对差距仍在不断扩大，但其相对差距系数已开始出现逐年缩小的态势。到 2014 年，东部与西部地区间相对差距系数已下降到 44.1%，东部与中部地区间相对差距系数下降到 43.0%，四大区域人均 GRP 的变异系数下降到 0.287。

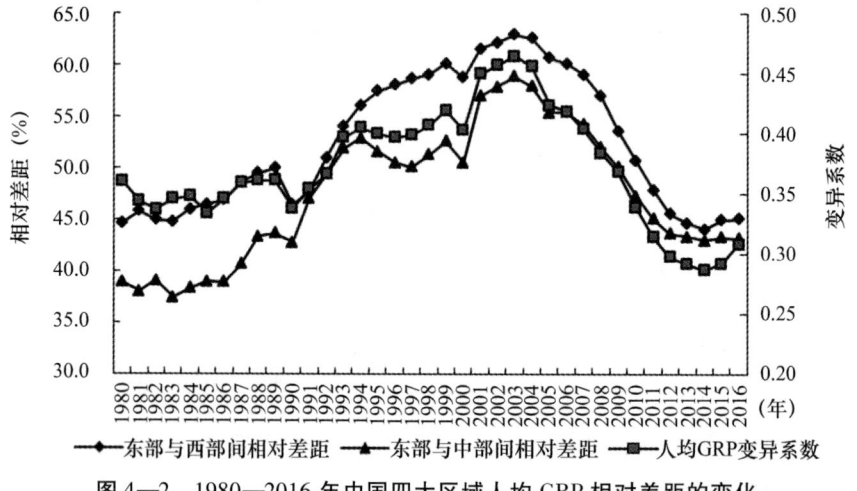

图 4—2　1980—2016 年中国四大区域人均 GRP 相对差距的变化

注：东部与中西部地区间相对差距系数 =（东部指标值－中西部指标值）/东部指标值×100%。

资料来源：根据国家统计局编《改革开放十七年的中国地区经济》《中国统计年鉴》（各年度）和《中国统计摘要》（2017）计算。

---

① 变异系数为标准差与平均值之比，它是衡量地区差距的重要指标，其值越大，表示地区差距越大。

需要说明的是，首先，2001—2008 年的差距系数采用按经济普查数据进行了修订，其计算结果比未修订前要大一些。由此导致 2001 年差距系数比上年明显增加①，但其变动趋势基本上是一致的。其次，自 20 世纪 60 年代以来，中国的东西差距就一直在不断扩大，即使是在三线建设时期。可以说，改革开放以来中国东西差距的扩大是过去历史时期差距扩大趋势的延续。2015 年以来，中国东部与中西部地区之间尤其是东西部间人均 GRP 差距又略有扩大，预计这种差距扩大只是一种短期波动，不会改变地区差距缩小的长期趋势。但是，对于这种短期波动，我们一定要在政策调控上引起高度重视。

（四）农村扶贫工作取得了巨大成就

改革开放以来，中国政府一贯高度重视农村扶贫工作，每年投入了大量的人力、物力和财力，帮助贫困人口脱贫致富，支持贫困地区经济社会发展。经过 40 年的长期不懈努力，目前中国农村扶贫开发工作取得了举世瞩目的成效。按照 2010 年贫困标准（每人每年 2300 元，2010 年不变价），中国农村贫困人口从 1978 年的 77039 万人下降到 2017 年的 3046 万人，贫困发生率从 97.5% 下降到 3.1%。这期间，中国农村贫困人口共减少 73993 万人，平均每年减少贫困人口 1897 万人。在全国 31 个省区市中，北京、天津、上海、江苏、浙江、福建、广东 7 个省市已基本消除贫困，农村贫困发生率在 0.5% 以下。中国农村扶贫工作取得的巨大成效，为世界反贫困事业做出了巨大的贡献。据测算，按照 2011 年购买力平价 1 天 1.9 美元的贫困标准，1981—2012 年全球贫困人口减少了 11 亿人，同期中国贫困人口减少了 7.9 亿人，这期间中国减少的贫困人口占全球减少

---

① 未按经济普查数据修订前，2001—2004 年四大区域人均 GRP 变异系数分别为 0.431、0.440、0.451 和 0.446，而按经济普查数据进行修订后，其变异系数分别提高到 0.450、0.457、0.465 和 0.456，大约高出 2%—5%。

全部贫困人口的71.82%[①]。同时，随着扶贫开发工作的深入推进，近年来贫困地区经济社会发展不断加快，贫困县与其他地区之间的发展差距也在逐步缩小。从2013年到2017年，贫困地区农村居民人均可支配收入由6079元增加到9377元，年均名义增长12.4%，扣除价格因素，年均实际增长10.4%，实际增速比全国农村平均水平高2.5个百分点。这期间，贫困地区农村居民人均可支配收入相当于全国农村平均水平的比重由64%提高到70%（见表4—3）。

表4—3　　　　　　　　贫困地区农村居民收入增长情况

年份	全国平均 水平（元）	名义增速（%）	贫困地区 水平（元）	名义增速（%）	贫困地区水平/ 全国平均水平
2013	9430	12.4	6079	16.6	0.64
2014	10489	11.2	6852	12.7	0.65
2015	11422	8.9	7653	11.7	0.67
2016	12363	8.2	8452	10.4	0.68
2017	13432	8.6	9377	10.5	0.70

资料来源：根据国家统计局有关数据计算整理。

很明显，要全面建成小康社会，就必须从根本上消除区域性整体贫困，实现现行标准下农村贫困人口全部脱贫。中共十八届五中全会明确提出，到2020年"现行标准下农村贫困人口实现脱贫，贫困县全部摘帽，解决区域性整体贫困"。随着扶贫开发进入攻坚拔寨的冲刺阶段，经济发展的减贫效果将趋于下降，扶贫开发的难度将明显加大。特别是，现有农村贫困人口大多数居住在自然条件相当恶劣、交通极为不便、自然灾害频发的山区和偏远地区，尤其是中

[①] 李培林、魏后凯：《中国扶贫开发报告（2016）》，社会科学文献出版社2016年版，第54—55页。

西部少数民族地区和边境地区。2017年，中部地区仍有农村贫困人口1112万人，贫困发生率为3.4%；西部地区有贫困人口1634万人，贫困发生率为5.6%[①]。全国仍有贵州、云南、西藏、甘肃、新疆5个省区的贫困发生率超过7%。不少地区还面临保护生态与加快发展的双重任务。这表明，未来中国农村扶贫工作的任务仍相当艰巨。在2020年前，实现贫困县摘帽和深度贫困地区脱贫是两个最艰巨的任务。中国有592个国家扶贫开发工作重点县，加上680个集中连片特殊困难地区县，扣除交叉后共有832个贫困县需要如期摘帽。截至2017年11月初，全国已有28个贫困县摘帽，还有804个贫困县需要陆续摘帽。除了贫困县摘帽，另一个繁重的任务就是深度贫困地区的脱贫问题。2016年，"三区三州"贫困人口占全国贫困人口总量的8.2%，贫困发生率约为16.69%，相当于全国平均水平的3.7倍[②]。

四　走中国特色的区域协调发展之路

改革开放以来，在对国内外经验教训进行认真总结的基础上，中国没有照搬国外的模式，而是从自身的国情出发，采取梯度推进的方式实现了由早期的不平衡发展到区域协调发展的战略转变。实现这种由不平衡发展到协调发展的战略转变，虽然经历了一个漫长的历史过程，但其成效却是十分显著的。它不仅确保中国经济实现了长达40年的高速增长和繁荣，而且促进了各地区经济的普遍发展，地区发展差距已经开始全方位缩小。可以说，经过长期不懈的积极努力，中国已

[①] 按东部、中部、西部三大经济地带划分。参见魏后凯、黄秉信《中国农村经济形势分析与预测（2017—2018）》，社会科学文献出版社2017年版，第48页。

[②] "三区"指西藏、四省藏区、南疆四地州，"三州"指四川凉山州、云南怒江州、甘肃临夏州。

经逐步探索出一条具有中国特色的区域协调发展之路。

这一中国特色的区域协调发展之路,其核心就是多元、渐进式的区域协调发展道路。它具有三个基本特点:一是对区域发展方向的顶层设计。邓小平同志提出的"先富带动后富、最终实施共同富裕"和"两大大局"的思想,为中国区域经济发展提供了前进方向和顶层设计。这一思想的实质是非均衡协调发展,它突破了传统的平衡发展论和不平衡发展论的理论框架。二是实行多层次的区域发展战略。从包括西部开发、东北振兴、中部崛起、东部率先在内的区域发展总体战略,到京津冀协调发展、长江经济带发展、"一带一路"建设三大战略,再到主体功能区战略和多中心网络开发的国土开发战略,从不同层面共同推进区域经济的协调发展。三是实行分类管理的差别化区域政策。针对不同的经济功能区、主体功能区和特殊类型区,实行分类管理的差别化区域政策,既较好地体现了区别对待、分类指导的原则,又有利于提高政策的实施效果。

(一) 中国特色的区域协调发展道路

针对改革开放之前的平衡发展思潮和"大锅饭"局面,早在 1978 年,邓小平同志就明确提出了著名的"先富带动后富、最终实现共同富裕"的思想。20 世纪 80 年代末,邓小平同志进一步明确提出了"两个大局"的战略思想:一个大局,就是东部沿海地区要充分利用有利条件,加快对外开放,较快地先发展起来。中西部地区要顾全这个大局;另一个大局,就是当发展到一定时期,可以设想在 20 世纪末全国达到小康水平的时候,就要拿出更多的力量帮助中西部地区加快发展,东部沿海地区也要顾全这个大局[①]。邓小平同

---

① "两个大局"战略思想是 1988 年 9 月邓小平在听取关于价格和工资改革方案的汇报时首次明确提出来的,后被人们称为"两个大局观"。

志的"两个大局"战略思想是对"先富带动后富、最终实现共同富裕"思想的进一步深化和具体化。

改革开放以来,中国区域经济的发展基本上是按照邓小平同志的这一思想有序推进的。在 1990 年之前,国家重点是支持发展条件较好的东部地区率先发展;1991 年,虽然国家提出了区域协调发展的总方针,但并未制定实施有效的具体政策措施;1999 年之后,国家先后实施了西部大开发、东北地区等老工业基地振兴、促进中部崛起战略,加大了对贫困地区、革命老区、少数民族地区和边境地区支持力度,由此改变了长期以来中国区域差距尤其是东西差距不断扩大的局面,促使区域经济逐步向协调发展的方向转变。可以说,"先富带动后富、最终实现共同富裕"和"两个大局"思想既是中国特色的区域协调发展道路的重要理论基础,也是其顶层设计。从区域经济发展的角度看,这一思想就是设想通过"先富后富"这样一种梯度推进方式或者非均衡增长的途径,来实现各地区"共同富裕"这样一个长远发展目标。正如邓小平同志所指出的:"搞社会主义,一定要使生产力发达,贫穷不是社会主义。"[1] "如果富的愈来愈富,穷的愈来愈穷,两极分化就会产生,而社会主义制度就应该而且能够避免两极分化。"[2] 因此,从先富后富到共同富裕,或者从梯度推进到协调发展,实际上包含了一种非均衡协调发展的思想。这里所讲的非均衡协调发展,就是要通过非均衡增长的途径来实现区域经济协调发展的长远目标。

很明显,随着发展观念的变化,人们对区域协调发展的理解也在不断深化。最初,人们往往从平衡发展或空间均衡的角度来理解区域协调发展。平衡布局、平衡增长以及地区经济发展差距特别是

---

[1] 中共中央书记处研究室、中共中央文献研究室:《坚持改革、开放、搞活——十一届三中全会以来有关重要文献摘编》,人民出版社 1987 年版,第 411 页。

[2] 参见《邓小平文选》第三卷,人民出版社 1993 年版,第 374 页。

人均 GRP 差距的缩小，曾经是学术界和政府部门高度关注的问题。但这种单纯从生产或产出角度的考察，具有较大的局限性。因为在市场经济中，经济生产和产业活动分布本身就是空间不均衡的。有鉴于此，后来人们逐步把着眼点扩大到社会发展、生态环境和人的全面发展等方面，强调追求居民收入、消费水平、公共服务和生活质量差距的缩小。当前，中国区域发展已经进入到高质量发展时代。在以人为本的新发展理念下，区域协调发展不单纯是经济的协调发展，追求经济发展差距的缩小，而是经济社会的全面协调发展，是兼顾当前利益与长远利益、经济发展与生态环境保护有机融合的可持续协调发展。这样，除了过去强调的经济协调发展之外，还需要更加强调社会文化的协调发展，强调提高发展的质量和可持续性，强调人的全面发展。

因此，在新的形势下，判断区域发展是否协调，不能只看经济增长或居民人均收入等单一指标，而应从区域协调发展的丰富内涵出发，综合考察经济、社会和生态环境等多方面的指标。这种认识的变化促使区域协调发展的评判标准由单一指标趋向综合指标转变。这些标准主要包括[1]：一是各地区优势能够得到充分有效的发挥，并形成分工合理、各具特色的产业结构；二是各地区逐步形成经济发展与生态环境保护高度融合、人与自然和谐共生的格局；三是各地区人均居民收入差距逐步缩小，并保持在人们心理所能承受的合理范围之内；四是各地区居民均能够享受到均等化的基本公共服务和等值化的生活质量；五是保持地区间人口、经济、资源、环境的协调发展。一方面，要保持地区人口分布与经济布局相协调，促进人口与产业协同集聚；另一方面，要保持地区人口、经济与资源、环境相协调，使地区人口、经济分布与资源环境承载能力相适应。从

---

[1] 魏后凯等：《中国区域协调发展研究》，中国社会科学出版社 2012 年版，第 20—22 页。

大区域的角度看，还要保持国民经济的适度空间均衡，防止出现经济过密与过疏问题，避免某些地区出现衰落和边缘化。在这些诸多标准中，地区间居民收入差距的缩小和基本公共服务的均等化是最为关键的。

（二）建立多层次的区域发展战略体系

为促进区域协调发展，改革开放以来，中国针对不同地区的实际情况先后制定实施了以"四大板块"为地理单元、各有侧重的区域发展战略，这就是西部开发、东北振兴、中部崛起、东部率先的区域发展总体战略。区域发展总体战略的有效实施和不断完善，有力地推动了中国区域经济协调发展格局的形成。在区域发展总体战略的基础上，近年来国家又推动实施了京津冀协同发展、长江经济带发展、"一带一路"建设"三大战略"，由此形成了"三大战略＋四大板块"的区域发展战略体系。在这一区域发展战略体系中，"四大板块"战略是全覆盖的，它是区域发展战略体系的基础，是从国家战略层面对全国区域协调发展的统筹安排和总体部署；而"三大战略"从全球和国家治理的角度，以构建命运共同体为核心，聚焦国际国内合作和协同发展，它在区域发展战略体系中起着引领、支撑带和桥梁的作用。实行"四大板块"与"三大战略"相结合，是实现全面小康和中华民族伟大复兴的中国梦的重大举措，也是实现区域全面协调可持续发展的必然选择。

第一，实行"四大板块"与"三大战略"相结合将产生叠加效应。"四大板块"和"三大战略"属于不同范围、不同类型的区域发展战略。从空间范围看，"四大板块"战略是一种地带级的发展战略，而"三大战略"的空间范围相差悬殊，京津冀位于东部地区，长江经济带横跨东、中、西部地区，"一带一路"则贯穿亚欧非大陆。从战略类型看，"四大板块"战略是一种覆盖全部国土，旨在统筹东中西、协调南北方的全域发展战略;而"三大战略"强调打破地域限制,沟通国际和区际联系,以轴带(都市圈)为重点构建经济支撑带,是一种轴带发展战略。统筹推进"三大战略"和"四大板块"发展,可以发挥不同层面、不同类型战略的叠加效应,推动形成点线面结合、效率与公平统一的多中心网络状发展格局,全面激发各地区的发展活力,培育新的发展动能。

第二,实行"四大板块"与"三大战略"相结合将产生协同效应。目前,中国"四大板块"发展差距仍然较大,东西发展的水平差距还未得到根本解决,经济增长的南北差异问题又开始凸显,各板块内部的空间分异也不断加剧,新形势下全面协调区域发展的任务依然十分艰巨。在这种情况下,以区域总体发展战略为基础,以"三大战略"为引领,统筹推进"三大战略"与"四大板块"发展,构建沿海沿江沿线经济带为主的纵向横向经济轴带体系,将有利于促进各地区优势互补、合理分工,加快区域经济的一体化进程,从而形成1+1大于2的区域协同效应。这种区域协同效应是通过区域内部以及区域之间的资源共享、分工协作和协同行动而实现的,它不仅体现在产业分工合作和经济一体化方面,而且体现在社会协同发展和生态环境协同治理方面。

第三,实行"四大板块"与"三大战略"相结合还会产生融合效应。过去,"四大板块"彼此分割,西部大开发、东北振兴和中部崛起战略也相对独立,各板块之间缺乏联结的战略通道。长江经济带从东到西覆盖11个省市,"一带一路"连接中国与亚欧非、涵盖全国所有省区市,而京津冀地区则是连结"四大板块"的重要枢纽。因此,在区域发展总体战略的基础上,推进实施"三大战略",将可以打通"四大板块"之间及其与国外的联系,促进国内外要素流动、经济合作和科技文化交流,推动经济社会发展的融合和互动,从而有利于降低成本、提高效率和刺激创新。这种融合效应是促进区域一体化的重要基础。

总之,"四大板块"与"三大战略"相结合形成的多重效应,将激发区域发展的内生活力,推动形成一批新的增长点、增长极和经济轴带,由此拓展经济发展的新空间,提高中国经济的潜在增长率。在"三大战略+四大板块"的基础上,党的十九大报告又明确提出实施区域协调发展战略,并将支持革命老区、民族地区、边疆地区、贫困地区加快发展,支持资源型地区经济转型发展,以城市群为主体构建大中小城市和小城镇协调发展的城镇格局以及坚持陆海统筹等内容纳入进来,由此进一步丰富了区域协调发展战略的内涵。2017年1月国务院批复的《全国国土规划纲要(2016—2030年)》,还明确提出到2030年基本形成以"四纵四横"为骨架的多中心网络型国土空间开发新格局。其中,"四纵"是指四条纵向的沿海轴带、京哈—京广轴带、京九轴带、包昆轴带,"四横"是指四条横向的陇海—兰新轴带、长江经济轴带、沪昆轴带、京兰轴带。很明显,这种多中心网络型国土空间开发新格局的形成,将会有力地推动中国经济的适度空间均衡和区域经济的全面协调发展,从而为实现高质量发展奠定坚实的基础。

(三) 实行分类管理的差别化区域政策

中国国土面积辽阔,地区差异较大,各地区的自然条件和经济社会特点千差万别。无论是国家宏观调控还是区域政策制定,如果忽视这种地域差异性,单纯采取全国划一或者"一刀切"的办法,再好的政策也难以取得较好的效果。为避免"一刀切"现象,切实提高政策的有效性、精准性和可持续性,中国在40年的改革开放实践中,逐步探索出了按照经济功能区、主体功能区和特殊类型区,实行区别对待的差别化区域政策。这种差别化的区域政策,较好地体现了区别对待、分类指导的原则,有利于提高政策的实施效果。

一是针对经济功能区的优惠政策。改革开放以来，为促进开放开发和深化改革，中国先后设立了一大批不同类型的经济功能区，从早期的经济特区、沿海经济开放区、经济技术开发区、台商投资区、出口加工区、高新技术产业开发区，到随后的边境经济合作区、保税（港）区、新区、综合配套改革试验区、自主创新示范区、自由贸易试验区等，国家在赋予其明确的功能定位基础上，均给予了相应的优惠政策，支持这些地区加快开放开发，全面深化改革。

二是针对主体功能区的调控政策。自2005年以来，中国政府积极推进主体功能区的规划建设。2010年12月，国务院颁布实施了《全国主体功能区规划》，按照资源环境承载能力、现有开发密度和发展潜力，将国土空间划分为优化开发、重点开发、限制开发和禁止开发四类主体功能区，以规范空间开发秩序，优化空间结构，促进人与自然和谐发展。对于不同类型的主体功能区，国家明确了其主体功能定位和发展导向，并要求在财政、投资、产业、土地、农业、人口、民族、环境等方面实行分类管理的区域政策，建立各有侧重的差别化绩效考核评价办法，推动形成人口、经济、资源环境相协调的国土空间开发格局。

三是特殊类型区的援助政策。从国际经验看，各国的区域政策大都针对各类问题区域展开，这些问题区域主要包括落后地区、萧条地区、膨胀地区三种类型[1]。其中，落后地区主要是解决"落后病"，萧条地区主要是解决"萧条病"，膨胀地区主要是解决"膨胀病"。改革开放以来，中国对老少边穷地区实施了一系列援助政策，帮助其加快经济社会发展步伐。国家"十三五"规划纲要把革命老区、民族地区、边疆地区和困难地区统称为"特殊类型地区"，明确提出要"扶持特殊类型地区发展"。党的十九大报告则提出"加大

---

[1] 张可云：《区域经济政策》，商务印书馆2005年版，第19—20页。

力度支持革命老区、民族地区、边疆地区、贫困地区加快发展","支持资源型地区经济转型发展"。虽然革命老区和民族地区并非属于严格意义上的典型问题区域,但这些"特殊类型地区"一定程度上已经体现了问题区域的思想。

从发展的眼光看,随着发展阶段和经济形势的变化,中央的区域政策也应当进行相应调整和优化。首先,随着经济发展水平的提高和全方位开放格局的形成,国家对各类经济功能区的优惠政策应该逐步弱化,今后重点是鼓励其进行体制机制创新,获取改革红利。其次,国家对特殊类型区的援助政策应逐步转变为对关键问题区的援助政策。近年来,在中国经济社会发展转型的过程中,逐步出现了一批关键问题区域,如经济发展落后的贫困地区、处于相对衰退中的老工业基地、结构单一的资源枯竭城市、财政包袱沉重的粮食主产区、各种矛盾交融的边境地区、自然灾害突发区和过度膨胀的大都市区等[①]。这些面临诸多问题的区域,急需中央政府在资金和政策上给予大力扶持。中央确定是否对这些区域实行援助政策,应主要考虑两个标准:一是这些区域必须属于问题区域,而且其面临的问题较为严重;二是这些问题地方政府自身无法解决,确实需要中央政府给予援助。今后中央的区域援助政策应主要针对关键问题区域展开,切实帮助各种问题区域解决发展中面临的困难,增强其自我发展能力和可持续发展能力。对于革命老区和民族地区,要实行同等优先。

为此,应按照区别对待、分类指导的原则,对现行的"四大板块"政策进行相应的调整。"四大板块"属于战略规划的地域单元,其具体政策实施应按照类型区域来展开。事实上,近年来国家对"四大板块"的支持政策正在逐步向类型区政策转变。例如,国家率

[①] 魏后凯等:《中国区域政策:评价与展望》,经济管理出版社2011年版,第38—44页。

先将东北老工业基地政策延伸到中部26个老工业基地城市，随后又颁布了《全国老工业基地调整改造规划（2013—2022年)》，将西部以及东部部分老工业基地城市（区）纳入进来；将东北资源枯竭城市经济转型试点政策扩大到全国69座资源枯竭城市，确定大小兴安岭林区9个县级单位参照执行资源枯竭城市财政转移支付政策；将西部大开发政策扩大到中部243个县（市、区）。今后应继续按照分类指导的思想，对"四大板块"政策进行整合，以逐步形成分类管理的差别化区域政策体系。

（魏后凯）

第五章 "三农"政策：从城乡融合发展破题

一 家庭联产承包责任制

中国的改革自农村发端，农村的改革起始于家庭承包经营的制度创新。

（一）家庭承包经营的历史由来

家庭联产承包责任制的内涵是以家庭为单位开展承包经营，承包经营的关键在"包"字，"包"字体现的是人民公社各层级集体与其他层级（小组或农户）之间的契约关系，具体是跟哪个层级、契约是什么内容，包到什么程度，各地实践有所不同。但家庭承包经营并不是改革开放后出现的新生事物。在新中国成立后，农村不同地区曾多次出现不同程度的"包"的探索。

1956年4月29日一篇署名何成的短文在《人民日报》上发表了，标题是"生产组和社员应包工包产"。该文点明了高级合作社生产管理方面问题的症结所在，写道："把一定产量的任务包给生产组和每个社员，是完全对的。有些农业生产合作社（主要是高级社），只有生产队包工包产，生产组和社员不包工包产，这就产生了问题，那就是社员只顾赚工分，不关心社里生产。这是目前许多农业生产合作社建立了劳动组织,实行包工包产,生产仍然混乱的一个重要原因。"1956年5月,浙江省温州地区中共永嘉县委在雄溪乡燎原社进行农业生产产量责任制的试验,由此在中国首创"包产到户"。确定了"三包到队、责任到户、定额到丘、统一经营"的责任制,其做法就是"队向社包工包产,户向队负责专管田上分摊的包产量",包产量核算到每丘田,合起来就是队包产指标。主管农业的县委副书记李云河将这种管理方法命名为"包产到户"。这一办法实行后,社员的生产积极性大大提高。永嘉县委非常重视燎原社包产到户的方法和经验,布置全县开展多点试验包产到户的工作。1957年夏季,温州地区各县有1000个农业合作社实行了这种办法,但随后受到批判[①]。

1958年全国进入"大跃进"后,在对人民公社调整过程中,一些地区抓住机会开始寻找农村基层经营体制的变革,主张实行包产到户。但是由于国家整体的政治形势,这次包产到户实行的范围并不大,时间只有三四个月。庐山会议之后,在反"右倾"错误的影响下,包产到户受到牵连,再次成了批判和打击的对象。

20世纪60年代"三年自然灾害"时期,农村出现的"共产风"、浮夸风、命令风、对生产瞎指挥风和干部特殊风的所谓"五风",成为农村工作的顽症,严重阻碍农民积极性的发挥和农村生产力的发展。如何尽快恢复农业生产,各地纷纷自寻出路。20世纪50年代曾经出现的包产到户做法再一次进入人们的视野,成为改变人民公社平均主义现实的首选,时任中央农村工作部部长的邓子恢,通过调查研究,广泛听取群众意见后,认可了农村包产到户的做法。认为联产计酬的包产到户,因为土地、生产资料依然是集体所有,

---

① 参见《李云河(中国第一个进行"包产到户"试点人)》,百度百科,https：//baike.baidu.com/item/李云河/57989？fr=aladdin。

不是个体经济，所以不是单干。但最终"三自一包"包含的自由市场、自留地、自负盈亏、包产到户四个概念，作为资本主义倾向，受到批判[①]。

始于20世纪50年代的包产到户，20多年野火烧不尽，春风吹又生。但始终名不正言不顺，成不了气候，这是长期以来的计划经济体制和传统的社会主义思想意识形态所决定的。而改革开放后家庭承包经营之所以能从星星之火成为燎原之势，是得益于1978年5月开始的关于真理标准问题的大讨论，这场讨论冲破了"两个凡是"的严重思想束缚，推动了全国性的马克思主义思想解放运动。1978年12月22日，党的十一届三中全会公报指出："会议高度评价了关于实践是检验真理的标准问题的讨论，认为这对于全党同志和全国人民解放思想，端正思想路线，具有深远的历史意义。一个党，一个国家，一个民族，如果一切从本本出发，思想僵化，那它就不能前进，它的生机就停止了，就要亡党亡国。"正是在思想解放的大环境下，家庭承包经营这样发自于基层的制度创新才有可能在实践中不断深化、发展和壮大。

（二）家庭承包经营的探索在实践中不断深化

1978年9月，滁县地委召开全区四级干部会议。分组讨论中，来安县和天长县一些公社介绍了他们试行的包产到组、以产计工、小宗作物田间管理责任到人、超产奖励的责任制以及对基层干部按工作实绩进行奖励等行之有效的办法，引起了与会干部的极大兴趣。

早在1977年春，地委曾从抓年终分配入手，在全区推行了"一组四定"责任制，即"划分作业组，实行定任务、定时间、定质量、

[①] 参见《三自一包的"包产到户"的前世今生》，百度知道，https://zhidao.baidu.com/question/1607652163911057227.html。

定工分"。这种责任制在当时有一定的积极作用,但由于不联产,不能克服分配上的平均主义,农民并不满意。不久,来安县烟陈公社魏郢生产队采取包产到组、以产计工、超产奖励、减产赔偿的办法,增产效果十分显著。1978年3月底,全地区实行包产到组、包干到组、联产计酬的生产队已占生产队总数的68.3%。

联产计酬的"双包到组"虽然克服了生产队集中劳动的"大呼隆",打破了生产队的"大锅饭",但又出现了作业组的"二锅饭"。个人责任不明确,劳动者的利益不能直接体现出来,劳动者的积极性得不到充分的发挥。农民向往的是联产承包到户。"双包到组"的推行,其意义不仅在于这种责任制形式实现了由不联产向联产的转变,更重要的是它为包干到户在滁县地区的兴起从思想上和实践上开辟了道路。凤阳县小岗生产队首创了包干到户的责任制形式。1979年年初,小岗生产队18户农民秘密开会,决定土地按人均平分到户,耕牛和大农具作价到户,农产品交售任务、还贷任务、公共积累和各类人员的补助款分摊到户。如果生产队长因此而坐牢,其余17户共同养活其家属。小岗农民首创的这种大包干责任制形式,比包产到户更向前迈进了一步。当年春天,小岗的做法并没有引起人们的特别关注。但是不久,这种做法的巨大优越性就迸发出来,吸引了其他地方的农民竞相仿效[1]。以往的各种承包方式实质上是农户或小组向集体做出了产量的承诺,超产给予奖励,实际上是农户与集体对剩余的分成。农民能获取的剩余份额是确定的、有限的,对于调动农民的生产积极性的作用亦相对有限。联产责任制本身从承包到组向承包到户、最终是到包干到户的演进,奠定了家庭联产承包制的基本格局。包干到户这种制度用农民的话讲,叫"大包

---

[1] 参见陈大斌《"包产到户"是怎样报上"户口"的》,《新华每日电讯》2018年4月27日。

干"。农民概括是："交了国家的，留了集体的，剩下全是自己的"，这种制度的实质是将农民群众的劳动积极性与劳动成果的剩余直接挂钩，农民直接享有在必要扣除后全部的剩余索取权，所以农民说"大包干，大包干，直来直去，不拐弯"。大包干以其独具的优越性受到农民的特别拥护，终于成为家庭联产承包的主要形式[①]。

（三）不断深化的探索催生出变通的政策举措

中国的渐进式经济改革，是在没有一个总体蓝图的情况下起步，采取解决当时存在的紧迫问题（农民要求吃饱肚子）和追求直接效果（大包干）为出发点的方式，分步骤进行的[②]。"大包干"这一重大改革举措当初并没有顶层设计，完全是基层的创新。而且这种创新也是在农村发展实践中经历了一个被政策文件先是否定，后是政策逐步松动和放宽（变通），最后才是得到中央文件认可和充分肯定的过程。

1978 年中共十一届三中全会审议的《中共中央关于加快农业发展若干问题的决定（草案）》规定了"不许分田单干"和"不许包产到户"的"两个不许"。1979 年 9 月十一届四中全会正式通过的《中共中央关于加快农业发展若干问题的决定》（以下简称《决定》）提出："不许分田单干。除某些副业生产的特殊需要和边远山区、交通不便的单家独户外，也不要包产到户"。《决定》把"两个不许"改为一个"不许"一个"不要"，又对一些特殊情况"开了一条小小的门缝"[③]，口气明显和缓。这一方面说明拨乱反正、思想解放的大环境正在使以往的政策逐步松动；也说明摆脱"左"的思想束缚历程艰难，必须采取变通方式，逐步推进。1980 年 9 月，中共中央

---

① 参见《包干到户》，百度百科，https：//baike.baidu.com/item/包干到户/1906448。
② 见本书"绪论"，第 15 页。
③ 吴象：《从两个"不许"到"伟大创造"》，《农村工作通讯》2008 年第 11 期。

印发了《关于进一步加强和完善农业生产责任制的几个问题》，提出：在那些边远山区和贫困落后的地区，"可以包产到户，也可以包干到户，并在一个较长的时间内保持稳定"。1982年中央1号文件对各种承包方式从理论和政策上做出了诠释。强调两点：一是各种承包形式都是社会主义集体经济的生产责任制。文件指出："目前实行的各种责任制，包括小段包工定额计酬，专业承包联产计酬，联产到劳，包产到户、到组，包干到户、到组，等等，都是社会主义集体经济的生产责任制。不论采取什么形式，只要群众不要求改变，就不要变动。"二是强调因地制宜，"各级领导干部在推导群众确定生产责任制形式时，一定要下苦功夫向实践学习，向群众学习，尊重群众的创造精神，真正做到因队制宜。切不可凭主观好恶硬推、硬扭，重复'一刀切'的错误，也不可撒手不管，任其自流"。该文件从理论上和政策上为各种形式的承包制正了名，并提倡在实践中贯彻实事求是、因地制宜的工作作风。在经过几年农村经济发展实践的检验后，1983年中央1号文件提出：联产承包制"是在党的领导下我国农民的伟大创造，是马克思主义农业合作化理论在我国实践中的新发展"。

2002年8月，《农村土地承包法》颁布，自2003年3月1日起施行。该法第三条写明："国家实行农村土地承包经营制度"。并明确"农村土地承包采取农村集体经济组织内部的家庭承包方式"，从法律上对家庭承包经营予以正名和规范，这已经是改革伊始的20多年之后了。群众的基层创新经过实践检验后，原有的政策束缚逐渐松动和放宽，创新逐渐为决策层所认可，并促进了政策的调整，而法律的规范往往是滞后的。政策上变通的做法，顺应了人民的需求，符合历史发展的方向，调动了人民群众的积极性，提高了资源配置效率和利用效率。逐步变通和演进的政策语言反映了农村政策决策者的政治智慧和远见卓识。

（四）家庭承包经营的中国启示和中国方案

1. 市场化改革从农村发端不是偶然的

中国的改革开放为什么发轫于农村？很多同志都讲过，农村基层的创新是来源于老百姓饿怕了、穷怕了，想吃饱肚子、过好日子的很朴素的想法，改革是老百姓豁出去的做法，是被逼出来的[①]。启动最初的改革要在政治上可行和实践中可操作，至少需要满足三个条件：第一，改革给特定的劳动者、微观单位和社会群体带来收益，才能形成发动改革的基本动机；第二，这一改革不与任何其他社会群体的利益直接抵触，即它要是所谓的帕累托改进；第三，这一改革潜在地发动起一个关键的变革齿轮，由此推动逻辑链条上其他领域的改革。不过，从事前的角度看，最后这个条件往往是不可知的。而农业中实现家庭承包制和废除人民公社的改革，最符合上述改革前提条件[②]。有些同志把包产到户、包干到户当成一种经营方式的变革，认为在人民公社的体制内，只要采取这种经营方式，一样能获得成功，不用搞家庭经营。实际上，以大包干为主要形式的家庭承包经营，绝不是单纯经营管理方式的变革，是农业基本经营制度的变革，是社会主义市场经济向几十年固守的计划经济发出的第一声炮响。家庭承包经营的成功使农业经济剩余大幅度增加，为中国工业化进程提供了必要的资本原始积累。农业劳动生产率提高使压抑良久的农业劳动力剩余由隐性转为公开化，为加速工业化提供了大量的劳动力。也正因此，这场变革能推动逻辑链条上其他领域的改革。

[①] 参见斯雄《"大包干"又到"大集体"——小岗村记》，《人民网·人民日报海外版》2017年7月8日。

[②] 参见本书"绪论"，第12页。

2. 正是在改革开放、思想解放的大环境下，家庭承包经营这样源自基层的制度创新才有可能在实践中不断深化、发展和壮大

"大包干"这一重大改革举措当初并没有顶层设计，完全是基层的创新。而且这种创新也是在农村发展实践中经历了一个被政策文件先是否定，后是政策逐步松动和放宽（变通），最后才是得到中央文件的认可和充分肯定。这种政策的变通和逐步松动成为渐进式改革的范例。

3. 农业中的家庭经营有强大的生命力，要在稳定的基础上创新

家庭承包经营使得粮食增产、农民增收。但同时也产生大量小规模农户，造成农地细碎化。如何开展适度规模经营提高农业劳动生产率？中国大量存在的小规模农业如何实现规模经济并进入现代化阶段？在全球化和现代化的进程中，农业的家庭经营是否仍然有生命力？1998年，时任中共中央总书记的江泽民同志曾提出："从实践上看，家庭经营加上社会化服务，能够容纳不同水平的农业生产力，既适应传统农业，也适应现代农业，具有广泛的适应性和旺盛的生命力，不存在生产力水平提高以后就要改变家庭承包经营的问题。"我们认为：这个判断并没有过时。由人多地少的基本国情、资源禀赋和城镇化进程所决定，在家庭承包经营的基础上，多元并存的农业经营模式和农业经营主体将长期存在。但家庭承包经营在稳定的基础上要创新，近些年来，在自愿、依法、有偿的基础上一些专业大户、种田能手或其他农业经营主体将其他农户的土地经营权流转过来，开展适度规模经营。2016年10月，中共中央办公厅、国务院办公厅印发了《关于完善农村土地所有权承包权经营权分置办法的意见》，提出现阶段深化农村土地制度改革，实行农地所有权、承包权和经营权三权分置并行，着力推进农业现代化，这是对家庭承包经营体制的创新。家庭经营不等同于只生产经营自己承包的土地；不等同于小农经济，不是传统农业的代名词；不等同于小规模

经济。从事家庭经营的可以是享有承包经营权的农户，也可以是通过流转获得经营权的农户或其他经营主体。家庭经营完全可以是大农经济或中农经济；完全可以成为现代农业的载体，成为适度规模经营的主体。在此基础上走出一条中国特色的农业现代化道路，从而为发展中国家从传统农业向现代农业转化提供可资借鉴的中国方案。

二　乡镇企业的兴衰

乡镇企业，一个熟悉而又陌生的概念，改革开放以来，乡镇企业的崛起曾被誉为中国农民自大包干后又一次伟大创造，是农村工业化的标志。乡镇企业的产权改革也为当前进行的农村集体产权制度改革提供了有益的经验教训。

（一）乡镇企业的发展历程

根据1996年10月全国人大常委会通过的《中华人民共和国乡镇企业法》，乡镇企业是指"农村集体经济组织或者农民投资为主，在乡镇（包括所辖村）举办的承担支援农业义务的各类企业"。中国乡镇企业的形成，经历了三个特殊的历史时期：①1958年"大跃进"时期，提出了大办工业、大办钢铁、大办运输等口号。同年12月通过的《关于人民公社若干问题的决议》中，进一步提出了国家工业化、公社工业化、农业机械化电气化和人民公社必须大办工业的方针。作为乡镇企业前身的社队企业，就是在这样一种背景下建立起来的。②"文化大革命"时期，中国社队企业进入了第二个大发展期。③改革开放后乡镇企业的发展。

乡镇企业独特形态的大发展始于20世纪70年代末的改革开放。1978年12月党的十一届三中全会召开以后，乡镇企业得以迅速发展，1984年中央在四号文件中将社队企业正式改为乡镇企业。由农村改革引发的城乡经济体制变革对20世纪80年代初社队企业发展的意义在于：农村家庭联产承包责任制的推广和普及，极大地提高了农业生产率水平，由此带来两个结果：第一，农业经济剩余增加，为当时的社队企业发展提供了必要的资本原始积累。第二，农业劳动生产率提高使压抑良久的农业劳动力剩余由隐性转为公开化，仅限于农业内部的结构分化已不足以解决劳动力剩余问题，需要有农业以外的就业门路。在改革初期传统城乡经济体制继续从制度上抑制农业剩余劳动力向城市部门转移的条件下，发展乡镇企业，实现农业剩余劳动力在农村内部的产业转化成为必然选择。如果说，乡镇企业是中国农民的伟大创造，这种创造实际上是在城乡分割二元结构既定框架内的一种无奈的选择。

表5—1　　　　　　　　不同所有制乡镇企业的数量和资产

年份	乡镇企业个数（万）	其中：集体企业个数（万）	其中：村以下办企业个数（万）	固定资产原值（亿元）	其中：集体企业（亿元）	其中：村以下办企业（亿元）
1978	152	152		230	230	
1986	1515	152	1363	1212	947	265
1995	2203	162	2041	12841	9123	3718
1996	2336	155	2181	106050	11149	4901
1997	2015	129	1886	19427	12539	6888
1998	2004	107	1897	21566	13443	8123

注：《中国乡镇企业年鉴》自1984年起将联户办及个体私营企业纳入统计范围，但直到1995、1996年这两年才有四种经济类型各自的较全面的统计指标，而1997年后，统计口径又发生变化，这样就无法进行同一统计口径的纵向比较。

资料来源：历年《中国乡镇企业年鉴》，其中1997年"村以下办企业"项目改为"私有企业"，1998年改为"私有企业"和"个体企业"两项。

从表5—1可看出，在经济体制改革以前，中国的乡镇企业已经有了相当程度的发展。据统计，到1978年年底，中国的乡村两级集体企业（社队企业）已有152.4万家，拥有固定资产229.5亿元。此后，随着经济体制改革的逐渐深入，乡镇企业的发展速度也在不断加快。1996年乡镇企业个数已经达到2336万个。

20世纪90年代以后，乡镇企业的发展呈现出多元化格局：原来的乡村集体企业，通过产权制度的改革，投资主体由初创期单一的农民变为乡镇政府、村集体、农民个体、经营者、法人、外资等多个主体。20世纪80年代中期至90年代中期乡镇企业发展特征大致可以概括为：以地方政府为主导、以较多市场机制为导向、以就业和社区利益为驱动力、本地市场为市场定位、产业结构高度雷同、低交易费用和低工资决定的低成本、管理粗放、技术简单、以增加投入和平面扩张为主要形式的增长方式等。

进入20世纪90年代中期以后乡镇企业发展的制度环境、市场条件等外部因素发生了深刻变化，突出表现在90年代初即已形成的中国经济由全面短缺走向相对过剩，卖方市场逐步转化为买方市场，国内市场有效需求不足的局面更加强化，国际市场也随全球经济增长形势变化、亚洲经济危机等因素变得难以驾驭，市场对乡镇企业发展的约束进一步增强；同时，国有企业改革深化使乡镇企业原有的制度优势逐步退化并消失殆尽；金融体制改革、银行商业化进程的加快，使乡镇企业融资环境严重恶化。这一切都使乡镇企业发展面临前所未有的挑战。

（二）乡镇企业的历史地位

乡镇企业是在特殊的历史时期、特殊的宏观环境条件下，形成的一种特殊事物。在改革开放后的二三十年中，乡镇企业的蓬勃发展，不仅对国民经济的增长做出了贡献，还改变了中国劳动力的就业结构和工业企业的规模结构，改善了中国农村的产业结构，从而为农村经济结构的调整做出了贡献。乡镇企业又通过承包制、股份合作制等产权制度的改革，为中国的经济体制改革，尤其是为城镇集体企业和国有企业的体制改革，提供了可借鉴的宝贵经验。更为重要的是，乡镇企业的出现，在中国传统的城乡分割二元经济结构中，发挥了一种介于计划体制和市场体制之间特殊的资源配置通道的作用。但是，随着中国计划经济体制向市场经济体制转型的逐步完成，乡镇企业作为资源配置通道的特殊作用正在消失，其社区性、封闭性的缺陷则日益突出，乡镇企业作为一个特殊部门，正在失去其独立存在的意义，乡镇企业的特殊身份正在走向它的终结，行业特征将最终取代其地域特征。近年来，关于《中华人民共和国乡镇企业法》是否需要废除也引起了一番争论。

（三）乡镇企业的股份合作制改革

股份合作制是改革的产物，而它最早则起源于农村改革的实践。1985年，根据实行联产承包责任制后农村中要把分散的生产要素结合起来、建立新的经营规模的经济要求及在实践中的一些探索，当年的中央1号文件首次采用了"股份式合作"的提法，认为这种办法值得提倡。此后，股份式合作的企业形式逐渐在浙江、安徽、山东、福建、河南、广东等省份推开。1990年2月，以浙江温州市政府的有关政府法规为基本依据，农业部颁布了《农民股份合作企业暂行规定》（以下简称《规定》）及《农民股份合作企业示范章程》，这两个文件认定股份合作企业具有企业法人资格，以区别于合伙企业，并规定企业在税后利润中必须提取一部分作为不可分割的公共积累；文件指出这类企业是"劳动农民的合作经济，是社会主义劳动群众集体所有制经济"。1992年邓小平同志南方谈话发表后，股份合作企业作为一种包容性强的和可行的生产要素组合形式，被越来越多的地方政府或企业认同及采纳,经济生活中丰富多彩的实践在不同程度上突破了原有的政策界定。在这一背景下,1992年12月农业部又颁布了《关于推行和完善乡镇企业股份合作制的通知》(以下简称《通知》),允许了企业中所有者(出资人)与劳动者身份的分离;企业的分配制度由"以按劳分配为主"改为"按劳分配和按股分配相结合";企业的公共积累不再提其不可分割性。定义的内涵和外延变得更为宽泛,由合作制导向转为股份制导向。1997年江泽民同志在党的十五大报告中指出,目前城乡大量出现的多种多样的股份合作制经济,是改革中的新事物,要支持和引导,不断总结经验,使之逐步完善。

(四) 乡村集体企业的产权改革

20世纪90年代后期,在乡镇企业股份合作制改造的背景下,以"苏南模式"为特征的乡村集体企业开展了以"卖"为主的产权改革,改革的缘由则涉及由中国农村工业化的特征导致的地方政府与企业的关系。

中国农村工业化进程的鲜明特征是地方政府领办或倡导办乡村集体企业。这种企业具有两个鲜明的特性,第一是社区性,企业并不是以追求利润最大化为单一目标,而是既要追求利润,又要安排本社区剩余劳动力就业,为本社区居民提供福利。第二是行政依附性,乡镇政府和村领导要控制企业、管理企业。国外一些学者将乡镇企业的成功归之于这种模式,称之为"地方政府公司主义"(Local State Corportism)。他们认为中国的地方政府将其行政范围内的企业视为一个大公司整体的一部分,政府与企业的关系如同公司内部的关系,地方政府充当的是董事会的角色,而政府的干预对企业的成功是不可缺少的因素[1],国内有的研

---

[1] Jean C. Oi, "Local State Corporatism: The Organization of Rapid Economic Growth", *Chinese Rural Industry Takes Off: Incentives for Growth*, University of California Press, 1995.

究者也认为农村社区政府在发展乡镇企业中具有不可替代的作用，"完全排他性产权"现阶段不完全适用于中国农村社区经济现实。

"地方政府公司主义"模式的产生有其深层次的经济体制方面的原因。在财政体制改革中，由于中央与地方各级政府的事权划分滞后及多渠道的政府预算，地方政府预算内的财政收入往往是"吃饭财政"，一些地方连行政事业费、人头费等项开支也难以保证，更无法正常履行政府职能，造成财权与事权的分离。为了正常运转，履行职能，完成上级交办的各项任务，掌握和扩大地方能自由支配的收入，各级地方政府只好从制度外财政收入（预算外收入及各级政府的自筹资金收入）想办法。乡镇企业，尤其是乡（镇）办工业企业的上缴利润则成为制度外财政收入的主要来源，这是"地方政府公司主义"产生的历史背景，也是地方政府办乡镇企业的直接动因。

在评价地方工业化的历史进程时，不应以今日之是来评昨日之非，而应客观地分析昨日之非当时的历史背景和根源。在由计划经济向市场经济过渡时，市场秩序尚不完善，在与外界的工商、税务、交通监理、环保等政府部门打交道时，由地方政府或社区组织出面要比由企业出面好得多，政府或村集体还可出面为企业从银行或信用社获取贷款。在这种情况下，乡镇企业具有寻求政府及社区保护的内在需求，借以节约企业的外部交易费用。世界银行在一份关于中国乡镇企业的考察报告中曾指出，乡镇企业在资金借贷、市场进入等方面，面临不良的环境条件，而政企不分恰是企业应对这种不良环境的最明智的选择。同时，由于乡镇集体企业的上缴利润是地方政府自筹收入的主要来源，而村办集体企业在很大程度上是村社区组织行政职能的经济基础，因而这两级领导在干预企业活动时尽管有失误，但还能避免短期行为及防止资产的流失，这也就是当年乡村集体企业虽然产权不清晰但仍有效率、仍能发展的根本原因。

但应指出，财权与事权相分离的扭曲的预算机制对地方政府职能的转换构成种种障碍,使乡镇政府及村社区组织在保护企业的同时,又要控制企业,向企业索取,这就使以下种种弊端凸显出来:第一,行政干预经济,盲目决策、瞎指挥使乡村集体企业效益下降,不良债务增多。第二,乡镇政府及各行业主管部门以各种名义向企业收费,很多是属于没有以财权为依托的社会性支出,这种非规范性的制度外财政收入随意性强,透明度低,缺乏有效的监督,易于引发腐败行为,群众反映的乡镇企业成为干部的"小金库"便是一例。第三,农村基层政府与乡镇集体企业之间的直接利益关系使得地方政府从各方面来保护企业,从而导致企业的种种有碍于建立社会主义市场经济体制的行为难以杜绝。乡镇企业到期不归还贷款和拖欠银行贷款利息等逃避银行债务的行径在很多情况下得到当地政府的默许;为了保持地方财政收入的稳定增长,地方政府有时亦放松对污染企业的监控,容忍企业将内部成本转化为社会成本从而破坏生态环境的行为;至于假冒伪劣产品的屡禁不止更是与地方保护主义有直接关系。当控制的弊端产生的成本大于保护的收益时,改革也就不可避免了。

(五) 乡镇企业兴衰所蕴含的中国启示和中国方案

首先,中国的渐进式改革,重要的一点是在原有体制和部门外,生长出具有旺盛生命力的新部门,如乡镇企业、个体私营经济等,这些部门所产生的可观的经济增量降低了传统部门的经济份额,摊薄了改革的成本,使帕累托改进有了经济支撑,这是中国改革的重要经验。但随着中国计划经济体制向市场经济体制转型的逐步完成,国企改革的不断深化,乡镇企业作为资源配置通道的特殊作用正在消失,其行政依附性和产权不清晰的缺陷则日益突出,乡镇企业的产权改革也就不可避免地提上日程。

其次,20世纪90年代后期大力推行的乡村集体企业的产权改革在理论和实践两个方面都引起不少争论，但有两点似乎可以确定。第一点，改革明晰了集体企业的产权，使这些企业向现代企业制度过渡。第二点，在乡村集体企业产权改革的进程中，以集体企业领导人为一方，面对的不是全乡镇或村的社区成员，而是乡村干部，是双方的一种讨价还价的博弈过程，其结果取决于双方的实力、谈判地位。在谈判过程中，名义上的所有者（社区农民）往往是被排斥在这一进程之外的，最终的战利品也是在博弈双方之间瓜分的。在一些发达地区，以农村社区公司主义为标志的村发展模式中，一些集体经济实力较强的村社区组织没有通过产权改革实行资产量化，社区领导人虽然没有由此获得更多的剩余索取权，但他们实际上掌握着剩余控制权，并可通过第二代接班（禅让）的形式将这种控制权保持在自己家族手中。一旦这个链条断裂，他们必然要通过明晰产权的方式来争夺战利品，这就出现了前述的乡村集体企业产权改革中大部分所有者被排斥在外的博弈过程。在制度变迁的收益大于所支付的成本的基本前提下，关键问题是制度变迁的改革红利究竟由谁获取。制度变迁的成本能否由利益相关者公平分摊，红利能否由利益相关者合理分享，当前正在进行的农村集体产权制度改革应记取历史的经验教训。

三 农民工与城市化进程

改革开放以来，数以亿计的农民由从事农业转为从事非农产业，由在农村生活转到城镇居住，农民工的大潮促进了工业化和城镇化进程，成为城乡一体化发展的强劲驱动力。

（一）农业劳动力转移的发展历程及特点

40年来中国农民的流动呈现三次浪潮。第一次是"离土不离乡、进厂不进城"的以在本地乡镇企业就业为主的就地转移。第二次浪潮是"离土又离乡、进厂又进城"的以城市为目的地的异地转移。1984年10月，国家在加强对城市副食品供应的基础上，放宽了对农民进城的限制。掀开了农民大规模进城务工的序幕。1984年，"农民工"这个称谓在《社会学通讯》上正式提出。1982年，离开本乡镇就业的农村劳动力仅有200万人，1989年就达到3000万人（见表5—2）。第三次浪潮是以长期在所工作的城市居住为特征，一部分农民有举家迁移的倾向。这三次浪潮所显现的其转移特性，不可能截然分开，每一次浪潮都是就地转移和异地转移并存，即使在第一次浪潮中，也已经有农民到沿海或特区去打工了。

表5—2　　　　改革以来农村劳动力外出就业的情况　　　　单位：万人

年份	离开本乡镇就业	年均转移量
1978	—	—
1982	200	50
1989	3000	400
1993	6200	800
1995	7000	400
1996	7223	223
2001	8961	348
2002	9430	479
2003	9820	390
2006	13181	1120
2008	14041	430
2009	14533	492
2010	15335	802
2011	15863	528
2012	16336	473

续表

年份	离开本乡镇就业	年均转移量
2013	16610	274
2014	16821	211
2015	16884	63
2016	16934	50
2017	17185	251

资料来源：2008年以后的数据来自统计局发布的历年农民工监测调查报告，2006年的数据来自于第二次农业普查的资料，2006年之前的数据来自于农业部。

长期以来，中国创造了举世瞩目的经济奇迹。在分析和解释中国经济奇迹的由来时，首先应归功于改革开放的国家大政方针。其他的因素包括各地政府的竞争、基层制度创新、基础设施的改善、市场机制的逐步完善等，但其中有两个关键性因素：廉价的土地和廉价的劳动力。土地来自于农村，劳动力就是农民工。中国处在工业化和信息化并行的时代，产业结构的调整和升级则使资本和技术替代劳动的趋势越来越明显，对一般劳动力（文化水平低的非熟练工人）的需求也在逐步下降。如何处理供给充足、需求有限的简单劳动与资本之间的关系，这是一个在理论上和实践中仍需进一步探索的问题。应该承认，相对于廉价的劳动要素而言，资本仍是稀缺的生产要素，边际生产率高，必然要求有较高的回报。

当前，资本导向型的民营企业、家族或合伙企业、中外合资或外国独资企业仍有巨大的发展潜力，也应促进和鼓励其发展。而在各类企业的发展中，资本在大多数情况下仍对劳动处于支配地位，这亦是不争的事实。根据人力资源和社会保障部劳动工资研究所的农民工薪酬课题报告，过去几年，农民工薪酬实现了较快速度的增长。但由于基数低，农民工薪酬水平与城镇职工相比仍然偏低，基本保持在60%左右。考察绝对额，农民工工资与城镇职工平均工资的差距并没有缩小。2011年,二者年工资差距为17864元,到2014年则达到了21971元①。

2003年开始,一些发达地区企业出现了"民工荒",引发了在中国城市化、工业化现阶段农村劳动力是无限供给还是有限剩余,中国是否到了刘易斯转折点等问题的争论。农村劳动力供求关系的新格局使得农民工自改革开放以来,第一次具有一定的谈判地位,他们有可能通过"以脚投票"等各种手段来捍卫自己的合法权益,促使劳动力的价格向其真实价值调整。另外,企业从自身经济利益的考虑,除了产业升级换代、加速产业结构调整外,也不得不注重改善工人劳动环境、提高工人工资待遇、加强工人的技能培训,提供一些最基本的福利,这就为农民工及其家属在城市定居、加速城市化进程创造了条件。上亿的外出农民工及其家属能否融入城市化进程中也将影响农村和农业未来的发展。

(二)户籍制度改革必将促进城镇化进程

根据国家统计局发布的2017年国民经济和社会发展统计公报,2017年全国农民工总量为28652万人,比上年增长1.7%。其中,外出农民工17185万人,增长1.5%;本地农民工11467万人,增长2.0%。中国当前的2亿多农民工是否已经融入城市化的进程之中了?在城乡二元结构的现实条件下,农民进城打工,绝大多数是边缘性的流动人口,低工资和缺乏最基本的社会福利使大部分农民工无法支付在大城市的定居成本,享受不到和城市居民一样的社会福利和保障,实现不了农民工及其家属向城市的迁移和定居,他们的生活水平、生活条件和消费方式与城市居民仍有较大差距。这并不

---

① 《农民工工资涨得快不快?》,人民网,http://politics.people.com.cn/n1/2016/0429/c1001-28313088.html。

是真正的城市化，即便按照现行的统计口径他们已经被算为城市人口。2017年中国常住人口城镇化率为58.52%，比上年末提高1.17个百分点。户籍人口城镇化率为42.35%，比上年末提高1.15个百分点，两者相差16.17个百分点。

在中国的城镇常住人口中，除了常住的属于农业户口的本地人口外，有相当一部分是来自其他农村地区的属于农业户籍的流动人口。这部分人已经长期在城镇居住工作，为所在地的经济发展作出了巨大的贡献，但他们往往无法享受到和当地居民一样的公共服务。他们的户籍仍在原来居住的农村，在家乡还有承包土地和房屋以及宅基地，他们的收入仍是农民人均纯收入的重要组成部分。他们中绝大多数仍是流动性人口，形象地说就是"城里挣钱，农村消费"，"城市租房，乡村建房"，"在城市住老鼠窝，农村的新房住老鼠"。他们实现不了全家人口的迁移和定居，虽然按照统计口径，这部分人和常住城镇的本地农业户口都已被计入城镇人口，但他们没有被城市的社会福利体系所覆盖，一有风吹草动，他们就会"回流"。这部分人是边缘性、钟摆型的流动人口，这样的城镇化是依旧固化着城乡二元结构的城镇化，可以说是不完全的城镇化或准城镇化。所以，逐步提高城镇化水平固然重要，但更紧迫的任务是将相当一部分已经纳入城镇人口统计中的符合条件的外来农业人口真正转为城市居民。

以农民工为主体的大量流动人口进入城镇，使户籍制度的改革势在必行。2014年，国务院出台《关于进一步推进户籍制度改革的意见》，提出到2020年，基本建成新型户籍制度。2016年9月30日，国务院办公厅发布了《关于印发推动1亿非户籍人口在城市落户方案的通知》（国办发〔2016〕72号），《通知》提出："促进有能力在城镇稳定就业和生活的农业转移人口举家进城落户，是全面小康社会惠及更多人口的内在要求，是推进新型城镇化建设的首要任务，是扩大内需、改善民生的重要举措。"在人口管理上明确提出"建立城乡统一的户口登记制度。取消农业户口与非农业户口性质区分和由此衍生的蓝印户口等户口类型，统一登记为居民户口，体现户籍制度的人口登记管理功能。"户籍制度的改革进入快车道。2016年9月19日，北京关于《进一步推进户籍制度改革的实施意见》正式出台。至此全国31个省市区均已出台各自的户改方案，且全部取消农业户口，这标志着在中国存在半个多世纪的市民与农民的二元户籍制度退出历史舞台，从制度上为消除两种城镇化率的差别提供了依据。

户籍只是一张纸，改变户籍只是统计科目的变化，但它体现的地区和身份差别，它蕴含的住房、教育、社保等基本公共服务供给上的差别待遇，才使得户籍制度改革既重要，又有一定的难度。中国现在的做法是依据农民工现已成为具有高度异质性的群体的现实情况，采取差别化的城镇化政策措施。

根据国家统计局发布的2015年农民工监测调查报告，2015年乡外从业回家居住的占14%。可以说，13000多万在家居住的农民工未来主要是通过县城、小城镇和中心村的发展，实现就地城镇化。根据国家统计局《2014年我国农民工调查监测报告》，2014年举家外出的农民工3578万人。农村人口向外地城镇转移、安家落户的重点应该是这3000多万举家外出的农民工。应逐步将进城农民工、个体工商户、乡镇企业职工等区分不同情况、分门别类地纳入社会保障和基本公共服务网络之中。

户籍改革不是取消户籍，而是通过顶层设计，根据城市规划和定位，充分考虑当地经济社会发展水平、城市综合承载能力和提供基本公共服务的能力，确定城市，尤其是特大城市的可容纳人口，实施差别化落户政策。具体来说，就是全面放开建制镇和小城市落户限制；有序放开中等城市落户限制；合理确定大城市落户条件；严格控制特大城市人口规模。改进城区人口500万人以上的城市现行落户政策，建立完善积分落户制度。对尚不具备条件落户或并不想落户的外来农民工，以居住证为载体，建立健全与居住年限等条件相挂钩的基本公共服务提供机制。这一整套政策的要点是：第一，具有本市户籍的常住人口和非本市户籍的常住人口在享受公共服务方面，还有一定的差别。主要体现在是否享有以及在多大程度上享有中等职业教育资助、就业扶持、住房保障、养老服务、社会福利、社会救助等项权利上，以及是否享有随迁子女在当地参加中考和高考的资格上。第二，居住证持有人在很大程度上享有与当地户籍人口同等的基本公共服务，主要体现在劳动就业、基本公共教育、基本医疗卫生服务、计划生育服务、公共文化服务、证照办理服务等多项权利上；而且市政部门应不断扩大向居住证持有人提供公共服务的范围。第三，大城市和特大城市明确落户条件，建立完善积分落户制度。这一整套政策措施就使外来常住人口如果想落户，能够了解自己具备的条件及不足，明确努力方向，对未来可以形成合理的预期。不具备条件或者不想落户的外来人口能知道自己的权利和义务，可以享有与当地户籍人口同等的基本公共服务，从而为他们融入城镇生活创造了条件。

有定居意愿和具备条件的一部分农民工在城镇有了稳定的就业机会和住房，并被城镇社会保障体系所覆盖，这极大程度地促进了社会的公平正义。由于他们的定居成本和生活保障成本将大幅度降低，这样可以提高他们的消费水平，改善其生活环境，这也是经济发展新常态下扩大国内需求、促进经济增长的重要途径。同时这部分外出农村人口免除了生活保障的后顾之忧，不需要在农村留后路，农村土地管理制度的改革以及这部分农村人口作为用益物权人对承包地和宅基地依法享有的占有、使用和收益的权利就有条件实现有偿让渡，统筹城乡发展、实施乡村振兴的大战略就能加大力度，加快步伐，促进适度规模经营、发展现代农业和建设社会主义新农村也就有了坚实的依托。

(三) 农民工就业的新动向

发展经济学的托达罗人口迁移模型认为：从农村到城市的人口迁移过程是人们对城市与农村预期收入差异而不是对实际收入差异做出的反应。而预期收入（迁移后的收入减去迁移成本的差）取决于两个因素，一是农村与城市的实际收入的差别，二是新移民在城市找到工作的可能性的大小。在中国实际的经济生活中，当农村外出务工劳动力在一些地区、一些产业由剩余变为相对稀缺、可以选择就业机会时，他们则不仅要考虑在城市与农村、务工与务农之间实际收入的差别，生活成本以及迁移成本，还要考虑劳动条件和生活条件的差别（务工相对恶劣的劳动和生活环境、频繁的加班加点等），由于工业风险远远大于农业风险而又得不到基本社会保障而必须支付的风险成本（工伤、大病、人身意外伤害的危险）等，农村意欲外出务工的劳动力就可能有了不同的走向和选择：①外出劳动力必然流向劳动、生活条件和社会福利相对好的地区。如近年来，北京、上海等地区都在积极推行一些保障民工利益的措施，比如民工保险、民工子女小学，整体就业环境得到改善。民工群体必然向这些更有吸引力的就业地区流动。②在同一地区，外出劳动力必然流向劳动、生活条件和社会福利相对好的企业。那些规模大、较为规范、文明的大企业，给工人的月薪高，而且每个月的工资能够按时足额发放，与工人都签订劳动合同，刚刚进厂的"生手"在培训期间也可以拿到一定的生活费，工人必然愿意流向这样的企业。③随着各地经济的发展，一些劳动力输出大省都在发展劳动密集型产业，它们自身对劳动力的需求明显增加，在工资水平相差不大的情况下，由于守家在地，语言、气候和生活习惯相近，又可节省迁移成本，一些原本要流向外地的农村劳动力也会选择在本地就业。④由于乡村振兴战略的实施，国家出台政策鼓励外出农民工回乡创业，一部分能力较强、有一定积累的外出农民工在比较外出务工与回乡创业或务农的成本与收益后，有可能选择回乡创业。

（四）农民工问题的中国启示和中国方案

（1）改革开放带来的一个重要变化是劳动力的自由流动。大批农村劳动力向沿海地区和大城市流动，是市场的作用实现了资源的优化配置。在收获人口红利期间，中国成年人口的受教育年限改善十分迅速[1]。农村最优秀的一部分劳动力出来，他们最富于冒险精神和开拓精神。在这个迁移过程中，不仅仅农民工增加了收入，成为农民增收的重要贡献部分。更重要的是，在市场经济的大学校中，农民工的外出就业是一个干中学的过程。这个过程是残酷的，充满了泪水、汗水，但广大农民工开阔眼界，学会技能，学到知识，成为创新型人才。很多农民企业家，回乡创业的能人之所以能开创出一片基业，都是依靠外出打工积累的经验、技能和资本。

（2）农民工的就业地点和就业渠道由市场决定，但农民工劳动条件、生活环境和工资是否被拖欠和克扣，这些事情的解决要靠地方政府。政府要切实转换职能，从与资本结盟转为公正的仲裁和协调资本与劳动之间的矛盾，保障农民工的合法权益。最终的目标是，在基本公共服务方面，农民工应享有与当地人一样的平等待遇。政府还应加大劳动监察执法力度，保护劳动者的合法权益。农村集体产权制度改革和非户籍农村流动人口在城市落户要良性互动。

四 从城乡二元结构到城乡融合发展

长期存在的城乡二元结构是制约城乡发展一体化的主要障碍，

---

[1] 参见本书"绪论"，第9页。

只有通过深化改革，破除造成城乡二元结构的种种制度枷锁，全面小康才能真正实现。

（一）政策的演进

农业、农村的发展与工业及城市的发展紧密相关。新中国成立以来，为了尽快建立完备的国家工业体系，国家通过征收农业税与工农产品"剪刀差"，为工业发展提供了大量的积累，加速了工业化的进程。改革开放以后，国家通过将农村集体所有的土地征收为国有的方式为工业化和城镇化进程提供了重要的土地及资金支持；亿万农民工进城务工，为加速城市发展和工业化进程提供了成本低廉的劳动力资源。

随着经济发展，"三农"问题逐渐受到重视并作为全党工作的重中之重，确立了统筹城乡发展的基本方略。2013年，党的十八届三中全会指出："健全城乡发展一体化体制机制，城乡二元结构是制约城乡发展一体化的主要障碍。必须健全体制机制，形成以工促农、以城带乡、工农互惠、城乡一体的新型工农城乡关系，让广大农民平等参与现代化进程、共同分享现代化成果。"中央明确提出了新型城乡关系的概念，并且将"城乡一体"作为新型城乡关系的最终目标。2015年，习近平同志在政治局第二十二次集体学习时指出，要把工业和农业、城市和乡村作为一个整体统筹谋划，要继续推进新农村建设，使之与新型城镇化协调发展、互惠一体，形成双轮驱动。党的十九大报告中首次提出，要"坚持农业农村优先发展"，"建立健全城乡融合发展体制机制和政策体系，加快推进农业农村现代化"。报告提出了促进城乡融合发展的优先序，并强调把农业和农村的发展及现代化结合起来加以考虑，这些提法具有重要的理论和实践意义。回顾几十年来城乡关系和工农关系演进的历程，可以看见一条清晰的政策发展轨迹。随着促进城乡融合发展体制机制和政策体系的建立和完善，城乡关系和工农关系所蕴含的国民收入分配格局将进一步向农业农村调整，全国范围内资源配置格局及基本公共服务的供给将进一步向农业农村倾斜，农业现代化和农村现代化将呈现相互影响、有机结合的良性互动格局。进入21世纪以来，尤其是党的十八大以来，破除城乡二元结构的政策措施在实践中的落实，印证了这一条政策发展轨迹。

（二）城乡收入差距逐步缩小

21世纪初叶，中国经济的增长面临着国内需求不足和城乡发展失衡的突出矛盾。据统计，2004年，投资和出口对国民经济增长的贡献率近60%左右，而消费仅占40%。消费需求不足的关键是农民消费能力太低，农村市场没有启动起来。占全国人口近70%的乡村人口，只占城乡居民储蓄总额的18%，仅消费了社会消费品零售额的36%。如果回顾历史，进行纵向比较，1985年农村在社会消费品零售额中的比重曾经高达56.5%，而那一年城乡收入之比为1.86∶1，是改革开放以后城乡收入比率最低的年份之一。农村居民消费不足直接导致工业生产的产能过剩，经济增长没有坚实的底蕴。也就是我们常说的，城市工人下岗的根本原因是农民收入太低。2005年的中央经济工作会议指出，要努力调整投资消费关系，把增加居民消费特别是农民消费作为扩大消费需求的重点。推进新农村建设，实施工业反哺农业、城市支持农村的方针，建立农民增收的长效机制，逐步缩小城乡之间的发展差距，这样就可以启动和扩大农村人口这一国内最大的潜在消费群体的消费需求，促进经济增长。此后，2006年国家取消了农业税，不断加大对农业和农村的扶持。

2006—2009年，中央财政对"三农"支出的年均增长达到26.7%，比2003—2005年11.5%的年均增长高出15.2个百分点。

同时,"十一五"时期也延续了"十五"时期中央财政对"三农"支出增长高于中央财政总支出增长的态势(见表5—3)。2006—2009年,"三农"支出占中央财政总支出的比重平均为15.7%,比2003—2005年的14.3%高出1.4个百分点(见表5—3)。2013年中央财政用于"三农"的支出安排合计13763亿元,增长11.2%。其中:支持农业生产支出5402亿元,对农民的粮食直补、农资综合补贴、良种补贴、农机购置补贴支出1701亿元,促进农村教育、卫生等社会事业发展支出6040亿元,农产品储备费用和利息等支出620亿元[①]。

表5—3　　　　　　　　中央财政对"三农"支持

年份	中央支出[①] 数额(亿元)	增长(%)	中央对"三农"支出 数额(亿元)	增长(%)	占中央支出比重(%)
2003	15681.5	—	2145	—	13.7
2004	18302.0	16.7	2626	22.4	14.3
2005	20260.0	10.7	2975	13.3	14.7
2006	23492.9	15.9	3517[②]	18.2	15.0
2007	29580.0	25.9	4318	22.8	14.6
2008	36319.9	22.8	5955.5	37.9	16.4
2009	43901.14	20.8	7253.1	21.8	16.5
2010	48322.52	10.3	8579.4	18.3	17.8
2011（注：预算数字）	54360	12.5	9884.5	15.2	18.2
2003—2005	54243.5	—	7746.0	—	14.3

---

① 注：从2008年开始,逐步建立中央与地方统一规范的"三农"投入统计制度。"三农"不是单独的预算科目,凡是涉及支农惠农的支出均在"三农"中反映。包括支持农业生产方面的支出、对农民的补贴支出和支持农村社会事业发展方面的支出。但2014年后,不再提供"三农"支出的数据,改为提供中央公共财政农林水支出预算数据,数据不再具有可比性。

续表

年份	中央支出① 数额（亿元）	中央支出① 增长（%）	中央对"三农"支出 数额（亿元）	中央对"三农"支出 增长（%）	占中央支出比重（%）
2006—2009	133257.8	—	20951.9	—	15.7
2003—2005年均增长	—	8.9	—	11.5	—
2006—2009年均增长	—	23.1	—	26.7	—

注：①中央支出=中央本级支出+补助地方支出；②包括新增用石油特别收益金安排的对种粮农民农资综合补贴120亿元。

资料来源：2001—2007年中央财政支出来自《中国财政年鉴，2008》，2008—2009年来自《2007年中央和地方预算执行情况与2008年中央和地方预算草案的报告》和《2008年中央和地方预算执行情况与2009年中央和地方预算草案的报告》；中央财政对"三农"支出来自不同年份《中央和地方预算执行情况与中央和地方预算草案的报告》。

城乡收入差距在2009年达到3.33∶1之后，逐年差距在缩小，2017年已经缩小到2.71∶1（参见表5—4）。

表5—4　　　　　　　　城乡收入差距

年份	城市居民人均可支配收入（元）	农村居民人均纯收入（元）	城乡收入比率
1978	343.4	133.6	2.57∶1
1980	477.6	191.3	2.50∶1
1985	739.1	397.6	1.86∶1
1990	1510.2	686.3	2.20∶1
1991	1700.6	708.6	2.40∶1
1992	2026.6	784.0	2.58∶1
1993	2577.4	921.6	2.80∶1

第五章 "三农"政策：从城乡融合发展破题 | 193

续表

年份	城市居民人均可支配收入（元）	农村居民人均纯收入（元）	城乡收入比率
1994	3496.2	1221.0	2.86∶1
1995	4283.0	1577.7	2.72∶1
1996	4838.9	1926.1	2.51∶1
1997	5160.3	2090.1	2.47∶1
1998	5425.1	2162.0	2.51∶1
1999	5854.0	2210.3	2.65∶1
2000	6280.0	2253.4	2.79∶1
2001	6859.6	2366.4	2.90∶1
2002	7703.0	2476.0	3.11∶1
2003	8472.0	2622.0	3.23∶1
2004	9422.0	2936.0	3.21∶1
2005	10493.0	3255.0	3.22∶1
2006	11759.0	3587.0	3.28∶1
2007	13786.0	4140.0	3.33∶1
2008	15781.0	4761.0	3.31∶1
2009	17175.0	5153.0	3.33∶1
2010	19109.0	5919.0	3.23∶1
2011	21810.0	6977.0	3.13∶1
2012	24565.0	7917.0	3.10∶1
2013	26955.0	8896.0	3.03∶1
2014	28844.0	10489.0 (9892.0)	2.75∶1 (2.92∶1)
2015	31195.0	11422.0 (10772.0)	2.73∶1 (2.90∶1)
2016	33616.0	12363.0	2.72∶1
2017	36396.0	13432.0	2.71∶1

注：2014年后，城乡居民统一用人均可支配收入这个指标。2014年和2015年的统计公报还发布农民人均纯收入这个指标，特用括号标出。

资料来源：国家统计局历年《国民经济和社会发展统计公报》。

（三）农村社会事业的发展促进了农民人力资本的提升

如果说在国民收入初次分配上注重效率，在国民收入再分配上注重公平和正义，就要充分发挥政府在消除城乡社会事业二元结构上的调节功能，缩小城乡、工农和不同地区之间享受基本公共服务的差距。在建设社会主义新农村和近期开展的乡村振兴战略的实施进程中，发展农村的义务教育、公共卫生、医疗事业、文化事业以及加强农村的精神文明建设，实际上也就是注重农民的能力建设，提高农民的综合素质。政府不仅要投资改善农村的公共服务基础设施，在关注民生问题上更重要的是将公共财政的支出直接用在农民身上。农民最担心的是看病难、看病贵，教育费用高，弱势群体衣食无着，老年农民生活失怙。政府的一系列政策措施在农村教育、新型农村合作医疗、农村最低生活保障、农村新型社会养老保障体系建设等诸多方面加大支持力度。而这些使农民直接受惠的改善民生措施往往方向明确、操作简便，实施过程较为透明、公开，中间环节少，资金不易跑冒滴漏，效果明显。

1. 农村基础设施和公共服务体系得到加强

2009年中央1号文件提出在2009年重点办好"水、电、路、气、房"五件实事。国家在中西部地区安排病险水库除险加固、生态建设、大中型灌区配套改造等取消县及县以下资金配套的公益性建设项目，解决6000万农民的饮水安全问题，全面落实城乡电网同网同价政策，加大中央财政对中西部地区公路投资力度，增加农村沼气工程建设投资，扩大秸秆固化气化试点范围，加快农村安居建设。

2013—2017年，新建改建农村公路127万公里，开工重大水利工程122项，完成了新一轮的农村电网改造。文化服务体系进一步加强，广播电视村村通工程已覆盖50户以上的自然村，开始向20

户以上已通电自然村延伸。

2. 农村义务教育

2007年全国免除农村义务教育阶段学杂费并免费提供教科书，这一举措惠及近1.5亿名农村中小学生。对家庭经济困难的寄宿学生补助生活费，使约1100万名学生受益。2015年11月25日，国务院发布了《关于进一步完善城乡义务教育经费保障机制的通知（国发〔2015〕67号）》，要求在整合农村义务教育经费保障机制和城市义务教育奖补政策的基础上，建立城乡统一、重在农村的义务教育经费保障机制，统一城乡义务教育"两免一补"政策，健全家庭经济困难学生资助政策体系。

3. 新型农村合作医疗

为了缓解农民看病的经济负担，中国从2003年开始进行以县为单位、建立新型农村合作医疗制度的试点。各级财政的补助标准从2003年的每人每年补助20元提高到2015年的380元，个人缴费从2003年的每人每年10元提高到2015年的120元。2016年1月12日，国务院发布了《关于整合城乡居民基本医疗保险制度的意见（国发〔2016〕3号）》，要求各地区将现有的城镇居民基本医疗保险和新型农村合作医疗合并为城乡居民基本医疗保险。这一制度的贯彻落实将在基本医疗保险制度上打破城乡二元化结构、实现城乡居民参加基本医疗保险身份上的公平统一，在实现城乡基本公共服务均等化方面迈出了坚实的一步。2017年年末，全国参加城乡居民基本医疗保险的人数达到87343万人，其中获资助者5203万人。这一参保总量比2016年增加42483万人，远远大于参加职工基本医疗保险的30320万人。2017年，各级财政对城乡居民医保补助标准由每人每年420元提高到年人均450元。2018年全面推进城乡居民医保制度整合，将城乡居民基本医疗保险财政补助标准再提高40元（其中20元用于提高大病保险保障水平），达到每人每年490元，相应提高个人缴费比例。将基本公共卫生服务项目年人均财政补助标准再提高5元，达到每人每年55元。

4. 新型农村社会养老保险

根据人社部提交的《关于开展新型农村社会养老保险试点的指导意见》，国务院决定2009年在全国10%的县（市、区）开展新型农村社会养老保险试点。2014年年初，国务院颁布了《国务院关于建立统一的城乡居民基本养老保险制度的意见》，将新型农村社会养老保险和城市居民社会养老保险合并实施，在全国范围内建立统一的城乡居民基本养老保险制度，实现了制度名称、政策标准、管理服务和信息系统的统一，迈出了最终破除城乡二元结构的重要一步。截至2017年12月底，参加城乡居民基本养老保险人数达到51255万人，其中领取养老金人数达到15598万人，月人均养老金125元，其中基础养老金113元。

5. 农村最低生活保障制度

2007年8月，国务院发出《关于在全国建立农村最低生活保障制度的通知》，决定2007年在全国建立农村最低生活保障制度。2017年城乡低保标准分别达到534.1元/人/月和350.9元/人/月。2017年全国共有4047万人享受农村居民最低生活保障，467万人享受农村特困人员救助供养。

6. 农村医疗救助

农村医疗救助是指对没有参加以及没有能力参加新型农村合作医疗保险的，或者参加新型农村合作医疗保险后无力承担自己支付的部分的农村困难农民进行帮助的一种社会救助。2009年，财政部、民政部、人力资源和社会保障部以及卫生部联合发布《关于进一步完善城乡医疗救助制度的意见》（民发〔2009〕81号）。《意见》指出，要探索建立城乡一体化的医疗救助制度。2015年《国务院办公厅转发民政部等部门关于进一步完善医疗救助制度全面开展重特大疾病医疗救助工作意见的通知》明确指出，各地要在2015年年底前，将城市医疗救助制度和农村医疗救助制度整合为城乡医疗救助制度。2017年资助5203万人参加基本医疗保险，医疗救助3536万人次。

（五）消除城乡二元结构的难点在于农民土地财产权利的落实

1. 土地出让金成为地方政府主要财力来源

据有关部门粗略估计，改革开放以来国家通过土地征用从农村转移出的土地资产收益超过2万亿元。1987年至2001年，全国非农建设占用耕地3394.6万亩，其中70%以上是征地。2017年中国国有土地使用权出让收入52059.01亿元，同比增长40.7%。2017年地方一般公共预算收入156665.64亿元，其中，地方一般公共预算本级收入91447.54亿元，增长7.7%。国有土地使用权出让收入占地方一般公共预算本级收入的57%，占地方一般公共预算收入的33%。

随着经济的发展和城市化进程的加速，一部分农地转为非农建设用地将是一个不可逆转的进程。在清醒地认识这一问题时，关注的重点之一应是如何使利益相关的农民分享农地转移用途后的增值收益，加速城市化进程，这将是统筹城乡经济社会发展的一个重要方面。在未来十几年内，土地资本的分配方式与分配格局的改变，可以支付破除城乡二元结构、促进城乡经济社会协调发展所需的运作成本。

2. 触动既得利益格局的大政策出台后很难落地

党的十七届三中全会《决定》提出："逐步建立城乡统一的建设用地市场"，此后，中央领导同志在讲话中也强调：我们不能再靠牺牲农民土地财产权利降低工业化城镇化成本，有必要、也有条件大幅度提高农民在土地增值收益中的分配比例①。党的十八届三中全会《决定》明确提出，要"建立城乡统一的建设用地市场。在符合规划和用途管制前提下，允许农村集体经营性建设用地出让、租赁、入股，实行与国有土地同等入市、同权同价"。该决定对地方的探索从政策上提供了依据。2018年中央1号文件里面讲到拓宽资金筹集渠道，调整完善土地出让使用范围，提出："改进耕地占补平衡管理办法，建立高标准农田建设等新增耕地指标和城乡建设用地增减挂钩节余指标跨省域调剂机制，将所得收益通过支出预算全部用于巩固脱贫攻坚成果和支持实施乡村振兴战略。"这是政策的重大调整，但关键是落实。

2018年预算地方政府性基金本级收入60301.81亿元，增长4.6%，其中国有土地使用权出让收入54661.7亿元，增长5%。地方政府性基金相关支出74786.27亿元，增长28.9%，其中国有土地使用权出让收入相关支出66932.08亿元，增长29.3%。2018年上半年，地方政府获得的土地出让金26941亿元，同比增长43%。

大幅度提高农民在土地增值收益中的分配比例，也就意味着大幅度减少地方政府在土地增值收益中的份额。这就必然涉及在城乡一体化进程中中央政府与地方政府之间财力与事权的划分、土地财政和土地金融等关键性问题。所以只有全面深化改革，才有可能推进。大的政策举措出台，如果没有切实可行的可操作的政策细则，政策就很难落地。

3. 用变通的方式进行渐进式改革

2017年中央1号文件提出："探索农村集体组织以出租、合作等方式盘活利用空闲农房及宅基地，增加农民财产性收入。""允许通

---

① 温家宝：《农业农村形势好 最根本原因是政策对头》，2011年12月27日，新浪网，http://www.sina.com.cn。

过村庄整治、宅基地整理等节约的建设用地采取入股、联营等方式，重点支持乡村休闲旅游养老等产业和农村三产融合发展，严禁违法违规开发房地产或建私人庄园会所。"

2017年4月住建部、国土资源部联合发布《关于加强近期住房及用地供应管理和调控有关工作的通知》，提出在租赁住房供需矛盾突出的超大和特大城市，开展集体建设用地上建设租赁住房试点。早在中央政策出台之前，各地农村基层已经进行了这方面的探索。通过农民集体自主开发方式，在村集体建设用地上发展物业租赁经济或股份合作经济。用出租、合作、入股、联营等灵活、变通的方式，逐渐减少政府征地的数量，农民在一定程度上自行支配非农建设用地的增值收益，增加财产性收入，最终增加农民在土地增值收益中的份额。

（张晓山）

第六章 从大规模减贫到精准脱贫

改革开放以来，中国的扶贫开发取得了举世公认的巨大成就，使7亿多农民摆脱了贫困，创造了世界减贫史上的一大奇迹，被国际社会广泛视为人类社会扶贫的一个成功样板。

改革开放40年来，中国在中国共产党的领导下，依靠中国特色社会主义制度，通过改革、开放和不懈的发展努力以及有计划有组织的大规模开发扶贫和精准扶贫，基本消除了现行标准下的绝对贫困。

1949年新中国成立后，在农村先后开展了土地改革、合作化等一系列旨在缩小农户间资源占有、收入差异的运动，基本消除了无地这一在其他发展中国家形成农村贫困主要因素的影响，为后来中国农村扶贫开发的成功奠定了一个有利的财产制度基础；通过国家对资源的有效控制以及"三级所有、队为基础"的集体所有制在土地占用和劳动力使用方面的优势，在全国范围开展了大规模的农村基础设施建设，推动了教育卫生事业发展，改善了农村的水利设施、交通条件以及农民的基础教育和基本医疗服务条件；在全国农村建立了直接延伸到村（当时的生产大队）的农业技术推广网络，在一定范围内推广了包括良种、化肥、农药、土壤改良和农机在内的新技术；建立了全国性农村信用合作社、供销合作社网络；建立了以当时农村集体经济为基础的五保户保障制度，为农村人口中丧失劳动能力的人口提供最基本的社会保障，并确立了由政府财政对遭受严重自然灾害或因其他特殊原因导致生活极端困难的农民提供生活救济的制度。

1978年改革开放以来，中国政府致力于通过改革开放和发展实现国家的全面振兴和中华民族的伟大复兴。40年来中国共产党和政府始终将减贫作为国家发展和民族复兴的一项关键战略目标，充分发挥中国特色社会主义的制度优势和政治优势，通过建立社会主义市场经济和不断提高国家治理体系和能力的现代化水平，持续推进国家工业化和城市化以及国家经济、社会、文化、生态的发展，积极推动和支持国家的减贫进程。从20世纪80年代中期开始，中国在全国范围内持续开展了有计划有组织的大规模扶贫开发，先后实施了《国家八七扶贫攻坚计划（1994—2000年）》《中国农村扶贫开发纲要（2001—2010年）》《中国农村扶贫开发纲要（2011—2020年）》《"十三五"脱贫攻坚规划》等中长期扶贫规划，有力地推进了中国农村扶贫开发的进程。

党的十八大以来，党中央把扶贫开发摆到治国理政的重要位置，提升到事关全面建成小康社会、实现第一个百年奋斗目标的新高度，纳入"五位一体"总体布局和"四个全面"战略布局进行决策部署，并提出精准扶贫、精准脱贫的基本方略，将中国扶贫开发推进到一个全新的阶段。

中国改革开放40年以来取得的巨大减贫成就，既蕴含着特定的时空因素和中国独特的政治制度与治理体系的影响，也必然包含了一些可与其他国家分享的可复制的共同元素，应该成为中国未来减贫和社会治理以及世界减贫事业的重要知识财富。改革开放40年来中国在减贫方面实现了两个重要的飞跃，一是从1978年至2012年，按中国现行扶贫标准减少了67140万农村贫困人口，使农村贫困发生率从97.5%降低到10.2%，实现了大规模减贫，完成了绝大多数国家工业化后一般需要上百年才能完成的基本消除极端绝对贫困的重要跨越；二是从2013年至2017年，中国通过精准扶贫进一步使现行标准下的农村贫困发生率降低到3.1%，实现了多数工业化国家一般需要50年左右时间才能完成的减贫上另一个重要的跨越。

本章将分析中国改革开放40年实现大规模减贫和精准脱贫的历程，讨论中国减贫的基本经验，并简要展望2020年中国减贫的战略选择。

一 1978—2012年：中国实现大规模减贫

从1978年到2012年，中国实现了按现行扶贫标准农村大规模的减贫。这一过程又可以划分为从1978年到1985年的主要由农村经济体制改革推动的阶段和从1986年至2012年由工业化和城镇化推动、由区域开发扶贫促进和加速的阶段。

（一）1978—1985年主要由农村经济体制改革推动的减贫

在这个阶段，中国完成了以家庭联产承包责任制为中心的农村经营体制改革，使过去受体制束缚的农民获得了自己家庭承包地、劳动力和主要收益的支配权，从而大大调动了农民在自己承包地上投劳、投资和加强管理的积极性，1978年到1985年全国农用化肥施用量翻了一番，农业机械总动力增加了78%，粮食单位面积产量提高了40%，农业劳动生产率提高了40.3%。[①] 农业劳动生产率的提高，使限制劳动力使用的制度约束取消以及国家对农村种养结构和市场的控制放松，同时也使部分生产剩余和农业剩余劳动力转向发展乡镇企业，全国农村从事非农业经营的劳动力，在这期间增加了

---

① 国家统计局：《中国农村统计年鉴—1999》，中国统计出版社1999年版。

4150万[1]，占到当时乡村劳动力的11%，成为农民收入的另一个增长点。

在这个阶段，中国政府还通过提高农产品价格、放宽统购以外农产品流通管制等措施，改善了农产品的交易条件。从1978年到1985年，中国农产品综合收购价格指数提高了66.8%。价格提高增加的收入占农民新增收入的15.5%。在上述因素的共同作用下，中国农民人均纯收入增加了132%。农民人均热量摄取量，从1978年的人均2300千卡/日，增加到1985年的人均2454千卡/日，有50%未解决温饱的农村人口在这期间解决了温饱问题。按现行扶贫标准，有超过1亿农村人口在这期间摆脱了贫困，贫困发生率降低到78.3%。[2]

在主要依靠农村经济体制改革推动减贫的同时，中国政府1982年在甘肃省的定西、河西和宁夏自治区的西海固地区（简称"三西"地区）开始了以农业开发方式解决区域性极端贫困的"'三西'地区农业建设项目"，从而拉开了中国通过对特定区域采取资源开发的方式扶贫的序幕，为后来全国大规模扶贫开发规划的实施，探索了不少有益的经验。[3] 1984年中共中央发布《关于帮助贫困地区尽快改变面貌的通知》，提出要主要依靠当地人民自己的力量，按照当地的特点，发展商品生产，增强地区经济的内部活力，改变贫困地区面貌，为1986年开始的全国大规模扶贫开发奠定了政策基础。

（二）1986—2012年中国农村扶贫开发

从1984年开始，中国的体制改革中心从农村转入城市。在不断

---

[1] 国家统计局人口和社会科技统计司、劳动和社会保障部财务司：《中国劳动统计年鉴—2003》，中国统计出版社2003年版。
[2] 国家统计局住户办公室，2015年。
[3] "三西地区"农业建设项目试验的开发式扶贫、建档立卡、帮扶到户、资金项目管理、吊庄移民等做法，在后来的全国扶贫开发中得到继承和发展。

地试验和总结经验、教训的基础上，中国逐步探索并初步建立起来了中国特色的社会主义市场经济体制，确立了以改革、开放和发展为主线的国家整体战略，快速推进了国家的工业化和城镇化。在体制和发展双重转型的过程中，国家经济实现了长时间的高速发展，相当大部分农村贫困人口通过主动参与工业化和城镇化实现了脱贫。与此同时，针对改革开放以后出现的农村区域和居民收入差距扩大的情况，中国政府从1986年开始启动了中国历史上规模最大的农村专项扶贫开发计划，采取一系列特殊的政策和措施，提高贫困人口和贫困地区的自我发展能力，一方面帮助贫困地区实现更快的发展，另一方面帮助贫困人口更好地利用国家和地区发展所产生的机会以稳定、减缓和消除贫困。国家的持续发展和大规模有计划、有组织的扶贫开发共同实现了这一时期的农村减贫。

1. 工业化、城镇化推动和支持农村减贫

从1985年至2012年，中国户籍人口的城镇化率，从23.7%提高到52.6%，提高了1.2倍；全国二、三产业就业人数比重从37.6%上升到66.4%；全国农村非农就业人数增加了20112万人口，其中新增的外出务工农村劳动力达到1.4亿。工业化、城镇化推动了全国的经济增长，也为减贫提供了机会和动力。在这期间中国人均国内生产总值年均增长8.9%，同期全国农民人均纯收入年均增长6%，其中按现行标准1985年全国农村贫困人口（占1985年农村人口的78.3%）人均纯收入整体提高了3.5倍。在此期间按现行扶贫标准农村贫困人口减少了56202万，占改革开放以来全国农村减少贫困人口总量的76%。虽然无法准确量化工业化和城镇化对农村减贫的贡献，也很难准确估计专项扶贫开发对推进贫困地区工业化、城镇化以及减贫的贡献，但是持续快速的工业化、城镇化无疑对此期间全国农村减贫起了最重要的作用。

2. 提升农村人力资本支撑减贫

20世纪80年代中期尤其是1996年以后，中国政府加大了对全国尤其是农村教育、医疗卫生的支撑力度，提升了人力资本。据人口普查资料，从1982年到2010年全国接受过初中以上教育人口的比重，从25%大幅度提高到62%。全国农村劳动力受过初中及以上教育的占比2010年近70%。医疗卫生服务的普及、医疗技术进步以及营养的改善，使2010年全国人口平均预期寿命比1982年增加了7.1岁，农村居民的身体素质也得到了提高。农村人力资本的改善，一方面本身就实现了教育、健康福祉的提高，另一方面也支持了国家的工业化、城镇化进程，增强了农村贫困人口利用工业化、城镇化所创造的就业机会的能力，从而推动了农村减贫。

3. 通过实行支农惠农政策和建立社会保障制度减贫

从2002年开始，中国政府先后实施了一系列直接增加农民收入、减少农民支出的支农惠农政策，包括取消农业税和义务教育阶段学生学费、提供农业支持补贴和耕地保护补贴、退耕还林还草补贴、生态补偿等数十项"多予少取"性质的政策，对减少农村贫困产生了重要的作用。据统计，2010年扶贫重点县农民人均从"多予少取"政策增收174元、减支70元[①]，贡献了按当时贫困标准估计的重点县贫困人口减少的15.8%。此外，在此期间中国逐步建立了全国性的农村新型合作医疗制度（简称新农合）、农村居民最低生活保障制度、农村新型社会养老保险制度等，不仅提高了农民的社会保障水平，也直接增加了低收入和脆弱农户的收入，支持了全国农村的减贫，对开发式扶贫提供了有力的补充。2012年全国有5344万人口享受了农村低保，有近1亿农村人口领取了社会养老保险金，

[①] 吴国宝、关冰、谭清香：《"多予少取"政策对贫困地区农民增收和减贫的直接影响》；国家统计局农村社会经济调查司：《中国农村贫困监测报告2010》，中国统计出版社2011年版。

17.45亿人次累计从新农合报销2408亿元。

4. 区域开发扶贫促进和加速农村减贫

中国从1986年实行全国大规模有计划有组织的扶贫开发。虽然从一开始就确定了解决农村人口贫困和促进贫困地区开发的双重目标，但是由于没有很好解决扶贫对象识别、到户扶贫的方式和有效组织、监管等方面的问题，在这个阶段中国的扶贫开发实际上主要采取区域开发扶贫的形式，即通过优惠的政策和特殊的措施支持选择的贫困地区的发展，并据此实行间接的扶贫。

从1986年至2012年，中国政府在连续6个国家五年发展计划中列入了扶贫的内容，制定并实施了《国家八七扶贫攻坚计划（1994—2000年）》《中国农村扶贫开发纲要（2001—2010年）》《中国农村扶贫开发纲要（2011—2020年）》等专门的扶贫开发规划，确定了不同阶段的扶贫开发目标和重点。

1986年中国政府确定了在"七五"期间解决大多数贫困地区人民的温饱问题的扶贫目标。1994年中国政府制定了旨在7年时间解决剩余八千万农村贫困人口温饱问题的《国家八七扶贫攻坚计划（1994—2000年）》；2001年中国政府制定的《中国农村扶贫开发纲要（2001—2010）》将中国农村扶贫开发的战略目标调整为："尽快解决极少数贫困人口温饱问题；进一步改善贫困地区的基本生产生活条件，巩固温饱成果"，创造达到小康水平的条件。2011年出台的《中国农村扶贫开发纲要（2011—2020）》将扶贫开发的战略目标确定为："到2020年，稳定实现扶贫对象不愁吃、不愁穿，保障其义务教育、基本医疗和住房；贫困地区农民人均纯收入增长幅度高于全国平均水平，基本公共服务主要领域指标接近全国平均水平，扭转发展差距扩大趋势。"

（1）主要政策和措施

为了保证不同阶段扶贫开发目标和任务的实现，中国政府出台和完善了一系列的扶贫开发政策与措施，来支持和保障扶贫计划与规划的实施。

第一，建立扶贫开发领导和办事机构，保障扶贫开发工作的正常有序开展。

从 1986 年开始，中国建立了从中央到贫困乡镇的扶贫开发领导体系和工作机构，即扶贫开发领导小组（1994 年以前称之为贫困地区经济开发领导小组）及其办公室，负责制定和实施扶贫政策、确定和识别扶贫对象、制订和实施中长期和年度扶贫计划、分配扶贫资金、计划和实施扶贫项目、协调与相关部门的关系、对扶贫工作进行监督检查等工作。

第二，确定和调整扶贫开发的对象。

首先是确定和调整贫困县。1986 年中央划分了 18 个片区，确定了 331 个国家级贫困县，各省区另外确定了 368 个省级贫困县；1994 年中央调整了贫困县的标准，并按新的标准在全国确定了 592 个贫困县；2001 年中央将国家级贫困县改称为国家扶贫开发重点县，在维持国家贫困县数量不变的前提下调整了重点县，将东部 6 省的 33 个县及西藏的贫困县指标收归中央，重新分配给中西部其他省区；2011 年中央确定六盘山区等 14 片连片特困地区，并确定了 680 个连片特困地区县（简称片区县，其中包括 440 个扶贫工作重点县），同时按照"高出低进、出一进一、自主调整、总量控制"的原则对原来的 592 个重点县进行了调整，最后 680 个片区县和 152 个片区外重点县总共 832 个贫困县成为 2011 年以来国家农村扶贫开发的重点对象。贫困县一直是这一时期中国扶贫资源和项目分配的基本单位，也是计划、实施和管理扶贫项目的关键环节。

在《中国农村扶贫开发纲要（2001—2010 年）》实施期间，中国政府还通过参与式规划的形式，确定了 14.8 万个扶贫工作重点村，作为那个时期的扶贫工作重点对象。

中国政府制定和调整了扶贫标准。1986年中央确定以1984年不变价格农民年人均纯收入200元作为全国农村的贫困标准，贫困线下的人口约占全国农村人口的15%；2008年将扶贫标准从年人均纯收入895元提高到1196元，提高了1/3强，使可享受扶贫政策优惠的扶贫对象增加了3000万人口；2011年中国政府将按2010年价格表示的扶贫标准进一步提高到2300元，提高了80.5%，使得可以享受扶贫政策的农村贫困人口增加了1亿。

第三，确立了开发式扶贫的基本方针，并根据阶段性扶贫开发任务规划和实施了针对不同贫困类型的扶贫开发项目。

中国政府组织实施的大规模有计划的扶贫开发，从设计阶段开始，就明确了要实行开发式扶贫方针[①]，即主要通过帮助贫困地区和贫困人口利用自身资源，提升自我发展能力来摆脱贫困。开发式扶贫，是中国政府在全面认真总结贫困地区发展经验教训的基础上，根据中国改革与发展的新形势和当时的贫困地区的实际状况提出来的。其核心是实现从单纯分散救济向经济开发的整体性根本转变[②]，亦即从单纯的输血式扶贫向造血式扶贫转变。

中国政府根据不同阶段扶贫的任务和重点确定不同的扶贫开发方式。1986年确定当时开发式扶贫的重点是帮助贫困地区利用当地资源条件，改善农业生产条件，发展农业生产；主要扶贫方式是实行科技扶贫、以工代赈扶贫。《国家八七扶贫攻坚计划（1994—2000年）》期间将扶贫开发的重点确定为发展有助于直接解决群众温饱问题的种植业、养殖业和相关的加工业、运销业，积极发展能大量安

[①] 1984年中共中央制定的《关于帮助贫困地区尽快改变面貌的通知》中，明确改变贫困地区面貌的根本途径是依靠当地人民自己的力量，按照本地的特点，发展商品生产，增强本地区经济的内部活力。

[②] 国务院贫困地区经济开发领导小组办公室：《中国贫困地区经济开发概要》，农业出版社1989年版。

排贫困户劳动力就业的乡镇企业；主要扶贫方式有产业扶贫、科技扶贫、以工代赈扶贫、劳动力转移就业扶贫、易地搬迁扶贫等。从2001年到2010年中国实行整村推进扶贫、农业产业化扶贫、劳动力转移就业培训扶贫以及科技扶贫、异地搬迁扶贫等。2011年开始中国扶贫出现了3个重大转变：一是从解决温饱问题向综合解决农民的生存和发展需求转变；二是从侧重满足农民的物质需求向同时满足农民的物质需求和社会服务基本需求转变；三是将扭转发展差距扩大直接纳入了扶贫的战略目标中。在正式提出精准扶贫战略之前的两年，中国扶贫开发的主要方式除了继续以前的主要扶贫方式之外增加了连片特困地区开发扶贫。

总体来看，在这期间区域开发扶贫支持的重点领域主要是：改善贫困地区乡村道路、水利、饮水、供电等基础设施；支持贫困地区依托当地资源的种养业和加工业发展；改善贫困地区的教育、卫生条件等。

第四，安排专项扶贫资金，增加对贫困地区的资金投入。

从1986年至2012年，中央政府主要安排了3项扶贫专项资金，分别是支援不发达地区发展资金（简称发展资金）、以工代赈资金和扶贫贴息专项贷款。在此期间，中央政府累计安排财政专项扶贫资金2704亿元，累计发放扶贫贴息贷款2685亿元。

第五，出台了一系列其他的优惠措施，减轻贫困地区的负担，增强贫困地区在招商引资等方面的竞争能力。

早期的优惠政策包括：核减粮食合同定购任务、酌量减免农业税、免征贫困地区新办开发性企业所得税、对贫困县实行财政定额、专项和困难补助等；后来实行的优惠政策逐渐扩大到包括多种增加贫困地区发展机会、提升贫困地区对外部资源竞争力等方面。虽然迄今尚缺乏准确的评估，但是可以相信各项优惠政策带给贫困地区的实惠可能远远要大于专项扶贫资金投入。

(2) 区域开发扶贫的减贫影响

1986 年至 2012 年中国实行的区域开发扶贫对农村减贫的影响，由于缺乏可靠的资料一直没有进行过严格的评估。从影响机制来看，区域开发扶贫主要通过三种方式影响中国的农村减贫。第一，通过支持贫困地区开发利用当地资源，培育和发展特色优势产业，促进贫困地区的更快发展，通过扩大需求和产业关联等方式带动贫困农户增收，增加当地贫困人口的就业机会；第二，改善贫困地区的基础设施，一方面直接改善区域内农民的物质福祉，另一方面通过改善交通、供电、饮水等条件，释放了大量的劳动力，使之可以更放心地外出务工、增收脱贫；第三，通过教育、卫生和技能培训，提升了贫困地区劳动力的能力和素质，使贫困地区更多的贫困劳动力可以更好地利用国家工业化、城镇化创造的就业机会，实现增收脱贫。

二 2013 年以来精准扶贫、精准脱贫阶段

2013 年以来，中国宏观经济增长面临增长方式转型的巨大压力。国民经济增速明显放缓，人均国内生产总值年增长速度从 1985—2012 年的平均 8.9% 下降到 2013—2017 年的平均 6.4%；以前支持农民收入快速增长的农业转移劳动力增长速度明显放缓，从 1985—2012 年年均 5.3% 大幅下降到 1.6%；此前总体有利于生产者的农产品价格走势出现了逆转，2013—2017 年农产品生产价格指数平均涨幅比农村居民生活消费价格指数低 1.3 个百分点，而在 1978—1985 年和 1985—2012 年农产品生产价格指数年均增长比农村居民生活消费价格指数分别高 3.9 和 0.9 个百分点。而且这些影响农民收入的因素并不是均匀作用于不同收入组的农户。在 2013—2017 年间全国农民人均可支配收入年均增长 7.5%，而 20% 低收入农户年均仅增

长 1.3%。如果不是这几年国家大幅度增加对农民的转移性收入，低收入农户的收入可能会出现绝对下降。此外，到 2012 年底农村贫困发生率下降到了 10.2%，贫困人口分布总体上趋于更加分散，贫困户中缺乏劳动能力的户占比增加。这种情况意味着此前以经济增长带动为主、由区域开发扶贫支持的农村减贫模式将难以为继。

根据宏观经济形势和贫困特点的变化，从 2013 年开始，中国农村扶贫开发全方位转入精准扶贫、精准脱贫模式，实行从扶贫对象识别到项目安排、资金使用、帮扶措施、帮扶责任人和脱贫考核全过程精准扶贫。在某种意义上说，精准扶贫是扶贫领域甚至是贫困地区农村发展过程中的一次革命。它不仅改变和创新了扶贫方式，而且在治理结构、资源的整合、配置和使用、监督和考核等多个方面带来了革命性的变化。

从国际上目标瞄准扶贫实践来看，精准扶贫通常会面临目标贫困人群信息缺失和不对称、扶贫资源动员和筹集引起政治与社会成本增加、项目监督管理困难以及适用的扶贫方式缺乏等问题。[1] 针对这些制约精准扶贫的因素，2013 年以来，中国政府及其部门密集出台了一系列新的政策和措施创新和建立起了精准扶贫、精准脱贫的政策和干预体系，较好地解决了精准扶贫、精准脱贫的落地问题。

（一）扶贫对象识别和动态调整，解决贫困信息不对称问题

中国从 2014 年开始，在全国开展扶贫对象建档立卡工作。经过 4 年多的探索和总结，中国基本上建立起了扶贫对象识别和动态调整的制度和方法，也在中国扶贫开发历史上第一次实现全国贫困信

---

[1] 威廉·伊斯特利：《白人的负担——为什么西方的援助收效甚微》，中信出版社 2008 年版；Collier, P. and D. Dollar, "Development Effectiveness: What Have We Learnt?", *Economic Journal*, Vol. 114, No. 496, 2004, pp. F244–F271；David Coady, Margaret Grosh and John Hoddinott, *Targeting of Transfers in Developing Countries: Review of Lessons and Experience*, World Bank, 2004.

息基本精准到户到人，第一次逐户初步分析了致贫原因和脱贫需求，第一次构建起全国统一的包括所有扶贫对象的扶贫开发信息系统，为精准扶贫、精准脱贫工作建立了重要的信息基础。

中国通过一系列相关的制度安排，使扶贫对象的识别和调整逐步趋于精准。首先，"中央统筹、省负总责、县抓落实"的扶贫工作机制，使省、县等各级党委、政府能够且必须按照中央确定的方案和计划实施对扶贫对象的识别和调整并承担责任。其次，建立扶贫对象识别和退出的公示和认定制度，使扶贫对象确定和退出，既需要通过公示接受村民的监督，还需要通过扶贫对象与上级单位的认定，可从制度上避免扶贫对象识别的随意性。再次，通过扶贫工作督查、巡查和审计等制度，监督扶贫对象精准识别的结果和程序。最后，通过建立包括独立第三方参与的贫困退出评估检查制度，形成扶贫对象精准识别的倒逼机制。

中国经过数年的反复探索和总结，创新了大国扶贫对象识别的方法。其基本内容包括：第一，以全国大样本居民收支抽样调查数据推断全国和分省的贫困人口数据，通过贫困人口数据的分解，启动扶贫对象的精准识别工作。第二，自上而下、自下而上相结合，运用可观察的多维贫困指标和参与式方法，逐步使扶贫对象识别趋于精准。

通过贫困人口逐级往下分解的方法可以先初步匡算出到各个村的贫困人口，在村一级再由村组干部按照他们对农户贫富情况的了解确定扶贫对象，从而完成了贫困识别自上而下的过程。随后在全国范围内组织开展了建档立卡"回头看"，各地结合所在地区的实际情况，探索出了多种以多维贫困为基础、以可观察到的指标为依据，指标核查和农户参与相结合的扶贫对象识别的方法。

（二）建立和完善保障精准扶贫的扶贫治理体系和扶贫制度

在加强省级扶贫领导和工作机构、明确行业部门和东部发达地区政府的扶贫责任的同时，建立和加强了基层扶贫治理体系。首先，党委政府扶贫绩效考核制度建立和考核指标调整以及相应的问责制的严格执行，使贫困县级党委和政府真正将扶贫开发作为县委和政府的中心工作来抓，扶贫工作机制中确定的"县抓落实"有了基本的组织和人员保障。其次，相应的乡镇扶贫工作机构和人员也得到了加强。再次，在加强贫困村村级党支部和村委会队伍能力建设的同时，所有贫困村都配备了扶贫第一书记和扶贫工作队员。据统计，全国共选派77.5万名干部驻村帮扶，其中中央组织部组织选派了19.5万名优秀干部到贫困村和基层党组织薄弱涣散村担任第一书记，实现了所有扶贫工作重点村驻村帮扶和第一书记全覆盖。贫困村第一书记和驻村扶贫工作队是在原有扶贫治理体系里面不存在的一种治理力量[①]，他们的进入在某种程度上加强了过去在县和村、户之间扶贫管理比较薄弱的环节，使过去因为人少、工作忙或者其他原因，扶贫工作很难具体深入一家一户的情况得到了根本性的扭转。这些由上级下派的驻村干部既有县和有关组织部门的授权，又有时间和相应的条件来对一家一户的贫困状况和致贫原因进行摸底调查，并能在扶贫资金、扶贫项目的精准安排和帮扶措施的实施中起到重要的作用。

从2013年开始，中共中央和国务院将加强扶贫治理制度建设和能力建设作为实现脱贫攻坚的重点和主要的抓手。

首先，通过问责制和相应的行政规定，增强扶贫工作体制和机制的制度化和可操作性。具体的措施包括：第一，制定《脱贫攻坚责任制实施办法》，使"中央统筹、省负总责、市县抓落实"的扶贫工作机制实现制度化，构建起各负其责、合力攻坚的扶贫责任体系；第二，

[①] 吴国宝：《创新扶贫治理体系 推动精准扶贫迈上新台阶》，2016年9月9日，光明网—理论频道，http://theory.gmw.cn/2016-09/09/content_21904122.htm。

将中央、国务院有关脱贫攻坚的重要政策举措落实的任务，明确分解到中央各个有关部门，使部门责任落实、督查和考核有据可依；第三，中西部22个省（市、自治区）党政主要负责同志与中央（国务院扶贫开发领导小组）签署脱贫攻坚责任书，立下军令状，使脱贫攻坚工作机制中省负总责的部分成为可核查、可追责的硬任务；第四，通过保持贫困县党政正职在脱贫攻坚期内的稳定，将贫困县脱贫攻坚的责任与县级党政主要领导直接捆绑起来，使县级党政领导有责任和压力去抓好脱贫攻坚任务的落实；第五，通过强化贫困村第一书记和扶贫工作队的责任和考核，使向农村基层延伸的扶贫治理可以通过问责制来加以实现。在扶贫治理中，中国充分利用了自己的政治优势和制度优势，来规范和落实各级治理主体的扶贫责任。

其次，通过建立监督、巡查和考核制度，提升扶贫治理的能力和质量。通过将扶贫对象、扶贫项目和资金计划的公开和公示列为财政专项扶贫资金绩效考核的指标，使包括扶贫对象在内的社会监督内化为扶贫治理的内容。

（三）建立可满足精准扶贫需要的扶贫资源投入和动员体系

实现精准扶贫、精准脱贫，需要有充足的多渠道的资源投入作为保障。2013年以来，中国政府通过增加财政专项扶贫投入、整合现有涉农专项资金、撬动金融资源和动员社会资源，初步建立起了能满足脱贫攻坚需要的扶贫资源投入和动员体系。

一是大幅度增加财政扶贫资金投入。从2013年到2017年，中央财政投入专项扶贫资金从394亿元增加到861亿元，累计达到2822亿元，年均增长达到22.7%。不考虑通胀因素，这4年的中央财政资金投入就超过了1986—2012年27年投入的总和。在直接增加财政扶贫资金的同时，从2013年至2017年，中国政府还安排地方政府债务1200亿元用于改善贫困地区生产生活条件，安排地方政府债务 994 亿元和专项建设基金 500 亿元用于易地扶贫搬迁①。

二是整合贫困地区涉农专项资金，增加扶贫资金投入。2016 年 4 月国务院办公厅发布了《关于支持贫困县开展统筹整合使用财政涉农资金试点的意见》，截至 2016 年底，纳入整合范围的各级财政涉农资金总规模超过 3200 亿元②。在短短 8 个月时间内，试点所整合的财政资金就相当于 2016 年当年全年全国财政扶贫投入的 3 倍多，较大地增加了脱贫攻坚的可用资源。

三是通过金融创新和政策调整，提高金融扶贫的广度和强度。这些创新和调整包括：提供扶贫再贷款，增加了贫困地区的可用金融资源；增加到户扶贫小额信贷，到 2017 年 6 月底，扶贫小额信贷累计发放 3381 亿元，共支持了 855 万贫困户③；大规模增加用于产业扶贫、易地扶贫搬迁和贫困地区基础设施等方面的精准扶贫贷款；利用证券和保险等金融工具支持精准扶贫。

四是动员社会资源参加扶贫。在进一步发挥政府在扶贫资源投入增加中的主导作用的同时，中国也通过其政治制度所蕴含的强大的社会动员能力，整合和动员各方力量合力攻坚。

第一，根据脱贫攻坚时期脱贫重点和难点区域变化和精准扶贫实施的特点，中央政府调整了东西部地区的结对关系，将东西扶贫协作的重点转向贫困深度较大的民族贫困地区，实现了对全国 30 个民族自治州帮扶全覆盖；进一步加强了东西部地区县市一级的扶贫协作，实施东部 267 个经济较发达县（市、区）结对帮扶西部 434

---

① 刘永富：《国务院关于脱贫攻坚工作情况的报告——在第十二届全国人民代表大会常务委员会第二十九次会议上》，2017 年 8 月 29 日，中国人大网，http://www.npc.gov.cn/npc/xinwen/2017-08/29/content_2027584.htm。

② 财政部农业司：《中央财政安排 8 省市 2016 年贫困县涉农资金整合试点奖励资金 6.4 亿元》，2017 年 6 月 5 日，http://nys.mof.gov.cn/zhengfuxinxi/bgtGongZuoDongTai_1_1_1_1_3/201706/t20170605_2615272.html。

③ 刘永富：《国务院关于脱贫攻坚工作情况的报告——在第十二届全国人民代表大会常务委员会第二十九次会议上》，中国人大网，2017 年 8 月 29 日。

个贫困县的"携手奔小康"行动。

第二，下沉定点扶贫的重心，各级单位和军队、武警部队定点帮扶更多地直接延伸到贫困村。

第三，引导和支持民营企业参加精准扶贫，创新民营企业扶贫的模式。2015年中华全国工商业联合会、国务院扶贫开发领导小组办公室、中国光彩促进会联合启动"万企帮万村"精准扶贫行动，引导广大民营企业通过产业扶贫、就业扶贫、公益扶贫等形式精准帮扶建档立卡贫困村、贫困户，动员和支持中央企业设立贫困地区产业投资基金、开展"百县万村"扶贫行动。截至2017年6月底，进入"万企帮万村"精准扶贫行动台账管理的民营企业有3.43万家，精准帮扶3.57万个村（其中建档立卡贫困村2.56万个）的538.72万建档立卡贫困人口[①]。

第四，整合和动员专业技术和人力资源加强脱贫攻坚。除了下派扶贫第一书记和驻村干部直接充实和加强贫困村脱贫攻坚组织力量以外，近年来中国政府和有关部门，根据脱贫攻坚任务的需要，动员和整合专业技术和人力资源，支持贫困地区的脱贫。

第五，利用土地政策助力脱贫攻坚。2016年国土资源部出台了针对贫困地区的增减挂钩"超常规政策"，允许贫困县将增减挂钩节余指标在省域范围内流转使用；同时将贫困地区增减挂钩指标交易价格，由县域范围内的每亩5万元—10万元提高到每亩20万元—30万元。据统计2016年2月至2017年6月，全国增减挂钩节余指标流转收益335亿元（不含重庆地票交易），增加了脱贫攻坚尤其是其中的易地搬迁扶贫可用资金。

---

① 谢经荣：《推动万企帮万村行动提质增效，助力打赢脱贫攻坚战》，《中国扶贫》2017年第16期。

（四）根据剩余贫困人口的特点和脱贫需要，创新和实行了可包容多种贫困类型的扶贫方式

2014年以来，中国各地结合实际摸索和试验出更多的、可包容多种不同贫困类型的精准扶贫干预措施及其组合。除了在适宜的条件下继续沿用过去帮助提高贫困人口能力去利用国家发展所创造的机会的方式之外，逐渐探索出多种通过直接创造机会和有条件转移支付等形式来精准扶贫的方式。

1. 以股权、产品和就业连接为主的产业扶贫

通过政府支持和外部市场组织的介入，以股权、产品和就业连接等形式，将贫困农户纳入更大的生产经营体系中，重构贫困农户的资源配置，部分或全部改变农户在生产经营中决策和其他方面的地位，也相应地重建了贫困户的收入来源结构和保障体系。这类以股权、产品和就业连接为主的产业扶贫，包括3种基本类型：第一种是贫困户将其所承包的土地、政府提供或政府担保的扶贫贷款，入股或租借给其他专业农业生产经营主体（如涉农公司、专业合作社、家庭农户或农业生产大户），从中获得红利或租金，同时也会相应地承担风险；第二种是贫困农户通过合约的形式将自己所生产的产品卖给其他涉农公司，获得价格保护，据以分摊市场风险；第三种是其他产业化组织为扶贫对象提供常年或季节性的就业机会，增加贫困户的就业收入。这类以股权、产品和就业连接的产业扶贫形式，是精准扶贫中各地政府高度重视和支持的方式。

2. 需求导向的就业扶贫

扶贫对象中有相当部分劳动力，由于家庭或个人方面的种种原因，不能或无力到离家远的地方就业，或者不能依靠自己的能力出外找到合适的就业机会。这部分贫困劳动力在正常市场条件下，很难通过就业脱贫。近几年各地探索出一些瞄准扶贫对象需要的就业扶贫方式，包括东西部协作为扶贫对象定向安排就业；在贫困地区

（村）直接创办扶贫车间，安排贫困户劳动力就近就业；直接为贫困户劳动力提供诸如环境卫生、道路养护等方面的公益岗位。

3. 结合国家产业政策和地方资源优势发展的扶贫方式

将符合国家产业政策、具有优势的地方资源和产业开发与精准扶贫相结合，探索和发展起来的旅游扶贫、资产收益扶贫、光伏扶贫等扶贫形式，一方面促进贫困地区资源和产业的开发，另一方面又能使扶贫对象从中受益。

4. 治病和减负结合的健康扶贫

中国在健康精准扶贫中，将帮助扶贫对象中患有重病、大病和慢性病的患者治病和减轻患者家庭的治病支出结合起来，解决了长期存在的治病难、治病贵的问题。在治病方面，全国卫生计划生育系统通过对全国所有扶贫对象的摸底调查，摸清了建档立卡扶贫对象患病的类型、程度，帮助患者建立了健康档案，并让乡村医生与所有因病致贫扶贫对象签约提供日常的健康服务，解决看病不便问题；同时通过全国三甲医院与所有贫困县建立对口联系、远程诊断和咨询等形式，解决贫困县医疗技术力量不足和水平较低的问题。在减负方面，通过减免扶贫对象参加新农合的个人缴费、提高新农合报销比例、实行大病保险和医疗救助等政策，大幅度减少了扶贫对象看病治病的费用。

5. 生态环境保护与补偿、公益岗位就业结合的生态保护脱贫

在生态脆弱地区和重点生态环境保护区域，各地探索出了通过提高生态环境保护补偿、提供生态环境保护公益岗位等形式，帮助辖区内扶贫对象在不搬离居住地的条件下，参加生态环境保护，实现增收和减贫。

6. 移民安置和生计安排相结合的易地移民扶贫

中国根据脱贫攻坚任务的需要，从2013年以来已经和将完成对超过1千万建档立卡贫困人口的易地搬迁脱贫。在有效解决搬迁对

象"搬得出、稳得住"的同时，各地将移民安置和生计安排结合起来。在移民安置时更多地同步考虑如何通过产业扶贫、就业扶贫等方式，帮助搬迁扶贫对象增收脱贫，创造出了移民安置与生计安排结合的易地移民扶贫方式。

7. 差异化的社会保障兜底扶贫

社会保障兜底扶贫，如何做到既能兜底又不致形成福利依赖，是一个国际性难题。近两年来各地在实践中逐渐摸索出了一些好的社保兜底的做法。如青海省将低保对象按照家庭主要成员劳动能力，划分为家庭主要成员完全丧失劳动能力或生活自理能力的重点保障户、家庭主要成员部分丧失劳动能力或生活自理能力的基本保障户和其他原因造成家庭人均收入低于当地保障标准的一般保障户，分别确定不同的低保补助水平。有些地区探索出将家庭主要成员有一定劳动能力扶贫对象享受低保与其参加公益劳动或其他开发性扶贫活动联系起来的方法。

三 中国减贫的基本经验

改革开放以来，中国在40年时间内在一个人口规模超过10亿的大国将贫困发生率降低到3%以下，创造了人类减贫史上的一大奇迹。据历史资料，世界上的经济发达国家，如美国、德国、英国、日本、意大利、澳大利亚等将贫困发生率减少到10%都经历了100年以上的时间[1]。将贫困发生率从10%降低到3%以下，这些国家除了日本只用了10年左右时间以外其他都耗时30年至70年（表6—1）。另据对世界银行世界发展指标（*World Development Indicators*）中

---

[1] Franc, Ois Bourguignon and Christian Morrisson, "Inequality Among World Citizens: 1820 - 1992", *American Economic Review*, September 2002.

137个数据完整国家1981年以来贫困变动的统计分析,在137个国家中,按照2011年购买力平价每人每天1.9美元的标准,只有29个国家贫困发生率一直低于3%;有65个国家贫困发生率一直高于10%;有21个国家虽然贫困发生率降到过10%以下但没有稳定降到3%以下;只有22个国家完成了从贫困发生率10%到3%以下的跳跃,但多数也都耗费10年以上的时间(表6—2)。与其他国家尤其是大国相比,中国在40年时间内脱贫无疑是一大奇迹。

表6—1　　部分发达国家贫困发生率从10%降低到3%以下的时间

(按1天1美元标准)

	贫困发生率达到10%时间	贫困发生率降到3%以下时间	花费时间(年)
澳大利亚、加拿大、新西兰	1900	1970	70
美国	1920	1980	60
意大利	1955	1990	35
日本	1960	1970	10
英国、爱尔兰	1940	1970	30
德国	1910	1960	50

资料来源:Franc, Ois Bourguignon and Christian Morrisson, "Inequality Among World Citizens: 1820–1992", *American Economic Review*, September 2002.

表6—2　　部分发展中国家贫困发生率从10%降低到3%以下的时间

(按2011年购买力平均1天9美元标准)

	贫困发生率稳定达到10%时间	贫困发生率降到3%以下时间	花费时间(年)
泰国	1990	1996	6
蒙古	2002	2007	5
哥斯达黎加	1990	2007	17
亚美尼亚	2004	2008	4

续表

	贫困发生率稳定达到10%时间	贫困发生率降到3%以下时间	花费时间（年）
斯里兰卡	1990	2009	19
不丹	2007	2012	5
柬埔寨	2008	2013	5
吉尔吉斯斯坦	1988	2013	25
智利	1987	2003	16
伊朗	1986	1998	12
突尼斯	1990	2010	20
摩尔多瓦	1988	2006	18
阿根廷	1986	2010	24
牙买加	1988	1999	11
哈萨克斯坦	1988	2005	17
伊萨尔瓦多	2004	2014	10
白俄罗斯	1988	2002	14
多米尼加	1992	2010	18
乌克兰	1988	2002	14
罗马尼亚	1989	2013	24
巴拉圭	1990	2013	23

资料来源：作者根据 World Development Indicators 中国别贫困数据统计。

中国改革开放以来的扶贫开发，是在从计划经济体制转向社会主义市场经济体制、从传统农业社会转向工业和现代化社会的双重转型重叠期，在中国既有的政治、经济、社会和文化基础上，由党和政府规划、领导、协调和支持，贫困地区、贫困人口通过自身的努力提高自己参与和分享国家改革和发展收益能力、改善自身收入、福祉与能力的过程。

中国改革开放 40 年以来基本消除了现行标准下的农村绝对贫

困，在扶贫开发的过程中，探索并形成了大规模减贫和精准扶贫的中国经验。中国扶贫的基本经验是：坚持发展减贫，坚持提升贫困地区和贫困人口自我发展能力，坚持精准扶贫，坚持扶贫创新，坚持"政府领导、群众主体、社会参与"的扶贫运行制度，坚持持续扶贫。

（一）坚持通过发展减贫

改革开放初期，中国整体上是一个贫困的国家。占国家总人口80%的农村人口中，按现行扶贫标准有97%都是贫困人口，有1/3的农村人口不得温饱。除了实现国家经济发展，任何其他的扶贫方式，都无法解决规模如此巨大的人群的贫困问题。从这个意义上说，在改革开放初期，中国实行发展减贫战略是历史的选择。更重要的是随着贫困规模的减小，中国仍然将发展减贫的理念和战略贯穿始终。

中国的经济发展过程与贫困人口的减少过程基本上同步。经济发展构成贫困人口减少的重要来源。不同阶段贫困人口减少的数量与经济增长高度一致。1978—1985年人均国内生产总值年均增长8.33%，贫困人口年均减少1563万；1985—2012年人均国内生产总值年均增长8.9%，贫困人口年均减少2082万；2013—2017年人均国内生产总值年均增长6.4%，贫困人口年均减少1371万（表6—3）。当然，贫困人口减少的绝对数量与基期的贫困人口规模有关。使用贫困人口年均减少率可以部分纠正这一误差。贫困人口年均减少率在1978—1985年为2.2%，1985—2012年为6.8%，2013—2017年达到21%。这从一个侧面证明精准扶贫对支持减贫起到了显著的积极作用。

从1978年以来不同时期中国经济增长速度与贫困人口减少的规模来看，二者之间存在很强的相关关系（相关系数为0.67）。在经济增长速度低于7%的时期，年均减少贫困人口都明显少于其他时期，这在一定意义上表明：在没有其他干预的情况下，人均国内生产总值低于一定的增长速度，会影响贫困人口减少的速率。从二者变化轨迹来看，经济增长与农村减贫间的确存在不尽一致的变化时段，显然经济增长只是影响贫困人口减少的一个重要因素。经济增长方式、增长收益的分配、国民收入分配格局等，都会对贫困人口减少产生影响。

表6—3　　　　　　　　　1978年以来减贫与发展变化

	1978—1985	1985—2012	2013—2017
贫困人口减少（万人）	10938	56202	6853
贫困人口年均减少（万人）	1562.6	2081.6	1370.6
贫困人口年减少率（%）	2.2	6.8	21.0
农业劳动生产率年增长率（%）	6.50	3.98	3.75
人均国内生产总值年增长率（%）	8.33	8.86	6.39
农村非农就业人数增长率（%）	17.42	5.26	1.60
农产品生产价格（%）	7.59	6.41	0.32
农村居民生活消费价格指数（%）	3.71	5.62	1.65
农村居民家庭平均每人纯收入（元）	12.7	5.9	7.5
农村居民家庭平均每人工资性纯收入（元）	−6.3	9.3	6.6
农村居民家庭平均每人家庭经营纯收入（元）	30.4	4.0	7.0
农村居民家庭平均每人财产性纯收入（元）			9.8
农村居民家庭平均每人转移性纯收入（元）	13.4	6.4	10.3

资料来源：作者根据国家统计局相关数据计算。

1. 选择合适的发展路径，增大经济发展对减贫的作用

从1978年开始改革开放以来，中国政府根据改革的难易程度和对居民生活影响的差异，选择了首先放开劳动力市场，然后再开放

资本和土地市场的要素改革路线图，在最大程度上利用了劳动力市场上的就业创造功能（图6—1），既促进了经济的增长，也通过持续增加就业机会对减少农村贫困人口发挥了十分重要的作用。1978—2012年，中国农村非农就业人数增加了24643万、增长了11.3倍，同期全国农村劳动力非农就业人数比重从7%上升到50%。

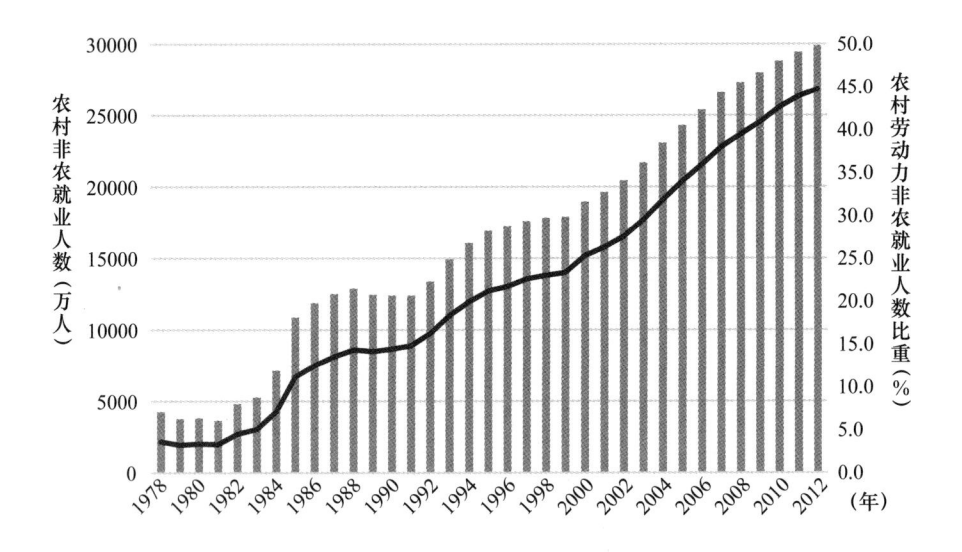

图6—1　1978—2012年全国农村非农就业人数及比重变化

资料来源：根据国家统计局数据计算。国家统计局（http://data.stats.gov.cn/easyquery.htm? cn = C01）。

据国家统计局贫困监测数据，贫困地区农村劳动力中外出劳动力比重略低于全国平均水平，但仅从1996—2009年外出劳动力占比变化来看，贫困地区农民工数量的增速与全国平均水平基本持平（图6—2）。上述非农就业变化的图景，展示了中国二元经济转换中就业结构所发生的变化，这个历史性的变化同时也改变了包括贫困地区在内的全国农村劳动力的就业版图，释放出了中国大规模农村贫困人口减少的基础能量。

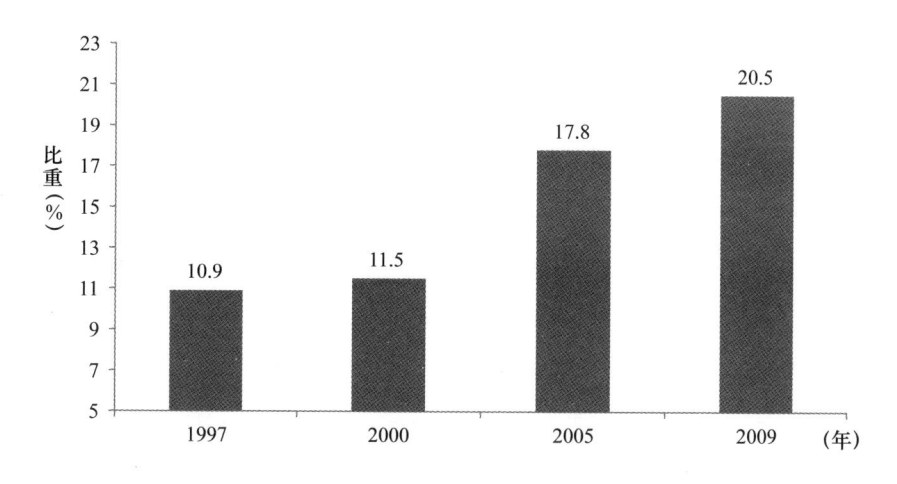

图 6—2 贫困地区外出农民工占劳动力比重变化

资料来源：国家统计局农村社会经济调查队：《中国农村贫困监测报告—2009》，中国统计出版社 2009 年版。

在全国就业结构非农化过程中，中国职工平均工资率基本上按照劳动力市场供求关系的变化实现了适度增长。据国家统计局数据计算，2001—2015 年城镇职工平均工资年均真实增长 11%，同期农民工工资年均真实增长 8.7%。[1] 从某种意义上说，中国政府在较长时期内选择让市场决定工资率而没有出于政治考量人为地拉大工资率增长，事实上对非农就业人数增加起到了积极作用。[2]

除了私人部门就业增长以外，中国政府通过在较长时期内保持政府基础设施建设投资的较高增长速度，在稳定和加快国民经济增长的同时，也增加了大量就业机会。中国农民工在建筑业的就业一直占其就业总数的 20% 左右，大大高于建筑业就业人数在全国就业

---

[1] 全国城镇职工平均工资数据来自国家统计局网站；农民工工资数据来自国家统计局相关年份农民工监测报告。

[2] 有关中国是否需要更早实行最低工资制度在国内外学术界存在不少争议，但是从减缓贫困的角度来看，政府选择在较长时期内由市场决定工资的做法，客观上起到了推动贫困劳动力就业和减少贫困的积极作用。

总人数中的占比①。

非农就业人数增长和工资率的提高，提高了中国农村居民的收入，形成了农村贫困人口减少最重要的源泉。1985—2012年全国农民人均纯收入年均真实增长5.6%，同期农民工资性收入年均真实增长15%，比同期农民人均纯收入年均增速高出9.4个百分点；工资性收入占农民纯收入的比重，从1985年的18%提高到2012年的43%。国家统计局的调查数据显示，2002—2012年20%低收入农户来自工资性收入占其纯收入的比重，从26%提高到43%（图6—3），增幅与全国平均水平持平。这说明低收入农户也同步从国家的工业化和城镇化过程中实现的就业增长中受益。

2002年低收入农户收入来源

- 财产性纯收入 1%
- 转移性纯收入 3%
- 工资性纯收入 26%
- 家庭经营纯收入 70%

2012年低收入农户收入来源

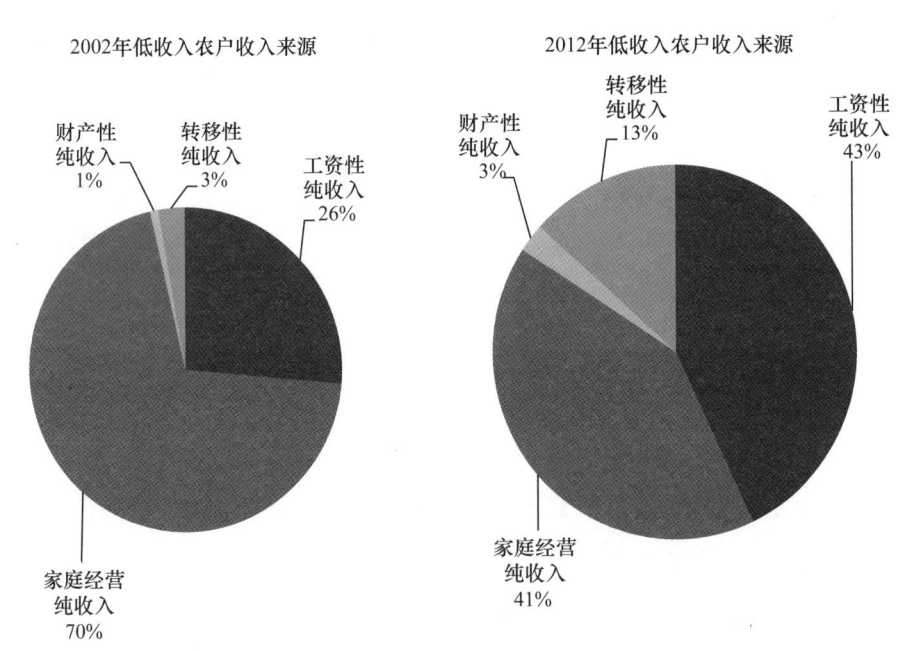

- 财产性纯收入 3%
- 转移性纯收入 13%
- 工资性纯收入 43%
- 家庭经营纯收入 41%

图6—3　2002年和2012年20%低收入组农户收入来源

资料来源：国家统计局：http://data.stats.gov.cn/easyquery.htm?cn=C01。

---

① 据国家统计局农民工监测报告，农民工在建筑业的就业人数2008—2012年占17%左右；2013—2015年都在21%以上。2008—2015年全国城镇就业人数中建筑业人数占比平均为12%左右。

2. 协调区域发展，促进减贫

中国政府将协调区域发展，作为增强国家经济持续发展动力和减缓区域性贫困的重要战略。从 2000 年以来，通过调整基础设施、环境建设、产业和社会发展投资的区域配置，支持经济相对落后、贫困人口比较集中的西部地区的加速发展，一方面改善了经济发展的区域协调性，控制和缩小了西部地区和东部地区之间的发展差距；另一方面国家用于西部大开发的不少政策和措施，对减缓贫困具有直接的效果。如国家增加在西部的基础设施建设投资为包括贫困农民在内的西部农村劳动力直接和间接提供了大量的就业机会，[①] 退耕还林等生态环境改善项目本身就具有明显的扶贫效果。据国家统计局对贫困县扶贫资金来源监测数据，2002—2014 年贫困县农民得到退耕还林还草工程补助约 700 亿元，相当于同期中央财政全部财政扶贫资金的 1/4，可能比中央财政同期财政扶贫资金中到户资金的总量还要大。

3. 通过支农惠农政策减缓贫困

从 2002 年开始，中国政府出台了一系列增加农民收入、减少农民支出的支农惠农政策，直接对减少农村贫困产生了重要的作用。据统计，仅 2009 年扶贫重点县农民人均从"多予少取"政策增收 174 元、减支 70 元[②]。

（二）坚持提高贫困地区和贫困人口的自我发展能力

中国主要通过实行目标瞄准型开发扶贫，提高贫困地区和贫困人口的自我发展能力。中国在提高贫困地区和贫困人口自我发展能

[①] 据国家统计局农民工监测调查，西部地区 2009 年在省内就业的比例为 37%，到 2015 年提高到 46.5%。

[②] 吴国宝、关冰、谭清香：《"多予少取"政策对贫困地区农民增收和减贫的直接影响》；国家统计局农村社会经济调查司：《中国农村贫困监测报告 2010》，中国统计出版社 2011 年版。

力上，主要的做法包括 3 个方面：通过优惠政策向贫困地区和贫困人口让利、改善贫困地区的物质基础设施和公共服务以及提高贫困人口的自我发展能力。

1. 实行优惠政策，增加贫困地区竞争能力

中国政府通过提供优惠政策，使贫困县获得特殊的发展条件以减轻或部分抵消其自然条件和发展落后施加于地方发展的限制，在局部形成政策优势，在不同阶段，先后给予过贫困地区不同的优惠政策，如土地政策、进出口政策、减免农业税，出让部分中央政府和地方政府的收益给贫困地区和贫困户，或者改善其发展环境、提高其竞争和发展能力，或者直接增加其福祉。

2. 改善贫困地区基础设施和公共服务

中国政府主要通过国家基础设施和公共服务发展规划、投资向贫困地区倾斜和在贫困地区实施专项扶贫开发计划，来改善贫困地区的基础设施和公共服务。

自《国家八七扶贫攻坚计划（1994—2000 年）》以来，中国政府一直鼓励和实行国家基础设施和公共服务的投资向贫困地区倾斜的政策。通过将交通、水利、能源和环境基础设施投资向贫困人口集中的中西部地区倾斜，极大地改善了制约贫困地区发展的区域性基础设施状况。改善贫困地区基础设施和公共服务，一直是中国专项扶贫开发工作的优先和重点领域。据国家统计局对贫困县扶贫资金投向的监测调查，在基础设施和公共服务设施方面的投入，一直占外部给予贫困县扶贫资金的 50% 以上。[①] 财政扶贫资金的 80% 左右也主要用于改善贫困地区的基础设施和公共服务。在专项扶贫开发中，"以工代赈"项目和"整村推进"项目主要起改善贫困地区

---

① 国家统计局 2000 年以来历年出版的《中国农村贫困监测报告》都提供了贫困县外来资金来源及用途。

基础设施和公共服务的作用。

3. 提高贫困人口的自我发展能力

中国政府主要通过改善贫困户获得金融服务机会、培训劳动力、产业扶贫和科技扶贫的方式，帮助贫困人口提高自我发展能力。移民扶贫在中国也作为提高贫困人口自我发展能力的一种方式应用。

（三）实行精准扶贫

中国政府自 1986 年开始开发式扶贫以来，在政策层面一直提倡要将有限的扶贫资源有效地用来帮助真正的贫困地区和贫困户改善生产生活条件、提高自我发展能力，实行精准扶贫。在 30 多年的扶贫开发实践中，中国政府和扶贫开发各参与主体，一直在不断探索改进精准扶贫有效性的方式和方法。

（四）坚持扶贫创新

中国在过去 30 多年农村扶贫过程中，根据扶贫形势、贫困特点和国家发展战略，通过试验和创新不断完善和调整扶贫战略、治理结构和资金管理等，不断提高扶贫的有效性和用于扶贫资源利用的效率。

在扶贫战略方面，第一，从不含具体扶贫目标的经济增长引致减贫的战略向目标瞄准型开发扶贫战略转变。第二，从救济性扶贫向开发式扶贫转变，并从 2007 年开始转向社会保障扶贫与开发式扶贫相结合的战略转变。第三，从扶持贫困大区向扶持贫困县继而转向重点扶持贫困村的战略转变，并在 2011 年开始转向贫困大区域开发与扶贫进村到户相结合的战略。第四，从单一项目扶贫向综合扶贫的战略转变。第五，从不精准扶贫向精准扶贫战略转变。

通过治理结构方面创新，改善扶贫的效率和有效性。主要的创新包括：第一，扶贫计划和项目的决策权不断下移。1986—1995 年中国农村扶贫计划和资源分配的权力，主要集中于中央扶贫开发领导小组；从1996年开始中国政府实行扶贫"四到省"的政策，将农村扶贫的资源、任务、权力和责任全部下放到省；随后绝大多数省区都将扶贫的任务、资金、责任和项目决策权分解、下放到县，省级只保持了一定规模以上的投资和跨区域项目的决策权；2002年以后整村推进规划扶贫方式的推广，扶贫规划、实施的权力事实上进一步下放到扶贫工作重点村。第二，从完全的政府主导向政府主导、社会组织参与进而向政府主导、社会组织和受益群体参与的转变。在1996年以前扶贫项目基本上完全由政府主导，其他组织和穷人很少有发言权。1996年启动的社会扶贫，在一定程度上赋予了参与扶贫的社会组织合法合规的权利。这是中国农村扶贫领域发生的一个重大转变。2002年以后整村推进规划扶贫，增强了农村社区组织和穷人在扶贫中的主体地位。

在资金管理方面的创新，主要涉及财政扶贫资金和信贷扶贫资金两个方面。财政扶贫资金管理方面的创新主要有：第一，地区间财政扶贫资金分配由模糊分配改为主要按要素法进行分配。第二，财政扶贫资金实行专户管理、报账制。第三，建立财政扶贫资金监测信息系统对资金进行监管。第四，建立财政扶贫资金绩效考评机制。第五，建立审计、财政、业务部门、社会舆论等各方面参与的多元化的监管机制。

信贷扶贫资金管理方面主要的创新有：第一，借款主体的创新，包括从直接贷款到户到扶持经济实体再到支持地方主导产业和龙头企业。第二，贷款方式创新，1986年以来试验了政府信用下的经济实体贷款、依托社会信用的小额贷款、抵押和担保为基础的企业或政府贷款等。第三，贴息方式创新，试验了贴息给承贷银行、贴息给借款人等方式。第四，承贷机构选择，先后试验了商业银行承贷、政策银行承贷、地方政府选择等方式。

(五) 坚持"政府领导、群众主体、社会参与"的扶贫运行体制

中国的扶贫开发，一直是在政府的领导和组织与社会的参与下以贫困地区和贫困人群为主体进行的。"政府领导、群众主体、社会参与"的扶贫运行体制，是中国扶贫开发的基本特点，也是中国扶贫取得成功的基本制度保障。

1. 政府领导

中国的扶贫开发是由政府领导和组织开展的。政府在中国扶贫开发中的领导作用主要表现在以下方面：第一，将扶贫置于国家改革和发展之中进行设计和调控，在前面的分析中，已经可以清楚地看出中国政府在改革和发展的规划和调控安排中，一直将减贫寓于改革和发展整个过程，通过改革和发展为减贫创造了有利的环境和条件；第二，通过建立扶贫领导和协调组织体系、将扶贫整合到国家的经济社会发展计划之中，使扶贫成为政府工作的重要内容，保证了扶贫所需要的组织支持；第三，利用其行政体系和资源，动员和安排扶贫资源，保证了必要的扶贫投入。据统计，1980—2018 年中央财政投入的专项扶贫资金累计达到 6646 亿元。第四，政府根据扶贫的需要，调整相关的政策或者制定必要的法规和制度，为扶贫工作的有序开展提供了制度保障。

2. 以贫困群众为主体

中国在改革开放以来的减贫进程中，贫困人群事实上一直居于主体的地位。政府和社会主要通过创造有利于减贫的宏观经济社会环境、改善贫困地区和贫困人群自我发展的条件和能力以及制定激励贫困地区和贫困人群脱贫致富的政策，来帮助贫困人群依靠自身的努力实现脱贫致富。从 1978 年以来，中国已经脱贫的 7 亿多农村人口，主要是通过自身的努力并且利用了国家改革开放和发展所创造的有利条件摆脱了贫困。

3. 社会参与扶贫

社会扶贫是具有中国特色的一种扶贫方式。自20世纪90年代中期开始，社会扶贫一直是中国扶贫的重要组成部分。中国的社会扶贫是具有中国特色的广义的社会扶贫概念。中国社会扶贫大体可划分为三种主要类型：第一种是政府组织和协调的带有再分配性质的社会扶贫，包括各级机关事业单位开展的定点扶贫、东西协作扶贫以及军队武警部队扶贫；第二种是由企业为主体基于社会责任、参与企业与贫困地区互利的企业扶贫；第三种是由非营利的社会组织和个人为主进行的纯粹的扶贫活动。由这三种社会扶贫方式构成的中国社会扶贫，在过去20年通过动员社会和所在组织的资源、组织和实施扶贫项目、开展扶贫创新等形式，为中国减贫作出了重要的贡献。

（六）坚持持续扶贫

中国从自身制度和理想信念出发，始终把减贫当作发展的目标和重要内容。40年来，通过7个连续的五年国家发展规划，对扶贫开发保持专注的不懈努力，使各项扶贫目标和方式得以延续与不断完善，最终达到了基本消除现行标准下的绝对贫困人口的目标。

四 中国未来减贫战略展望

中国现在进入了脱贫攻坚战最后的攻坚时间，并将在2020年后转入建设社会主义现代化强国的新的历史阶段。

到2017年年底中国贫困人口减少取得了决定性进展，所剩贫困人口数量只有三千多万。现在国家已经建立起了比较完整的扶贫治理体系、政策体系、资源动员和保障体系，而且经过精准扶贫的实践，已经熟悉了精准扶贫的方式方法。只要坚持既定扶贫工作机制和支持政策，同时对深度贫困地区和特殊类型贫困人口予以特别的关注，到 2020 年中国从整体上可以实现脱贫攻坚的目标。

2020—2050 年，中国需要根据贫困特点和性质的变化，选择新的扶贫战略。这一战略的基本内容应该包括：实行包容性发展战略，保障充分就业和提高劳动者报酬在收入分配中的比例；完善社会保障和社会服务，整体上提高全体人民的社会服务和保障水平，缩小公共服务获得性和质量上的差距；继续实行开发式扶贫，并通过将减贫融入乡村振兴战略，提高减贫的质量和可持续性；对相对落后地区继续采取特殊扶持的政策；逐步建立城乡统筹的扶贫治理体系，进一步提高扶贫工作的质量和有效性。

（吴国宝）

第七章　产业发展：从做大到做强

改革开放40年，中国经济取得了举世瞩目的伟大成就，国内生产总值1979—2016年平均增长约9.6%，已快速地发展成为世界第二大经济体。虽然可以从不同视角诠释和描述中国经济增长的奇迹，但在众多伟大成就中，中国从一个农业国迅速成长为世界第一工业大国、第一制造大国，无疑是最值得大书特书的"浓重一笔"，因此称之为伟大的中国工业革命，也并不为过。① 寻求中国经济高速成长的密码以及揭示中国经验的本质，没有对中国工业化进程中的产业发展的描述和分析，几乎是无法完成的。而且，近些年随着经济服务化趋势的日趋明显，中国步入工业化后期，② 中国产业发展演进的规律性及在工业化后期所面临的挑战和问题更值得经济研究者高度关注。从一定意义上看，很好地诠释改革开放40年中国产业发展，以及由此而引起的全球产业竞争格局变化，应该是当今发展经济学的世界范围的重要主题。

一　中国产业大国崛起：数据与事实

公元前221年秦始皇统一中国，建立了大一统的封建专制国家。

---

① 文一：《伟大的中国工业革命——"发展政治经济学"一般原理批评纲要》，清华大学出版社2017年版，第7页。

② 黄群慧：《工业化后期的中国工业经济》，经济管理出版社2018年版，第7页。

在西方工业文明兴起之前，虽经时代沧桑、朝代更迭，但中国一直是一个世界上为数不多的具有古老文明和先进生产力的大国。由于工业革命赋予了资本主义巨大的创造力，近代中国这个封建大国被现代化进程丢在了后面。

新中国成立以后，中国真正开始了自己的工业化进程。农业部门、铁路交通和能源部门率先启动，东北地区作为重点投资区域，依托156项重点工程，新中国艰难地推进了自己的现代产业建设。1950年，东北地区占全国投资总额的51.66%，1950—1952年间先后施工建设的17项重点工程中有13项在东北地区，从产业上看这17项重点工程有电力8项、煤炭5项。到第一个五年计划结束的1957年，随着156项重点工程的投产，中国初步奠定了工业化的基础。[①] 第一个五年计划期间国民经济和工业经济分别实现了10.9%和18%的高速增长。[②]

但是，新中国的产业发展之路并不顺利，工业化进程也几经中断，1958—1961年由于"大跃进"损失惨重，尤其是"文化大革命"十年给中国的产业体系造成了巨大的破坏。到1978年，中国人均国内生产总值只有385元人民币，三次产业产值占比分别为27.7%、47.7%和24.6%，农业产值占比仍较高，服务业占比还很低，尤其是第一产业就业人口高达70.5%，还是一个典型的农业人口大国。从具体工农业实体产量看，1978年粮食产量3.1亿吨，肉类产量943万吨，原煤产量6.2亿吨，粗钢产量0.3亿吨，发电量为2566亿千瓦小时，汽车产量18.3万台，相对于一个具有9.6亿人口的大国而言，这样的实体经济是难以满足人民温饱生活需要的。

[①] 马泉山：《中国工业化初战——新中国工业化回望录（1949—1957）》，中国社会科学出版社2015年版，第51—64页。

[②] 金碚：《大国筋骨——中国工业化65年历程与思考》，广东经济出版社2015年版，第17页。

按照2010年的标准，当时中国农村贫困发生率为97.5%，这意味中国7.7亿农村人口是贫困人口。另外，1978年中国经济外向程度很低，进出口总额与国民生产总值之比只有9.7%。[1] 总体而言，1978年的中国，其产业体系已经具有了大工业体系的一定基础，但总体上还处于工业化初期阶段，总体经济发展水平还十分落后。

改革开放以后，中国开始了中国特色社会主义现代化建设的伟大实践，改革开放40年带来了翻天覆地的革命性巨变。从产业发展看，中国的基本经济国情从一个落后的农业大国转变为一个工业大国，[2] 中国的工业化进程从初期阶段快速地发展到工业化后期阶段，到2020年中国将基本实现工业化。如表7—1所示，从数字上直观反映了40年中国产业总量的"翻天覆地"的巨变：2016年中国经济总量是1978年的32倍，1978—2016年中国年均经济增速达到了9.6%，人均国内生产总值的平均增速达到8.5%。而2016年第二产业生产总值则是1978年50倍，1978—2016年第二产业增加值平均增速更是高达10.9%。从国际比较看，后发经济体追赶过程中会出现相当长的一段时间的经济高速增长，这段时间一般持续20多年。第二次世界大战后，经济增长率超过7%、持续增长25年以上的经济体除中国大陆以外还有博茨瓦纳、巴西、中国香港、印度尼西亚、日本、韩国、马来西亚、马耳他、阿曼、新加坡、中国台湾和泰国12个。[3] 其中，日本1951—1971年间平均经济增速为9.2%，中国台湾地区1975—1995年的平均经济增速为8.3%，韩国1977—1997

---

[1] 国家统计局：《中国统计年鉴2017》，中国统计出版社2017年版，第4—15页。本章统计数据除标明出处外，都来自2017年国家统计年鉴。

[2] 陈佳贵、黄群慧：《工业发展、国情变化与经济现代化战略——中国成为工业大国的国情分析》，《中国社会科学》2005年第4期。

[3] 张晓晶：《增长放缓不是"狼来了"：中国未来增长前景展望》，《国际经济评论》2012年第4期。

年的平均经济增速为 7.6%。① 从现在看，只有中国把如此高经济增速持续 40 年，虽然我们无法确定这个伟大的经济增长奇迹是否会"后无来者"，但可以确信的是"前无古人"！

表 7—1　　　改革开放 40 年（1978 年与 2016 年）中国三次产业
就业及生产总值变化

指标	1978 年		2016 年		指数（2016 年是 1978 年的百分比）		平均增长速度 (1979—2016)	
	就业人数（万人）	生产总值（亿元）	就业人数（万人）	生产总值（亿元）	就业人数（%）	生产总值（%）	就业人数（%）	生产总值（%）
全国	40152	3678.7	77603	744127.2	193.3	3229.7	1.7	9.6
第一产业	28318	1018.5	21496	63670.7	75.9	517.0	-0.7	4.4
第二产业	6945	1755.2	22350	296236.0	321.8	5015.1	3.1	10.9
第三产业	4980	905.1	33757	384220.5	690.3	4481.7	5.2	10.5
人均国内生产总值	—	385	—	53980	—	2240.2	—	8.5

资料来源：国家统计局：《中国统计年鉴（2017）》，第 4—5 页。

在世人瞩目的经济增速背后，是一个世界性的产业大国的崛起。如表 7—2 所示，改革开放 40 年，中国主要的工农产品产量都成倍、几十倍的增长，现在大都已居世界前列，粮食、油料、肉类、原煤、水泥、粗钢、钢材和发电量都居世界首位，中国是名副其实的世界第一农业大国和工业大国。中国服务业的规模也已经居世界第三位。与产业大国地位相匹配，2013 年中国也成为世界第一的货物贸易大国。1978 年中国货物进出口总额是 206.4 亿美元，到 2016 年中国货物进出口总额达到了 36855.6 亿美元，是 1978 年的 178.6 倍，近 40 年平均增速达到 14.6%，超出了经济总量增速 5 个百分点。其中，

---

① 林毅夫：《展望未来 20 年中国经济发展格局》，《中国流通经济》2012 年第 6 期。

货物出口总额从 1978 年的 97.5 亿美元增长到 2016 年的 20976.3 亿美元，年均增速更是达到了 15.2%，超过了经济总量增速 5.6 个百分点。无疑中国是一个基于出口导向工业化战略崛起的产业大国。

表 7—2　改革开放 40 年（1978 年与 2017 年）中国主要工农产品产量变化情况

产品	1978 年	2017 年	指数（2017 年是 1978 年的百分比）	世界位次
粮食（万吨）	30476.5	61791.0	202.8	1
棉花（万吨）	216.7	549.0	253.3	—
油料（万吨）	521.8	3732.0	715.2	—
肉类（万吨）	943.0	8431.0	894.1	1
水产品（万吨）	465.4	6938.0	1491.0	—
原煤（亿吨）	6.2	35.2	567.7	1
原油（万吨）	10405.0	19150.6	184.1	4
天然气（亿立方米）	137.3	1480.3	1078.2	
水泥（万吨）	6524.0	234000.0	3586.8	1
粗钢（万吨）	3178.0	83172.8	2617.1	1
钢材（万吨）	2208.0	104958.8	4753.6	1
汽车（万辆）	14.9	2901.8	19469.8	—
金属切削机床（万台）	18.3	67.3	367.2	—
发电量（亿千瓦）	2566.0	64951.4	2531.2	1

注：金属切削机床数据为 2016 年数据，世界位次为 2015 年数据。

资料来源：国家统计局：《中国统计年鉴（2017）》，第 6 页；国家统计局：《中华人民共和国 2017 年国民经济和社会发展统计公报》，《人民日报》2018 年 3 月 1 日；国家统计局国际司：《国际地位显著提高，国际影响力明显增强——党的十八大以来经济社会发展成就系列之二》，2017-06-21，http://www.stats.gov.cn/tjsj/sjjd/201706/t20170621_1505616.html。

中国成为产业大国的核心是制造业的发展。伴随中国快速的工业化进程，中国制造业不断发展壮大，世界 230 多个国家和地区都能见到中国制造的身影，在 2010 年以后中国就成为世界产出第一的制造大国。在联合国工业大类目录中，中国是唯一拥有所有工业门类制造能力的国家，现在中国 500 种主要工业品中有 220 多种产量位居全球第一。[①] 据联合国统计司数据库数据，到 2016 年，中国制造业增加值达到 30798.95 亿美元，占世界比重达到 24.5%，比世界第二位美国制造业增加值 21830 亿美元多出了近万亿美元，几乎是世界第二位美国和第三位日本制造业增加值的总和。在 1984 年，美国制造业增加值占世界比例曾达到过 29%，几经起伏，2016 年美国制造业增加值占全球制造业比例只有 17.3%；日本在 20 世纪 90 年代制造业增加值占全球制造业增加值比例达到 21.5% 的峰值，到 2016 年，该比例只有 7.7%。实际上，正是由于中国制造业的快速发展，世界制造业的格局发生了巨大的变化。总体而言，虽然高收入国家仍占据世界制造业增加值大约 60% 比例，但是近 20 年高收入国家制造业增加值比重在不断下降，在很大程度上与亚洲特别是中国相关。中国占全球制造业增加值的比重从 1970 年的可忽略不计上升到 2016 年占据全球 1/4。[②]

在认识到改革开放 40 年中国产业发展取得的伟大成就同时，还必须看到中国产业"大而不强"的基本经济国情，还必须认识到发展的不平衡不充分问题十分突出。从制造业看，虽然中国是世界上制造业规模最大的国家，但是，从制造业增加值率、劳动生产率、创新能力、核心技术拥有、关键零部件生产、高端价值链环节占有、高端产业占比、产品质量和著名品牌等各方面衡量，中国制造业发展还是很不充分的。这一方面表现在制造业发展中的产业结构不平衡、产业结构高级化水平不充分，存在着低端和无效制造产业供给过剩、高端和有效产业供给不足；另一方面表现在制造业发展中的

[①] 魏际刚：《中国产业中长期发展战略问题》，《中国经济时报》2015 年 5 月 5 日。
[②] ［加］玛丽·霍尔沃德－德里梅尔（Mary Hallward-Driemeier）、高拉夫·纳亚尔（Gaurav Nayyar）：《不断变化的全球制造业格局：12 个事实》，《中国经济报告》2018 年第 4 期。

产业组织结构不平衡、产业组织合理化水平不充分，存在相当数量"僵尸企业"，但优质企业数量不够，尤其是几乎还没有世界一流制造企业。从具体制造产品表现看，产品大部分功能性常规参数能够基本满足要求，但在功能档次、可靠性、质量稳定性和使用效率等方面有待提高，高品质、个性化、高复杂性、高附加值的产品的供给能力不足，高端品牌培育不够，无法满足消费转向升级的需求。例如，2013—2017年国内产品质量国家监督抽查合格率分别为88.9%、92.3%、91.1%、91.6%、91.5%，与一般国外99%以上的合格率还有较大差距；又如，根据世界品牌实验室公布的2016年世界品牌500强名单，中国入选品牌36个，仅占7%。在全球知名品牌咨询公司Interbrand发布的2016年度"全球最具价值100大品牌"排行榜中，中国制造业产品品牌只占有两席。[1]

二　中国产业结构演进：动力与要素

虽然40年在历史长河中只是很短的瞬间，但中国成长为一个世界性产业大国的工业化故事仍是复杂曲折的。这不仅仅因为中国工业化进程自身的艰难，还因为中国工业化进程与其市场化改革进程、国际化开放进程以及世界信息化技术革命进程叠加在一起，各类复杂的制度变量、技术变量以及各种生产要素综合作用于中国的经济发展。这种曲折复杂性一方面给国内外经济学者解读中国工业化成功故事提出了巨大的挑战，另一方面也留出了巨大的解读空间。[2] 这里希望以市场化改革为阶段划分标准，梳理中国产业结构变化和要素变革，从中揭示中国工业化的动力源泉及其演进过程。40年的改

---

[1] 黄群慧：《论新时期中国实体经济的发展》，《中国工业经济》2017年第9期。
[2] 正因为如此，虽然大多数国内外经济学者高度赞扬中国的经济增长奇迹，但很难给出相对一致的理论框架，甚至各种解读方向是大相径庭，具体参见本书绪论的相关论述。

革开放可以划分为三个大的阶段，第一阶段是1978—1993年，这是社会主义市场经济方向探寻阶段，第二阶段是1994—2013年，这是社会主义市场经济构建完善阶段，第三阶段是2013年之后，进入全面深化改革的社会主义市场经济建设新时代。

1978—1993年，以1984年为界限，整个经济体制改革经历了从农村到城市、从农业到工业的重点转变过程。1978年党的十一届三中全会决定全党的工作着重点从1979年转移到社会主义现代化建设上来，通过《中共中央关于加快农业发展若干问题的决定（草案）》和《农村人民公社工作条例（试行草案）》，揭开了围绕农村经济体制、积极推进农村联产承包责任制的改革。而1984年党的十二届三中全会通过《中共中央关于经济体制改革的决定》，提出进一步对内搞活经济、对外实行开放的方针，要求加快以城市为重点、以增强企业活力为中心环节的整个经济体制改革。

从第一产业发展看，这个阶段联产承包责任制的效果十分明显，制度变革的驱动力显著，劳动生产率快速增长，从1978年的353元/人快速增长到1985年的820元/人，增加了1.3倍，[①] 而同期第二产业和第三产业劳动生产率只分别增加了0.3倍和0.6倍，[②] 1981—1984年第一产业对经济增长的贡献率都超过了20%，1981年第一产业贡献率高达40.5%。如图7—1所示，1978—1984年这个时期第一产业占比总体较高，1982年是改革开放40年的最高点，达到32.8%。1978—1984年粮食单产提高了42.8%、总产量增加了33.6%，农业增加值实际增长52.6%，根据林毅夫（1992）测算，[③]

---

① 这个阶段第一产业劳动生产率一直是快速上升的，到1995年第一产业劳动生产率已经提高到3612元/人，短短的十几年提高了9.2倍。

② 邹东涛：《中国改革开放30年（1978—2008）》，社会科学文献出版社2008年版，第398页。

③ Justin Yifu Lin, "Rural Reforms and Agricultural Growth in China", *American Economic Review*, Vol. 82, No. 1, 1992, pp. 34–51.

这些农业产出增长的46.9%来自于家庭承包制这一制度变革的贡献。

1984年以后，随着以增强企业活力为中心环节的城市经济体制改革的深入，中国也开启了快速的工业化进程，1984—1994年，除了少数特殊年份外，这个阶段GDP增速都在10%以上，1984年更是实现了高达15.2%的经济增速。这个时期的工业化水平总体处于工业化初期，从三次产业结构看，如图7—1所示，第一产业占比结束了上升过程，开始了持续下降的结构升级过程，从1982年的32.8%下降到1993年的19.3%，10年的时间下降了13.5个百分点。第二产业产值占比稳步提升，第三产业占比提升较快。从三次产业内部结构看，第一产业中农业占比迅速下降，牧业占比快速上升，上升和下降都有十多个百分点的幅度。第二产业内部结构变化总体上体现了矫正计划经济时代重工业优先发展战略造成的结构失衡特点，轻工业发展迅速，在工业中轻工业比例1978年为43%，到1981年就已经超过了50%，并在50%上下波动一直到1999年。第三产业中商业、饮食、居民服务、交通运输等领域增长较快。

从企业来看，这个时期乡镇企业快速成长，城乡的个体和私营企业也逐步发展，国有企业改革不断深化，到1995年，城镇私营企业和个体就业人数达2045万人，乡村私营企业和个体就业人数达到3572万人。这一时期，国有企业主要改革任务是对企业放权让利，经历了扩大企业自主权、推进经营承包制、转换企业经营机制等具体改革阶段，探索企业所有权和经营权的两权分离，使企业逐步适应商品化的经营环境。[①] 这个时期国有企业的利润和活力得到一定程度的提升。

这个时期非常值得关注的一个经济增长驱动要素是农村开始出

---

① 黄群慧：《"新国企"是如何炼成的——国企改革40年回顾》，《中国经济学人》2018年第1期。

现并逐渐增加农村剩余劳动力的转移，根据蔡昉和王德文估计，早期劳动力从农业向非农产业转移，带来全要素生产率的提高，对经济增长的贡献率高达 21%。[①] 实际上这个阶段二元经济条件下"人口红利"对中国经济增长的贡献已经得到比较充分的体现。另外，从工业化进程的资金需求看，伴随着财政体制、金融体制和投资体制的改革的深入，这个时期也开始逐步发展出多元化的金融体系、多元化的投资主体，为产业发展提供了相应的资金保证。1980 年中国人民保险公司恢复国内保险业务，发展了一批非银行金融机构，1990 年以后上海、深圳两个证券交易所成立开启了中国股票交易市场新纪元。从全社会固定资产投资看，1981 年固定资产投资国家预算资金占比为 28.1%，到 1993 年已经大幅降低到 3.7%，而国内贷款占比从 1981 年的 12.7% 提高到 1993 年的 23.5%，自筹和其他资金占比也提高了 10 个百分点，而利用外资占比也从 1981 年的 3.8% 提高到 7.3%。

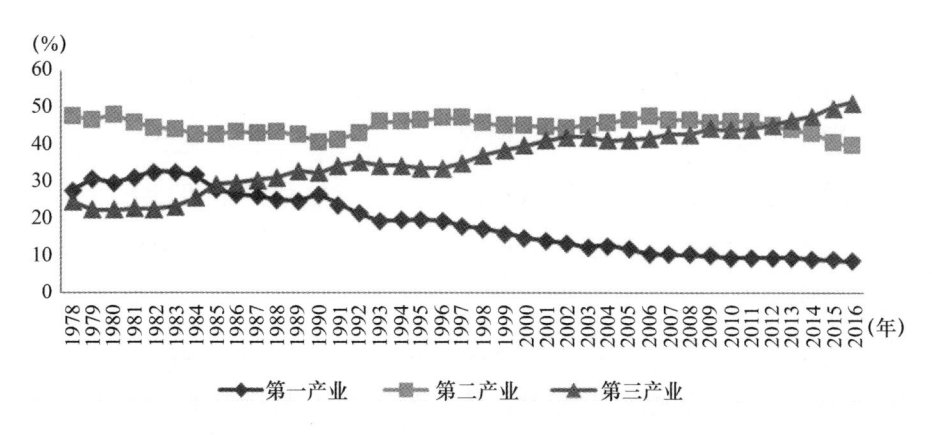

图 7—1　1978 到 2016 中国国内生产总值三次产业构成变化

[①] 蔡昉、王德文：《中国经济增长的可持续性与劳动贡献》，《经济研究》1999 年第 10 期。

1993年党的十四届三中全会通过了《关于建立社会主义市场经济体制若干问题的决定》，提出建立市场在国家宏观调控下对资源配置起基础性作用的社会主义市场经济体制，坚持以公有制为主体、多种经济成分共同发展的方针，并提出将金融市场、劳动力市场、房地产市场、技术市场和信息市场作为市场体系培育重点，从此开始全面建设和不断完善社会主义市场经济。这一时期市场化改革的过程，也是中国工业化进程开始快速推进从中期向后期的转变过程。从三次产业结构看，如图7—1所示，这个阶段第一产业GDP占比逐年下降，第二产业一直保持了高速发展，1994—2011年第二产业对GDP的贡献率基本都在50%以上，1994年当年第二产业对GDP贡献率高达66.3%，第二产业GDP占比基本维持在45%以上，第三产业占比呈现逐年上升趋势。这个阶段至少有以下几点需要强调指出：

一是这个阶段总体上是重化工主导阶段，促进了经济结构快速升级。伴随着居民消费重点转向耐用消费品，1999年以后重工业表现出强劲的增长，工业中重工业占比持续提升，到2005年该比例接近69%。由于重化工业资本有机构成较高、投资需求大、能源消耗大等特征，重化工业的快速发展，支撑了经济的高速增长，但也给环境资源承载力提出了极大的挑战。总体上看这个时期重化工业主导体现了适应居民消费结构从日用消费品主导到汽车和住宅主导的升级需要的产业结构升级。2002年，党的十六大提出了中国应该走新型工业化道路，要坚持以信息化带动工业化，以工业化促进信息化，走出一条科技含量高、经济效益好、资源消耗低、环境污染少、人力资源优势得到充分发挥，也从指导思想上明确了进一步推进从资金密集的重化工主导向技术密集的高技术产业主导的产业升级要求。

二是这个阶段中国经济外向性极大提升，出口导向工业化战略取得巨大成效。在2001年12月11日，中国加入世贸组织后，中国充分利用自己的比较优势积极参与了全球价值链国际分工,深度融入经济全球化中,通过"干中学"推进产业升级,既快速地推进了自己的经济增长和工业化进程,又对世界经济增长做出了巨大的贡献,成为世界经济增长的第一发动机。2003年以后,中国出口增长率连续多年在30%以上,到2009年中国出口货物总量超越德国位居世界第一,2013年中国进出口货物总量超过美国成为世界第一,占世界货物贸易总量的比例达到了11%,比2003年翻了一番。[①] 从利用外资看,1994年实际利用外资432.1亿美元,2001年为496亿美元,而入世10年后的2011年则达到1177亿美元,利用外资额居全球第二位,并连续多年位居发展中国家首位。

三是这个阶段公有制为主体、多种所有制共同发展格局基本形成,构成了中国经济快速增长的多元混合动力。从国有企业看,这个阶段推进了建立现代企业制度、推进国有经济战略性调整、组建管人管事管资产相统一的新国有资产管理体制为主要内容的一系列改革,国有企业总体数量逐步减少、国有经济布局持续优化、国有资本总量不断增大、公司治理结构日益规范;从非公经济发展看,这个时期是中国非公经济大发展时期,2002年党的十六大"两个毫不动摇"——毫不动摇巩固和发展公有制经济,毫不动摇鼓励、支持和引导非公有制经济发展,进一步搭建了全方位、多层次、可操作的支持非公有制经济发展的法律政策框架。非公有制经济在稳定增长、促进创新、增加就业、改善民生等各方面都发挥了十分重要的作用。1995年城镇国有单位就业人数为11261万人,到2012年降低为6839万人,而个人私营及外商港澳台单位就业人数从1995年的2558万人发展到2012年的15415万人。

[①] 刘伟、蔡志洲:《我国工业化进程中的产业结构升级与新常态下的经济增长》,《北京大学学报》(哲学社会科学版)2015年第3期,第5—19页。

四是这个阶段经历了1998年亚洲金融危机和2008年国际金融危机，中国经济经受住了考验，也增强了对宏观经济调控的能力，中国经济更加成熟。在中国推进市场化改革和工业化进程中，1998年和2008年两次大的外部经济危机对中国这个出口导向的发展中国家经济增长产生了巨大影响，虽然两次危机都构成了对当年经济增长的冲击，但都是很快恢复了增长，回到了自己的快速工业化道路上。这一方面是宏观经济调控得当，另一方面也反映了中国经济发展的韧性强，中国市场化和工业化进程所固有的经济增长动力机制足够强大、可以应对在全球化背景下的外部冲击。

党的十八大以后，尤其是2013年党的十八届三中全会通过了《中共中央关于全面深化改革若干重大问题的决定》，强调经济体制改革是全面深化改革的重点，核心是处理好政府与市场的关系，使市场在资源配置中起决定性作用和更好地发挥政府作用。党的十九大报告指出中国特色社会主义进入新时代，要坚定不移贯彻创新、协调、绿色、开放、共享的发展理念，坚持和完善社会主义基本经济制度，推动新型工业化、信息化、城镇化、农业现代化同步发展。在这样大的市场化改革背景下，中国经济正处于一个新的时代。实际上，从2013年开始，中国的经济运行已经呈现出增速趋缓、结构趋优、动力转换的"经济新常态"特征。从经济增速看，这个阶段已经从8%—10%的高速增长区间下降到6%—8%的中高速增长区间，2013—2017年经济增速分别为7.8%、7.3%、6.9%、6.7%和6.9%。从结构上看，产业的高级化趋势明显，第三产业GDP占比迅速提升，第二产业和第一产业占比逐步下降。2013年第三产业占比达到46.7%，首次超过第二产业占比44%，到2015年第三产业占比超过了50%，达到50.2%，2016年和2017年占比都是51.6%。三次产业对经济增长的贡献率逐年提高，2015年和2016年分别达到了52.9%和58.2%，分别超过第二产业10和20个百分点。从动力转换视角看，随着"人口红利"消失和投资回报率的下降，经济增长的动力更多地依靠技术创新，通过提升全要素生产率来促进经济增长。从驱动要素看，实际上改革开放以来中国产业升级演化路径基本符合产业升级的一般规律：劳动力要素驱动主导——资本要素驱动主导——知识要素驱动主导的升级过程，[①] 到了这个阶段中国产业亟须实现从资本要素驱动主导转向知识要素驱动主导。从工业化进程看，中国经济在这个阶段所呈现出的运行特征以及所面临的升级任务都与进入工业化后期是一致的，实际上中国工业化进程也正是在2011年前后进入到工业化后期的。

经济新常态背景下中国产业成长的重点从追求快速成长到追求质量提升，这具体表现为通过供给侧结构性改革提高实体经济供给质量、积极顺应新一轮科技革命和产业变化趋势、大力培育新兴产业和利用新技术改造传统产业等方面。①从农业发展看，农业生产布局进一步优化，现代农业产业体系、生产体系和经营体系加快构建，粮食主产区稳产增产，新型农业生产经营主体和服务主体快速涌现。②从工业发展看，工业结构持续优化升级，具体从工业三大门类结构看，2013—2017年，采矿业增加值分别增长6.4%、4.5%、2.7%、下降1.0%和下降1.5%，制造业增加值分别增长10.5%、9.4%、7.0%、6.8%、7.2%，电力、热力、燃气及水生产和供应业增加值分别增长6.8%、3.2%、1.4%、5.5%和8.1%，工业结构总体呈现从资源和资金密集主导向技术密集主导转型升级的趋势。从制造业内部结构看，供给侧结构性改革取得积极进展，一方面积极淘汰落后产能，化解产能过剩工作全面深入推进，钢铁、有色金属冶炼、水泥、平板玻璃等产能严重过剩行业增速大幅回落，

---

① 苏杭、郑磊、牟逸飞：《要素禀赋与中国制造业产业升级——基于WOID和中国工业企业数据库的分析》，《管理世界》2017年第4期。

到 2016 年，钢铁退出产能 6500 万吨以上，超额完成目标任务；另一方面装备制造业和高技术制造业发展迅猛，2013—2016 年，装备制造业、高技术制造业增加值年均分别增长 9.4% 和 11.3%，增速比规模以上工业高 1.9 和 3.8 个百分点，装备制造业和高技术制造业增加值占规模以上工业比重分别为 32.9% 和 12.4%，比 2012 年提高 4.7 和 3.0 个百分点，六大高耗能行业增加值年均增长 7.3%，增速比规模以上工业低 0.2 个百分点，六大高耗能行业增加值占规模以上工业比重为 28.1%，比 2012 年下降 1.5 个百分点①。③从服务业发展看，服务业发展迅速，传统服务业与互联网融合加速，现代服务业蓬勃发展，新业态不断涌现，创新能力和科研实力大幅提升。2013—2016 年服务业增加值年均增长 8.0%，高出国内生产总值增速 0.8 个百分点；服务业就业人数占总就业人数比重从 2012 年的 35.9% 上升到 2016 年的 43.5%，上升 7.4 个百分点；2016 年全社会电子商务交易规模达到 26.1 万亿元，是 2013 年的 2.5 倍，年均增长 36.4%；2016 年中国研究与试验发展（R&D）经费总量为 1.57 万亿元，比 2012 年增长 52.5%，年均增长 11.1%。2016 年中国境内发明专利申请受理数 119.3 万件，比 2012 年增长 128.1%②。

虽然这个阶段中国产业发展取得了上述成就，但这是一个全新的阶段，既是一个经济新常态，又是工业化后期，还有学者认为经济结构进入服务化时期，这个新阶段需要培育产业增长新动能和改变以前的要素投入驱动模式。改革开放以来，中国一直习惯于资本、劳动力的要素投入驱动经济的产业增长模式，改革开放 40 年，资

---

① 数据引自《国家统计局工业司　工业经济保持稳定增长，新动能引领结构调整——党的十八大以来经济社会发展成就系列之五》，2017 年 7 月 4 日，http：//www.stats.gov.cn/tjsj/sjjd/201707/t20170704_1509628.html。

② 数据引自《国家统计局社科文司　科技发展成效显著，创新驱动加力提速——党的十八大以来经济社会发展成就系列之十九》，2017 年 7 月 27 日，http：//www.stats.gov.cn/tjsj/sjjd/201707/t20170727_1517417.html。

本、劳动力数量对经济增长的贡献总体达到70%—80%，而效率改进对GDP的贡献也就大致在20%—30%，尤其是在2008—2018年，测算全要素生产率的贡献已经降低到20%以下。因此，新阶段要实现从要素驱动为主转向效率驱动为主的动力变革。这种变革是极富挑战性的重大任务，再考虑到经济全球化的新特点和新一轮科技革命和产业变革的国际背景，未来中国产业发展和经济增长将面临产业升级路径、技术进步路径、消费升级等众多不确定性。[1] 党的十九大报告指出中国经济已由高速增长转向高质量发展新阶段，提出以创新、协调、绿色、开放和共享发展理念为指导建设现代化经济体系，以供给侧结构性改革为主线推动经济发展质量变革、效率变革、动力变革，提高全要素生产率，无疑是基于对这些不确定性的把握基础上提出的新阶段中国产业增长和经济发展的战略目标和重大要求。

三　中国产业发展政策：市场与政府

改革开放40年，中国成功地成长为一个世界性的产业大国，从上述产业发展的演进过程可以看出，无论是将人口红利等要素供给作为成功的必要条件，还是将市场化改革解决了激励机制和资源配置机制作为成功的充分条件，在实际中都可以理解为政府制定的一系列成功的经济政策。在经典的西方教科书中，一般财政政策、货币金融政策、收入分配政策、国际贸易政策、农业政策、劳动政策、反垄断政策等构成了经济政策体系的核心内容，这些政策核心是政府宏观调控经济的工具。但对于中国这个市场化和工业化协同推进

---

[1] 张平、楠玉、袁富华：《中国经济结构变迁四十年：从高速增长到高质量发展》，载中国社会科学院经济研究所学术委员会编《改革开放四十年理论探索与研究：上卷》，中国社会科学出版社2018年版，第56—80页。

的社会主义发展中国家而言，中国的经济政策体系中除了这些宏观调控政策外，还应该包括经济改革政策和经济发展政策。所谓经济改革政策可以认为是一系列为落实党中央提出的构建和完善社会主义市场经济体制而具体制定和实施的政策，这些涉及财政体制、金融体制、投资体制、国有企业、市场体系、对外开放等各个领域，实际上改革开放40年就是一个不断探索市场化改革方向并通过改革政策渐进推进中国从计划经济体制向市场经济体制转型的过程；而所谓经济发展政策则是作为一个发展中国家为了实现工业化推进经济快速增长、产业结构不断优化升级而采取的一系列政策，当然这与上述财政、金融、贸易、劳动等各个方面的宏观调控政策相关，但核心内涵应该是产业政策。实际上，毋庸讳言，中国从一个贫穷落后的农业国发展成为一个世界性的产业大国，产业政策发挥了至关重要的作用，在推进从产业大国向产业强国转变过程中，同样也要科学认识和合理发挥产业政策的重要作用。尤其是中国步入工业化后期的经济新常态、社会主义市场经济体制日益成熟背景下，如何促进产业政策转型、协调竞争政策和产业政策关系就成为一个重大问题。

一般而言，产业政策是政府为解决产业结构失衡和层次低等经济发展中的问题，实现产业转型升级和优化发展，促进经济快速增长和发展而制定和实施的相关政策措施，是一种相对长期的、供给侧管理的经济政策。从日本实践看，产业政策具有政府干预产业部门之间和产业内部资源配置但又要强调尽量避免政府直接介入资源配置、目标是追求经济快速增长的基本特征。产业政策的这个特征不仅仅符合了加速中国工业化进程、促进经济快速增长的需要，恰好也符合了中国在计划经济逐步退出后的政府继续主导资源配置、管理产业与企业的需要。虽然现在政府过多主导要素配置受到很多诟病，但相对传统计划经济体制，产业政策实施和推广是很大的进步。对于中国而言，产业政策的引入，具有计划经济渐进转轨和经济赶超的"双重效应"。

在这种背景下，自20世纪90年代以来，与推进社会主义市场经济体制建设同步，产业政策也开始在中国得到了广泛的使用，中国的产业政策已经发展成为形式多元、层级众多、内容复杂的庞大政策体系。这里罗列一些颇具代表性的产业政策：1989年3月国务院在国发〔1989〕29号发布《国务院关于当前产业政策要点的决定》指出：制定正确的产业政策，明确国民经济各个领域中支持和限制的重点，是调整产业结构、进行宏观调控的重要依据。产业政策的制定和实施，有利于把改革与发展、计划与市场有机地结合起来，对于促进中国国民经济的长期稳定发展具有重要的意义；1997年12月经国务院批准国家发改委发布《当前国家重点鼓励发展的产业、产品和技术目录（试行）》，2000年7月又对此目录进行了修订；2002年6月国家经贸委、财政部、科技部、国家税务总局联合发布《国家产业技术政策》，2009年5月工信部联合其他部委再次发布《国家产业技术政策》，该政策以推进中国工业化和信息化为核心，促进相关产业的自主创新能力提高，实现产业结构优化和产业技术升级；2005年11月国务院《关于发布实施〈促进产业结构调整暂行规定〉的决定》；2005年12月经国务院批准国家发展和改革委员会发布《产业结构调整指导目录（2005年本）》，2011年3月、2013年2月和2016年3月又分别对这个目录进行了修改；2008—2009年金融危机期间，为应对国际金融危机对中国实体经济的影响，由国家发展改革委员会与工业和信息化部，会同有关部门发布了钢铁、汽车、船舶、石化、纺织、轻工、有色金属、装备制造业、电子信息，以及物流业十个重点产业调整和振兴规划，这成为一项应对国际金融危机，保增长、扩内需、调结构的重要措施。从产业政策内容上看，中国产业政策重点是政府通过补贴、税收、法规等形式直接支持、扶持、保护或者限制某些产业的发展，以加快产业结构转型升级、实现经济赶超，往往倾向于扶持国有大企业、鼓励企业兼并提高集中度、抑制产能过剩和防止过度竞争、补贴战略性新兴产业和激励技术创新等，这更多地可以归类为选择性产业政策或纵向产业政策，而且实施力度比较强。具体而言，中国产业政策的主要工具有两大类，一是控制市场准入的限制性审批，审批原则是有保有压、扶优扶强，审批范围涵盖所有重要产业，审批的内容深入到各个技术经济环节；二是认定新兴产业或战略产业，通过税收减免、土地供应等优惠鼓励其发展。

迄今为止，经过多年的实践，中国的产业政策已经发展为一套动态复杂的政策组合，包括产业结构政策、产业组织政策、产业布局政策和产业技术政策等各类政策。其中，产业结构政策是按照产业结构的发展规律推进产业结构高级化，进而实现国民经济发展的政策；产业组织政策是为了实现产业组织合理化、形成有效的公平市场竞争创造条件的政策；产业布局政策是促进生产要素区域配置合理化、高效化而实施的各类政策，例如各类园区政策可以归为这种产业布局政策；产业技术政策是指国家制定的用以引导、促进和干预产业技术进步的政策的总和。虽然现实中常常发生冲突，但从理论设计上说，这四种政策是应该相互配合的，其政策机制应该是相容的。而且，中国在不同的发展阶段和不同的政府层面，其产业政策中的这四类政策的具体内涵有差异，而且产业政策的重点也不同，体现了产业政策组合的动态性。

从实施效果看，总体上对中国快速推进工业化进程、促进产业转型升级、实现经济赶超发挥重要作用，客观地说，中国能够快速地发展成为世界性的产业大国，在相当程度上得益于中国的产业政策。但是，中国的产业政策也存在干预市场和影响市场机制形成的问题，甚至经常产生产业政策实施结果与初衷相反的"事与愿违"

的情况。最近几年的新能源汽车的补贴政策就在一定程度上出现了这种情况。从促进战略性新兴产业发展、加快产业结构高级化的目标考虑，近年来中国实施了对新能源汽车的强激励政策，一辆车的补贴金额甚至可以达到20万—30万，同时还给予新能源汽车牌照便利。但是，由于新能源汽车的补贴政策过强，补贴方式也存在一定的问题，对于汽车企业而言，与其去推动技术进步，还不如琢磨如何去钻政策的空子来"违规谋补"，于是近两年出现了多家汽车企业"骗补"的问题。

正是由于产业政策所具有的为了实现经济快速增长政府干预产业部门资源配置的这个特征，使得产业政策很容易陷于自由市场主导和政府主导的两种意识形态之争。但是，无论坚定的新古典经济理论信奉者如何厌恶产业政策，现实中许多发展中国家为了实现经济赶超已经普遍接受了产业政策的理念。正如 Rodrik 所认为，产业政策已死的言论明显夸大其词，产业政策不仅现实中一直存在，而且在各种国际准则约束下仍有很大空间。[1] 因此，产业政策的争论应该转向如何设计、管理产业政策，即产业政策的实施路径问题。实际上，"针对产业政策的争论不可能单纯通过讨论来解决，产业政策的有效性终究是要依靠实践的不断积累"[2]。虽然实证研究对中国产业政策有效性有不同的结论，例如有实证研究认为产业政策的出台和实施显著促进了地方产业结构的合理化和高端化，[3] 但也有实证研究认为产业政策实施会降低资源配置效率。[4] 无论如何，迄

---

[1] Rodrik D., "Normalizing Industrial Policy", Commission on Growth and Development Working Paper, No. 3, 2008.

[2] ［日］大野健一：《学会工业化——从给予式增长到价值创造》，陈经纬译，中信出版社2015年版，第27页。

[3] 韩永辉、黄亮雄、王贤彬：《产业政策推动地方产业结构升级了吗？——基于发展型地方政府的理论解释与实证检验》，《经济研究》2017年第8期。

[4] 王克敏、刘静、李晓溪：《产业政策、政府支持与公司投资效率研究》，《管理世界》2017年第3期。

今为止的中国实现了快速工业化进程和高速经济增长，这已经客观地表明中国产业政策总体是成功的，这意味着中国较好地处理了政府与市场的关系，在产业政策操作层面努力做到政府在一定程度上干预资源配置，但又要尽量避免直接介入资源配置，这个"度"总体把握相对合理。

中国之所以能够把握产业政策的这个"度"，一个重要原因是中国一直在努力建设有效的市场体系，努力实现产业政策与竞争政策的协调，或者说试图实现市场化改革政策与工业化发展政策的协调，既要发挥市场在资源配置中的决定性作用，又要更好地发挥政府信用。政府不断简政放权、优化服务，努力营造公平竞争的市场环境，尤其是通过法治工作来保证市场体系的统一开放、公平竞争。在众多相关法律中，《反不正当竞争法》和《反垄断法》对于排除妨害竞争的不正当行为、建立公平的市场秩序、保护消费者和企业的正当利益具有重要的意义。早在1987年中国就开始准备制定《反不正当竞争法》和《反垄断法》，1993年9月颁布了第八届全国人民代表大会常务委员会第三次会议通过的《反不正当竞争法》，并于当年12月1日起施行，2017年11月第十二届全国人民代表大会常务委员会第三十次会议进行了修订。2007年8月30日《反垄断法》经第十届全国人民代表大会常务委员会第二十九次会议通过，并自2008年8月1日起施行。改革开放40年，《反垄断法》也已经实施十周年。党的十八大以来中共中央和国务院出台的两个文件，对于反不正当竞争和反垄断执法、打破行政垄断、建设公平竞争的市场体系具有重要的意义。一是2015年10月12日《中共中央国务院关于推进价格机制改革的若干意见》发布，明确提出加强市场价格监管和反垄断执法，逐步确立竞争政策的基础性地位，以及加快建立竞争政策与产业、投资等政策的协调机制。这就确立了竞争政策的基础地位，要求产业政策要与竞争政策协调。二是2016年6月14

日国务院发布《关于在市场体系建设中建立公平竞争审查制度的意见》，要求建立公平竞争审查制度，以规范政府有关行为，防止出台排除、限制竞争的政策措施，逐步清理废除妨碍全国统一市场和公平竞争的规定和做法。2017年10月12日国家发展改革委员会等五部委出台《公平竞争审查制度实施细则（暂行）》，进一步对公平竞争审查的机制、程序、标准和例外情况进行了明确和规定，使得公平竞争审查更具有操作性。

产业政策与竞争政策的协调，关键是要随着工业化发展阶段对产业政策内容、实施方式进行动态调整，在不同的阶段选择不同类型的产业政策。从工业化进程看，在工业化初中期阶段，处于后发国家赶超的需要，选择性产业政策的确发挥了重要的作用，尤其是扶大限小对促进重化工主导产业的发展作用明显。但是，在进入工业化后期以后，中国进入从要素驱动向创新驱动的经济"新常态"，经济增速从高速转为中高速，模仿型排浪式消费阶段基本结束，低成本比较优势不可持续，市场竞争从低成本转向差异化，通过引进、模仿及学习得到的后发优势将逐渐耗尽，要素规模驱动力减弱，经济增长将更多依靠人力资本质量和技术进步。这种背景下，竞争政策具有基础性地位，产业政策要相应地转型。中国长期以来习惯采用的强选择性产业政策的不适应越来越突出，以激励完善市场竞争秩序、激励创新为基本导向的功能性产业政策的意义更为显著；按照产业结构、产业组织、产业布局和产业技术政策的分类，直接干预产业结构形成的产业结构政策的重要性日益下降，而强调产业组织合理化的产业组织政策、激励创新的技术创新政策意义更加突出。具体而言，中国的产业政策将更加针对前沿技术和小企业技术创新领域使用，更加着力打造有利于创新生态，更加关注补贴资金的使用效率和透明度，从而最大限度地提高了公共资金对于提升创新能力和产业竞争力的效果。

四 产业发展"中国方案":经验与智慧

改革开放40年,中国已经讲述了一个产业大国成长的故事,正在书写从产业大国向产业强国发展的新的篇章。中国产业发展的故事,能否抽象出一种产业发展的"中国方案"贡献给其他发展中国家呢?这个方案的核心经验和关键智慧是什么呢?中国迄今只是成为一个世界性产业大国,还不是一个产业强国,总结梳理40年中国产业发展历程,抽象概括其成长的基本经验和发展的关键智慧,不仅仅对其他发展中国家提供借鉴,而且也对中国进一步发展成为产业强国有指导意义。

从哲学层面看,中国产业发展成功的基本经验在于遵循了一个共性和个性相统一的基本原理,具体就是基本遵循了一个大国工业化进程的基本共性规律,但是又尊重了自己的独特国情背景。理解中国产业成长的故事,必须认识到这个成功的故事背后关键所在——中国将工业化共性规律与自己的个性化国情背景进行了有效结合。改革开放以来的中国的工业化进程的国情背景主要体现在三个方面:一是以具有一定工业基础、人口众多但人均收入很低的农业国为经济背景;二是以大量的农业人口、典型"二元结构"为社会背景;三是以长期的封闭的计划经济体制为制度背景。从经济背景看,虽然改革开放之初中国是一个人均收入很低的后进国,但由于计划体制下重工业优先的发展战略而奠定了一定的工业基础,决定了中国改革开放以来产业发展和工业化进程具有很好的始点,而人口众多又提供了巨大的国内市场;从社会背景看,虽然大量的农业人口加大了工业化的难度,但又为工业化提供了"无限供给"的低成本劳动力;从制度背景看,"渐进式"改革战略为中国提供了一个和平稳定的发展环境,对外开放为工业化提供了获得国外先进生产要素（技术、资金等）、利用后发优势的机会，市场体制的逐步建立不断改善中国的经济激励机制。一定工业基础、巨大国内市场、"无限供给"的低成本劳动力、后发优势等，构成了中国产业发展和推进工业化进程的"要素组合优势"[1]。但这种"要素组合优势"并不必然导致成功的工业化进程和产业发展，还需要基于工业化的共性规律制定科学的工业化战略和产业发展政策，而这些战略要点和产业发展政策体系也就构成了产业发展"中国方案"的重要内容，凝结着中国产业发展的智慧和经验。具体而言，产业发展的"中国智慧"至少归结为以下四个方面。

一是正确处理改革发展与稳定的关系，保证产业发展过程连续不中断。一个大国从发展中国家向发达国家发展的现代化进程，工业化是必由之路。一般认为工业化是指一国或地区的经济结构由农业占统治地位向工业占统治地位连续转变的经济发展过程。这个过程的特征是，除了由于经济周期和其他意外原因造成的中断以外，国民收入（或地区收入）中制造业活动和第二产业所占比例不断提高，制造业和第二产业就业的劳动人口的比例也不断增加。但是，工业化进程一旦开始，要保证这个过程不会由于战争、危机或社会动荡等各种原因被中断，这个国家或者地区才可能保证产业不断发展、产业结构不断高级化。历史上因危机或者战乱而中断现代化进程的国家并不鲜见，这也是为什么世界工业化史已经200多年，但真正实现工业化的也只有30多个国家和地区的一个重要原因。因此，社会政治环境的稳定是产业持续发展和工业化进程持续推进的基本前提要求。新中国成立以后，中国一度曾由于"文化大革命"而使得中国的工业化进程中断，但改革开放以来，虽然也遇到了这

---

[1] 刘世锦等：《传统和现代之间——增长模式转型与新型工业化道路的选择》，中国人民大学出版社2006年版，第445页。

样和那样的危机,中国正确处理改革发展和稳定的关系,始终坚持"稳定压倒一切",努力构建和谐稳定的发展环境,保证中国产业发展和工业化进程连续性不受影响。当前已经处于工业化后期阶段,需要继续推进产业发展建设产业强国,而各种社会经济矛盾更加突出,如社会分配不公、贫富差距过大、经济增长方式需要转变、环境和资源制约等等,危机和冲突的可能性进一步提升,这需要进一步处理好改革、发展与稳定的关系,强调社会经济的协调可持续发展。

二是正确处理市场和政府的关系,不断促进产业结构高级化。工业化的核心表现为产业结构的高级化,一个国家的产业结构高级化表现为从三次产业产值结构上看,按照所占比例大小排序,三次产业结构一般具有从"一、二、三"到"二、一、三",再到"二、三、一",最终到"三、二、一"的结构演进,工业结构的高级化存在由轻纺工业占优势向重化工业占优势、由重化工占优向技术密集型产业占优势的演进规律。一个国家要实现工业化,必须实现产业结构的优化升级。要实现这个目标,必须正确处理市场和政府的关系,努力使市场在资源配置中起决定性作用,同时还要更好的发挥政府作用。这要求一方面必须从自己的国情出发制订工业化战略,另一方面遵循产业结构的演进规律,处理好三次产业的关系、轻重工业的关系、城市和农村的关系。中国基于经济发展阶段,把握产业升级的方向,不断提出合意的产业政策,实现产业政策与竞争政策有效协调,随着工业化发展阶段对产业政策内容、实施方式进行动态调整,有效地促进了产业结构高级化。这里尤其需要指出的是,中国产业发展非常重视地方政府的创新精神,鼓励地方政府探索科学的区域工业化模式。伴随着经济体制改革的深入,中国各地方经济发展的积极性和创造性被调动起来,各个地区结合自己的具体情况,创造出许多不同的经济发展模式。中国曾产生了一些具有鲜明地区特点和时代特征的经济发展模式,例如"珠江三角洲模式""苏南模式""温州模式"等,这些模式在启动条件、发动主体、资本形成方面都是不同的,但都促进了当地的工业化进程,成为工业化水平较高的工业化地区,进而对全国的工业化进程起到了巨大的带动作用。中国地域广阔,各地的资源禀赋、经济条件、文化习惯等差异性较大,允许地方发挥创造性,积极探索适合本地区的区域工业化模式,是中国产业发展和推进工业化进程的一个重要经验。

三是正确处理市场化与工业化关系,培育全面持续的产业发展动力机制。中国基于自己社会主义计划体制的基本国情,经过多年理论探索,形成了中国特色社会主义市场经济理论体系,坚持发展毫不动摇巩固和发展公有制经济,坚持毫不动摇鼓励支持和引导非公有制经济的发展。中国坚持市场化改革方向,为中国产业发展提供了多元的全面协调的动力机制。通过市场化改革的制度创新,培育了国内丰富、强大的动力源。这具体表现在市场化改革逐渐松开了传统计划体制对各种资源、要素、组织力量的束缚,激活了它们在旧体制下长期被压抑与控制的能量,不仅充分释放非国有系统的资源、要素,而且全面调动传统国有系统本身的存量资源和原有的组织制度资源。通过坚持"两个毫不动摇"培育了大量的市场主体,既包括通过深化国有企业改革将国有企业推向市场,也包括在市场中成长起来的大量个体民营企业以及通过开放引入的外资企业。公有制经济尤其是国有企业,在弥补市场缺陷、保障人民共同利益以及中国作为后发国家在一些重大战略领域实现赶超等方面具有优势,在事关国家发展重大战略和国计民生重大事业方面发挥重要作用。而个体、私营和外资等非公有制经济在满足市场多层次多样化需求、提升供给质量和促进生产力平衡发展等方面具有独特优势,形成了中国产业发展多元混合动力优势,促进了中国产业快速发展。

四是正确处理全球化与工业化的关系,形成全面开放发展的现代化产业体系。通过40年的对外开放，从设立特区，到开放沿海14个城市，再到加入WTO，在中国市场对外开放的同时，也逐渐吸引大量的外资，引进了大量的先进技术和管理知识，同时也利用了国外的市场资源，实现了大量的出口，这极大地促进了中国产业发展和工业化进程。当今世界的产业发展，处于一个全球价值链主导的时代。自产业革命开拓机器大生产开始，国际分工经历了工业制成品与农矿业的传统产业间分工、工业内部各产业各产品部门的产业内分工，发展到同一产品不同价值链增值环节的产品内分工。20世纪90年代以后，由于产品模块化程度的提升和生产过程可分性增强，以及信息技术、交通技术等"空间压缩"技术带来的交易效率提高和交易成本的下降，基于价值链不同工序、环节的产品内分工获得极大的发展，制造业全球价值链分工成为一种主导的国际分工形式。而且，随着技术革命的加速拓展、业态不断创新和产业日趋融合，尤其是新兴工业化国家不断努力突破在全球价值链中的"低端锁定"，全球价值链逐步呈现出多极化发展的新态势。因此，一个国家的产业发展，必须对外开放，融入这个全球价值链中。改革开放40年的经验表明，中国经济所取得的发展奇迹，十分得益于中国制造业的对外开放。到2017年，在制造业31个大类、179个中类和609个小类中，完全对外资开放的已有22个大类、167个中类和585个小类，分别占71%、93.3%和96.1%。中国在对外开放过程中，加速了自身的市场化进程，培育自身的全面发展动力，同时顺应制造业全球价值链的分工合作共赢趋势，为世界制造业发展和全球经济增长做出了巨大贡献。

上述四个方面产业发展的"中国智慧"，构成了产业发展"中国方案"重要内容。这些"中国方案""中国智慧"可以供其他发展中国家在促进产业发展和工业化进程中借鉴，其他发展中国家在借鉴中国产业发展经验和智慧时，同样也需要结合自己的国情进行创造性发展。不仅如此，对于中国而言，这些经验和智慧也还需要在未来中国产业从做大到做强的发展过程中，继承、发扬、创新和完善。对于一个国家工业化进程看，制造业发展始终居于产业发展的核心地位，要推进中国从产业大国向产业强国转变，关键是建设制造强国。2015年5月19日，中国正式发布《中国制造2025》，这是一个具有全局性、系统性、长期性、国际竞争性的战略规划文本，是着眼于国内国际经济社会发展、产业变革的大趋势制定的一个长期的战略性规划和高端产业、技术进步的路线图。该规划以应对新一轮科技革命和产业变革为重点，以促进制造业创新发展为主题，以提质增效为中心，以加快新一代信息技术与制造业融合为主线，以推进智能制造为主攻方向，以满足经济社会发展和国防建设对重大技术装备需求为目标，通过实施国家制造业创新建设、智能制造、工业强基、绿色发展、高端装备五大工程，明确未来发展新一代信息技术、高档数控机床和机器人、航天航空装备、海洋工程装备及高技术船舶、先进轨道交通装备、节能与新能源汽车、电力装备、新材料、生物医药及高性能医疗器械、农业机械装备十大重点领域，从而促进产业转型升级、实现中国从制造大国向制造强国的转变。中国提出制造强国战略是基于中国的工业大国国情、世界工业化趋势和中国的工业化发展阶段提出的重大发展战略，对推进中国产业从大到强的转变、建设产业强国、实现现代化具有重大战略意义。

（黄群慧）

第八章 科技引领：超越传统后发优势

改革开放40年来，中国科技由弱到强，不断超越，极大地支撑和引领了中国经济持续平稳高速发展。1978年，当改革开放的春风吹遍神州大地，中国科技再次起航，科技工作者孜孜以求和披荆斩棘的脚步从未停歇，一直努力探索解放和发展科技生产力的最优道路，那就是科技发展始终要与国家经济社会整体建设目标紧密联系在一起。从最初的推动科技创新发展，到推动科技与经济结合，支撑引领经济社会发展；再到优化科技资源配置与管理，推动企业成为技术创新主体；直至提高自主创新能力，以创新驱动经济和社会发展；构建国家创新体系，建设创新型国家的整个过程，既彰显了科技工作不断创新升级、实现后发赶超的过程，也体现了科技发展服从国家整体发展目标，与经济发展日益紧密结合、有力支撑和引领国家经济社会发展的不断上升过程。

一 科技跨越历程

中国科技发展随着改革开放不断深化呈现出显著的阶段性特征，基于国家重大科技部署，科技发展40年大致可以划分为五个阶段：一是1978年3月，全国科学大会和颁布《1978—1985年全国科学技术发展规划纲要（草案）》；二是1985年，国务院颁布《中共中央关于科学技术体制改革的决定》；三是 1995 年 5 月，全国科学大会明确提出科教兴国战略并发布《关于加速科学技术进步的决定》；四是 2006 年，国务院发布《国家中长期科学和技术发展规划纲要（2006—2020 年）》，提出建设创新型国家；五是 2012 年，党的十八大提出实施创新驱动发展战略。

（一）1978—1985 年科技恢复与重建
1. 科技战略与政策背景

中国科技事业在"文化大革命"中遭到毁灭性破坏，知识分子和科技工作者地位低至毫无尊严，科技竞争力与西方国家相比差距不断扩大。粉碎"四人帮"后，为充分调动广大知识分子的积极性、创造性，以便实现党在新时期的总任务，1978 年 3 月 18—31 日中共中央召开了全国科学大会，明确提出科学技术是生产力，知识分子是工人阶级一部分，四个现代化关键是科学技术现代化，自此迎来了科学的春天。1978 年 12 月 18—22 日，党的十一届三中全会废止了"以阶级斗争为纲"的方针，在总结新中国成立以来社会主义革命和建设经验及教训的基础上，作出了把党和国家的工作重点转移到社会主义现代化建设上来的战略决策，开启了改革开放的伟大征程，开始实现从僵化半僵化到全面改革，从封闭半封闭到对外开放的历史性转变。随着政府工作重心逐渐转向经济建设，原有科学技术体制固有的弊端日益显现，科学技术体制建设开始进入改革的新时期[1]。由此，党确立了科学技术为经济建设服务的方针，翻开了科技事业发展的新篇章。

---

[1] 廖添土、戴天放：《建国 60 年来我国科技体制改革的历史演变与启示》，《江西农业学报》2009 年第 21 卷第 9 期。

2. 科技体制改革重点

1980年中国经济百业待兴，中央适时提出《经济建设必须依靠科学技术，科学技术工作必须面向经济建设》的战略方针，对于科技战略目标的转变提出了明确方向。这一阶段的改革目标是对中国科技机制进行重建，并对适应经济体制改革的科技体制改革进行探索。

这一阶段也是中国科技发展史上重要的思想拨乱反正、制度法规建设和恢复期。除了恢复和重建在"文化大革命"中损失殆尽的科技系统外，大的科技方针政策演变主要体现在以下几个方面：第一，确立"科学技术是第一生产力"的指导思想。第二，提出"尊重知识，尊重人才"政策，中共中央组织部印发《关于落实党的知识分子政策的几点意见》。第三，通过《1978—1985年全国科学技术发展规划纲要（草案）》，提出了中国科学技术工作8年奋斗目标：部分重要的科学技术领域接近或达到20世纪70年代的世界先进水平（农业、能源、材料、电子计算机、激光、空间、高能物理、遗传工程等）和108个重点研究项目；专业科学研究人员达到80万人；拥有一批现代化的科学实验基地；建成全国科学技术研究体系。第四，调整科技政策发展的战略方针。1981年4月，面对世界新产业革命的挑战，国家科学技术委员会在《关于我国科学技术发展方针的汇报提纲》中提出"科学技术必须为经济建设服务，科技与经济、社会协调发展"的科技发展新方针。为了更好地贯彻这一方针，1982年，中国科学院设立自然科学基金，它是国家自然科学基金委员会的前身。同年，第一个国家科技发展计划——由国家计划委员会、国家科学技术委员会牵头的"科技攻关计划"开始实施。这一阶段的创新模式主要是计划主导模式，国家在科技计划中引入了竞争机制，出台了改革政策和措施。

3. 科技发展状况

1978年3月全国科学大会之后，中国科技发展进入了一个全新时期。从1978年党的十一届三中全会召开到1985年《中共中央关于科学技术体制改革的决定》发布前，为改变中国科技落后局面，加速科学技术发展，党中央在科技和教育战线进行了全面的拨乱反正，推动了科技的恢复重建，一系列科技成果脱颖而出。

（1）科技工作者科学研究的积极性空前高涨，科技成果大量涌现。以自然科学基金为例，从1982年开始受理申请项目起至1984年年底，资助项目完成学术论著（文）7628篇，共有152项成果通过专家评议或技术鉴定。其中，在国内外有影响的学术刊物和学术会议上发表的有2797篇，有些成果已达到了世界先进水平[1]。以1981年为例，最为引人注目的就是屠呦呦的青蒿素的发明。中国在世界上最先掌握了酵母丙氨酸转移核糖核酸的人工合成技术，标志着在人工合成生物大分子研究方面继续保持着国际领先地位。同年，中国首次用一枚运载火箭成功发射了3颗卫星，成为继苏、美、法之后世界上第4个掌握"一箭多星"技术的国家。这些成就标志着中国在生物科学、原子能技术、运载火箭技术、计算机科学技术和卫星通信技术等方面，已接近或达到了国际先进水平。

（2）相当数量的科技研究成果形成了现实生产力，并产生了可观的经济效益。以1981—1985年"六五"期间为例，中国"政府部门先后出台了12个国家级技术开发与科技成果商品化及推广计划，其中大部分是指导性计划，在一定程度上体现了计划与市场的结合，促进了科技成果的转化和推广应用"[2]。与之相适应，中国技术市场也开始萌芽。1980年，全国首家"技术服务公司"在沈阳市建立，

---

[1] 《中国科学院发展史（预印本）》，《中国科学院》1989年第94期。
[2] 《中国科技发展研究报告》研究组：《中国科技发展研究报告（2000）——科技全球化及中国面临的挑战》，社会科学文献出版社2000年版，第37页。

技术成果开始进入贸易领域。有资料显示，1984年全国技术合同交易额已达7亿元①。1985年1月10日，国务院发布了《关于技术转让的暂行规定》，开放技术市场，繁荣技术贸易以促进生产发展，规定只要是能够促进经济建设和社会发展，一切技术都可以依法转让。这一法规的出台，将此前自发形成的技术交易及时纳入了规范化管理的轨道，有力地促进了科技成果向现实生产力的转化。

改革开放初期科技的恢复重建，为中国新时期经济社会发展营造了更为广阔的空间，并日渐成为推动经济社会发展的一支不可或缺的重要软实力。这不仅大大提高了科技文化在现代化建设中的地位和作用，而且将中国科技事业推进到了一个新的发展阶段，带来了一个充满生机和活力的科技发展局面，显著增强了中国的科技实力。

（二）1985—1995年科技体制改革与适应

1. 科技战略与政策背景

1985年3月5日《中共中央关于科学技术体制改革的决定》颁布后，正式启动了中国科技体制改革。党中央明确提出科技体制改革的根本目的是"使科学技术成果迅速地广泛地应用于生产，使科学技术人员的作用得到充分发挥，大大解放科学技术生产力，促进经济和社会的发展"，并对科技管理机制、科技拨款制度等方面的改革作了明确指示，标志着中国科研机构改革进入了有领导、有组织、有计划的全面实施阶段。这一阶段科技体制改革的中心任务是通过宏观调控和资源分流，着力解决科技与经济"两张皮"的问题，实现科技与经济协调发展，加速推进科技与经济一体化。②

---

① 《中国法律年鉴》编辑部：《中国法律年鉴（1989）》，法律出版社1990年版，第858页。
② 廖添土、戴天放：《建国60年来我国科技体制改革的历史演变与启示》，载《江西农业学报》2009年第21卷第9期。

2. 科技体制改革重点

随着中国改革开放不断深化，国有企业自主权不断扩大，市场对企业的调节作用不断增强。通过拨款制度、技术市场的培育和发展等措施，科研机构服务于经济建设的能力不断增强，科研成果商品化、产业化步伐不断加快，这些都促进了科技创新体系逐步形成。

20世纪80年代后期，市场机制在社会主义建设中的积极意义和作用愈益显示出来，经济活动中市场调节的比重已超过了计划调节。从1985年《中华人民共和国专利法》实施至1993年《中华人民共和国科学技术进步法》实施前，为维护市场经济公平有序竞争，推动和保护技术进步与创新，以适应社会主义现代化建设的需要，开始健全有关技术贸易的法律规范，完善知识产权法律保护体系，并注重研究和制定科技立法规划[①]，中国科技体制开始逐渐走向科学化和规范化。在这期间，以邓小平"科学技术是第一生产力"思想为指导，重点强调科技与经济结合，在"科学技术必须面向经济建设，经济建设必须依靠科学技术"基本方针的指导下，突出重点，实事求是，发展了具有中国特色的科学技术体系。20世纪80年代末制定的《国家中长期科学技术发展纲领》和《纲要》，选择了带有全局性、方向性、紧迫性的27个领域（行业），并从研发机构、企业等创新主体以及科技投入、科技人员等方面提出了深化科技体制改革的目标和措施。与此同时，高技术研究发展（863）计划、推动高技术产业化的火炬计划、面向农村的星火计划、支持基础研究的国家自然科学基金等科技计划也在此期间相继出台，为国家管理科技活动、配置科技资源进行了有益的探索，也发挥了国家科技体制改革带动国家科技创新发展的引导作用。总之，中国面向经济建设开展

---

① 范晓峰：《科技政策发展与科技法制建设——科技立法工作的回顾与思考》，知识产权出版社2006年版，第79—80页。

的科技体制改革，不仅适应了技术成果商品化和技术市场开拓的需要，而且使得法律法规与科学技术之间的关系更加密切，并日益成为连接科技与经济社会发展的桥梁，促进了科技经济一体化和科技成果商品化的进程。

1985年4月1日《专利法》的正式实施，摒弃了"发明创造成果是可以无偿利用的公共财产"的旧观念，为明确发明创造保护内容和解决发明创造归属问题提供了法律依据，促进了智力劳动成果的推广交流，有效调动了科研人员从事发明创造的积极性，专利申请数量快速增多，1985年为1.44万件，1986年为1.85万件，1987年为2.61万件，1988年为3.40万件[①]。

1987年《中华人民共和国技术合同法》颁布，促进了技术成果商品化。该法律实施后的数据对比可以看到，在国家重点科技攻关项目专题合同类中，1986年共有专题合同2759项，1988年增至4372项[②]。与之同时，中国技术市场在"放开、搞活、扶植、引导"方针指引下，技术交易金额也逐年增大。1983年为0.5亿元，1988年已达72.5亿元，是1983年的145倍。1986年9月，中国第一家航天技术市场在北京开业。这个技术市场以促进军工技术向民用转移、使航天工业军转民科技成果商品化和社会化为经营宗旨，是科技交流、交易的常设经济实体。

1986年国务院发布《关于实行专业技术职务聘任制度的规定》，全国事业单位专业技术职务聘任工作全面展开，1987年共计385万人获得专业技术职称[③]。从1991年起，进入到一年一度职称评聘"正常化阶段"。专业技术职务聘任的施行，不仅促进了科技人员队伍的不断壮大，而且使各单位专业技术职务结构比例逐步趋于合理，

[①] 国家统计局科技统计司：《中国科学技术四十年》，中国统计出版社1990年版。
[②] 同上。
[③] 同上。

有效促进了科学技术活动的开展。

自国务院发布《关于科学技术拨款管理的暂行规定》后至1988年年底，全国县以上政府部门属自然科学领域的5321个研究与开发机构中，已有2188个机构减少或不再向国家要事业费，占机构总数的41.1%。1985—1988年，这些研究与开发机构通过转让技术、开展社会服务和开发新产品等各种方式增加经济收入，创收累计达140亿元，相当于这4年间政府对这些机构拨款的54.0%[①]。自国家成立自然科学基金以来，1986年立项课题数为100362个，课题投入经费总额为23.21亿元，1988年立项课题数为120146个，课题投入经费总额为39.49亿元[②]。科学技术拨款制度的改革，不仅减少了国家事业费支出，而且增强了研究与开发机构的市场竞争力，对有效组织科学技术活动起到了促进作用。

3. 科技发展状况

在这一时期，国家科研经费大多以国家科技计划的形式出现，政府工作人员管理着科研经费的配置。国家先后出台了一系列的计划：国家重点科技攻关计划、高技术发展计划（863计划）、火炬计划、星火计划、重大成果推广计划、国家自然科学基金、攀登计划等科技计划。

与此同时，为迎接世界高新技术革命浪潮，中国也像许多国家一样兴办了许多高新技术园区。1985年7月中国第一个高新技术园区"深圳科学工业区"成立，随后中国陆续成立了52个国家级高新技术园区，70多个省、市级高新技术园区或经济开发区[③]。

---

① 国家统计局科技统计司：《中国科学技术四十年》，中国统计出版社1990年版。
② 同上。
③ 张俊芳、雷家骕：《国家创新体系研究：理论与政策并行》，《科研管理》2009年第4期。

(三) 1995—2006 年科技发展与赶超

1. 科技战略与政策背景

1995—2006 年，中国在"面向、依靠、攀高峰"的基础上，提出了"有所为、有所不为，总体跟进、重点突破，发展高科技、实现产业化，提高科技持续创新能力、实现技术跨越式发展"的指导方针，从"促进产业技术升级"和"提高科技持续创新能力"两个层面进行战略部署：一是以企业为技术创新主体，重点攻克产业发展的关键技术，推动高新技术产业发展，运用高新技术改造传统产业，促进产业技术升级和结构调整。二是充分发挥大学和科研院所的作用，大力开展战略高新技术研究和原创性基础研究，提高科技持续创新能力，力争在有相对优势或战略必争的关键领域实现技术跨越发展。1995 年全国科学技术大会明确提出了"科教兴国战略"，实施"科教兴国"战略是这一阶段最重要的改革指导思想。1996 年启动了"技术创新工程"，重点是提高企业的技术创新能力。1998 年国务院决定对国家经济贸易委员会管理的 10 个国家局所属的 242 个科研院所进行管理体制改革，1999 年国务院发布《关于加强技术创新，发展高科技，实现产业化的决定》和《关于中国科学院开展（知识创新工程）试点的汇报提纲》，科技体制改革进入实施科研机构转制和推进以企业为主体的国家创新体系建设阶段。1999 年全国技术创新大会围绕使企业成为创新主体出台了一系列政策。

2. 科技体制改革重点

这一阶段科技体制改革的重点主要放在：一是对科研院所的布局结构进行了系统调整，推进技术开发类科研机构向企业化转制，对社会公益型科研机构实行分类改革。到 2005 年，全国已有 1200 多家技术开发类科研机构转制为科技型企业。二是促进科技成果转化，建立以企业为主体、产学研互动的技术创新体系和以科研机构、高等学校为主的科学研究体系以及社会化的科技服务体系。尽管这一阶段的改革促进了科技产业化，使科技和经济"两张皮"问题有所改观。但改革以市场生存能力为判断标准，经济效应不明显的基础研究、公益性研究受到了较大的负面冲击，制约了基础类科研院所和公共科技事业的发展。

在这一时期，中国明显调整了国家计划资助的方式，从单纯以项目为核心的方式，变为支持项目和支持科研基地建设并重的方式，支持方式也越来越多元化。一批研究机构按照新机制运行，已经取得了不俗的成绩。此外，大批"海归"加盟祖国的科研教育事业，改革开放后国内培养的博士也逐步挑起了科研工作的大梁，缓解了青黄不接的局面。企业的技术创新较为突出，该阶段确立了市场经济的目标，从企业做起，深化企业制度和产权制度改革，强化企业创新功能。宏观管理体制也发生相应变化，由政府制定重大科技计划逐步转变为由科技和经济主管部门联合制定，出现了新的参与对象，如国家工程中心、生产力促进中心等，进一步加快了科技成果的商品化、市场化。

3. 科技发展状况

1995—2006 年间，经过多年改革，形成了科研院所、高校、企业和科技中介机构等各具优势和特色的创新主体以及相应的创新模式。企业在技术创新中的主体地位继续加强，2006 年企业研发经费支出占全国的 71.1%，企业研发人员占全国的 73.4%。科技投入总量排在美国、日本、德国、法国、英国之后，成为世界排名第六的研发投入大国。中国科技论文被国际三大检索系统收录的总数已居世界前列，特别是 SCI 收录的中国科学家论文数已居美国之后，与英、德、日三国相当，数学、物质科学、生命科学和工程科学等领域论文增长明显，纳米领域的论文数量已居世界前两位，引用数也进入世界前列。2006 年，中国的专利申请总量为 57.3 万件，较上年增加9.7万件，增长20.3%。三类专利中，发明专利申请21.0万件，较上年增长21.4%，占专利申请总量的36.7%，已连续三年高于实用新型专利和外观设计专利；实用新型专利申请16.1万件，较上年增长15.6%；外观设计专利申请20.1万件，较上年增长23.2%[①]。科学家和技术人员队伍建设不断加强，从事科技活动人员达500万人，研发人员190万人。通过对开发类院所实施企业化转制，从体制上解决了大批应用开发类院所长期游离于企业之外的问题，科技人员市场意识和技术创新能力显著增强。在此期间，中国在载人航天工程、"歼10"飞机、超级计算机、核心软件、集成电路装备、大型燃气轮机、超级稻育种技术、新药创制等领域取得重大突破，为社会经济发展提供了强大支撑。

（四）2006—2012年科技支撑发展与自主创新

1. 科技战略和政策背景

2006年，国务院发布了《国家中长期科学和技术发展规划纲要（2006—2020年）》。该纲要指出，建立以企业为主体、产学研结合的技术创新体系，全面推进国家创新体系建设，到2020年建成创新型国家。为更好地落实科技中长期发展规划，进一步加快创新型国家的建设，2006年1月，中共中央、国务院作出《关于实施科技规划纲要增强自主创新能力的决定》，紧接着2006年2月，国务院印发《实施〈国家中长期科学和技术发展规划纲要（2006—2020年）〉的若干配套政策》，2006年3月，中共中央、国务院作出《关于实施科技规划纲要增强自主创新能力的决定》。为了确立科技进步的法律地位，2007年，十届全国人大常委会第三十一次会议审议通过修订后的《中华人民共和国科学技术进步法》。此阶段，国家重视运用

---

① 科学技术部发展计划司：《科技统计公报》2007年9月11日。

知识产权制度促进经济社会全面发展，2008年，国务院印发《国家知识产权战略纲要》。同时为了促进小规模企业发展和技术进步，增强创新主体的建设，2009年，国务院发布《关于进一步促进中小企业发展的若干意见》。2012年和2013年国务院进一步颁布了《关于深化科技体制改革、加快国家创新体系建设的意见》和《关于强化企业技术创新主体地位全面提升企业创新能力的意见》，标志着中国建设创新型国家的进程进入一个新的历史节点。

2. 科技体制改革重点

这一阶段科技体制改革的重点主要是：增强自主创新能力、建设创新型国家，并提供了重要的法律保障；进一步规范财政科技经费管理；加快推进自主创新成果产业化，促进科技与经济社会发展紧密结合；提高产业核心竞争力，促进高新技术产业、战略性新兴产业的发展；加快建设中国特色国家创新体系，以企业为主体，推动协同创新。通过这一阶段的改革，中国科技活动的组织结构、管理体系和制度得到进一步完善，但政府与市场、科学共同体之间的关系尚没有完全理顺，过多的政府干预、不健全的治理体系、不规范的科技经费使用和管理行为等问题，仍然是阻碍科技发展的重要因素，解决这些问题将成为今后一段时期中国科技体制改革的主要任务及方向。

3. 科技发展状况

2006—2012年是中国科技发展的重要跃升期。科技创新能力得到大幅提升，科技创新环境得到显著改善，科技对经济社会的支撑能力不断增强。

（1）科技创新能力加速提升。2006—2012年，中国发明专利申请量迅速增长，于2011年首次超过美国，跃居世界第一位；发明专利授权量增长态势明显，上升到世界第3位。国际科学论文总量由世界第5位上升到第2位，被引用次数由世界第13位上升到第4位。科技研发活动的产出快速增长，质量明显改善。重点领域初显跨越发展态势，取得了载人航天、探月工程、超级计算机、超级杂交水稻、高速铁路、实验快堆、量子通信、铁基超导、载人深潜、诱导多功能干细胞等一批标志性重大成果。

（2）科技资源总量快速增加。2006—2012年期间，中国科技经费投入继续保持稳定增长。研究与试验发展（R&D）经费投入力度加大，投入强度进一步提高。2012年，全国共投入10298.4亿元，是2005年的4.2倍；投入强度1.98%，超过欧盟28国平均水平。研发人员队伍不断壮大，2012年研发人员全时当量达到324.68万人/年，与2005年相比提高了138个百分点，总量位居全球首位。2006—2010年期间，国家（重点）实验室新建156个，总数达到333个。国家工程（技术）研究中心新建114个，总数达到387个。新建国家工程实验室91个。国家企业技术中心发展至575个。一批标志性的重大科技基础设施、科学工程建设完成。科技基础条件平台建设得到加强，有力地促进了科技资源整合共享，科技支撑引领作用日益凸显。

（3）自主创新环境不断优化。《科学技术进步法》修订实施，《科技规划纲要》配套政策加快落实，国家中长期人才、教育规划相继出台，知识产权战略实施力度明显加强。科技体制改革不断深化，国家创新体系建设取得重要进展。技术创新工程深入实施，知识创新工程试点取得明显成效，各具特色的区域创新体系不断完善，科技中介服务能力不断增强，军民融合的国防科技创新体系建设稳步推进。科技与金融结合更加紧密。科技对外开放不断拓展，国际科技合作进一步加强。创新文化和科研诚信建设得到重视，科普工作广泛开展，全社会关注创新、支持创新、参与创新的氛围正在形成。[①]

[①] 该时段分析框架主要来自《"十二五"科技发展规划》，涉及的数据按照2006—2012年时段全部进行了更新——笔者注。

（五）2012年至今科技创新国家战略与科技引领

1. 科技战略与政策背景

2012年11月，党的十八大报告正式确立了创新驱动发展战略，明确提出："深化科技体制改革，推动科技和经济紧密结合，加快建设国家创新体系，着力构建以企业为主体、市场为导向、产学研相结合的技术创新体系。"2013年11月，十八届三中全会通过《中共中央关于全面深化改革若干重大问题的决定》（以下简称《决定》），在第（13）部分专门阐述了深化科技体制改革相关问题，进一步明确新时期深化科技体制改革的目标，即"摒除深层次的体制机制障碍，提高自主创新能力，以创新驱动经济和社会发展，完善国家创新体系，建设创新型国家"。2015年10月29日，十八届五中全会通过《中共中央关于制定国民经济和社会发展第十三个五年规划的建议》，首次提出了"创新、绿色、协调、开放、共享"五大发展理念；明确提出"必须把创新摆在国家发展全局的核心位置，让创新贯穿党和国家一切工作，让创新在全社会蔚然成风"。2016年5月19日，中共中央、国务院印发了《国家创新驱动发展战略纲要》，从战略背景、战略要求、战略部署、战略任务四个方面对实施创新驱动发展战略进行了全面系统布局，强调"以科技创新为核心带动全面创新，以体制机制改革激发创新活力，以高效率的创新体系支撑高水平的创新型国家建设"；并着眼于创新系统和创新链条各主要环节，从产业技术体系创新、原始创新、区域创新布局、军民融合、创新主体、重大科技项目和工程、人才队伍建设、创新创业等方面给出了更为明确的任务方向。2016年11月中共中央办公厅、国务院办公厅印发《关于实行以增加知识价值为导向分配政策的若干意见》，激发科研人员创新创业积极性，有力地推动了科技成果转化。至此，以科技为引领的创新驱动发展战略全面展开，推动中国"两个一百年"目标的实现。

2. 科技体制改革的重点

从十八届三中全会《决定》到《国家创新驱动发展战略纲要》，不仅明确了未来深化科技体制改革的目标，而且对改革的具体方向进行了顶层设计，创新体制机制改革重点包括宏观科技调控管理、科技资源配置及创新评价考核、产学研合作及成果转化、创新创业人才吸引与培养、创新活动激励及风险分散等方面。

科技创新体制机制改革不断深入和政策体系日益完善。从中央政府和各部门制定的科技体制改革措施和相关政策来看，注重创新宏观调控管理，关注产学研结合和科技成果转化机制建设，着力完善财政支持创新力度，积极支持互联网、电子商务、云计算和大数据等科技创新密集产业发展，营造大众创业、万众创新的政策环境和制度环境。科技体制目前已经形成了涵盖创新宏观管理体制、科技资源配置机制、产学研合作和成果转化机制、人才培养机制、科研管理机制、激励机制、评价机制和风险机制系统的改革措施；进一步完善了财政、税收、金融、人才、对外合作、产业发展等多方面政策措施。

3. 科技发展状况

党的十八大以来，以习近平同志为核心的党中央确立以创新为首的新发展理念，鲜明提出"创新是引领发展的第一动力"的重大论断，把科技创新作为提高社会生产力和综合国力的战略支撑，摆在国家发展全局的核心位置，提出实施创新驱动发展战略，发布《国家创新驱动发展战略纲要》，对科技创新进行战略性、全局性、长远性系统谋划，推出一系列奠基之举、长远之策，开拓了科技事业发展新局面。中国科技创新的整体能力显著提升，科技创新格局发生历史性转变：科技发展水平从以跟踪为主步入跟踪和并跑、领跑并存的历史新阶段，这是近代以来未曾有过的重大改变，表明中国科技发展站上全新的历史起点；创新能力从量的积累向质的飞跃、点的突破向系统能力提升转变，为塑造更多发挥先发优势的引领型发展蓄积强大动能；科技创新与经济社会发展的关系从"面向、依靠"到"深度融合、支撑引领"转变，推动中国迈上向全球产业价值链中高端攀升的通道；创新主体从科研人员的小众向大众创新创业转变，科技创新与"双创"融合共进，汇聚起创新发展的磅礴力量；中国在全球科技创新格局中的位置从被动跟随向积极融入、主动布局全球创新网络转变，成为具有重要国际影响力的科技大国，加速向科技强国迈进。

（1）科技创新的快速发展和水平的跃升。2016年，国家综合创新能力世界排名由第19位上升至第15位，科技进步贡献率已经达到60%，全社会研究与开发费用支出占国内生产总值的比重达到2.5%。科技产出效果显著。2016年，共受理专利申请346.5万件，连续6年居世界首位，发明专利申请受理量是133.9万件，位居全世界第一位。科技人员发表国际论文数量排名世界第二，论文被引用次数排名世界第三。科技与经济结合更加紧密，2016年全国技术市场合同交易总额达到11406.98亿元。科技人才队伍进一步壮大，科技人力资源总量和R&D人员数已跃居全球首位，占到全球总量的29.2%。科技重点领域核心关键技术取得重大突破，科技竞争力和国际影响力显著增强。产业技术创新明显加强，基础研究领域取得了重要的标志性进展，创新基础建设再上新台阶，建成一批重大科研基础设施和创新平台，形成比较完善的公共科技资源开放共享机制。科技体制改革促进了创新驱动发展战略的顺利实施，创新型国家建设成果丰硕，天宫、蛟龙、天眼、悟空、墨子、大飞机等重大科技成果相继问世。

（2）创新创业的热情和市场的活跃度。改革开放以来，特别是党的十八大以来，科技体制改革不断深化，政策陆续推出，市场活跃度不断提升，大众创业万众创新达成共识，北京、天津、上海、浙江、江苏、深圳等省市创新创业活力明显激发。大众创业万众创新的兴起对推动新产业和新业态的形成，缓解经济发展压力起到了积极作用。2016年，中国市场主体保持旺盛增长势头，全年新设市场主体1651.3万户，全年新登记第三产业企业446万户。2016年，信息技术、软件、节能环保、新能源、高端装备制造、新材料、生物医药、文化创意、金融服务、专业技术服务业、研发服务等行业都呈现出良好发展势头。值得特别关注的是，十八届三中全会以来，社会资本在创新领域的活跃度呈现大幅提升态势。根据从万得微观企业数据库汇总的企业已披露风险投资活动数据信息，2013—2015年，已披露的风险投资事件由1225件上升到2897件，年均增长53.8%；披露规模则由631亿元上升为4085.6亿元，年均增长154.4%。

二 科技创新成就

经过40年坚持不懈的努力，中国在基础科学、工程技术、农业科技、信息技术等众多领域取得巨大进步。科技成果涌现，科技创新水平加速迈向国际第一方阵，进入三跑并存、并跑领跑日益增多的历史性新阶段。涌现了一批重大创新成果，"天眼"探空、神舟飞天、墨子"传信"、高铁奔驰、北斗组网、超算"发威"、大飞机首飞、克隆猴诞生等。创新能力增强，科技队伍不断壮大、科研成绩不断提升、科技进步贡献率不断提高，国家创新能力排名目前已经升至第17位。在科技实力和科技创新能力不断提升的基础上，中国的高技术产业不断发展壮大，战略性新兴产业的引领作用不断凸显，促进了产业结构的不断升级。

经过40年的持续探索，中国科技体制改革取得了重大进展和明显成效，政策体系逐步完善。科技运行机制发生重要转变，竞争择优成为科技资源配置的主要方式；企业化转制、社会公益类院所分类改革等科研院所改革取得了积极的进展；《科学技术进步法》《专利法》《促进科技成果转化法》等法规相继出台，科技政策法规体系基本形成；科技创新能力不断增强。科技体系结构得到优化，初步形成了科研院所、高校、企业和科技中介机构等各具优势和特色的创新主体，企业技术创新主体的地位不断上升[1]，科技创新活力的不断增强，为科技创新取得辉煌成就起到了重要的制度保障作用。

(一) 科技实力不断提升

1. 科技投入规模居世界前列，增长潜力巨大

科技经费投入是科技事业发展的物质基础，是开展各种科技创新活动的重要支撑。随着中国经济的蓬勃发展和国家对科技事业重视程度的不断提升，中国科技投入已具备明显优势。根据美国国家科学委员会（National Science Board，NSB）发布的最新一期的《科学与工程指标2018》，2015年中国全社会R&D经费投入总量为4080亿美元（约1.4万亿人民币），占全球研发投入总量的21%，成为仅次于美国的全球第二大研发经费投入国家。与此同时，根据中国统计局《2016年全国科技经费投入统计公报》，中国研发经费投入强度呈现稳定上升趋势，2016年R&D经费投入与GDP之比为2.11%，连续3年超过2%。高于欧盟15国2.08%的平均水平。与此同时，中国科技经费投入具有巨大的增长潜力。按不变价计算，2000—2015年中国R&D经费年均增速为15.9%，增长速度位居全球首位，成为世界研发投入增长的最大贡献者。作为世界第二大经

---

[1] 云涛：《我国科技体制改革的阶段成效与深化改革的对策建议》，载《科学管理研究》2009年第27卷第4期。

济体，中国经济保持中高速增长，也为未来研发经费投入持续增加奠定了更加牢固的经济基础。

2. 知识产出总量位居世界前列，质量不断提升

改革开放以来，中国经过多年努力，以国际科技论文和国内发明专利为表征的知识产出在全球范围内已表现出明显优势。论文方面，2015年中国SCI论文发表数量为28.1万篇，占全球总量的14.4%，仅次于美国，连续八年位居全球第二位。2000—2015年间，中国SCI论文发表数量年均增长16.4%，居全球首位。与此同时，随着科学研究实力的不断上升，中国部分学科的论文数量也已位居世界前列，"十二五"期间农业、化学、计算机科学等8个学科领域被引次数位列世界第二位。专利方面，中国国内发明专利申请量和授权量均位居世界第一位，且依旧保持强劲涨势，对全球发明专利申请和授权的增量贡献突出。2000—2016年间，中国国内发明专利申请量和授权量年均增速分别达到27.5%和28.4%，远远高于日本、美国、韩国等专利大国。2016年，中国国家知识产权局共受理发明专利申请133.9万件，连续6年位居世界首位；国内发明专利授权量30.2万件，继续保持世界国内发明专利授权量第一大国地位。与此同时，2016年中国国内发明专利拥有量突破100万件，是继美国和日本之后世界上第三个国内发明专利拥有量突破百万件的国家，中国"专利大国"的地位愈加稳固。

3. 科技产出成绩斐然

基础研究加速赶超引领，原始创新能力显著增强。中国科技工作者增强创新自信，勇攀科学高峰，在全球首次通过实验观测到量子反常霍尔效应、首次开展星地量子通信实验等。中国科学家对国际科学前沿进展和人类知识创造的重要贡献得到国际学术界高度认可，中国已成为仅次于美国的全球第二大高质量科技论文产出国。中国在量子通信、光量子计算机、高温超导、中微子振荡、干细胞、

合成生物学、结构生物学、纳米催化、极地研究等领域取得一大批重大原创成果,并首次荣获诺贝尔生理学或医学奖、国际超导大会马蒂亚斯奖、国际量子通信奖等国际权威奖项,在基础研究领域的国际影响大幅跃升。

重大科技创新成果不断涌现,后发优势明显。战略高技术捷报频传,载人航天和探月工程、"北斗"全球卫星导航系统、采用自主研发芯片的超算系统"神威·太湖之光"、国产首架大飞机C919、蛟龙号载人深潜器、自主研发的核能技术、天然气水合物勘查开发和新一代高铁、云计算、人工智能等成就举世瞩目。

4. 科研人员规模位居世界首位,科技人才培养和引进取得显著进展

科研人员是知识与技能的重要载体和开展科学技术创新活动的核心要素,决定着国家科技创新实力和未来发展潜力。经过多年发展,中国进入了科技人力资源红利释放的黄金时期。

(1) 科研人员规模位居世界首位。近年来,中国科研人员数量持续增加,2015年全国R&D人员全时当量已增至375.9万人/年,占全球R&D人员总量的31.1%,自2007年以来连续九年位居世界首位,成为全球第一科技人力资源大国,为国家科技事业发展提供了强有力的智力支撑。

(2) 海外人才回流趋势明显。随着中国经济快速发展和研发环境的持续优化,越来越多的海外学子和海外人才在"大磁场"的强大引力下归国,投身到国家科技发展事业中。重大科技任务、科研基地、重大科技基础设施等对创新人才发挥了"筑巢引凤"的"虹吸效应"。"千人计划""万人计划"等重大人才工程深入实施,中央、地方、部门纵横联动,统筹推进各类科技人才发展,形成高端引领、整体发力、系统支撑的新格局,并带动形成新中国成立以来最大规模留学人才"归国潮"。截至2016年年底,中国留学回国人

员总数达265.11万人，其中2012年党的十八大以来的回国人数占70%。一支门类齐全、梯次合理、素质优良的创新人才大军，正在建设世界科技强国的新征程中加速集结、发展壮大。[①]通过优厚的科研环境和有效的激励机制已成功引进包括杨振宁、姚期智、施一公等在内的众多资深科学家和重量级专家，成为推动中国科学技术发展的生力军和领跑者。

（3）教育红利释放科技人力资源红利。当前，中国进入教育红利释放期，接受高等教育程度人口数量从2010年的1.18亿提高至2015年的1.71亿，平均每年增加1060万人；主要劳动年龄人口接受高等教育的比例从2010年的12.5%提高至2015年的16.9%，年均增长近一个百分点。与此同时，作为科研人员队伍的重要来源，理工农医类本科及以上毕业生逐年递增，2010—2015年平均每年向中国科技发展事业贡献160万后备人才。中国全社会受教育程度明显提升，高等教育人口规模不断扩张，理工农医类本科及以上毕业生持续增长，为未来我国科技人员队伍建设，实现科技人才持续、快速增长奠定了坚实基础。

5. 国家科技创新基地和重大科技基础设施形成新格局，构建重大创新策源地

从1987年第一家科技企业孵化器在中国诞生起，至2016年年底，全国纳入火炬计划的众创空间4298家、科技企业孵化器3255家、企业加速器400余家。它们与19家国家自主创新示范区和156家国家高新区一道，形成了一条日趋完善的创业孵化生态链。目前中国已与世界158个国家建立科技合作关系，参加国际组织和多边机制超过200个。支持建设北京怀柔、上海张江、安徽合肥3个综

[①] 中共科学技术部党组：《创新驱动铸辉煌　科技强国启新篇——党的十八大以来我国科技创新的主要进展与成就》，《求是》2017年第11期。

合性国家科学中心,与已布局建设的 483 个国家重点实验室、346 个国家工程技术研究中心形成冲击世界科技前沿、抢占未来竞争制高点的梯次布局。重大科技基础设施建设加快推进,打造科技创新"国之重器"。

(二) 科技支撑引领作用日益凸显

科技创新在支撑经济转型、重点产业振兴、有效应对国际金融危机中作出积极贡献。中国科技创新发展坚持从国民经济建设和社会可持续发展的重大需求出发,以促进产业技术升级和结构调整、解决社会公益性重大技术问题为主攻方向,通过重大关键技术突破、引进技术创新、高新技术应用及产业化,为产业结构调整、社会可持续发展及提高人民生活质量提供技术支撑。

(1) 技术创新工程深入实施,企业创新能力迈上新台阶。强化企业创新主体地位和主导作用,鼓励企业牵头承担国家重大科技任务。启动国家技术创新中心建设,启动实施创新企业百强工程试点,推动央企考核办法改革,鼓励中小微企业开展协同创新。加快推动产业技术创新联盟培育,搭建开放协作平台。华为、联想、中国中车、中国电科等一批创新型企业进入世界企业 500 强。在高速铁路、智能终端等领域,中国崛起一批具有全球影响的创新型企业。

(2) 科技创新不断培育新动能,引领产业向中高端迈进。科技创新加速突破应用,推动新动能不断成长,促进传统动能改造提升。集成电路制造技术、移动通信、第四代核电高温气冷堆、第三代核电"华龙一号"、高铁、新能源汽车、特高压输变电技术、风能和光伏关键部件和设计制造技术、"数控一代"应用示范工程等,有力带动产业转型升级。

(3) 科技创新为改善民生福祉,为脱贫攻坚提供有力保障。农业关键技术攻关取得重大突破,粮食丰产科技工程和渤海粮仓科技示范工程成效显著。自主研发的3.0T超导磁共振系统、全球首个基因突变型埃博拉疫苗、阿帕替尼抗肿瘤新药等为改善民生提供科技支撑。科技扶贫行动成效显著，以科技创新助力打赢脱贫攻坚战。

（4）科技创新促进形成区域经济增长极，打造区域创新高地。北京、上海加快建设具有全球影响力的科技创新中心，京津冀协同创新共同体建设深入推进，长江经济带加快转型升级和创新发展，创新型省份、创新型城市建设成效显现，区域创新改革试验全面启动。国家自主创新示范区和高新区成为区域创新发展的核心载体、产业转型升级的重要引擎。启动中国落实2030年可持续发展议程创新示范区建设，推动北京中关村与贵州大数据试验区等开展深入合作。

（三）高技术产业保持快速发展

中国高技术产业从20世纪80年代起步，此后经过30多年"准备成长期""全面成长期"的跨越式发展，如今迈入了快速发展新的"黄金时代"。

20世纪80年代，邓小平做出战略决策，国家制定了《高技术研究发展计划（"863"计划）纲要》，中国高技术产业发展开始起步。经过20世纪80年代中期开始至90年代末15年的"准备成长期"，中国高技术产业实现了从无到有、从落伍者到追赶者的改变。此后，中国高技术产业进入"全面成长期"，从小到大、从大到强，从追赶者到追随者，逐步走向超越者，展现了中国科技界与产业界极强的发展动力和生命力。高技术产业增加值占制造业增加值比重已经从1999年的6.23%增加到2016年的16.52%，提高了10.29个百分点，预计到2020年，这一比重会超过18%，高技术产业经历着前所未有的"上升期"。

（1）中国高技术产业呈现增加值、就业双高速增长。2000年，中国高技术产业增加值为1818.5亿元，到2015年增至34027.56亿元，年均增长率22.42%。即从"十五"到"十二五"期间，高技术产业增加值增长率明显高于非高技术产业，也高于工业总体水平，分别相当于2.46倍和2.25倍，其中"十五"时期分别高达3.59倍和3.18倍。高技术产业从业人数从2000年的390万人，增至2013年的1294万人，新增就业904万人，年均增长率高达8.9%，大大高于同期工业就业增长率。

（2）中国已成为世界高技术产业大国。2000年，中国高技术产业增加值占世界比重为3.16%，到2015年升至29.08%，比2000年提高了25.92个百分点，已经超过美国。中国高技术产业发展的过程本质上是作为"落伍者"与"后来者"的快速发展，以及相对美国的追赶与超越过程。"十五"时期中国高技术产品出口额赶超美国，"十二五"时期中国高技术产业增加值超越美国，表明中国不仅是世界工厂，也是世界高技术产品工厂。

（3）中国高技术产业发展提高了经济发展质量和产业结构优化。改革开放至今，中国高技术产业经济贡献率不断提升，2000—2014年期间，高技术产业对经济增长直接贡献率达到了4.95%，是中国经济增长的重要引擎。中国高技术产业出口占工业制成品出口的比重，从2000年的18.98%增至2014年的25.37%，迅速提高了制成品的出口质量。高技术产业发展显著提高了中国制造业结构水平，推动了制造业从低端制造业向高技术制造业的转型，带动了一大批包括制造业与服务业在内的知识与技术密集型产业的迅速发展以及ICT产业的迅猛增长。就ICT行业而言，中国高技术产业中规模优势最强的电子及通信设备制造、计算机及办公设备制造业都属于电子信息制造业（ICT产业）。2014年，两大行业营业收入分别占中国高技术产业的52%和20%，合计超过七成；出口额分别占中国高技术产业的58%和36%，合计超过九成；增加值分别占全球的47%和43%。[①]

（四）国家创新体系不断完善

2006年国务院颁布的《国家中长期科学和技术发展规划纲要（2006—2020年）》中明确提出，深化科技体制改革的目标是推进和完善国家创新体系建设。2012年7月7日，胡锦涛在全国科技创新大会上再次指出，"到2020年，我们要达到的目标是：基本建成适应社会主义市场经济体制、符合科技发展规律的中国特色国家创新体系"[②]。2014年6月9日，习近平在两院院士大会上强调，"加快建立健全国家创新体系，让一切创新源泉充分涌流"。"加快建立健全各主体、各方面、各环节有机互动、协同高效的国家创新体系。"2009年，OECD发布了 Measuring China's Innovation System—National Specificities And International Comparisons 报告，作为OECD中国创新政策研究的重要部分，该报告提出了一个"投入—联系—产出"模型，用于描述当时的中国国家创新体系[③]。通过对创新主体、创新投入和产出等主要科技指标的分析，详尽分析了中国创新体系的主要特征[④]（图8—1）。

党的十八届三中全会提出深化科技体制改革的总体思路和要求，中国科技体制改革坚持问题导向，以政府职能转变引领体制机制创新，取得显著成效。

[①] 参见胡鞍钢、任皓《中国高技术产业如何赶超美国》，《中国科学院院刊》2016年第31卷第12期；《中国高技术产业迈入"黄金时代"》，http://www.gov.cn/xinwen/2017-03/02/content_5172385.htm。

[②] 奚洁人编：《科学发展观百科辞典》，上海辞书出版社2007年版，第142—162页。

[③] 王春法：《主要发达国家国家创新体系的历史演变和发展趋势》，经济科学出版社2003年版，第12—24页。

[④] 同上。

第八章 科技引领：超越传统后发优势

```
                    ┌─────────────┐
                    │  联系和互动  │
                    └─────────────┘
┌───┬──────────────────┬──────────────────┬──────────────────┬───┐
│   │  财政和资本投入   │  投入产出联系     │  科技产出         │   │
│   │ • R&D投入和支出   │ • 技术市场        │ • 高技术产品      │   │
│   │ • 技术采用        │ • 科学园和孵化器  │ • 高技术出品      │   │
│   │ • 风险资本        │ • 产品创新        │ • 新产品          │   │
│   │                  │ • 流程创新        │ • 新生产流程      │   │
│   │                  │                  │ • 发表论文及引用  │   │
│   │                  │ • 主要创新活动者及 │ • 专利            │   │
│   │                  │   其互动          │                  │   │
│ 投 │                  │ • R&D投入         │                  │ 产 │
│   │  人力资本投入     │ • R&D合作         │  其他社会经济产出 │   │
│ 入 │ • R&D人员         │ • 合作参与国家和地│ • 创造就业        │ 出 │
│   │ • 科技人力资源    │   方科技计划      │ • 生产效率提高    │   │
│   │ • 学生和毕业生    │ • 外部采办        │ • 行业内及行业之间│   │
│   │                  │ • 合作专利与论文   │   的溢出          │   │
│   │                  │                  │                  │   │
│   │  政策和市场环境   │  通用技术         │  基础设施         │   │
│   │ • 科技政策        │ • ICT             │ • ICT发展         │   │
│   │ • 制度和法律框架  │ • 生物技术        │ • 教育体系        │   │
│   │ • 国家创新体系转型│ • 纳米技术        │ • 金融体系        │   │
│   │                  │                  │ • 研发体系        │   │
└───┴──────────────────┴──────────────────┴──────────────────┴───┘
                    ┌─────────────────────┐
                    │  关键基础设施及环境   │
                    └─────────────────────┘
```

图 8—1　中国国家创新体系投入—联系—产出分析模型

（1）科技创新治理体系更加完善。推进国家重大科技决策咨询制度建设，推动建立国家科技咨询委员会，健全国家技术预测机制，完善国家创新调查制度。推进科技领域的"放、管、服"改革，科技创新政策法规体系进一步完善。

（2）国家科技计划体系全面重塑。形成新的国家科技计划体系，建立公开统一的国家科技管理平台，强化科技资源统筹配置，建立和完善围绕重大任务推动科技创新的新机制。

（3）科技成果转移转化体系建设取得重大突破。全国人大修订完成《促进科技成果转化法》，国务院发布《实施〈促进科技成果转化法〉若干规定》，国办印发《促进科技成果转移转化行动方案》，形成从修订法律、制定配套政策到部署具体行动的"三部曲"，形成中国特色促进科技成果转化制度体系。

（4）创新激励政策体系成效彰显。在国有科技型企业中推行股权和分红激励政策，对股权激励和技术入股所得实行递延纳税等优惠政策，有利于激励创新的中长期分配机制初步建立。中关村先行先试政策推广至全国，修订完善研发费用加计扣除、高新技术企业认定政策。实行以增加知识价值为导向的分配政策，推进科研项目资金管理改革。

（5）军民科技协同创新体系加快建立。制定实施"十三五"科技军民融合专项规划，推动形成全要素、多领域、高效益的军民科技创新融合发展格局。围绕深海、深地、深空、深蓝等领域战略高技术布局，部署军民融合重大科技项目和重点专项，军民共用技术项目一体化论证和联合实施机制进一步完善。加快论证建设一批军民科技协同创新平台，推动军民科技协同创新迈上新台阶。

三　科技发展经验

中国科技创新经过40年的不断摸索和拼搏，历经艰难和曲折，取得卓越成就，迈向了科技大国的第一方阵。中国科技不断超越，得益于持续不断的制定和调整国家科技战略规划，充分发挥前瞻性引导性作用；正确把握科技体制改革方向，发挥将国家集中力量办大事与市场经济体制结合的制度优势；始终坚持服务国家发展全局，面向经济和社会发展的主战场；将模仿创新与自主创新有机结合，快速缩短与世界科技前沿的差距；重视科技人才和科技创新环境，充分激发各类创新主体的积极性。

（一）战略规划引领

第二次世界大战后科学技术突飞猛进，世界各国抓紧布局积极应对。"文化大革命"使中国再次错过追赶良机，科技水平与西方国家相比差距继续扩大。如果中国科技发展不打破常规，走别人的老路，就永远处于落后和被动挨打的地位。改革开放后，中国十分重视通过科技战略规划推动科技发展，实施积极主动的、计划式的科技赶超战略，在"跳跃发展，重点突破"的科技发展战略思想指导之下，中国的科技事业在短时间内取得惊人成就。党的十八大前后，中国实施"非对称"赶超战略，打造局部领先优势，为创新驱动、更多发挥先发优势的引领型发展蓄积强大势能。科技战略与规划的积极引领，加强了科技领域的前瞻布局，强化系统部署，优化国家科技发展布局和科技资源分配等。

改革开放以来，中国制定了十个重要的科技发展规划，《1978—1985年全国科技发展纲要》、《1986—2000年科技发展规划》，以及《1991—2000年科学技术发展十年规划和"八五"计划纲要》和《全国科技发展"九五"计划和到2010年远景目标纲要》《国民经济和社会发展第十个五年计划科技教育发展专项规划（科技发展规划）》《国家"十一五"科学和技术发展规划》《国家"十二五"科学和技术发展规划》一直到《中国中长期科技发展规划》。特别是党的十八大以来，《国家"十三五"科学和技术发展规划》《国家创新驱动发展战略纲要》。科技发展规划的制定及其配套的科技政策的实施，对促进中国科技整体发展、高技术产业迅速发展、增强自主创新能力产生了深远影响。

（二）体制机制改革

改革服务于国家科技发展战略。科技体制机制改革是新时代的一场革命，目的是解放和发展科技生产力。40年来，随着改革开放进程和社会主义市场经济体制的逐步建立，国家先后确立了"面向、依靠""科教兴国""自主创新"等重大科技发展战略方针，不同阶段的改革重点以这些科技发展战略方针为指导，以改革的具体措施落实方针的要求。中国在1985、1995、1999和2006年发布了四个关于科技体制改革的决定，在不同阶段都对改革方针、重点任务和政策措施作出一以贯之的战略部署。

探索新型科技体制机制。符合社会主义市场经济规律和科技自身发展规律，是改革得以按照正确的方向持续推进的内在要求。在多年的改革中，一方面按照市场经济规律，发挥市场在配置科技资源的基础性作用，通过建立竞争择优的经费分配机制、科技成果转化激励机制和加强知识产权保护，充分体现科技创造的市场价值；另一方面按照科技自身发展规律，坚持以人为本，建立"开放、流动、竞争、协作"的科研新机制，调动科技人员创新的积极性和能动性；对市场机制不能有效发挥作用的基础研究和公益性科研工作，政府通过加大投入以及平台建设等支持其持续发展。

不断完善科技政策法规体系。不断地将实践比较成熟的政策及时上升为法规，通过制度建设来巩固改革成果，同时加强配套体系建设。以1999年全面推进开发类院所转制为例，围绕这一改革出台的配套政策达到30多项，涉及资产、财务、社保及人员待遇、税收、干部管理等多个方面，这些配套政策保障了改革的平稳顺利推进。改革政策措施的实践与探索，为《科技成果转化法》《专利法》以及《科技进步法》等法律的制定与修订提供了实践基础，科技法规体系的不断健全，促进了科技改革发展的规范化和制度化。

实施试点先行逐步推开的办法。坚持试点先行、逐步推开的改革实施办法，探索完善改革思路，积极稳妥地推进改革。在社会主义市场经济条件下推进科技体制改革是一个全新的探索，没有现成经验可以借鉴。改革本着试点先行原则，探索思路，积累经验，然后再逐步推开。以开发类院所转制为例，20世纪80年代以单个机构进行试点，90年代以部门为单位试点，到1999年时机成熟后全面推开。公益类院所改革试点始于20世纪90年代中期，到2000年形成全面推进分类改革的文件，本着成熟一批、启动一批的原则，按照部门申请，科技、财政和编办三家联合审核，国务院批准程序，2001年形成首批4个部门的改革方案，历时4年完成了20个部门的改革方案。正是采用了这一改革实施办法，保证了改革推进过程总体平稳顺利，没有出现大的震荡与反复。

（三）集中力量办大事

社会主义的突出特征和优势在于其制度优势，可以依靠国家意志，集中力量办大事。改革开放至今，中国已经依靠举国之力，攻坚克难，创造出一个又一个举世瞩目的成就。例如，围绕国家目标，进一步突出重点，筛选出若干重大战略产品、关键共性技术和重大工程作为国家科技重大专项，充分发挥社会主义制度集中力量办大事的优势和市场机制的作用，力争取得突破，努力实现以科技发展的局部跃升带动生产力的跨越发展，并填补国家战略空白。

自1982年开始实施的旨在解决国民经济和社会发展中带有方向性、关键性和综合性的问题，涉及农业、电子信息、能源、交通、材料、资源勘探、环境保护、医疗卫生等领域的国家科技攻关计划，到1986年3月开始实施的国家高技术研究发展计划（863计划，即以最优的科技队伍跟踪信息技术、生物技术、自动化技术、航天技术、激光技术、新能源、新材料7个重点领域），再到延续这种思路的"火炬计划"和国家重点基础研究发展计划（973计划）、科技支撑计划、科技惠民计划、以产业化和创新发展为目标的国家科技重大专项规划等国家和地方科技计划，是集国家政治、军事、科技实力为一体的一系列科技发展计划，是国家意志、集中力量办大事的制度优越性的集中体现。

正是由于集中优势力量，布局了高科技优先发展领域，从而突破了一批服务民生的关键技术，凝聚和培养了一大批优秀科技人才，培育了一批创新能力强、具有国际竞争力的高技术企业，形成了一批创新平台和应用示范基地，取得了一系列重大突破和标志性成果，缔造了载人航天、神威系列高性能计算机、超级水稻、深海机器人等一系列科技神话。

在载人航天领域，1992年1月，中国政府批准载人航天工程正式上马，并命名为"921工程"。自2003年10月15日，中国自行研制的"神舟"五号载人飞船首次成功进入太空之后，在载人航天领域取得了多个辉煌的成就。在高速交通领域，进入到21世纪以后，特别是2004年国务院批准铁路中长期发展规划，中国铁路人奋力拼搏，6年走完了国外30年的发展历程，中国高铁技术和建设已经走在了世界的前列。在生物医药领域，成功研制出EV71（肠道病毒71型）手足口病疫苗、西达本胺、盐酸埃克替尼等重大新药产品；突破艾滋病、乙肝、结核病防治系列关键技术，在应对H7N9禽流感、埃博拉等重大疫情中得到国际社会的高度评价。在海洋和资源环境领域，海洋谱系化深潜器研发带动了海洋资源勘探技术和装备实现跨越发展，"海洋石油981"、3000型成套压裂设备等一批油气开发高端装备打破了国外长期垄断。这些成就集中体现了中国特色社会主义集中力量办大事的制度优越性。

（四）引进吸收创新

改革开放以来，在政府政策的引导下，国内企业通过各种途径和措施纷纷引进国外先进技术资源，如引进生产设备、技术专利等，在消化吸收基础上完成重大创新，既提高了企业自身的自主创新能力、有效缩小了与发达国家的科技差距，同时也有力地促进了国内产业结构的优化升级。

积极出台有利于引进吸收再创新的政策。自20世纪80年代改革开放初期的大力吸引外资，到21世纪初加入WTO及国家实施新型工业化战略,在不同发展阶段,围绕工业化的基础及发展需求,为提高产业企业的技术水平和创新能力,中国各级政府出台了一系列政策措施。早在1985年,为进一步扩大对外经济技术合作,提高科学技术水平,国务院就颁布了《中华人民共和国技术引进合同管理条例》。到2001年,为适应新形势新需求,进一步规范和完善技术引进相关管理规定,国务院颁布实施了《中华人民共和国技术进出口管理条例》,规范了包括专利权转让、专利申请权转让、专利实施许可、技术秘密转让、技术服务和其他方式的技术转移等进出口管理。2006年,商务部等八个部委联合颁布了《关于鼓励技术引进与创新、促进转变外贸增长方式的若干意见》,其中,提到"把大力引进先进技术和优化引进结构结合起来;把引进技术和开发创新结合起来,强化技术引进与消化吸收的有效衔接,注重引进技术的消化吸收和再创新,使企业在核心产品和核心技术上拥有更多的自主知识产权"。同年,为鼓励企业引进国外先进适用技术,商务部和国家税务总局联合制定了《中国鼓励引进技术目录》。这些政策发挥了较好的引导促进作用,鼓励各类市场创新主体积极引进国际先进技术,推动中国工业化技术不断转型升级。

鼓励通过跨国并购推动技术升级。跨国并购是企业走出去的一个重要实现方式,通过收购海外的先进技术和管理经验,促进中国自主创新的后续发展。在国际并购过程中,一大部分企业通过跨国并购,直接利用国外先进技术和科技人才,在较短时间缩小了国内外技术发展的差距,促进了企业技术创新的追赶,推动了企业的战略转型,增强了企业的国际竞争力。例如,联想集团较早就着力建立全球研发体系,加强资源整合,完成了从土生土长的中国品牌到全球知名的世界品牌,从一个只会管理中国市场的企业到全球运营的跨国公司的转变。其中,在科技引进方面,联想集团通过跨国并购,以小博大,实现产业链的完整收购,打造国际化的快速通道,在消化吸收中整合全球资源，维持人员特别是科技人才队伍的稳定，建立了全球研发体系。

（五）面向经济主战场

40 年来，国家先后采取了推动技术商品化、鼓励民营科技企业发展、兴办高新技术开发区、推动开发类院所进入市场、促进企业成为技术创新主体等一系列重大改革措施，从体系结构、运行机制、管理制度等各个方面进行不断调整和完善，推动科技与经济社会的紧密结合。2016 年全国技术市场合同交易总额达到 11406.98 亿元，实现了全国技术交易的跨越式发展。

科技创新面向消费升级需求。告别商品短缺时代之后，为满足居民消费需求升级和多样化，中国科技发展不断推陈出新。基因工程、生物医药、智能穿戴设备等领域的科技创新促进了医疗卫生事业的发展；能源节约、资源循环利用、新能源开发、污染治理、生态修复等领域关键技术攻关促进了生态环保领域的发展；核电、风电、太阳能光伏发电等新材料、新装备的研发和推广，新能源汽车发展，推动能源转型和变革；高端耐用消费品、智能汽车和家电、互联网平台、现代物流等领域技术创新促进了人民生活的便利。

科技创新面向战略性新兴产业发展和传统产业升级。高速铁路、移动通信、集成电路、生物技术等重大关键技术突破带动了战略性新兴产业快速发展。智能制造、柔性制造、规模化生产、循环经济、融合发展、制造业服务化、服务业制造化等领域的科技创新促进了传统产业的转型升级。

（六）重视科技人才和创新环境

创新人才培养模式。推行创新型教育方式方法，创新人才培养模式，依托国家重大科研项目和重大工程、重点学科和重点科研基地、国际学术交流合作项目，建设一批高层次创新型科技人才培养基地。依托人才计划，多渠道、全方位引进海外高层次领军人才，建设高水平创新型科研团队。中国科学家进入国际高被引科学家名单的数量显著增加，部分学科已经拥有了国际领军人物。

加强急需紧缺的高质量专业技术人才队伍建设。积极制定产业、行业人才发展统筹规划和加强分类指导，装备制造、信息、生物、新材料等重点领域编制了人才发展规划。根据社会经济发展需求调整优化高等学校学科专业设置，超前部署一批与国家战略性新兴产业和改善民生相关的学科专业，加大急需人才的培养力度。创新专业领域人才培养模式，教育部联合相关部门在工程师、法律人才、农林人才、医生、教师等人才培养中实施"卓越人才教育培养计划"，强化培养学生的实践能力和创新能力。

重大政策工具日益丰富。人才投入政策拓宽了人才投资和创业投融资渠道，设立人才发展基金、创业风险投资基金等方式，有力地支持了人才创业和创新发展。人才培养政策鼓励创新培养方式，多维度地培养创新人才和团队。据不完全统计，全国20多个省市建立了体现各地特色的"产学研"联盟，初步形成了相辅相成相互支撑的创新人才培养体系。

以增加知识价值为导向的分配政策保障了科研人员的合法权益。中央到地方大力鼓励科研人员离岗创业，推动了科技成果转化。2014年，中央各部门遴选了20家中央级事业单位，启动了科技成果使用、处置和收益管理改革试点，赋予单位科技成果转化自主权，调动了单位和科研人员科技成果转化的积极性。

营造"鼓励创新、宽容失败"的创新文化，积极开展科学道德和学风建设宣讲教育活动，整治学术不端，切实维护学术诚信。

（李　平）

第九章 生态文明：从手段论到目的论

生态文明在学术文献中最早出现于20世纪90年代，在政府文件中初次使用于2007年党的十七大报告，而系统界定和全面使用则是2012年党的十八大以后，尤其是十八届三中全会及随后关于生态文明体制改革的决定和意见。狭义地讲，生态文明建设主要针对的是生态保护、污染控制和资源节约。而广义地说，生态文明则是一种发展的状态或阶段，标志或要求是生产发展、生活富裕、生态良好；或是相对于农耕文明、工业文明的一个新的时代，人类社会发展的一个新的社会文明形态。生态文明的发展，从最初侧重于技术层面的手段，从改革开放前的生态破坏到改革开放初期的生态保护，到20世纪90年代的生态保护到污染控制并重，到21世纪初加入WTO后的污染控制、资源节约和生态保护三管齐下，到2010年以后将生态文明放在突出地位，融入经济、政治、社会、文化的各个方面和全过程，经历了一个从手段到目的认知和实践的过程。从征服自然到与自然和谐共生，改革开放的时间节点也标志着生态文明建设发展的演进阶段。1978年的改革，全国经历了一个从改革开放前战天斗地引发的生态失衡中恢复生态平衡的过程[1]；开放引进的环保理念和改革催生的乡镇企业污染，

---

[1] 改革开放初期，昆虫生态学家马世骏（1978）和植物生态学家侯学煜（1980）将生物学的概念引入社会，形成1980年代具有较大影响力的生态保护的理念和社会认知。

成为20世纪90年代生态文明建设的主旋律；2001年中国加入WTO，重化工阶段的快速工业化城市化，使得污染控制、资源节约和生态保护进入全球视野，整体恶化态势凸显；2010年以后中国经济进入新常态，生态文明超越手段成为经济社会发展的目标指向。

一 美丽和谐：从征服自然到人与自然的和谐共生

1978年启动的市场导向的改革开放，为中国经济发展注入了活力与生机。计划经济体制下的生产关系被打破，市场经济导向利益驱动重塑人与自然的关系。在改革开放前30年重工业导向的工业化和集体规模经营的农业生产格局下，尽管希望人定胜天，但在规模和水平上，整体来讲人与自然的关系多在顺应自然、利用自然的层面。随着改革开放，大量的资本和技术的投入，生产力水平大幅提高，生产规模不断扩大，对自然的改造和破坏，加剧了人与自然的对抗，自然也在以其特有的方式，报复不珍惜自然的行为。中国作为后发的工业化国家，也看到西方工业化进程中破坏自然危及环境的严峻后果，主观上希望避免发达国家的老路，谋求一条人与自然和谐共生的新路。但理想与现实总是存在差距，为了物质财富的积累和消费水平的提升，改造和征服自然是否必然会破坏美丽，破坏和谐？改革开放40年，我们经历了一个什么样的人与自然和谐共生的过程，受到什么因素的影响，是否已经，抑或是正在跨越人与自然和谐共生的瓶颈，走向美丽和谐？改革开放后的生态文明建设之路，是一个从不自觉到觉醒到行动的过程，受工业化、城市化、全球化的进程和时间节点影响而有着鲜明的时代特征，社会认知水平的提升和政府决策的积极应对，强化了生态文明的意识和行动。

改革开放前，以粮为纲战天斗地生态失衡。1978年以前我国的城市化水平较低且进展缓慢，从 1949 年的 11% 经过 30 年才提升到 1978 年的 18%。80% 以上的人口被锁定在生产力较为低下的农村从事农业，而对象只能是生态环境和自然资源。围湖造田、毁林开荒、兴修水利，扩大了农业种植面积，旨在减少气象灾害对农业的毁灭性冲击，稳定并扩大农业生产，但自然遭到破坏，生态系统失去平衡，传统农业社会的自然生产力衰退构成人与自然和谐的主要矛盾。即使是较低的城市化水平，城市居民的消费能力和水平在计划经济的供给制安排下，相对有限而且低下，城市污水排放和生活垃圾在一定程度上还是周边农村地区的"资源"，尽管城市环境质量乏善可陈，但城市环境污染尚未构成人与自然和谐的主要挑战。国家计划主导的工业化，偏向于原材料、国防安全等国家偏重的工业体系的构建，数量不多，规模有限，集聚程度不高。这就使得这些为数不多的工矿企业，尽管技术水平不高，污染排放系数较大，但周边较为充裕的环境容量，吸纳和净化了部分污染物。而且，计划经济体制下的国家资金不会投到乡村，也不允许农村村镇大力发展工业。由于当时的开放程度极其有限，社会宣传和认知的基调还停留在污染、破坏环境是资本主义的痼疾，与社会主义的计划经济无关上面，才最终造成这样的结果。

　　改革开放的起步阶段，污染不断凸显，生态恶化趋缓。改革激发的乡镇工业发展造成的污染和开放引进的污染控制理念与技术相交织，催生了环境保护的行动与制度体系构建。改革开放后生态文明建设发生重大转变的第一个重要阶段是 1978—1991 年。在这一阶段，农村率先改革，大大释放农业生产力，也使农业剩余劳动力可以在一定程度上在农业以外的领域另谋生计。农民"离土不离乡"[1]，外资可进

---

[1] 由于城乡户籍樊篱，农村人口在身份上不得从农业户口转为非农业即城市户籍。人民公社时代，农民不得离开土地，改革开放后，农民可以不从事农业生产进入工业和城市，但是，制度上的规定使得他们"离土不离乡，进城不落户"（熊承家：《"离乡不离土"的提法不妥》，《农业经济问题》1986 年第 1 期）。

入,形成城市化、工业化的主要特点。这一阶段最具有代表性的是农业或农村自发工业化的"苏南"乡镇企业[①]在江浙的兴起和港澳台资在珠三角的"三来一补"[②]外向型工业化经济。在这一阶段,由于劳动力流向工业和城市,城市化水平快速提升,城市污染治理开始提到议事日程,苏南乡镇企业"有水快流"的发展带来的水污染浮出水面引发社会关注;珠三角地区的快速工业化、城市化开始凸现能源资源短缺的问题。各地环境保护机构普遍建立,一些严重污染事件引发社会的广泛关注。

改革开放的提速阶段,污染加剧,治理提速,生态改善。以1992年邓小平南方谈话为时间节点,对外开放扩大、改革提速,计划经济体制下的国有企业、集体企业大规模改制,民营经济全面发展。在这一阶段,工业化、城市化进程提速,工业污染源头增多、范围扩大,资源消耗大量增加。由于发展的重心转向工业和城市,农业劳动生产力得以提升,客观上不仅不需要扩大毁林开荒、围湖造田,而且可以减少农业耕种面积,退田还林、还湖、还草。使得自然生态环境得以一定程度上的休养生息,生态破坏的态势开始出现逆转。在这一阶段,村村点火、户户冒烟的乡镇企业发展势头得到遏制,规模企业、产业园区和污染物的末端治理在一定程度上减缓了污染的程度和损失,但污染整体处于加剧态势。

改革开放的腾飞阶段,污染整体恶化趋势得到遏制。经过艰苦的谈判,2001年中国完成了从加入"关贸总协定"的入关到加入世界贸易组织的入世程序,成为经济全球化的重要一员,世界工厂的

---

① 由人民公社时代的"社队企业",在改革开放后苏南的苏州、无锡、常州快速发展壮大的集体属性的乡镇企业,农民致富、工业化提速,污染治理滞后,形成较为严重的污染。20世纪80年代异军突起,费孝通称之为"苏南模式"。

② 指来料加工、来样加工、来件装配和补偿贸易,最早出现于1978年的东莞,是改革开放初期企业中外合资、贸易形式。2001年中国加入WTO后,这类企业转型淘汰。

地位不断得到强化和提升。民营经济、国有经济双管齐下，工业化的速度、规模和水平快速攀升，工业污染的排放系数随着技术进步而不断下降，但工业生产规模的大幅扩张使得工业污染排放增加、环境质量恶化。城市环境基础设施全面建设，但城市扩张的速度和规模，使得城市环境总体改观困难。在2008年前后，主要大气污染物二氧化硫、氮氧化合物、粉尘的排放达到峰值并在不断强化的严格监管和治理下有所下降，排放总量出现逆转，但由于长期积累的存量，环境质量水平并没有得到扭转。以节能为表征的资源节约，包括节水、节电、节地、节材等，得到了长足发展，资源节约型、环境友好型社会建设推动生态文明建设。在这一阶段，化石能源消费迅猛增长，温室气体排放也随着经济体量的增加而跃升为全球第一，国际责任不断凸显。

改革开放的提质阶段，环境质量趋稳向好，走向绿色和谐之路。2012年以后，中国经济进入新常态。中国的工业化进程整体上进入后期阶段，开始迈向后工业社会。城市化率高出世界平均水平，超过一半的国民生活、居住在城市。包括二氧化硫、工业污水在内的常规污染物得到有效管控，但PM2.5一类的大气细颗粒物和二氧化碳等温室气体的排放，引起人们对美好生活需要的担心和国际社会的关注。生态文明建设不仅仅是污染排放数量的控制，而是环境质量的整体提升；生态改善不仅仅是保护，而且包括投入和修复；资源利用不仅仅是节约，而是要增加资源存量实现永续利用。例如能源资源，考虑到化石能源存量的有限性而终将枯竭，即使没有污染控制的要求，也要寻求可再生能源的开发利用和替代。如果说2011年以前中国的生态环境保护是国际社会对中国的关注和资金技术的输入为主的话，2012年以后，中国生态文明的理念和实践，则是在为全球生态文明转型提供经验和方案。

改革开放40年，中国的生态文明建设实现了从愿景向现实的跨越。1978年以前积累的生态破坏，在1978—1991年因农村率先改革而得到遏制，但工业污染在长三角、珠三角地区迅速扩张，引发一系列严重的污染事件。1992—2001年，民营经济和国有经济借改革强劲东风，或活力迸发，或浴火重生，规模快速扩张使得污染排放总量快速增加，尽管排放标准不断得以严格。农业劳动人口的持续大规模转移到城市、工业，不仅使得生态的压力减少，而且通过退耕还林还草还湖，生态整体上得以改善。2002—2011年，随着中国成为世界工厂，污染排放的总量得到控制，但大气、水、土壤的环境质量由于历史累积原因，而没有得到根本扭转。2012年中国经济进入新常态，生态文明建设全方位展开，高质量推进，不仅中国的生态环境得到整体改进，也在为世界可持续发展作出积极的贡献。

二　绿色发展：从生态平衡到生态文明

中国几千年的农耕文明，生产力进步相对缓慢，社会生产水平总体低下。社会财富的生产和积累，主要以劳动力的数量增加为原动力；而人口数量的增加，又需要生存与发展资源的保障。在资源相对有限和自然波动性较大的情况下，人口作为发展动力，在技术水平保持不变的情况下，扩大生产的基本途径是垦殖自然，向自然索取。边际土地生产力递减，自然灾变危及人口生存。在这样一种情况下，人们只能通过尊重自然来顺应自然，寻求人与自然的和谐。然而，历史上对自然和谐的憧憬，存在两个互不交集的愿景空间：对名山大川偏爱有加的文人墨客和在田间地头劳作为温饱担忧的农耕小民，形成美丽和谐演化进程中理想与现实的巨大反差。发达国家的环境污染从20世纪70年代开始为国人所关注，但真正采取行动，则是在改革开放以后。从发展理念上看，从生态平衡到生态文明，是一个不断演进和升华的过程。从70年代的生态平衡，到80

年代接受可持续发展，到 90 年代的环境与发展并重，到 21 世纪初的科学发展，到 2010 年以后的新发展理念，系统形成习近平生态文明思想。

（一）从顺应自然到环境保护的重点转移

如果说，历史上人与自然和谐是超越现实或被动的，20 世纪中叶以后，这种愿望随着工业化进程，理念不断深化，人与自然和谐，从愿景走向现实。改革开放以前，中国延续数千年的保护和顺应自然的理念，一直是中国特色的人与自然和谐的思想与认知根基。"留得青山在，不怕没柴烧"，"竭泽而渔而来年无鱼"。这些朴素的生态平衡理念，一直延续到改革开放初期。污染是工业化的副产品；公害则是日本对环境污染负外部性的表述。20 世纪 70 年代以前，中国的工业化水平相对较低，呈点状分布，所有的问题，皆以温饱为出发点，对自然的依赖十分严重。治水成为主线：水多则泛滥成灾，水少则生存困难。以水为主要对象的生态平衡愿景，映射到现实中的行动则是兴修水利：修水库以防降水季节和年际波动带来的洪水和旱灾；农业灌溉体系建设则是为了使农业生产相对稳定。由于水土流失严重，植树造林、绿化荒山则成为涵养水源的生态行动。改革开放初期，发展是第一要务，农业在于解放生产力。因而，绿色发展理念的主基调，仍然是生态平衡。同时，对外开放，一方面，西方的理念被介绍到中国，另一方面，中国也应邀或主动参与国际事务。20 世纪 60 年代美国化学家蕾切尔·卡逊撰写的《寂静的春天》，改观了中国人对生态平衡的认知，从物理层面的破坏到化学方式的毒害。而当时，农药化肥在中国是作为先进农业生产资料的工业品，而备受推崇的。1972 年罗马俱乐部《增长的极限》一书的出版，更是给工业尚处于起步阶段的中国上了一课：污染导致增长受限。刚刚恢复联合国席位后，中国派出政府代表团出席 1972 年由发达国家主导的联合国斯德哥尔摩人类环境会议。尽管中国仍然是农业主导社会,但是,中国政府接受了这一理念,就是防止污染,保护环境。因而,改革开放初期的绿色发展理念,是源自中国传统的生态平衡和外来的污染控制环境保护理念的复合体,而工业污染的防治,主要是介绍发达国家的经验,预防为主。

(二)经济、社会、环境三位一体的可持续发展实践

20世纪90年代的中国生态文明建设的主导理念是可持续发展,目标是发展,前提是可持续。这一概念超越了生态平衡和污染控制,是发展导向的生态与环境保护。20世纪80年代中期,发达国家的环境污染得到了较好管控,但发展中国家的发展依然严重滞后。也是在这样一种背景下,世界环境与发展委员会经过长期、广泛的调研,提出了具有伦理高度的可持续发展概念:在不危及子孙后代需求的前提下,满足当代人的需求。而且,明确提出贫困也是污染,甚至有人提出"环境是奢侈品"[①]。1992年,联合国在巴西里约热内卢举办环境与发展会议,将环境与发展相并列,达成了可持续发展的共识,制定了可持续发展导向的《21世纪议程》。这一理念正好与邓小平南方谈话后以经济建设为中心的基本思路相吻合,将环境与发展并列,并于1994年在全世界第一个制定国家可持续发展议程。1989年,面对以美国为首的发达国家对中国政治打压和经济封锁,环境保护、污染控制这一主题,就成为中国国际合作的主要载体和重要领域[②]。不仅发达国家的污染防治技术通过环境合作的形式提升

[①] 1987年,世界环境与发展委员会完成其报告《我们共同的未来》(牛津大学出版社),界定可持续发展的概念,将发展作为主基调,通过经济效率、社会公正和环境保护来实现。

[②] 中国环境与发展国际合作委员会(国合会),由中国政府批准,成立于1992年,是一个由中外环境与发展领域高层人士与专家组成的非营利国际性高端咨询机构。国合会主席由国务院领导担任。主要由担任副主席的国家环境保护主管部门和加拿大国际开发署的主要领导负责具体实施。

了中国污染控制的能力和水平,而且在环境标准、检测、监测和管理等方面,也为可持续发展理念的落地,提供了技术保障。环境保护、经济发展和社会公正作为可持续发展的三大支柱,在中国被广泛接受,国民经济和社会发展的总体规划和专项规划,也以可持续发展为基本原则,将理念落地。不仅如此,环境保护的支柱不仅仅是狭义的污染控制,而且涵盖了生态进步,在实践中转换为从顺应自然的生态平衡到自然修复生态改善。中央和地方财政出资,将25度以上的坡耕地、低洼易涝的湖区、干旱少雨地区的耕地,退耕还林、还湖、还草[①]。

(三) 科学发展的主旋律

进入21世纪,中国加入世界贸易组织,经济扩张的规模效应超过节能减排的技术效应,生态文明建设的压力与日俱增。简单的外延扩张式发展成为污染和生态破坏的原因,但污染控制和生态保护也只能通过高质量发展来解决。这样的认知在21世纪初全球经济一体化进程中得到了很好的印证。随着中国加入世界贸易组织,一方面,发达国家对中国的投资,带来了新的技术、严格的标准、规范的管理,也就意味着生产的发展不仅提高了收入水平,也保护了生态,改善了环境;另一方面,中国作为世界工厂,进入世界市场,尤其是发达国家市场,不仅需要符合进口国严格的产品质量准入标准,而且也明确要求产品的生命周期和全供应链绿色生态。中国对外交往的日益频繁和国外商品进入中国市场,发达国家的良好生态、整洁的环境和品质产品,对于中国的发展理念和发展的目标定位,也具有积极的反作用。应该说,中国的科学发展,在国际社会也得

[①] 1999年,四川、陕西、甘肃开展退耕还林试点,2002年1月全国启动退耕还林工程。同年4月,国务院发布《关于进一步完善退耕还林政策措施的若干意见》,明确了适用范围和补偿标准。随后,退田还湖、还草陆续启动。

到了较高的认同。胡锦涛关于气候变化"是环境问题,但归根到底是发展问题"[①] 的论断,高度概括了环境与发展的关系。二氧化碳的排放是因为经济发展的需要,廉价的化石能源助推了经济快速增长和生活水平的提高;随着经济水平的提升,能效不断提高、零碳能源技术不断开发并替代高碳的化石能源。中国的煤炭在能源消费结构的占比,从1990年的76%下降到2017年的60%[②],风电、水电、太阳光伏发电超过欧盟美国,表明发展能够而且可以为环境保护和生态建设提供动力源泉。

(四) 绿水青山就是金山银山

科学发展的理念是通过发展来提升环境质量,但当发展到一定阶段,环境本身就成为发展的内核,而不是发展的外生变量。2010年后,中国城市化水平超过50%,工业化进入后期阶段,外延扩展的空间不断萎缩乃至于消失,而环境本身则成为民生福祉基本而且重要的内容。这就意味着,在绿色发展的理念上必须有新的升华。实际上,在2007年以后,生态文明的理念在中国成为共识,绿水青山就是金山银山的自然价值理念,很好地诠释了发展的新内涵:保护环境就是保护生产力,改善环境就是发展生产力。没有环境,就没有生产力。生态衰则文明衰。蓝天不仅是美丽,也是幸福。清新的空气、干净的水、无污染的食品,是民生的基本保障。而绿水青山不是孤立的,意味着山水林田湖草,生物多样性,一个系统完整的生命共同体。不仅如此,一个国家或地区的生态文明建设,是全球生态安全的一个组成部分,需要国际社会采取共同行动,打造人类命运共同体。可见,生态文明不仅仅是发展理念的升华,通过对

[①] 见《人民日报》2007年9月26日第三版。胡锦涛在联合国气候变化高级别会议上的讲话。

[②] 王庆一:《2017能源数据》,能源基金会,2017年。

工业文明理念的改造和提升，推动人类社会发展演化进入一个全新的文明发展时代①。

三　污染控制：从排放标准的制定到环境介质的质量严控

污染排放和控制，是工业化的产物，随工业化进程而出现，随工业化的发展而得到解决。在不同的阶段，污染排放的内容不尽相同，采取的手段也迥然有异。改革开放40年，污染防治经历了一个从粗放到精细、从排放标准管控到排放总量控制、从排放数量指标到质量目标的过程。

（一）污染控制的起步：标准制定与防治

在改革开放初期，经济发展的迫切期盼形成一个"无工不富"的发展氛围，而在国家投入和技术短缺的情况下，因陋就简、土法上马，先发展再治理，苏南地区的乡镇企业如雨后春笋，投资少，见效快，发展迅猛。单个企业，应该说，排放总量不大，但数量众多，技术简陋，密度过大，集中连片，使得区域环境质量急剧恶化。珠三角地区"三来一补"，单个企业规模小，投资有限，污染监管不到位。一些地区的水污染已经引发群体性事件，因污染排放引发的地区冲突也愈演愈烈。发展是硬道理，但是，要发展也要环境。为了保护环境，在投资建设的同时，明确要求环境保护的设施也要同步建设。发达国家在环境管理中普遍采用的环境保准，则成为简单可行的管理手段。由于发达国家已经进入后工业化阶段，排放标准不断趋严趋紧，应用到处于工业化快速发展的中国，不外乎两种结

---

① 潘家华：《中国的环境治理与生态建设》，中国社会科学出版社2015年版。

果：一种是将标准作"宽松处理",以适合发展的需要；另一种则是执行上的宽松,或不予监管,或象征性地排污收费。粗放的管理,至少有一种威慑效果。管理的精细化,也就随着经济的发展成为一种必然。

(二) 污染控制的深化：总量约束与管控

进入20世纪90年代,随着工业发展规模的扩大、环境污染的加剧,对居民生活的不利影响加大,环境标准必须从严执行。符合环境标准的污染物排放并不表明没有排放,并不表明环境不会恶化。由于规模效应,在所有企业都达标排放的情况下,环境质量不仅没有改善,还在不断恶化。究其原因,显然是环境容量的紧约束。一个地区的水环境和大气环境容量,都是一定的。超越环境容量的排放,环境自净能力也会受到破坏,环境容量还会衰减,造成环境质量的退化。排放总量控制就成为污染防治的主要手段。根据水体的净化能力,或大气的特点,核算出一个城市或水体的环境容量,规定区域内的企业在总量上不得突破。由于总量上的约束,企业只能选择深化末端处理,而清除排放中的污染物,降低排放浓度水平而符合总量要求,或通过生产技术工艺的改进而减少末端的排放,或从源头上调整原材料的选择,甚至改产或转产,而不产生或少产生排放。20世纪90年代,城市污水处理厂、火电厂脱硫除尘设备的安装运行,就是终端治理减少排放的有效手段。超临界、超超临界火力发电机组的投入运行,使得燃煤发电效率大幅提升,从亚临界的350克燃煤一度电,到超超临界的270克燃煤一度电,同一度电,燃煤数量减少了1/4,即使终端治理技术不变,污染物排放也会下降1/4。当然,如果是水电或风电,同样的电力生产,则没有大气污染物的排放。

(三) 污染控制的强化: 环境质量目标的倒逼

进入21世纪,随着中国加入世界贸易组织,生产的规模不断放大,环境压力日渐凸显,环境质量整体处于恶化态势。在这样一种条件下,为了环境质量的总体需要,污染物排放的总量就必须不断减少,而不是保持不变。这也就表明,污染控制进入到一个总量和质量双控的阶段,以缩减污染物排放总量为主要特征。在国民经济和社会发展的十一五规划中,二氧化硫和氮氧化合物的控制目标是下降10%;在十二五规划中,二氧化硫和氮氧化合物则是在总量上进一步下降8%。如果说20世纪90年代的总量控制是末端治理为主要手段的话,21世纪初以环境质量为导向的总量控制,则是多管齐下:淘汰落后产能、强化末端治理、提升技术工艺水平,改善产业、产品结构。在这一时期,一些地区的"凤凰涅槃"和"腾笼换鸟",则是总量削减的政策选择。污染企业或彻底关闭,或先进工艺改进,有限的环境容量空间腾退出来,给效率更高、污染更少的企业。长三角、珠三角通过产业升级换代,大幅减少了污染物排放的水平和规模,而经济发展依然强劲。

(四) 污染控制的目标演进: 环境质量的全面提升

随着中国特色社会主义进入新阶段,社会的主要矛盾发生变化,发展的不平衡不充分不能够满足人民日益增长的美好生活的需要。而发展的不平衡不充分的一个最重要的标志,就是环境质量发展严重滞后于经济和社会发展。20世纪80年代感到必须治理沙尘暴;但是,90年代则不满足于沙尘暴得到治理,而是要求治理大气粉尘排放;进入21世纪,大气粉尘几乎得到根治,人民美好生活的需要则要求整治二氧化硫、氮氧化合物的排放。在2010年以后,二氧化硫等常规污染物不再是民生挑战。新的污染攻坚战,则是大气细颗粒物、城市黑臭水体和饮用水源的净化、土壤重金属的治理。也正是这一新的美好生活的需要，中央政府明确制定并实施大气污染防治的"气十条"、水污染防治的"水十条"、土壤重金属治理的"土十条"[①]。2013年制定的"气十条"，在2018年全部实现预期目标。例如京津冀地区北京的细颗粒物浓度，PM2.5从每立方米90微克下降到2017年的58微克，实现了60微克左右的目标。

四 生态保护：从靠山吃山到生命共同体

中国的生态保护，改革开放前由于忽略生态保护，红线缺失，处于总体生态退化的阶段。20世纪80年代出于旅游休闲的需要，国家启动风景名胜区和森林公园的划定。21世纪初，鉴于生态功能保护的需要，确认生态功能区，对特定生态功能区进行保护。2010年以后，生态红线的划定，进一步强化了生态功能区的保护，最具综合性的是国家公园的建设。

改革开放以前，中国的生态有保护改进的成分，但总体上处于破坏和退化状态。保护的成分主要表现在毛泽东号召"绿化祖国""实现大地园林化"[②]、植树造林，尤其是自然生态退化较为严重地区的荒山荒地全民绿化造林。最为典型的是塞北高原的塞罕坝林场绿化，在森林已经荡然无存、退化为草地景观的半干旱地区，人工造林数十载，800平方千米的森林景观重现[③]。1958年的砍伐森林

[①] 2013年，国务院印发《大气污染防治行动计划》，确定了到2017年全国各城市大气染防治工作的目标和重点；2015年4月，《水污染防治行动计划》发布；2016年5月，《土壤污染防治行动计划》发布实施。关于大气、水和土壤污染防治的行动计划分别含有10条内容，因而简称为"气十条""水十条""土十条"。

[②] 1955年，根据毛泽东号召，制定了1956—1967年12年绿化运动；1979年，全国人大五届六次会议决定3月12日为中国植树节。见国家林业局《中国林业与生态建设状况公报》，2008年1月。

[③] 1962年原林业部决定在河北围场建立林场，面积140万亩，林地面积112万亩。

"大炼钢铁"、人民公社化以后"以粮为纲"拓展耕地的破坏生态的过程,对森林和生态系统的破坏,是整体性的、全面的,而人口增长对薪柴的需求,也加速了自然植被的破坏。尽管在新中国成立后不久的1956年,即划定了鼎湖山自然保护区①,但由于中国粮食生产与供给问题在新中国成立初期没有得到根本解决,对自然资源的开发利用,还是以获取更多的粮食或食物为主要目的。如果有生态保护,也是为了保护农业生产的稳产高产,例如水土保持、小流域治理、防洪排涝抗旱设施,乃至于梯田建造。出于宗教原因,一些佛教、道教名山,得到较好保护。但是,所有这些具有一定生态保护意义的努力和实效,出发点不是为了生态,也基本没有红线的准确划定,相应的保护机制和法律法规,也没有得到系统建设。

(一) 旅游开发和历史文化保护导向的生态保护

改革开放的春风,激发了国内长期受到压抑的历史文化名山大川旅游休闲的需求市场迅猛发展,也传来了国际机构和发达国家关于划定明确边界的各种保护地的实践和经验。20世纪80年代初期,为适应改革开放后旅游业的发展需要,国家正式建立风景名胜区制度,建立国家公园。1982年经国务院审定,正式公布设立44处国家重点风景名胜区。1982年9月,我国正式批建第一处森林公园——湖南张家界国家森林公园②。随后,国务院先后分9个批次,共批准设立244处国家级风景名胜区,面积约10万平方千米。各省级人民政府也在本省域范围内审定批准设立面积约9万平方千米的省级风景名胜区700多处,遍及除香港、澳门、台湾和上海之外的所有省

---

① 1956年6月,全国人大一届三次会议根据科学家的建议,将广东肇庆鼎湖山划定为自然保护区,面积1133公顷,初由中国科学院管辖,1998年国家环保总局确认为国家级自然保护区。

② 杨超:《中国的森林公园》,《森林与人类》2014年第1期。

份。自1995年后的20年间，湖南、四川等一批省级行政区人民代表大会相继出台森林公园条例，各地建立了3234处省级和市、县级森林公园，规划总面积1801.71万公顷①，遍及大陆31个省、自治区、直辖市。

如果说风景名胜区和森林公园是国内改革带动的，那么，遗产地纳入保护地建设，则主要是开放带来的。中国悠久的历史、灿烂的文化和自然奇观，随着改革开放的进程而走向世界，贡献世界。1985年中国加入《世界遗产公约》后，即开始申报自然遗产。1987年泰山成功申报世界复合文化遗产，随后黄山、峨眉山—乐山大佛、武夷山分别于1990、1996、1999年以复合遗产入列《世界遗产名录》。如果这些世界级遗产多具有历史、文化和宗教成分的话，1992年获准的武陵源、九寨沟和黄龙，2003年获认的三江并流则是纯粹的自然遗产。截至2017年7月，中国共有52个项目被联合国教科文组织列入《世界遗产名录》②。尽管世界遗产不是以生态保护为主旨，由于其空间范围的规定性，客观上也保护了划定范围内的生态功能。18项自然遗产、双遗产、文化景观遗产中，5项位于全球生物多样性热点地区，10项属于《中国生物多样性保护战略与行动计划》确定的中国生物多样性保护优先地区，5项列入联合国教科文组织"世界生物圈保护区"，有效地保护了大熊猫、滇金丝猴等濒危珍稀物种栖息地和自然生态系统。

（二）以濒危动植物和生物多样性为重点的自然保护

生物多样性保护显然不具备人文和自然景观一类的商业价值，投入多产出少，多数只有投入，没有经济产出。其纯公益属性，使

---

① 王瑞红：《森林公园已成生态旅游主力军》，《生态文化》2016年第4期。
② 董静纹、任成好、刘冰冰等：《中国世界遗产的保护与利用》，《科学导报》2016年第6期。

得自然保护的起步相对较晚，规模也是随着经济发展、认知程度的提高而加速。快速发展的阶段多在21世纪初。尽管中国于1992年加入国际《湿地公约》，但由于人文和市场及投资管理的特性，在20世纪几乎没有实质性进展。为了能够获取资金并能够正常维系，中国的湿地保护以湿地公园的形式，在保护中开发，在开发中保护。2003年国务院批准《全国湿地保护工程规划》，2004年建设部批准首个国家城市湿地公园——荣成市桑沟湾城市滨海湿地公园，2005年国家林业局批准首个国家湿地公园——西溪国家湿地公园。至此，这种保护和利用相结合的湿地公园建设才得以快速发展。截至2017年，全国共批准706处国家湿地公园试点，自然湿地保护面积超过2185万公顷。其中有49处通过验收达到国家湿地公园标准，有49处为指定的国际重要湿地[1]，涵盖了沼泽（森林、灌丛、苔草）、河流、湖泊、水塘、水库、浅海滩涂、稻田、红树林等主要湿地类型。

改革开放以后，随着中国参与国际进程，国内经济发展和社会需要，自然保护体系得以快速发展并逐步完善。20世纪90年代，国家从立法层面开始规范自然保护区建设[2]。随后，中央和地方财权和事权相对明确的国家级和地方级自然保护区[3]迅速发展，2010年以后基本稳定（图9—1）。截至2016年分别达到446个、面积9695万公顷和2304个、面积5039万公顷。从数量上看，国家级自然保护区只占全国总数的16.2%，但面积占全国保护区总面积的65.8%，陆地国土面积的9.97%。地方级自然保护区中，省级870个，面积3756万公顷，分别占全国自然保护区总数和总面积的31.6%和

---

[1] 绿文：《我国湿地保有量将稳定在8亿亩》，《国土绿化》2016年第1期。
[2] 《中华人民共和国自然保护区条例》，1994年10月9日中华人民共和国国务院令第167号发布。
[3] 蒋明康、王智、秦卫华等：《我国自然保护区分级分区管理制度的优化》，《环境保护》2006年第11a期。

25.5%；市、县级数量占优势，达到1434个，占全国总数的52.1%；但面积较小，为1282万公顷，只占全国自然保护区总面积的9.7%。陆域自然保护区面积占陆地国土总面积的14.88%。濒危物种例如大熊猫，受威胁等级由濒危降为易危，野外种群数量达到1800多只；东北虎、东北豹、亚洲象、朱鹮等物种数量明显增加。通过建立自然保护区重新引入曾经野外灭绝的麋鹿，种群数量稳步上升。全国超过90%的陆地自然生态系统都建有代表性的自然保护区，89%的国家重点保护野生动植物种类以及大多数重要自然遗迹在自然保护区内得到保护。

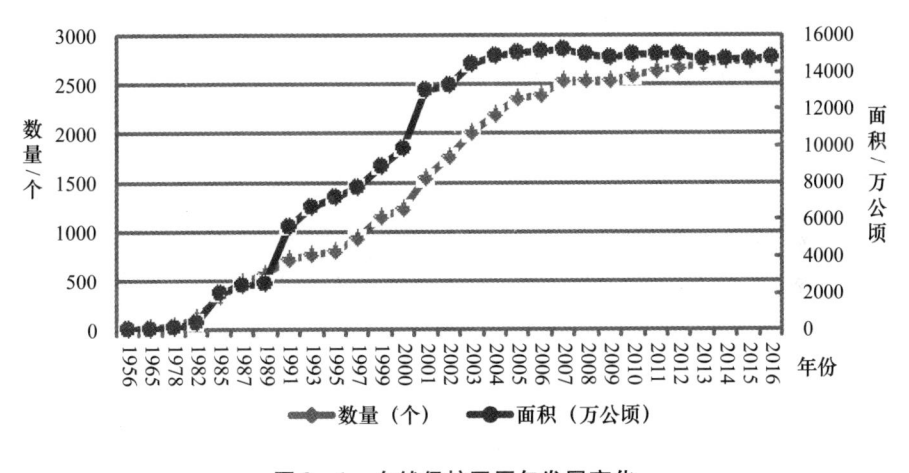

图9—1　自然保护区历年发展变化

（三）以生态功能完整性为特点的生态系统保护

截至2009年，自然保护数量和面积增加的态势也近尾声。全国各类自然保护地总数10000多处，其中国家级3766处。各类陆域自然保护地总面积约占陆地国土面积的18%左右，已超过世界14%的平均水平。其中80%以上的面积为自然保护属性较强的自然保护区，约占陆地国土面积的14.8%；生态保护属性较弱的风景名胜区和森林公园只占保护地总面积的3.8%左右。

但同时，许多生态功能饮用水源地、海洋和生态系统，并没有得到足够的保护。在 2008 年《全国生态功能区划》和《全国生态脆弱区保护规划纲要》基础上完成的《全国主体功能区规划》，系统而全面地提出了中国以"两屏三带"为主体的生态安全战略格局，体现了在国家层面以强制性手段强化生态保护的政策导向与决心[①]，作为国家经济和社会发展中长期规划的基础。面临饮用水源安全问题，2010 年，中国制定第一部饮用水水源地环境保护规划[②]，要求提升水源地环境管理和水质安全保障水平。随后，全国设立地表水型水源地并对全国供水人口 20 万以上的地表水饮用水水源地及年供水量 2000 万立方米以上的地下水饮用水水源地进行了核准（复核）。2016 年调查表明，全国地表型水源地超过 2400 余处，其中 618 处饮用水水源地纳入《全国重要饮用水水源地名录（2016 年）》管理。2005 年中国建立第一个国家级海洋特别保护区，至 2014 年，中国已有国家级海洋特别保护区 56 处，总面积达 6.9 万平方千米[③]，初步形成了包含特殊地理条件保护区、海洋生态保护区、海洋资源保护区和海洋公园等多种类型的海洋特别保护区网络体系。

（四）生态红线保护的新时代

2010 年以后，生态保护进入新阶段，从生态保护、自然保护提升到生态功能的系统性、完整性保护，并在保护体制上创新突破。国家主体功能区规划中的禁止开发区域，是全国主体功能区规划中的禁止开发区域，建立国家公园，纳入全国生态保护红线区域管控

---

① 高吉喜、邹长新、杨兆平等：《划定生态红线保障生态安全》，《中国环境报》2012 年 10 月 18 日第 2 版。

② 环境保护部会同国家发展和改革委员会、住房和城乡建设部、水利部和卫生部五部门联合印发了《全国城市饮用水水源地环境保护规划（2008—2020 年）》。

③ 纪岩青：《我国新增 11 个国家级海洋特别保护区》，《广西水产科技》2014 年第 2 期。

范围,实行最严格的保护。从生态系统的整体性出发,整合统一了原有自然保护区、地质公园、森林公园、风景名胜区等各种类型的保护地的管理机构和管理区域,初步实现了"一个保护地、一块牌子、一个管理机构"。根据《建立国家公园体制总体方案》,到2020年,中国建立国家公园体制试点基本完成,整合设立一批国家公园,分级统一的管理体制基本建立,国家公园总体布局初步形成。中国目前已设立10个国家公园体制试点(表9—1),包括三江源、东北虎豹、大熊猫、祁连山、湖北神农架、福建武夷山、浙江钱江源、湖南南山、北京长城和云南普达措国家公园体制试点[①]。

表9—1　　　　　　　　国家公园试点及其主要保护对象

编号	名称	主要保护对象
1	三江源国家公园	①草地、林地、湿地、荒漠;②冰川、雪山、冻土、湖泊、河流;③国家和省保护的野生动植物及其栖息地;④矿产资源;⑤地质遗迹;⑥文物古迹、特色民居;⑦传统文化;⑧其他需要保护的资源
2	东北虎豹国家公园	东北虎豹及其赖以生存的大面积的森林、草地以及沼泽地等生态系统
3	大熊猫国家公园	生物资源、景观资源、生态环境等
4	祁连山国家公园	雪豹等珍稀濒危物种及其栖息地
5	湖北神农架国家公园	①自然资源,包括地质地貌奇观、北亚热带原始森林、常绿落叶阔叶混交林生态系统、泥炭藓湿地生态系统、北亚热带古老孑遗、以金丝猴和冷杉、珙桐为代表的珍稀濒危特有物种及其关键栖息地等核心资源;②人文资源,包括神农炎帝文化、川鄂古盐道、南方哺乳动物群化石、远古人类旧石器遗址以及汉民族神话史诗等;③其他需要保护的资源
6	福建武夷山国家公园	①中亚热带原生性的天然常绿阔叶林构成的森林生态系统;②珍稀濒危野生动植物资源;③世界生物模式标本产地;④福建最长的地质断裂带及丰富多样的地质地貌等自然景观;⑤福建闽江和江西赣江重要的水源保护地

---

① 蔚东英:《国家公园管理体制的国别比较研究——以美国、加拿大、德国、英国、新西兰、南非、法国、俄罗斯、韩国、日本10个国家为例》,《南京林业大学学报》(人文社会科学版)2017年第3期。

续表

编号	名称	主要保护对象
7	浙江钱江源国家公园	白颈长尾雉、黑麂等珍稀濒危物种及其栖息地
8	湖南南山国家公园	①珍稀野生动植物资源；②天然的山顶湿地；③迁徙候鸟及其停歇地和觅食地；④山地草甸生态系统
9	北京长城国家公园	长城世界文化遗产及其周边自然生态环境
10	云南普达措国家公园	①水系、湖泊、湿地；②野生动物、植物；③文物古迹和特色民居建筑；④民族民间文化；⑤田园牧场；⑥地质遗迹

2017年，京津冀3省（市）、长江经济带11省（市）和宁夏回族自治区开展红线划定[①]，2018年2月7日，国务院批准了京津冀3省（市）、长江经济带11省（市）和宁夏回族自治区共15个省份生态保护红线划定方案。北京市等15个省份划定生态保护红线总面积约61万平方千米，占15个省份国土总面积的1/4左右，主要为生态功能极重要和生态环境极敏感脆弱地区，涵盖了国家级和省级自然保护区、风景名胜区、森林公园、地质公园、世界文化自然遗产、湿地公园等各类保护地，基本实现了"应划尽划"。北京市等15个省份生态保护红线共涉及291个国家重点生态功能区县域，县域生态保护红线面积平均占比超过40%。山西等其余16个省份于2018年年底前完成生态保护红线划定，并做好衔接、汇总，按要求最终形成生态保护红线全国"一张图"。

五 资源节约：从拼资源消耗到循环经济

自然资源作为生产投入要素，经济利益的驱使，会产生两个方

---

① 中共中央办公厅、国务院办公厅印发：《关于划定并严守生态保护红线的若干意见》（以下简称《若干意见》），2017年2月7日。

向的结果：一是直接成本效应，为了降低生产成本而减少物耗，包括土地、水、能源等；二是比较成本效应，因为在生产投入中还包括资本和劳动力，如果增加一个单位的产出，相比较来说，自然资源投入占据的成本比例高于劳动力或资金成本，则会减少或降低自然资源的投入即减少物耗或能耗，反之，则会增加物耗或能耗。由于生产要素价格的市场波动性，资源节约的方向性并不明确；在经济规模扩张的情况下，从经济属性上讲，资源节约并不成为必然。因而，资源节约必须要主动作为。也正是因为资源要素在经济发展中的市场属性和可持续发展中的保护属性，改革开放前的资源利用，多以要素投入的规模扩张为特征；改革开放后，随着经济规模的扩大和资源的约束趋紧，资源节约则是在政府主导下，通过市场和法规双重力量加以推进，使得我国的经济发展成功实现了从高资源消耗的粗放型转向低投入高产出的资源节约型格局。

（一）节材：从省成本到控污染

农业要素投入的变化最能体现资源节约的效果。改革开放前，农业生产力较为低下，尽管通过兴修水利等基础设施的建设，单位面积产量一直低位徘徊。20世纪50年代制定的农业发展纲要，提出要在60年代中期，黄河以北地区粮食亩产从1955年的150多斤提高到400斤，黄河以南淮河以北地区从208斤提高到500斤，淮河以南地区从400斤提高到800斤，这些目标成为20世纪70年代"农业学大寨"的口号，分别为上纲要、过黄河、跨长江的指标[1]，但是直到改革开放，目标也未能实现[2]。由于人口增长，粮食短缺，在资金和技术投入较为有限的情况下，扩大农业生产的主要手段就

---

[1] 《1956—1967年农业发展纲要》，人民出版社1960年版。
[2] 李瑞环：《关于我国绿化的几个问题》，《人民日报》1999年6月26日第1版，载《务实求理》，中国人民大学出版社2010年版。

是增加耕地面积。农业学习的典范大寨，通过坡改梯田扩大耕地面积；山区则是毁林开荒，湖区则是围湖造田，干旱牧区则是改草为田。改革开放以后，由于化肥生产规模的扩大和质量的提升，粮食生产投入则由耕地面积转向化肥农药。新中国成立，中国的化肥产量只有0.6万吨，20世纪70年代中期中国引进建设的13套大型化肥生产装置，单体规模年产合成氨30万吨、尿素48万吨[①]。即便如此，到改革开放初期，也只有1000万吨左右的产能。在农民大量外出务工、农田出现大量弃耕的情况下，2013年化肥生产量7037万吨（折纯）。粮食单产的增加，化肥施用对粮食增产的贡献较大，大体在40%以上[②]。2015年，农作物亩均化肥用量21.9公斤，远高于世界平均水平（每亩8公斤），是美国的2.6倍，欧盟的2.5倍。我国三大粮食作物氮肥、磷肥和钾肥利用率达到33%、24%和42%，比2005年分别提高了5、12和10个百分点。在肥料利用率提高的同时，化肥用量增幅出现下降趋势。2013年全国化肥用量增长1.3%，分别比2012年和2005年低1.1和1.5个百分点。农业部制定规划，2015—2019年，逐步将化肥使用量年增长率控制在1%以内；到2020年，主要农作物化肥使用量实现零增长。2017年我国水稻、玉米、小麦三大粮食作物氮肥当季平均利用率为37.8%，比2013年和2015年分别提高7.8个百分点和2.6个百分点。根据农业部测算，农药使用量连续三年负增长，化肥使用量提前三年实现零增长[③]。2018年1—5月，全国农用氮、磷、钾化学肥料（折纯）累计产量2329.4万吨，同比减少8.1%。

---

① 13套中，只有三套的尿素产能为52万吨，余者皆为48万吨。《我国20世纪70年代引进13套大化肥装置的由来及现状》，2014年12月22日，红歌会，http://mzd.szhgh.com/maoshidai/2014-12-22/71487.html。

② 农业部：《到2020年化肥使用量零增长行动方案》。

③ 李璟：《中国提前三年实现化肥用量零增长》，《长江商报》2018年7月30日。

（二）节水：从"有水快流"到节水保护

在改革开放初期，尽管经过新中国成立初期 30 年的大规模水利建设，但由于工业化城市化水平相对较低，开发利用是"主基调"；进入 21 世纪，节水提到议事日程；进入中国特色社会主义新时代，又从节水转向水源、水质保护的轨道。根据夏军等[①]关于水资源的利用程度分析不同时代的主要代表事件，把我国水资源利用与保护 1978—2018 年发展阶段划分为三个阶段，分别为：①"开发为主阶段"（1978—1999）：以水利工程建设、水资源开发为主要特征；②"综合利用阶段"（1978—1999）：以重视水资源综合利用、实现人水和谐为目标来利用水资源；③"保护为主阶段"（2013—2018）：以保护水生态、建设生态文明为目标来利用水资源。我国单位产品水耗，也随着工业化进程不断下降。例如，我国重点钢铁企业吨钢新水消耗，2005 年高达 8.63 吨，仅仅 4 年时间，到 2009 年，降至 4.4 吨[②]，吨钢水耗年平均降幅超过 1 吨。基于此态势，工信部印发《钢铁行业规范条件》[③]，吨钢新水消耗 2010 年不超过 5 吨，2012 年修订指标为不超过 4.1 吨，2015 年修订的标准为低于 3.8 吨。2017 年，中国钢铁工业协会会员企业吨钢耗新水指标为 2.87 立方米/吨，比 2016 年下降 5.27%；重复用水量比 2016 年增加 5.81%。一般来讲，在北方水资源紧缺的地区，吨钢耗新水消耗多低于全国平均水平，例如，陕西钢铁 0.82 立方米/吨、天津荣程 1.20 立方米/吨、河北敬业 2.05 立方米/吨、河钢唐钢 2.18 立方米/吨、河钢承钢

---

① 夏军、左其亭：《中国水资源利用与保护（1978—2018）》，《城市与环境研究》2018 年第 2 期。
② 王维兴：《全国重点钢铁企业节水情况和节水思路》，中国高铁工业协会，2011 年 2 月。
③ 中华人民共和国工业和信息化部公告，2010 年第 105 号，2012 年第 35 号，2015 年《钢铁行业规范条件（2015 年修订）》。

2.29立方米/吨、唐山国丰2.44立方米/吨、天钢2.52立方米/吨、河北纵横2.55立方米/吨等[1]，一些水源较为充沛地区的企业，也有节水效率高的，例如湖南涟钢2.38立方米/吨，但多数出于经济原因节水压力不是很大，因而在较为严格的标准条件下，企业的单位吨钢耗新水下降较多，例如：2017年淮钢下降23.55%，江苏镔鑫下降31.10%，衡管下降28.23%，韶钢下降21.53%，攀长钢下降22.83%，重钢下降18.64%，南京钢铁下降18.41%，宝武集团下降12.25%等。

（三）节能：从改进型效率提升到颠覆性能源革命

在提高能效方面，我国单位生产总值能耗整体处于快速、大幅下降通道。1980年代十年间，万元生产总值能耗从13.2吨标煤下降到8.90吨（1980年价），1990年代十年间，从5.12吨下降到2.89吨（1990年价），21世纪初的10年，从1.44吨下降到1.14吨（2000年价），进入2010年代，从0.86吨下降到0.66吨（2000年价）。下降幅度分别为32.6%、43.6%、20.8%、29.1%[2]。典型高耗能产品的单位能耗也处于快速下降状态。与2000年相比，2016年火电煤耗下降19%，接近或达到国际先进水平。铜冶炼综合能耗，降幅达到72.5%，优于国外先进水平7.39%。石油加工综合能耗，降幅达到17.8%，但仍然比国际先进水平高出近1/3。作为世界第一合成氨生产大国，单位能耗下降12.5%，但与国际先进水平比，高出50.1%。有些行业，例如纸和纸板生产，由于原材料的差异，尽管单位产品能耗高出国际先进水平一倍，但2016年比2000年降幅达到1/3，应该说，节能效率速度快幅度大（表9—2）。

---

[1] 中国钢铁工业协会统计了122个会员单位的2017年节能减排工作情况。王维兴：《2017年哪些钢企吨钢耗新水指标较低？》，《中国冶金报》2018年3月31日。

[2] 2018—2020年的节能率，按十三五规划和2011—2017年实际节能率4%测算。

表 9—2　　　　　部分高耗能单位产品能耗（2000—2016 年）

	单位	2000 年	2016 年	降幅%	国际先进水平	与国际先进水平差距%
火力发电	gce/kWh	363	294	19.0	287	2.44
钢综合能耗	kgce/t	1475	898	39.1		
钢可比能耗	kgce/t	784	640	18.4	576	11.11
电解铝交流电耗	kWh/t	15418	13599	11.8	12999	4.63
铜冶炼综合能耗	kgce/t	1227	337	72.5	360	-7.39
平板玻璃综合能耗	kgce/重量箱	25.0	14.4	42.4	13.0	10.77
石油加工综合能耗	kgce/t	118	97	17.8	73	32.88
合成氨综合能耗	kgce/t	1699	1486	12.5	990	50.10
纸和纸板综合能耗（自制浆企业）	kgce/t	1540	1027	33.3	506	102.96

注：单位分别为：gce，克标准煤；kWh，千瓦时（度电）；kgce，千克标准煤；t，吨。降幅=（2000 年值－2016 年值）/2000 年值；差距=（2016 年值－国际先进水平）/2016 年值。

资料来源：王庆一：《2017 能源数据》，能源基金会，2017 年。

照明灯具的节能效率，更能体现改革开放带来的成效。改革开放前，多数农村地区不通电，只能用柴油或菜油，改革开放后，20 世纪 80 年代，生活照明多用上电灯，但多为发光效率只有 15% 左右的白炽灯。改革开放后，电力需求迅猛增长。90 年代，发达国家先进节能的日光灯产品和技术迅速引入，其发光效率可达 30%—50%。进入 21 世纪，国际上发光效率高达 90% 的 LED 节能灯得以引入并生产。目前，市场上基本不见白炽灯的踪影，日光灯也基本销声匿迹，取而代之的，几乎全部是 LED 节能灯。白炽灯、日光灯、LED 节能灯的效率比大致是 10∶5∶1.5。也就是说，40 瓦的白炽灯，日光灯可节能 1 倍只需要 20 瓦，而 LED 节能灯只要 6 瓦。建筑节能，以窗户为例，经历了改革开放前的木质单层薄玻璃、20 世纪 80 年代的铁框单层薄玻璃、90 年代的铝框单层薄玻璃，到 21 世纪初的铝合金加厚玻璃、2010年以后的断桥铝双层乃至于三层玻璃。北方地区的建筑墙面，也多加上保温隔热层。如果说资源节约可以分为渐进式的创新和颠覆性的革命，那么，吨钢综合能耗、综合水耗、节能灯等技术，都应该是改进型的技术创新。而许多革命性的颠覆性创新，随着改革开放的进程，飞速发展。例如通信电话，改革开放初期，普通家庭基本没有电话。20世纪90年代有线电话开始进入普通家庭。90年代初期的北京，月工资不足200元，一部有线家庭座机线路费5000元，安装费300元。这其中有国有电信企业借垄断寻租，也有新技术引入和研发滞后的因素。进入21世纪，无线手机进入市场，无需蜘蛛网似的电话线，无须体量巨大的座机。在2010年以后月工资5000元的水平下，随身携带的手机也只要2000元左右，而且还汇集了新闻、视频、摄影等多重功能，昔日的照相机、胶卷也黯然退出市场。20世纪80年代，太阳能热水器出现，在条件适宜的地区，取代薪柴或化石能源供热。90年代，太阳光伏发电初现端倪，但成本高昂。进入21世纪，在全球应对气候变化减少温室气体排放的国际潮流中，中国的太阳能热水器无须任何补贴进入千家万户；太阳光伏发电从一度电4元快速下降到2017年的0.5元左右，几乎可与燃煤电价持平。以化石能源为动力的内燃发动机汽车，燃油效率在不断提升，从20世纪80年代的百公里15升左右下降到目前的8升，而纯电动汽车，无须燃油，如果使用光伏电力，则是零排放。改革开放不仅使中国的节能减排成效卓著，也对世界可持续发展贡献巨大[1]。中国巨大产能提供的光伏发电设备，为欧美发达国家的光伏电力规模的快速提升，提供了廉价的产品，以至于欧美动辄"双反"（反倾销反补贴）调查。

---

[1] 潘家华：《气候变化经济学》，中国社会科学出版社2018年版。

六 制度创新：从利益导向的行政指令到全面融入的法制规范

中国的生态文明制度建设，如果考虑自然资源利用与保护，则源自东方"天人合一"的古典哲学智慧和数千年尊重和顺应自然的生态农业实践；如果特指环境污染控制，则与中国参与的几次重大的国际环境、经济进程密切相关。第一个是改革开放前的1972年，中国参加斯德哥尔摩联合国环境会议，在国内自上而下启动环境保护制度的构建。第二个是1992年联合国里约热内卢环境与发展会议，中国启动可持续发展议程。第三个是2001年中国加入世界贸易组织，国际贸易规则和市场对中国环境与生态相关要求的倒逼。第四个则始自于2012年联合国里约可持续发展峰会启动、2015年通过的《联合国2030年可持续发展议程》和联合国气候变化框架公约缔约方会议关于"后京都时代"即2012年后全球应对气候变化的国际协定谈判，并于2015年达成的《巴黎气候协定》，中国成功实现了在全球环境治理中从跟进者到参与者、贡献者到引领者的转型[①]。中国生态文明制度的建设，也从改革开放初期的学习借鉴到主动实践到创新引领。

1991年以前聚焦污染控制和生态保护的制度建设。1972年联合国环境会议后启动带动环境保护制度建设，直到改革开放初期才逐步落实到位。表现在立法层面，是1978年3月修订的《宪法》，在第11条第3款中对环境保护做出了规定，第一次将环境保护纳入宪法这一国家根本大法。随后全国人大常委会启动环境保护的专门立法，在1979年9月原则通过了《环境保护法（试行）》，确定影响深

---

① 潘家华：《负面冲击　正向效应——美国总统特朗普宣布退出〈巴黎协定〉的影响分析》，《中国科学院院刊》2017年第9期。

远的环境保护"三十二字方针"(全面规划,合理布局,综合利用,化害为利,依靠群众,大家动手,保护环境,造福人民)和"谁污染谁治理"这一基于责任的治理政策。污染控制与生态保护密不可分。开放的大门也使中国以开放的心态认知并参与了一系列国际自然保护的协议,包括《国际捕鲸管理公约》(1980)、《濒危野生动植物物种国际贸易公约》(1980)、《保护世界文化和自然遗产公约》(1986)等,以及一些污染控制的国际条约例如《国际油污损害民事责任公约》(1980)和《防止倾倒废物及其他物质污染海洋公约》(1985)。开放引入的环境保护和生态建设理念和制度,直接推进了国家环境与生态保护的专门立法建设,先后制定了生态文明建设相关的部门或专门法律,如《海洋环境保护法》(1982)、《水污染防治法》(1984)、《大气污染防治法》(1987),在此基础上正式出台《环境保护法》(1989)。1984—1989年,陆续出台自然资源利用与保护方面的专门立法,包括《森林法》《草原法》《渔业法》《土地法》《水法》和《野生动物保护法》。通过借鉴、吸收协调发展、污染预防等先进理念,环境管理体系也步入正轨。在第二次全国环境会议上将环境保护确定为中国的基本国策,确立了"预防为主,防治结合,综合治理""谁污染,谁治理"和"强化环境管理"三大政策。基于中国环境管理的实际需求,1984年在《国务院关于环境保护工作的决定》中对各级政府提出要设立环境保护机构的要求,1988年国家环境保护局成立。至此,中国环境管理体系初步形成。1981年国家建立植树造林制度,森林覆盖率从1984年的12.98%上升到1990年的13.4%。

1992年里约热内卢会议至2001年中国完成入世谈判加入世界贸易组织的可持续发展制度构建。1992年联合国里约会议,将环境与发展相并列,是对1972年环境保护单一主题的重大修正,但主基调是可持续的发展,与中国发展的需要和环境的压力完全吻合。直到

2001年加入WTO[①]，中国环境保护和生态建设的制度建设，是可持续导向的发展。发展是硬道理，环境生态在可持续发展的三大支柱中，还需要考虑社会发展和经济增长另外两大支柱的需要，受到了可持续发展、市场经济、依法治国等政策导向的影响，是可持续发展和市场经济转轨期。在制度建设层面，仍然是国际上跟进、技术上引进、实施上落地。中国参与了《气候变化框架公约》《生物多样性公约》等重大全球性重大条约的谈判，在1992年里约热内卢会议通过后即签署、批准；并在这些国际条约所确认可持续发展思想的指导下，制订行动方案，纳入国民经济和社会发展规划，明确目标，落地实施。包括20世纪90年代初期制定的《中国环境行动计划》（1991—2000年）、《中国21世纪议程》，90年代中期通过的《国民经济和社会发展"九五"计划和2010年远景目标纲要》，以及国务院在1996年和2000年颁布的《关于环境保护若干问题的决定》和《全国生态环境保护纲要》，明确规定国家的现代化建设实施可持续发展战略，提出了中国环境保护的阶段性目标。生态环境制度向着完整性和可操作性方向不断建设和完善，制定了《海洋环境保护法》、颁布了《野生植物保护条例》《自然保护区条例》、修订了《矿产资源法》《土地管理法》《固体废物污染环境防治法》《噪声污染防治法》，还专门就严重的流域污染问题颁布了《淮河流域水污染防治暂行条例》。1997年修订的《刑法》中增设了相关环境罪名，突破了环境违法犯罪无法可依的困境。

2002年入世到2012年国际市场倒逼的资源节约、环境友好型社会制度建设。2001年加入WTO后，一方面，国际投资提升了国内环境保护的水平，另一方面，中国产品走向世界也需要符合国际环

[①] 1986年，中国申请重返关贸总协定；1995年WTO接纳中国成为观察员；2001年12月11日，中国正式加入世界贸易组织，成为其第143个成员。

境准则，客观上在制度上形成了一种倒逼机制，要求推进环境友好型和资源节约型社会建设，巩固和发展贸易国际化和环保全球化的制度和机制，落实科学发展观的要求①。2001年12月23日，为了适应、履行WTO的规则与义务，我国保留了与贸易有关的环境规章，废除了不相吻合的环境规章，修订了环境规章21项。2004年国务院颁布的《全面推进依法行政实施纲要》，要求全国各级环境保护部门根据环境行政许可进行专项清理，与WTO规则相悖的行政许可被取消或被调整。

21世纪初，党的十六届三中会提出科学发展观，"坚持以人为本，树立全面、协调、可持续的发展观，促进经济社会和人的全面发展"。2005年，党的十六届五中全会进一步提出了建设资源节约和环境友好型社会（"两型社会"）的目标。2007年，生态文明写入党的十七大报告文件，科学发展、生态文明、资源节约和环境友好成为衡量我国经济和社会是否科学发展、发展是否和谐的重要判断标准。② 2005年国务院办公厅发布了《关于深入开展整治违法排污企业保障群众健康环保专项行动的通知》。2011年，出台了《"十二五"节能减排综合性工作方案》《国家环境保护"十二五"规划》等，对中国"十二五"期间的环境保护任务及目标提出了具体的要求。到2011年年底，中国已制定11部以防治环境污染为主要内容的法律，13部以自然资源管理和合理使用为主要内容的法律，12部以自然（生态）保护、防止生态破坏和防治自然灾害为主要内容的法律，30多部与环境资源法密切相关的法律；60多项环境保护行政法规，2000余件环保规章和地方环保法规；军队环保法规和规章10余件；1100多项环保标准（蔡守秋，2012）。在科学发展观、生态

---

① 李林：《改革开放30年中国立法的主要经验》，《学习时报》2008年8月11日。
② 中共北京市委讲师团研究室：《指导发展的世界观和方法论的集中体现》，《人民日报》2007年6月20日。

文明等先进理念的引导下，中国的生态文明制度建设铺就了循环经济模式的发展轨道。2005年国务院《关于落实科学发展观加强环境保护的决定》，将之前"环境保护和经济、社会发展相协调"修改为"经济和社会发展与环境保护相协调"，标志着由协调发展到环境保护优先原则的转变。

2012年后的生态文明制度体系建设。进入2010年，推进生态文明建设成为中国经济社会可持续发展、关系人民福祉和中华民族未来的全局性、战略性、根本性问题。2012年党的十八大，生态文明进入"五位一体"的大格局，生态文明进入党章；针对中国的实际，创建了环境保护党政同责、中央环境保护督察、生态文明建设目标考核等特色的体制、制度和机制，破解了以前有法难依、执法难严、违法难究的难题。2013年，针对生态文明，党的十八届三中全会提出了以建立系统完善的生态文明制度体系来推动生态文明体制改革。2014年十八届四中全会决定要求"用严格的法律制度保护生态环境，加快建立有效约束开发行为和促进绿色发展、循环发展、低碳发展的生态文明法律制度，强化生产者环境保护的法律责任，大幅度提高违法成本。建立健全自然资源产权法律制度，完善国土空间开发保护方面的法律制度，制定完善生态补偿和土壤、水、大气污染防治及海洋生态环境保护等法律法规，促进生态文明建设"，为党内法规与国家立法的结合与改革，共同推进国家治理体系和治理能力现代化做出了顶层设计。

针对大气、水、土壤污染问题，国务院办公厅分别于2013、2015、2016年印发《大气污染防治行动计划》《水污染防治行动计划》《土壤污染防治行动计划》，明确质量导向的大气、水、土壤的污染防治分工、时间表及目标。2016年的《"十三五"规划纲要》"以提高环境质量为核心，以解决生态环境领域突出问题为重点，加大生态环境保护力度，提高资源利用效率。"随后发布的《"十三五"生态环境保护规划》，强调"以环境质量为核心，实施最严格的环境保护制度"。针对地方生态文明建设和绿色发展考核评价以及各级党政主要领导的生态环境保护责任，中共中央与国务院相继联合印发了《生态文明建设目标评价考核办法》《领导干部自然资源资产离任审计暂行规定》等规范性文件，用以规范党政领导干部的责任，实现一岗双责、党政同责。

2017年党的十九大基于新形势、新判断和新任务，再次对生态文明作出改革和建设部署，并修改党章，要求建立严格的生态文明法律制度。2018年3月，生态文明进入《宪法》；针对以往职权分割与生态环境规律冲突的情况，便于统筹山水林田湖草的系统治理，推动环境质量的改善，国家机构改革将以往分散相关部门的环境质量监督和执法职权，统一集中于新成立的生态环境部，对于分散于多个部门自然资源的所有和管理职权，统一归属于新成立的自然资源部。

七　文明转型：从破坏征服零和博弈到构建人类命运共同体

改革开放40年，中国的生态建设和环境保护既有内生的压力和渊源，也有外在的拉力和倒逼。在全球绿色发展的浪潮中，生态文明不仅仅是提升和改造工业文明的手段，更是人类社会发展的必然趋势和目标指向。如果说中国改革开放后污染控制、资源节约和生态保护是发展方式和体系运行所能够测度的外在结果，内在的动因则在于生态文明建设思想所支撑和提升的绿色发展理念。中国的生态智慧和绿色发展范式，是美丽中国的源动力，也是对世界转型发展的贡献和引领[1]。

---

[1] 潘家华：《绿色发展改变中国（人民观察）》，《人民日报》2018年7月29日第8版。

人与自然关系的历史性、转折性、全局性变化：从破坏征服到和谐共生。人靠自然界生活。曾几何时，我们征服了自然力；然而，自然力对我们也进行了报复。地处塞北高原的塞罕坝，因不当利用退化为高原荒丘，"飞鸟无栖树，黄沙遮天日"。现如今的塞罕坝，水草丰沛、森林茂密、绿遍千里。发达国家因破坏自然而出现过"寂静的春天"，我国工业化、城镇化进程中也有"千山鸟飞绝"的画面。进入新的时代，与自然为敌的景象不再：飞鸟相与还，鄱阳湖、滇池成为候鸟天堂，野猪甚至进入大学校园了；青藏高原的三江源、长北密林深处的东北虎豹、秦岭深山的国宝熊猫，均在册于国家公园，受红线保护，还自然以宁静、和谐、美丽。几千年的黄河，泥沙俱下，河道无常。今日，蛟龙被缚，黄水变清了：年输沙量从历史上的 16 亿吨锐减到目前的不足 3 亿吨，黄河安全了。

污染是发展中的阵痛。雾霾锁城，健康堪忧；污水横流，生态恶化；土壤现毒素，舌尖上的安全隐患危及社会。"气十条""水十条""土十条"，全面启动污染防治攻坚战，目标天蓝水清地净。短短几年间，长三角、珠三角治理成效显著，京津冀大气细颗粒物浓度圆满完成预定目标。2017 年，北京市 PM2.5 年平均浓度为 58 微克/立方米；较 2013 年的 90 微克/立方米下降 32 微克/立方米，完成国家"气十条"下达的 60 微克/立方米左右的目标。窗含西岭千秋雪，举头悠然见南山，大气比以前清新了。全国地级及以上城市集中式生活饮用水水源全年均达标超过 90%，符合第一类海水水质标准的海域面积在春夏季占中国管辖海域面积的 95%。

粗放式拼消耗的发展模式已经成为历史，单位国内生产总值能源消耗、二氧化碳排放均提前完成预定目标，煤炭在一次能源的占比，近十年几乎每年降低一个百分点，目前已经低至 60%；清洁能源占比超过 20%，火电单位煤耗领先世界。

打造生态经济体系加速经济社会绿色转型：产业生态化，生态产业化。自然生态的绿色美丽、环境质量的改善提升、生产中的资源节约，必须要有社会发展体系的绿色变革。进入中国特色社会主义新时代，中国已经基本形成节约资源和保护环境的空间格局、产业结构、生产方式和生活方式，通过传统产业生态化改造、生态保护产业化发展，中国的经济社会发展体系变绿了。

从空间格局上看，"村村点火户户冒烟"的空间景观不复存在，"有水快流竭泽而渔"的产业格局得到了根本扭转。水资源短缺地区，高耗水的工业、种植业得以终止。坡耕地恢复为森林，河湖湿地得以修复，自然保护区从无到有，星罗棋布。目前全国共建立各种类型、不同级别的自然保护区 2750 个，其中陆地面积约占全国陆地面积的 14.88%。工业是发展之基，也是污染之源。以产业园区为单元的空间构建，使得资源利用得以集约、污染得以集中治理。从产业结构上看，制造业在国民经济中的占比不断下降，第三产业占比在 2015 年突破 50%。产业内部的结构也在优化。高新技术产业、高端制造业、电子商务、互联网金融，新的业态，不断提升资源节约和环境友好水平和层次。2017 年中国新能源汽车产量 69 万辆，比上年增长 51.2%；工业机器人产量 13 万台（套），增长 81.0%；民用无人机产量 290 万架，增长 67.0%。一些产业和产品的变化，甚至是颠覆性的。国外有一些政府提出了禁止燃油车上市的时间表。中国尚处于研究之中，但中国纯电动汽车的产量，遥遥领先于世界。2018 年 6 月国务院颁布的打赢蓝天保卫战三年行动计划提出，在 2020 年新能源汽车产销量达到 200 万辆左右，2020 年年底前，重点区域的直辖市、省会城市、计划单列市建成区公交车全部更换为新能源汽车。

在生产方式上，中国已经成功从"原料经生产过程到产品加废料"的线性模式转变为"原料经生产过程到产品加原料"的循环模式。昔日堆积如山的矿渣得以经济利用，"城市矿山"成为工业原料之不断源泉。简约适度、绿色低碳取代奢华无度浪费高耗的生活方式，低碳出行、绿色社区、生态城市，成为社会发展的基调、格调。供给侧结构性改革、能源生产和消费革命，从根本上改变着中国的国民经济和社会发展体系。

习近平生态文明思想为绿色发展的思想指引，绿色理念的基本遵循。习近平生态文明思想，体系完整，内涵丰富，既博大精深，又浅显易懂，具有极强的现实指导意义。人与自然和谐共生，是道法自然的东方古典哲学智慧，是马克思主义人与自然关系的基本原则；是现代化理论的新解，也是绿色美丽的前提和结果。绿水青山就是金山银山的科学论断，是绿色发展的自然价值理念。绿水青山是资产，是发展之源泉，发展之基础，金山银山可用来发展绿水青山，但金山银山不是万能的，因而，宁要绿水青山不要金山银山。良好生态环境是最普惠的民生福祉。清新的空气、干净的水、安全的食物，是生命之必须，福祉之基本。山水林田湖草生命共同体理论，揭示了生态要素的关联性和系统整体性，绿色不是孤立存在的，必须要系统整体把控。环境就是生产力，改善环境就是发展生产力。这一自然生产力理论，突破了西方经济学的唯劳动力唯资本理论，科学阐释了自然的生产属性。环境红线是刚性的，恐龙灭绝不可复活，人类的需求和发展刚性服从于环境刚性。自然恢复优先、生态优先，尊重自然才能顺应和保护自然。针对日益严峻的全球生态安全，需要通过合作应对，持续共赢，构建人类命运共同体。

绿色发展客观上要求加快构建生态文明体系，包括以生态价值观念为准则的生态文化体系、以产业生态化和生态产业化为主体的生态经济体系、以改善生态环境质量为核心的目标责任体系、以治理体系和治理能力现代化为保障的生态文明制度体系，以及以生态系统良性循环和环境风险有效防控为重点的生态安全体系。显然，生态文明体系是以生态文明的原则和理念为基础的。生态文化体系的价值观念，内涵不仅包括哲学认知层面的人与自然和谐共生的原理，也包括绿水青山就是金山银山的自然价值理论、生态资产理念。不论是产业生态化，还是生态产业化，必须要考虑自然价值、民生福祉、生命共同体的基本原理和要求。生态环境质量考核，目的还是在确保生态资产保值增值、维护民生福祉、生态系统的平衡和稳定性。生态文明的制度体系是生态文化体系的固化和生态经济体系、目标考核体系的保障。生态安全体系则是防范经济体系的风险和确保系统的良性运行。绿色发展的体系构建，不仅要遵循生态文明的基本原则，还需要涵盖文化、经济、考核、制度和安全要素。

中国的生态智慧为绘制美丽中国的宏伟蓝图，提供世界环境保护和可持续发展的解决方案。生态文明的理念已经改变了中国，而且正在继续改变着中国，引领着世界的绿色转型。习近平总书记在全国生态环境保护大会上指出，我国生态环境质量持续好转，出现了稳中向好趋势，但成效并不稳固。彰显我国负责任大国形象，推动构建人类命运共同体。解决中国的环境问题，实际上是解决了全球生态安全的地区性问题；也是全球可持续发展经过实践检验的解决方案。

党的十九大报告把"美丽中国"写入现代化建设的总目标，绘制了绿色未来的宏伟蓝图。践行绿色发展理念，旨在实现绿色未来的目标。到 2020 年，赢得污染防治攻坚战，使生态文明建设水平应与全面建成小康社会目标相适应，突出的环境问题得以解决，重要生态系统得以保护和修复，资源利用更加高效，生态环境质量总体改善。确保到 2035 年，生态环境质量实现根本好转，美丽中国目标基本实现。到 21 世纪中叶，物质文明、政治文明、精神文明、社会文明、生态文明全面提升，全社会整体上形成绿色发展方式和生活方式，人与自然和谐共生，生态环境领域国家治理体系和治理能力现代化全面实现，建成美丽中国。

绿色发展理念下所形成并不断完善的可持续发展的中国模式，不仅使中国更加美丽，也在示范和引领全球的可持续转型，推动形成人与自然和谐共生的人类命运共同体。发达国家的"绿色"理念，是一种零和博弈思维：要求发展中国家停止工业化城市化进程，实现罗马俱乐部的"零增长"以保护全球环境；以发展中国家污染治理成本低的效率原则，以邻为壑，将有毒有害的各种固体废弃物倾销到发展中国家以维护自身的绿色；掌控核心技术牟取暴利，转移生产设施将污染排放生态灾难转移到作为"污染港湾"的发展中国家。以牺牲他人之绿色来实现自我绿色，显然有违绿色发展理念，不可持续。

中国奉行绿色发展的理念，高举和平、发展、合作、共赢的旗帜，构建人类命运共同体，建设持久和平、普遍安全、共同繁荣、开放包容、清洁美丽的世界，保护好人类赖以生存的地球家园。中国引导应对气候变化国际合作，成为全球生态文明建设的重要参与者、贡献者和引领者。表现在，一是贡献思想。人与自然和谐共生的东方智慧，通过对西方工业文明的价值理念的改造和提升，而推进人类可持续发展。在2015年联合国峰会上通过的2030年可持续发展议程中，人与自然和谐数次在文本中出现；人本、环境、繁荣、和谐和共赢的愿景，内涵体现了丰富的生态文明思想。二是行动引领。中国的绿色发展不是喊口号，不是豁免自己而强求他人，而是踏石有印、抓铁有痕，撸起袖子实打实地干。2009年哥本哈根世界气候大会提出的2020年目标，已经提前实现；巴黎协定下的国家自主贡献，绩效优于预期。中国在2020年全面消除贫困，比联合国明确的2030年可持续发展目标提前10年。作为发展中国家，中国的水电、风电、光伏发电装机规模、零碳电力，稳居世界第一；中国的太阳能热水器市场规模雄冠全球；中国的造林面积、森林蓄积量新增碳汇，也领先于世界。三是合作共赢。不论是国际治理，还是绿色投资，秉持开放和谐包容理念，力推全球绿色转型发展。

生态文明的发展理念不寻求世界霸权，不追求唯我利益。绿色发展的中国方案，推进人类命运共同体建设，正在创造全球绿色发展的新格局。

（潘家华）

第十章 人力资源：从人口红利到人才红利

改革开放以来的40年，中国经济总量增长了33.52倍，年均经济增长速度达到9.5%[①]。在此期间，中国劳动年龄人口的数量和在总人口中的占比保持了较高水平，人口抚养比较低。这种特殊的人口结构，为中国经济的高速增长奠定了坚实基础。在劳动年龄人口比重较大的情况下，人口生产性强，社会储蓄率高，有利于经济增长，因而高比例生产性人口使得经济增长在正常的增长幅度之上再提高一个部分，这个因劳动年龄人口比例高而对经济增长产生的积极效应被称为"人口红利"。研究显示，人口红利对中国经济增长的贡献达到了1/4左右[②]。

2010年之后，中国的人口结构发生了重大变化，劳动年龄人口逐渐递减、人口扶养比开始增加，"人口红利"逐渐减弱。在这种情况下，以往支撑经济增长的源泉，即劳动力增长、资本形成和劳动力转移带来的资源重新配置效率，都逐渐趋于减弱。中国经济必须

[①] 中华人民共和国国家统计局：《中国统计摘要2018》，中国统计出版社2018年版，第10页。
[②] Cai Fang, Dewen Wang, "Demographic Transition: Implications for Growth", Ross Garnaut and Ligang Song (eds.), *The China Boom and Discontents*, the Asia Pacific Press, the Australia National University.

从以传统要素投入拉动为主的增长模式，转向发挥人力资本要素的作用，用劳动力的质量替代劳动力的数量，依赖人力资本积累带来的创新和技术进步为主拉动增长。中国未来经济发展必须依靠人才，最需要的是人才贡献的显著提高，亦即通过人力资本积累，开发和利用人才红利，以支持中国经济的持续发展。

一 人口转变与中国的经济增长

（一）中国的人口转变

改革开放以来，中国的人口数量在持续增长。中国的总人口在1978年为9.63亿人，到2017年增加到13.90亿人，年均增长0.9%；相应地，就业人员数量从1978年的4.02亿人，增长到2017年的7.76亿人，年均增长1.7%[①]。丰裕的人力资源供给，为中国经济的高速增长创造了良好的条件。

中国的人口增长从20世纪80年代末开始出现明显减速，人口自然增长率在1987年达到高峰（16.6‰），10年之后（1997年）便下降到10‰，2009年更是下降到5‰以下（4.87‰），此后几年在5‰左右波动，2017年为5.32‰。人口自然增长率的下降主要归因于出生率下降，即生育水平的下降，出生率从20世纪80年代初20‰左右逐步下降到目前不到12‰，死亡率过去几十年基本平稳，保持在6.5‰左右，最近几年随着老龄化加深，死亡率有所提高，2017年达到7.11‰。中国的人口再生产类型已经由"高出生、低死亡和高增长"转变为"低出生、低死亡和低增长"（见图10—1）。

---

① 中华人民共和国国家统计局：《中国统计摘要2018》，中国统计出版社2018年版，第8页。

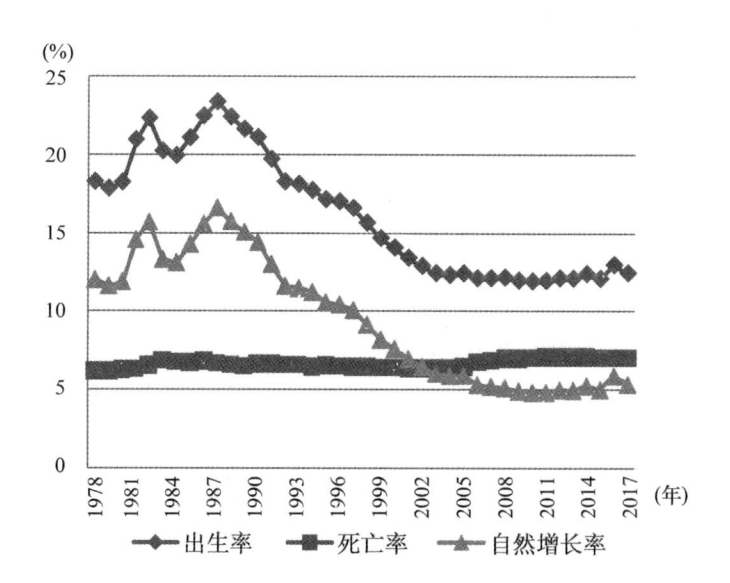

图 10—1 中国人口出生率、死亡率和自然增长率变化情况（1978—2017）

资料来源：中华人民共和国国家统计局：《中国统计摘要 2018》，中国统计出版社 2018 年版，第 10 页。

人口老龄化是中国人口转变的最大特征。20 世纪 80 年代初，中国 65 岁及以上老年人口占总人口的比例只有 5% 左右，人口结构比较年轻化。而进入 21 世纪以来，中国人口结构发生重大变化，老龄化加速推进。按照联合国的标准，中国在 2000 年正式进入人口老龄化社会，即 65 岁及以上老年人口比重达到 7%。2017 年中国 65 岁及以上老年人口达到 1.58 亿人，占总人口比重达到 11.4%[1]，老龄化水平进一步加深。

伴随人口年龄结构的变化，人口抚养比也发生重大变化。人口抚养比是指非劳动年龄人数与劳动年龄人数之比，表示每个劳动力赡养的老年人和少儿的数量，包括少儿抚养比和老年抚养比。人口

---

[1] 中华人民共和国国家统计局：《中国统计摘要 2018》，中国统计出版社 2018 年版，第 18 页。

抚养比低、劳动力资源相对丰富、社会负担相对较轻，一定意义上有利于经济增长。改革开放初期至2010年，中国的人口抚养比持续下降，从20世纪80年代初期的62%左右，逐步下降到2010年的34.2%，这意味着从平均3个劳动力供养2个人，下降到平均3个人供养1个人。中国人口抚养比的下降，归因于少儿抚养比的下降。少儿抚养比从20世纪80年代初期的55%下降到2010年的22%；而老年抚养比呈现持续增长的态势，从20世纪80年代初期的8%逐步提高到2010年的12%。值得关注的是，2010年是中国人口抚养比的转折点，人口抚养比达到了最低点34.2%，至此，中国人口抚养比从下降转变为上升，2017年已经上升到39.2%，标志着中国人口结构的重大转变已经发生（见图10—2）。

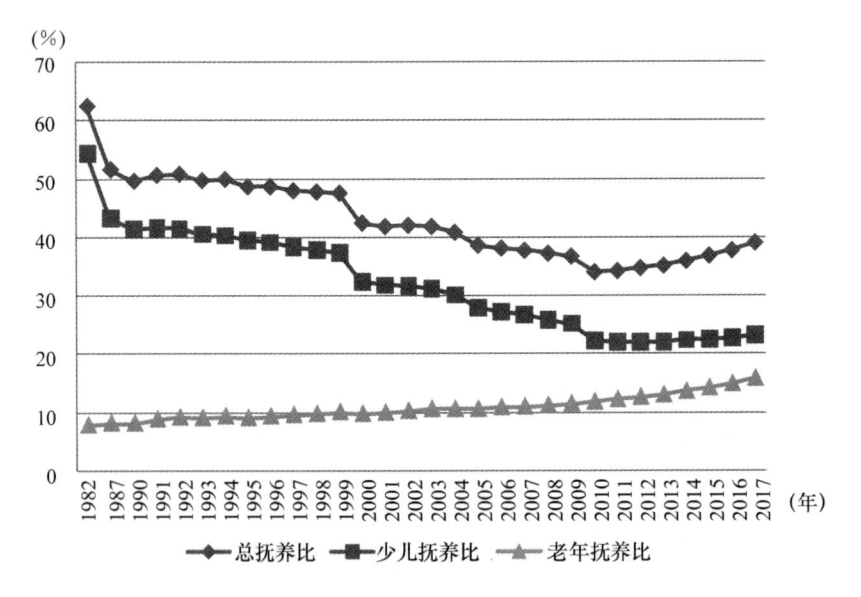

图10—2　中国人口抚养比变化情况（1978—2017）

资料来源：中华人民共和国国家统计局：《中国统计摘要2018》，中国统计出版社2018年版，第18页。

(二) 人口转变与经济增长

长期以来，人们对人口与经济增长关系的研究，主要集中在人口总量变化或人口增长速度方面，而忽略了人口结构变化的影响。近些年来，人口结构变化及具生产性的人口红利或人口机会窗口（demographic window），开始成为人口学和经济学研究的重要领域。在人口红利之前，学界以及社会各界谈论更多的是人口转变（demographic transition），即由于死亡率、出生率下降在时间上的先后和速度上的快慢不同，人口年龄结构将经历高少儿扶养比、高劳动年龄人口比、高老年人扶养比三个阶段。随着对人口转变认识的深入，人们发现劳动年龄人口比重高的时期，劳动力供给增加、人口抚养比低、人口年龄结构生产性较强，十分有利于经济发展。这种人口转变为经济发展带来的额外推动力，便被称作人口红利（demographic dividend）。

研究者关注人口红利始于关注东亚奇迹。Andrew Mason 在对日本、韩国、中国台湾、泰国等国家和地区历经的东亚奇迹时，使用 demographic bonus 指代劳动年龄人口的快速增长带来的人均产出的增加[1]。Bloom 和 Williamson 在对 78 个东亚及非东亚国家和地区的数据进行实证研究时提出人口红利（demographic gift）理论[2]，其后 Bloom，Canning 等人。又对该理论进一步阐述[3]。此后 Mason 和 Lee 发展了 Bloom 等人提出的人口红利理论，按照人口红利促进经济增长的结构效应（composition effect）和行为效应（behavioral effect）将

---

[1] Mason, Andrew, "Population and the Asian Economic Miracle, Asia-Pacific Population Policy", East-West Center, Honolulu, Hawaii, 1997.

[2] Bloom, David, Jeffrey Williamson, "Demographic Transitions and Economic Miracles in Emerging Asia", the World Bank Economic Review, Vol. 12, No. 3, 1998, pp. 419 – 455.

[3] Bloom, David, David Canning, Jaypee Sevilla (2003), "The Demographic Dividend: a New Perspective on the Economic Consequences of population Change", Princeton: RAND.

人口红利细分为第一人口红利和第二人口红利①。

人口红利形成包含两大基本要素：一是劳动年龄人口数量和比例相对较大；二是抚养负担相对较轻。在劳动年龄人口比重较大的情况下，人口生产性强，社会储蓄率高，有利于经济增长，因而高比例生产性人口使得经济增长在正常的增长幅度之上再提高一个部分，这个因劳动年龄人口比例高而对经济增长产生的积极效应就称为人口红利。日本、韩国、中国台湾等东亚国家和地区在经济高速成长阶段，都经历过人口红利期，人口红利能够解释1/3左右的东亚经济增长奇迹。

一般而言，0—14岁少儿人口无劳动能力，需要劳动力年龄人口在健康和教育方面给予密集投资；15—64岁的劳动年龄人口为劳动力市场提供劳动力资源，参与经济活动和创造财富，不但生产自身消费的财富，而且通过"家庭内部转移支付"和"社会转移支付"向少儿人口和老年人口提供需要消费的财富；65岁以后的老年群体丧失劳动能力，需要劳动年龄人口在物质生活和心理需求方面给予照料和供养。由此可见，劳动年龄人口在总人口中处于支配地位，其占总人口的比例高低直接影响整个国民经济的发展。而老年人口和少儿人口需要消耗财富，同属于社会的负担人口，不同的是，少儿人口是潜在生产性人口，而老年人口是纯消费性人口，而且二者的消费强度也不一致。因此，人口年龄结构的差异及变动与经济增长密切相关，一个国家或地区的人口年龄结构类型影响该国家或地区的经济增长，而"两头小、中间大"的成年型人口结构被视为人口红利机会窗口，能够对经济增长起促进作用②。

---

① Mason, Andrew and Lee, Ronald (2006), "Reform and Support Systems for the Elderly in Developing Countries: Capturing the Second Demographic Dividend", Genus, 2006, 57 (2), pp. 11–35.

② Bloom, David, David Canning, Jaypee Sevilla, "The Demographic Dividend: a New Perspective on the Economic Consequences of Population Change", Princeton: RAND, 2003.

在人口转变的起始阶段，由于死亡率特别是少儿死亡率先于出生率的迅速下降，并在低水平上保持稳定，使得人口增长和劳动力增长在一段时间间隔内呈现不一致。转变初期的高生育率和低死亡率使得少儿人口占总人口比例迅速增加，经济社会进入人口负债期，然而随着其后生育率的下降，少儿人口所占比例降低，而先前处于人口负债期的少儿人口逐渐转变为劳动年龄人口，此时劳动力增长将快于人口增长而形成成年型人口结构。在这个阶段上，儿童的抚养比将出现大幅度下降，而总人口中劳动年龄人口比重将出现较大幅度上升，为经济增长，特别是现代部门的扩展带来了充沛的劳动力供给，形成了推动经济增长的劳动力供给效应；同时，这种富有生产性的人口结构，也大幅度地提高了经济产出能力，减少了消费支出需求，提高了储蓄率，形成了推动经济增长的储蓄效应和资本深化效应。再加上资本转移效应过程中带来的人力资本积累，上述三种效应共同为推动经济增长提供了重要动力。

（三）人口红利对中国经济增长的贡献

随着计划生育政策的实施，加上社会经济因素的作用，中国的人口出生率自 20 世纪 70 年代开始逐渐下降。20 世纪 80 年代以后，在改革开放加快了经济和社会发展的同时，计划生育政策在城乡全面严格执行，进一步降低了人口出生率，人口自然增长率也相应下降。Wang 和 Mason 认为，中国 20 世纪 70 年代的生育率快速下降带来了潜在的人口红利，通过采用增长因素分析法将人口红利对中国经济增长的贡献进行了分解，得出 1960—2000 年，第一人口红利对于中国人均增长率的贡献为 8.3%；而 1982—2000 年，这一数字提高到 15%；从 2014—2050 年，随着第一人口红利的逐渐消退，中国的经济增长率将年均递减 0.45%[①]。蔡昉和王德文通过 1982—2000 年中国分省面板数据研究发现，总抚养负担每下降一个单位，经济增长速度将加快 0.115 个百分点，总抚养负担下降对储蓄率的贡献率大约在 5% 左右，对中国经济增长的贡献在 1/4[②]。

研究显示，将人口数量和质量的提高，以及人口扶养比的减少对经济增长的贡献加总，得到这三项因素产生的人口红利，则 1978—2010 年期间，在中国的经济增长中人口红利的贡献达到 1/5 至 1/4 的水平（见表 10—1）。然而，人口红利对经济增长的贡献在不同时期存在明显差异：在改革开放初期（1978—1990），人口红利对经济增长的贡献大约是 40%，高于资本存量和技术进步对经济增长的贡献；在 1991—2000 年期间，人口红利对经济增长的贡献下降到了 15%，资本存量和技术进步对经济增长的贡献超过了人口红利的贡献；2001—2010 年期间，人口红利对增长率的贡献进一步下降到了 10%，资本的贡献进一步增加，技术进步的贡献出现了下降。总体来看，人口红利对经济增长的贡献呈现递减的趋势。

表 10—1　　　　　　　　人口红利对中国经济增长的贡献

时期 1978—2010	各要素对经济增长的贡献（%）				人口红利（%）		
	K	h	L	A	$h+L$	D	$h+L+D$
1978—2010	49.10	6.56	12.00	32.33	18.57	5.33	23.90
1978—1980	40.42	10.02	22.14	27.42	32.16	11.85	44.01
1981—1990	40.54	6.27	22.53	30.66	28.80	9.42	38.22

---

① Wang F. and A. Mason (2005), "Demographic Dividend and Prospects for Economic Development in China", UN Expert Group Meeting on Social and Economic Implications of Changing Population Age Structure, Population Division, Mexico, Aug. 31 – Sep. 2, 2005.

② Cai Fang and Dewen Wang, (2005), "Demographic Transition: Implications for Growth", The China Boom and Discontents Ross Garnaut and Ligang Song (eds.), the Asia Pacific Press the Australia National University.

续表

时期 1978—2010	各要素对经济增长的贡献（%）				人口红利（%）		
	K	h	L	A	$h+L$	D	$h+L+D$
1991—2000	46.57	8.04	6.56	38.83	14.60	2.14	16.73
2001—2010	62.79	4.34	3.89	28.98	8.23	2.49	10.71

注：K代表资本存量，h代表平均人力资本水平，L代表劳动力，A代表技术进步和制度红利，D代表抚养比。其中，$h+L$表示劳动力数量和质量的提高带来的人口红利，$h+L+D$代表总体的人口红利。

资料来源：陆旸、蔡昉：《改革开放40年中国人口红利的贡献、变化趋势和对策建议》，中国社会科学院人口与劳动经济研究所研究报告，2018年7月。

人口红利的实质在于充足的劳动力供给可以防止资本报酬递减现象出现，因而可以依靠资本和劳动的投入保持高速经济增长。将人口抚养比与资本积累水平结合起来进行观察，中国人口红利的最大化时期是抚养比在2010年降到最低点之前达到的，并且于2010年之后迅速消失。随着人口红利对于经济增长的贡献率变得越来越微不足道，支撑中国经济增长的源泉不再是就业的增长，也不可能是资本劳动比的提高，而越来越依赖全要素生产率贡献份额的提高。此外，一个逐渐老龄化的人口结构，只要具备必要的制度条件，同样可以具有人口的优势，即提供第二次人口红利。延长了的健康余寿可以成为人口红利的新源泉，而开发这种人口红利的关键，是在继续扩大教育特别是高中阶段的普通教育和职业教育，以及加强对就业者培训的基础上，根据条件的成熟程度逐步延长退休年龄，以保持劳动力供给的充足性[1]。

---

[1] 蔡昉：《中国的人口红利还能持续多久》，《经济学动态》2011年第6期。

二 中国的人口红利缘何得以实现

人口年龄结构变动只是经济增长的潜在机遇，有利的人口年龄结构并不会自然而然地成为人口红利。人口红利能否得以实现，取决于一个国家或地区的政策制度、市场自由度、人力资本状况等条件匹配性。1965—1990年南美诸国经历了与东亚相似的人口转变，但并没出现类似的经济增长奇迹。高通货膨胀、政治不稳定、对抗性劳资关系、进口导向贸易政策使南美诸国丧失了开发人口红利的机会[1]。东亚国家能够充分利用人口红利加快经济增长，在于采取了合适的经济发展政策、大力地投资教育，从而创造了大量的就业机会，有效地利用了人口转变所带来的机遇[2]。中国改革开放以来人口红利的实现，与劳动力迁移政策的改革、教育投资的优化和劳动力市场制度的完善密不可分。

（一）劳动力迁移政策的改革

改革开放以前，中国实行严格的计划经济体制，劳动力流动尤其是农村劳动力向城市的流动长期受到严格限制，导致大量劳动力滞留在农村和农业生产上。改革开放以后，中国在农村普遍推行家庭联产承包责任制，提高了农业劳动生产率，农村剩余劳动力进一步显现。随着中国城市经济改革的逐渐推行，城市非国有经济开始发展，就业政策有所松动，产生了对农村劳动力的明显需求。在这一背景下，中国对农村劳动力向城市流动的管制逐渐放松。因此，

---

[1] Canning, David, "The Impact of Aging on Asian Development", Seminar on Aging Asia, A New Challenge for Region, Kyoto, Japan, May 7, 2007.

[2] Mason, Andrew, Lee Ronald, "Reform and Support Systems for the Elderly in Developing Countries: Capturing the Second Demigraphic Dividend", Genus, Vol. 57, No. 2, 2006, pp. 11 – 35.

从20世纪80年代中后期开始，劳动力从农村向城市的流动已成为中国经济中的普遍现象。

从政策上看，中国的劳动力迁移经历了控制迁移、允许迁移、控制盲目迁移、规范迁移和公平迁移五个阶段[①]。其中，1979—1983年是控制迁移阶段，采取的主要措施包括加强户口和粮食管理、严格控制从农村招工、对农村剩余劳动力就地安置等。1984—1988年是允许迁移阶段，开始准许农民自筹资金、自理口粮，进入城镇务工经商。1989—1991年是控制盲目迁移阶段，采取的主要措施包括严格控制"农转非"过快增长、建立临时务工许可证和就业登记制度、重点清退来自农村的计划外用工等。1992—2000年是规范迁移阶段，开始实施以就业证卡管理为中心的农村劳动力跨地区迁移的就业制度。2000年以后是公平迁移阶段，采取的主要措施包括清理和取消针对农民进城就业等方面的歧视性规定和不合理限制，解决拖欠农民工工资问题等。这些变化表明，中国在改革城乡分割体制，推动城乡劳动力市场一体化方面已开始迈出实质性步伐，农村劳动力的迁移正在进入一个新的发展时期。

从数量上看，中国的乡城劳动力迁移规模总体呈现不断扩大趋势。尽管由于统计口径的不同，不同的研究得出的农村劳动力流动规模有很大差异，但不同的研究都显示，中国农村劳动力向城市流动的数量十分庞大。大体上看，20世纪80年代初，中国城乡劳动力迁移规模只有数百万人；但90年代，已经发展到数千万人；进入21世纪以后，中国乡城劳动力迁移规模更是快速扩大，并很快突破1亿人。2017年，中国进城农民工数量已经达到1.72亿人。相应地，进城农民工占城镇就业的比例，也由20世纪80年代末的20%左右，

[①] 白南生、宋洪远等：《回乡，还是进城——中国农村外出劳动力回流研究》，中国财政经济出版社2002年版。

上升到21世纪的40%左右（见图10—3a、图10—3b）。

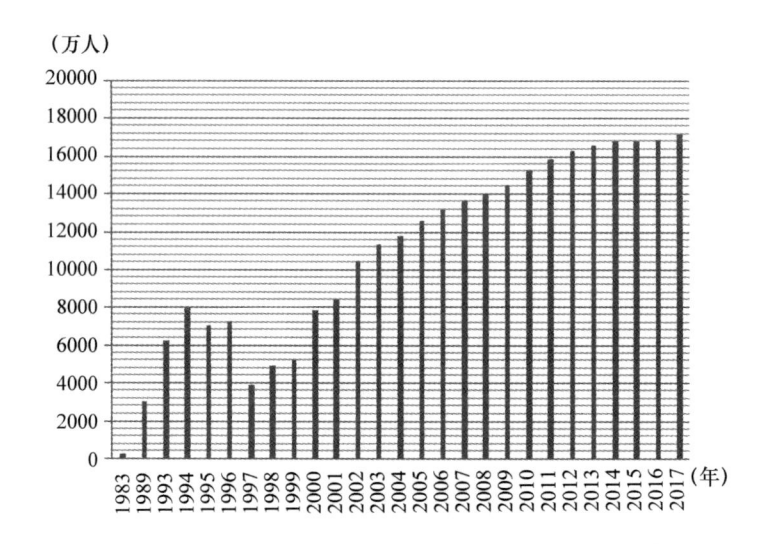

图10—3a 中国进城农民工数量

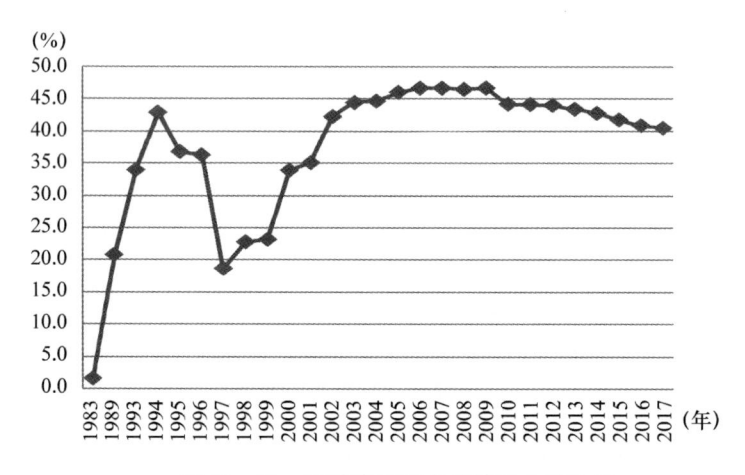

图10—3b 进城农民工占城镇就业的比例

资料来源：根据国家统计局《农民工监测调查报告》和《中国统计年鉴》等相关数据整理计算。

大规模的乡城劳动力迁移显著促进了中国的经济增长。劳动力的自由流动和迁移，是劳动力市场有效配置社会劳动力资源的根本表现。通过劳动力的乡城迁移，大量劳动力从生产率低的农村配置到生产率高的城市，会大大提升整体经济的效率，显著促进国家的经济增长。世界银行估计，劳动力的部门转移可以解释中国16%的国内生产总值增长[①]。蔡昉和王德文的研究表明，1982—1997年间中国劳动力从农业部门向工业部门和服务业部门的转移，对经济增长的贡献额为20.23%[②]。

（二）优化教育投资以满足劳动力市场需求

人力资本积累的最主要方式，是学校教育和职业培训。中国于1986年颁布了《义务教育法》，并在2006年进行了修订，使义务教育在中国得到迅速普及。2017年，中国小学学龄儿童净入学率达到99.9%，小学升初中比例达到98.8%。同时，中国大力发展高等教育。从1999年开始，大幅度扩大高等学校招生规模，不仅提高了高等教育的入学率，而且也带动了高中教育的入学率。2017年，中国初中升高中比例达到了94.9%，高等教育毛入学率达到45.7%[③]。毋庸置疑，教育的发展为中国经济高速增长时期的人力资本积累贡献了主要力量。研究表明，2001—2014年，中国全部就业人员的平均受教育年限在波动中逐年增加，由2001年的8.2年增加为2010年的9.1年，2014年进一步提升至9.9年[④]。可以说，中国劳动力的整体人力资本水平在快速提高。也正是由于劳动力素质的不断提升，中国经济的快速增长才能够得到有效保障。

---

① 世界银行：《2005年世界发展指标》，中国财政经济出版社2005年版。
② 蔡昉、王德文：《中国经济增长的可持续性与劳动贡献》，《经济研究》1999年第10期。
③ 中华人民共和国国家统计局：《中国统计摘要2018》，中国统计出版社2018年版，第180页。
④ 高文书、谢倩芸：《中国产业结构升级的人力资本需求研究》，《华中师范大学学报》（人文社会科学版）2017年第2期。

中国的职业教育和培训也得到了很大发展。1978—2017年，中等职业教育学校数量从2760所增加到10707所，招生人数从44.7万人增加到578.7万人[①]。在技能培训方面，为促进农村劳动力职业培训，2003年9月，农业部、劳动保障部等六部委发布了《2003—2010年全国农民工培训规划》。2004年4月，上述六部委共同组织的"农村劳动力转移培训阳光工程"正式实施，到2010年转移培训3500万农村劳动力。同时，劳动保障和教育等部门也开展了对转移后农民工的职业培训，年培训进城农民工1000万人以上。发展职业教育和培训，对促进中国劳动者尤其是青年劳动力人力资本水平的提升，起到了重要作用。

（三）劳动力市场制度不断完善

一是就业公平显著推进。在20世纪90年代后期，一些大中城市为了保证城市居民就业，规定了限制或禁止农民进入的职业和工种。这些做法损害了进城农民工平等的就业权利，对外出就业农民带有明显的歧视性。在此背景下，国家开始通过劳动政策调整，加强对农民工的平等就业权益的保障。2001年3月，全国人大在《中华人民共和国国民经济和社会发展第十个五年计划纲要》中，着重强调打破城乡分割体制，取消对农村劳动力进入城镇就业的不合理限制，引导农村富余劳动力在城乡、地区间有序流动。2003年，《国务院办公厅关于做好农民进城务工就业管理和服务工作的通知》颁布，要求取消专门为农民工设置的登记项目，强调对农民工和城镇居民应一视同仁。

2004年《中共中央国务院关于促进农民增加收入若干政策的意

[①] 中华人民共和国国家统计局：《中国统计摘要2018》，中国统计出版社2018年版，第176页。

见》（2004年中央"1号文件"）提出，进一步清理和取消针对农民进城就业的歧视性和不合理收费，简化农民跨地区就业和进城务工的各种手段，防止变换手法向进城就业农民及用工单位乱收费。这一文件确立了公正对待农民工，让进城农民融入城市的完整改革框架。同年，又颁布了《国务院办公厅关于进一步做好改善农民进城就业环境工作的通知》，要求地方各级政府，特别是城市政府要进一步提高认识，把改善农民进城就业环境作为重要职责。该阶段的政策，反映出政府对改善农村外来工就业环境的重视，标志着国家对农村外来工政策的调整进入新的阶段[①]。

2006年3月27日，国务院颁发了《关于解决农民工问题的若干意见》，强调要消除农民工就业歧视和促进机会平等。这是中央政府关于农民工的第一份全面系统的政策文件，它涉及了农民工工资、就业、技能培训、劳动保护、社会保障、公共管理和服务、户籍管理制度改革、土地承包权益等方面的政策措施。2007年又颁布了《就业促进法》《劳动合同法》《劳动争议调解仲裁法》，基本形成了消除农民工就业歧视和促进机会平等的法律框架。

二是社会保障制度建设突飞猛进。为推动社会保障体制改革，中国分别于1997年、1998年和1999年先后出台了《关于建立统一的企业职工基本养老保险制度的决定》《关于建立城镇职工基本医疗保障制度的决定》和《失业保险条例》，对养老、医疗和失业保险的参保对象、缴费比率和享受条件等做出了明确规定。尽管这些法规所规定的社会保险覆盖范围有所不同，但它们都明确规定，只要是和有关用人单位形成劳动关系的职工，都有参加和享受相应社会保险的权利。但是，这些法规没有对"职工"的范围进行明确界定，使得许多用人

---

① 王竹林：《城市化进程中农民工市民化研究》，博士学位论文，西北农林科技大学，2008年。

单位都认为农民工并不是职工，从而没有将他们纳入社会保险对象范围。针对这一问题，中国2004年颁布的《工伤保险条例》对"职工"一词进行了明确定义："本条例所称职工，是指与用人单位存在劳动关系（包括事实劳动关系）的各种用工形式、各种用工期限的劳动者。"可见，在此之前，在涉及农民工社会保险的法律规定方面，只有《工伤保险条例》明确将进城农民工纳入"职工"范围，而其他社会保险是否包括进城农民工，仍缺乏明确的规定。

2009年2月，国家人力资源和社会保障部向社会公布《农民工参加基本养老保险办法》，规定在城镇就业并与用人单位建立劳动关系的农民工，应当参加基本养老保险。这就明确规定了进城农民工享有与城市本地劳动力同等的社会养老保险权益。为促进人力资源合理配置和有序流动，保证参保人员跨省流动并在城镇就业时基本养老保险关系的顺畅转移接续，国务院决定从2010年1月1日起施行《城镇企业职工基本养老保险关系转移接续暂行办法》。该办法的主要内容有：包括农民工在内的参加城镇企业职工基本养老保险的所有人员，其基本养老保险关系可在跨省就业时随同转移；在转移个人账户储存额的同时，还转移部分单位缴费；参保人员在各地的缴费年限合并计算，个人账户储存额累计计算，对农民工一视同仁。

三 中国人口红利的消失

改革开放以来，人口红利是中国经济高速增长的重要推动力，人口红利贡献了经济增长的约1/4。但是，中国的劳动年龄人口总量和占比均已出现持续下降。伴随老龄化的加快和抚养比的上升，中国的人口形势已经发生了根本变化，人口红利正在消失。

人口预测表明，中国总人口还将保持七、八年的增长，到2020年达到约14.12亿，并将在2026年左右达到高峰，峰值约为14.22亿；此后一路下滑，到 2037 年下降至 14 亿以下，到 2050 年约为 13.13 亿[①]。

中国劳动年龄人口总量和占比均将持续下降。15—59 岁劳动年龄人口数量，2020 年约为 9.12 亿，2023 年将下降至 9 亿以下，2036 年将下降至 8 亿以下，2048 年将下降至 7 亿以下，2050 年约为 6.60 亿；占总人口的比例，2020 年约为 64.57%，2028 年下降至 60% 以下，2043 年下降至 55% 以下，2050 年约为 50.24%。从 15—64 岁劳动年龄人口数量来看，到 2020 年约为 9.85 亿，在 2037 年下降至 9 亿以下，2048 年下降至 8 亿以下，2050 年约为 7.78 亿；占总人口的比例，2020 年约为 69.75%，2035 年下降至 65% 以下，2048 年下降至 60% 以下，到 2050 年约为 59.22%（见图 10—4a、图 10—4b）。

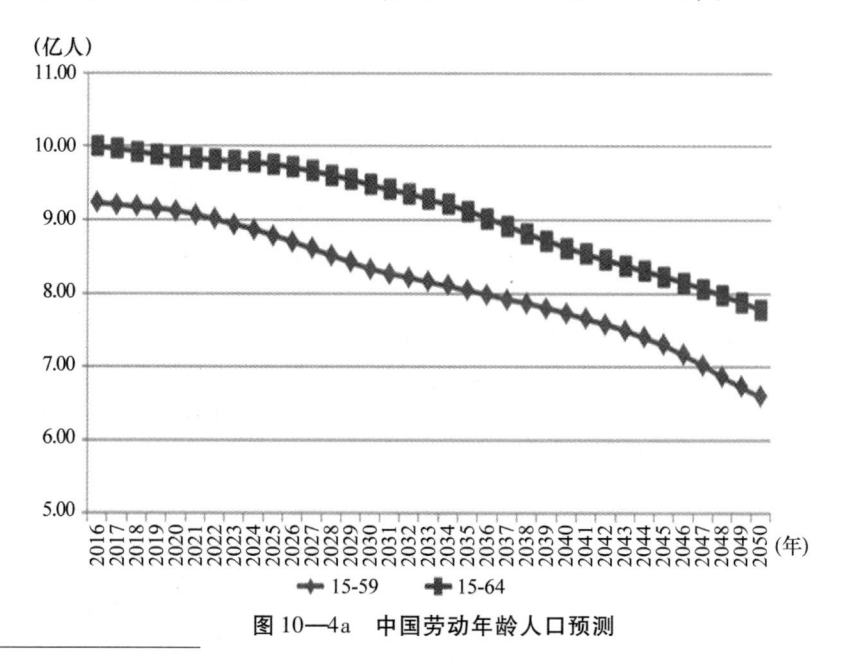

图 10—4a 中国劳动年龄人口预测

---

① 中国社会科学院人口与劳动经济研究所：《劳动年龄人口变化与经济发展研究》，研究报告，2016 年 11 月。预测期限为 2010—2050 年，采用中国人口与发展研究中心开发的 PADIS‑INT 人口预测软件进行预测。以 2010 年人口普查数据为基础，参考近年来总人口、出生人口、死亡人口、城镇化率等参数变化；生育水平考虑到全面两孩政策的影响，总和生育率 2016—2020 年分别为 1.65、1.8、1.8、1.8、1.65，2021 年后回落至 1.55 并保持不变；人口预期寿命非线性增长至 2050 年男性 78.77 岁，女性 83.67 岁；死亡模式采用联合国远东模型生命表；城乡迁移 2020 年以前为每年 1000 万人，此后每 10 年减少 200 万人。

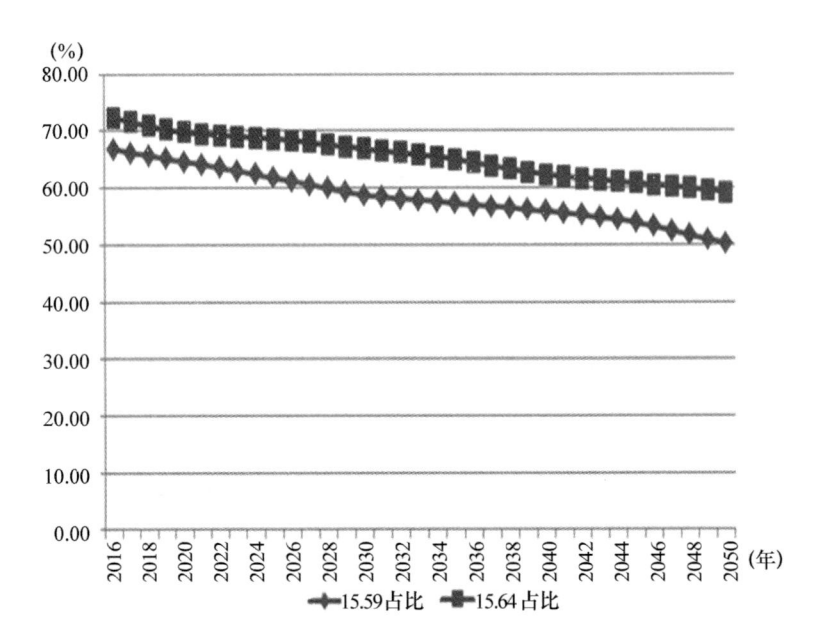

图 10—4b 中国劳动年龄人口占比变化

资料来源：中国社会科学院人口与劳动经济研究所：《劳动年龄人口变化与经济发展研究》，《研究报告》2016 年 11 月。

中国老年人口及其占总人口的比例将双双保持上升态势。60 岁及以上人口 2020 年将达到 2.56 亿左右，占总人口的比例约为 18.16%。到 2025 年左右 60 岁及以上老年人口将超过 3 亿，2033 年左右将超过 4 亿，到 2050 年约为 4.92 亿。60 岁及以上老年人口比例将在 2023 年超过 20%，2036 年超过 30%，2050 年约为 37.50%。65 岁及以上人口 2020 年将达到 1.83 亿，占总人口的比例约为 12.98%。到 2023 年左右 65 岁及以上老年人口将超过 2 亿，2034 年将超过 3 亿，2050 年将达到 3.75 亿。65 岁及以上老年人口比例将在 2033 年超过 20%，到 2050 年约为 28.52%（见图 10—5a、图 10—5b）。

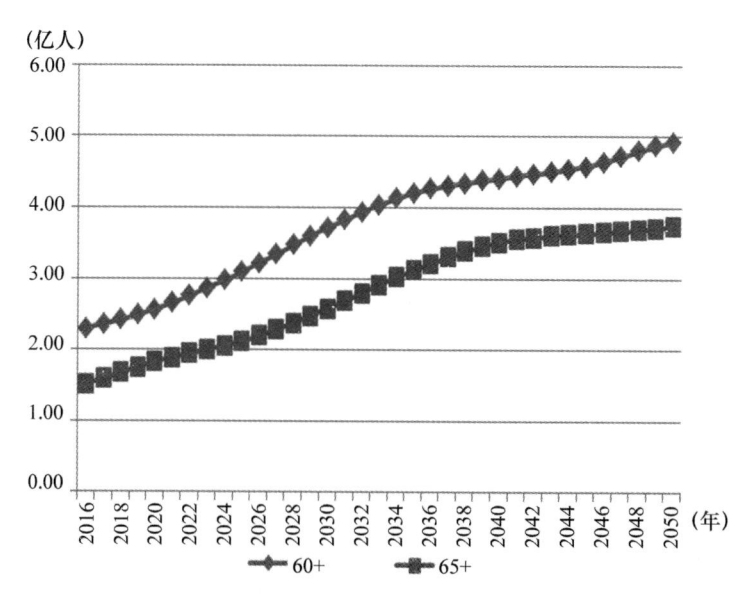

图 10—5a 中国老年人口预测

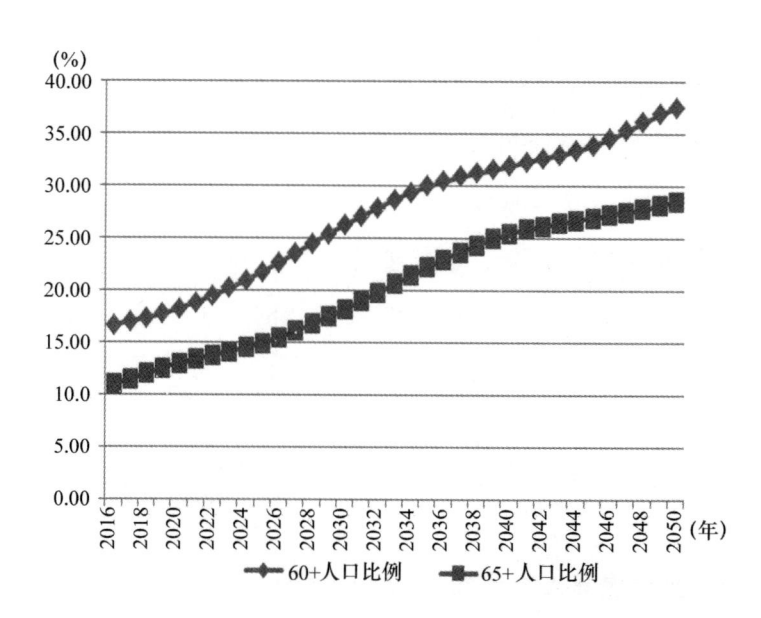

图 10—5b 中国老年人口占比变化

资料来源：中国社会科学院人口与劳动经济研究所：《劳动年龄人口变化与经济发展研究》，《研究报告》2016 年 11 月。

四 积累和释放人才红利

在人口红利消失的情况下，中国面临的重要挑战是如何用劳动力的质量替代劳动力的数量。在这个阶段，最需要的是人才对经济增长贡献的显著提高。中国未来经济发展必须依靠人才，积累和释放"人才红利"，由此带来技术进步与生产率的提高。类比人口红利，人才红利是指受过较好教育或培训的劳动者即人才在总人口中所占比重较高，从而为经济发展提供的额外推动力。人才红利是大量有所专长、综合素质较高的知识型、技能型劳动者，尤其是受过高等教育的劳动者为经济所带来的收益。2010 年中国首次全口径人才资源统计结果显示，中国人才资源总量达到 1.2 亿人，人才对经济增长的贡献率达到 26.6%[①]，反映出人才红利在推动中国经济发展中起着极为重要的作用。

习近平总书记 2018 年 3 月 7 日在参加全国人大广东代表团审议时强调："发展是第一要务，人才是第一资源，创新是第一动力。"并指出，强起来要靠创新，创新要靠人才。本土人才、海归人才要并用并重，使他们在报效祖国中实现自己的人生梦想。人才红利不会自动形成，必须通过大量的物质投入和长期的教育和培训才能获得。中国一方面要大力引进海外人才，另一方面更要加大本土人才培养力度，改进本土人才评价方法，使更多的本土人才涌现出来。

（一）全面提高人力资本

人力资本是全要素生产率提高的重要源泉。中国的人力资本积

[①] 中共中央组织部：《中国人才资源统计报告 2010》，中国统计出版社 2012 年版，第 1 页。

累，面临着教育激励下降、教育资源配置不均和高等教育机会不足等突出问题，迫切需要加大公共教育投入，优化教育投入结构，进一步普及高等教育，不断推进职业教育和在职培训等，为经济持续增长提供坚实人力资本基础。

首先，加大公共教育投入。充分的公共教育投入，是成功跨越中等收入阶段的重要条件。日本和韩国在跨越中等收入阶段的过程中，公共教育投入占GDP的比重基本都在4%以上，部分年份甚至达到5%以上。研究表明，教育的社会收益率最低的是职业教育和培训，较高的依次是普通教育和基础教育，最高的是学前教育。建议将学前教育纳入义务教育。学前教育对幼儿的身心健康、习惯养成和智力发展，具有重要意义。近些年来，中国的学前教育得到了一定的发展，但与其他国家相比，中国学前教育的普及率较低。尽管在大多数发达国家，学前教育并非义务教育，但总的来看，学前教育的经费充足，学费较为低廉，而且低收入家庭在交费方面享有诸多优惠政策，这样能够保证愿意接受学前教育的幼儿，都能得到接受学前教育的机会。重视和加强学前教育，已经成为大多数国家的普遍做法。在中国，将学前教育纳入义务教育是非常必要的，以保证所有家庭的孩子都能接受到正规的、质量较高的学前教育。同时，建议将高中也纳入义务教育。中国在2000年实现了基本普及九年制义务教育的目标，但迄今尚未将高中教育列为义务教育。高中教育是一个重要的教育阶段和教育环节，它衔接着初中教育和高等教育，直接关系到一个国家的教育水平和教育质量。世界各国政府和地区都十分重视高中教育。对中国而言，大力发展高中教育，实现高中教育的普及，也成为势在必行的任务。

其次，进一步普及高等教育。韩国和日本的经验表明，高等教育的大众化和普及化，是一国从中等收入阶段迈向高收入阶段的重要支撑。2016年，中国的全部劳动就业人口中大专及以上受教育者的比重只有 18.1%①。从中国经济社会的长期发展需要看，进一步普及高等教育仍是必由之路。发达国家从高等教育的大众化到普及化，通常用 25—30 年的时间。近年来，中国高等教育的毛入学率都在增长，但增长速度已经出现下降。要缩小教育与发达国家的差距，高等教育发展速度只能加快而不能减慢。

最后，大力发展职业教育和培训。中国需要一批具有较高技能的熟练人才队伍，而这要靠中等和高等职业教育来培养。中国应通过劳动力市场引导，大力发展职业教育。由于职业教育具有私人收益率高的特点，因此应更多发挥家庭和企业投入的积极性，政府投入的力度应该低于普通高中教育。职业教育无疑应该得到大力发展，但也需要指出，职业教育并不能替代大学教育。高等教育对于建设创新型国家的作用是不可替代的，职业教育不能与高等教育对立。而且，中国应建立职业教育与普通高等教育之间的升学通道。从中国当前的情况看，在职培训与劳动力市场的关联性较弱，是培训体系存在的一个值得关注的重要问题。应借鉴韩国和日本在跨越中等收入阶段时的做法，职业培训应该以企业为主，大力推进校企合作。因为企业能够直接感知劳动力市场的需求，其主导的培训更有针对性。

（二）优化人才资源配置

发挥市场在人才资源配置中的决定性作用。处理好政府和市场的关系，大幅减少政府对人才资源的直接配置，推动人才资源配置依据市场规则、市场价格、市场竞争实现效益最大化和效率最优化。大力破除制度壁垒，促进人才公平流动和公平就业。推进户籍制度

---

① 国家统计局人口和就业司：《中国劳动统计年鉴 2017》，中国统计出版社 2018 年版，第 59 页。

改革，促进人才跨地区自由流动，消除因户籍、地域而造成的就业不公平。改革档案、职称评定等制约人才流动和配置的制度和规定。

加快户籍改革步伐，推动人才资源更便捷地进城落户。应进一步放宽落户条件，尽快把有合法稳定职业并有合法稳定住所的劳动者逐步转为城镇居民。根据国家统计局和国家卫计委两套全国代表性的流动人口监测调查数据，研究发现，目前全国农村籍流动人口中，大学生比重已经达到10%左右，存量的"农村籍流动人口大学生"总规模已经达到2800万[①]，并且仍然保持快速增长，农村籍的高校毕业生已经成为农民工群体的重要构成部分。据此估算，假定面向农村存量大学生完全放开户籍限制，并通过配套政策改革和政策鼓励，目前2800万存量的农村大学生能够有条件完全落户城镇，全国户籍人口城镇化率将能够提高2个百分点以上，城镇化率将提高到43.5%左右，到2020年全国户籍人口城镇化率达到45%的发展目标也能够顺利完成。这要求我们既要从理念上改变传统对于农民工低技能、低学历的认知，也要从户籍制度改革上提出开放思路，促进农村大学生尽快落户城镇。

因此，在城镇落户政策上，除极少数特殊大城市（如北京、上海），其他城市应一律取消面向大学生的落户门槛，只要具备大专及以上学历的人才都可以直接申请落户。少数特殊大城市在积分制落户政策上也应该进一步提高学历所占权重和分值，鼓励普通高素质人才稳定就业并顺利落户。在面向大学生的落户政策方面，应当不再区分应届和往届高校毕业生，所有申请落户大学生一视同仁。

此外，对于一时难以落户的外来人力资源，要提高其基本公共服务的均等化水平。根据地方经济社会发展情况，逐步向流动人口

---

① 中国社会科学院人口与劳动经济研究所：《高校毕业生落户城镇研究》，《研究报告》2018年3月。

提供与城市户籍人口均等的基本公共服务，逐步消除流动人口在就业、社会保障、子女教育、住房、计划生育、医疗卫生、精神文化等方面与当地户籍人口之间的差异，促进流动人口的社会融合。尤其是要改革完善教育制度，解决外来人口子女就学困难，切实落实以流入地政府管理为主、以全日制办公中学为主的方针。

（三）促进人才自主创业

中国的自主创业发展迅速，且多元化的结构特征正在形成，既有以应届大学毕业生、海外留学归国人员为主体的人力资本密集型创业，也有以城镇再就业人员、返乡农民工等群体为主体的一般生活服务业创业。在2008—2016年，伴随着中国大学毕业生的就业模式转型，该群体的创业比例呈逐年上升趋势，从不足1%提高到目前的4%左右[1]。与此同时，中国归国留学人员的数量规模不断增加。2011年即已达到近20万人，2016年更是多达43.25万人，归国留学人员的人数规模屡创历史新高；在归国留学人员中，自主创业者的比例则在15%左右[2]。大学毕业生与归国留学人员共同构成了知识密集型创业的主力军，推动着中国创新创业的蓬勃发展。

然而，中国自主创业中亦存在一些突出问题。主要表现在，国民创业意识依然相对薄弱，创业者比例偏低；创业者普遍面临融资困难；政府部门行政效率有待改进，创业优惠政策的落实效果难言理想。在"双创"政策出台的大背景下，创业相关行政环节较之以往已大为简化，但创业企业注册审批程序复杂、门槛过高的问题依然在相当程度上阻碍了创新创业的发展。相关部门和地方政府在执行过程中存在个别的懒政缺位现象，致使优惠政策落实不到位，未

---

[1] 麦可思研究院：《2017年中国本科生就业报告》，社会科学文献出版社2017年版；麦可思研究院：《2017年中国高职高专生就业报告》，社会科学文献出版社2017年版。

[2] 中国与全球化智库：《中国留学发展报告（2016）》，社会科学文献出版社2016年版。

能为创业者提供应有的帮扶。相对于中国的劳动力市场发育水平而言，自主创业目前是一个影响因素众多的复杂过程，有必要采取系统性措施，着力构建促进国民自主创业的支撑体系，以资推动全民自主创业氛围的形成。

1. 建立健全政策体系，改善创业环境

自2015年国务院印发《关于大力推进大众创业万众创新若干政策措施的意见》以来，相关部门不断落实政策创制工作，以改革完善自主创业体制机制、构建普惠性政策扶持体系。但考虑到目前制约自主创业的主要体制机制障碍，未来依然有必要在以下方面进一步深化改革，以营造更加有利于自主创业的制度环境。从创新保护来看，目前中国专利保护相关制度建设尽管已取得长足进步，但信息获取和维权成本依然较高，应大力推进专利快速审查、确权、维权一站式服务，免除创新成果在生产力转化过程中的后顾之忧。从人才引进来看，针对创业创新重点人群的政策吸引力仍待加强。应鼓励引导优秀应届高校毕业生毕业后属地创业，探索全面放开应届高校毕业生落户限制的可能性，为大学生创造更加包容的创业就业环境。

2. 优化金融服务，降低创业成本

中小企业是以创新创业带动就业的主力军，但是其所面临的融资壁垒一直成为制约中小企业充分发挥创业动能的桎梏所在。应强化面向中小企业的一站式投融资信息服务，确保中小企业能够充分获得包括股权融资、债券融资和相关服务在内的金融信息。针对中小企业资本规模有限、抵押偿贷能力不强所引致的融资困难，应充分尊重和发挥中小企业的知识密集优势，以人力资本置换融资成本，从而形成创新研发的"双重红利"。

3. 搭建基础平台，强化创业保障

加强创业信息平台建设，以高校和高教园区为集群加速区域级信息平台整合，面向大学生创业企业提供创业事务办理、创业教育培训、创业技术支持及供需交流等服务；面向科技园与高校等管理部门提供创业园区宣传与对外交流、创业团队管理、创业情况分析统计等功能。加强创业实践平台建设，以应用科学、工程技术项目和管理创新为抓手，充分利用包括孵化器、创客社区、众创空间在内的综合平台资源，实现校企深度合作和产学研一体化，促进创新创业过程中的科研成果转化。加强创业人力资源平台建设。充分利用移动互联网和社交媒体迅速普及的有利条件，强化实名社交和线上线下联动社交，打造聚类到行业、地域的个性化社交平台，降低创业人脉的匹配成本。

（四）大力引进海外人才

海外高层次人才是中国人才资源的重要来源，在中国社会经济发展发挥着非常重要的作用。随着改革开放的不断深化，中国逐渐成为海外高层次人才施展才华、创业发展的"热土"。统计显示，"十二五"期间中国共引进外国专家231.5万人次，比"十一五"时期引进外国专家（165.3万人次）高出40.0%，这些海外高层次人才为中国经济社会发展作出了重要贡献。但是，中国引进海外人才的力度仍需要进一步加强。例如，中国科研机构中外籍科研人员的占比仍然极低，即使是代表了中国最高科研水平的中国科学院，其外籍员工所占比例也远远低于国际一流的科研机构。据报道，中国科学院外籍员工的数量占所有员工的比例为1.6%，而德国马普学会有41%的固定科研人员为外籍学者，日本理化研究所、法国国家科学研究院以及美国国立卫生研究院的外籍员工数量所占比例都超过了10%。

当前，国际人才流动日益强化、人才争夺万分激烈。如何完善海外高层次人才引进政策，创新海外高层次人才引进方式方法，将所有支持中国发展和民族复兴的海外高层次人才聚集到中国的建设事业中来,成为海外高层次人才引进工作的重中之重。

1. 重点引进海外高层次创新型人才

大力引进海外人才,也要有所选择,做到有所为有所不为。总体上看,中国高层次创新型人才非常短缺,特别是一流科学家、科技领军人才十分匮乏,能跻身国际前沿、参与国际竞争的战略科学家更是凤毛麟角。高层次创新型人才是促进经济社会发展和科技进步的关键力量,是提高中国自主创新能力和核心竞争力的关键。因此,引进海外人才必须坚持高端引领的原则,重点引进符合中国发展需要的高层次人才。

2. 下大力气吸引留学人才回国发展

长期以来,以留学人才为主体的海外高层次人才一直是中国人才引进的重要来源。新中国成立初期,党中央就制定了一系列方针政策,大量吸引海外学子和力邀留学人员回国效力,改变了国内当时人才极度匮乏的局面。近年来,随着中国经济的快速发展和综合国力的迅速攀升,越来越多的海外留学人员选择回国创业和发展。2000年,中国学成回国留学人员只有9000人,2010年攀升到13.5万人,2016年更是达到43万人。据统计,中国国家重点项目学科带头人中72%是"海归",81%的中国科学院院士、54%的中国工程院院士也是"海归"。这些归国人才,为中国教育和科技事业、经济建设和国防建设的发展作出了重大贡献。

3. 大力吸引和使用来华留学人才

要着眼未来,加大力度吸引和培养更多来华留学人才。改革开放以来,来华留学人数不断增加,累计已达295万人次;2013年年底,中国高校在校留学人数已经达到17.5万人。广大来华留学生成为中国对外交流的友好使者,为深化中国与其他国家的友好关系发挥了重要作用。随着中国日益成为世界经济大国和政治大国,迫切需要把来华留学作为提升国家软实力和国际竞争力的战略举措。要强化来华留学工作,加大对来华留学的政策、服务和保障等方面的倾斜,让越来越多的外国留学生来中国学习和交流,让他们成为中外友好的推动者。探索来华留学生毕业后在中国的就业支持政策,把优秀留学人才留在中国发展,进一步壮大中国的人才队伍。

4. 制定更加积极的海外高层次人才引进计划

重大人才工程是落实国家人才发展规划、实施人才强国战略的重要抓手。实施人才工程,是打造人才优势的重要经验。为深入实施引进海外高层次人才战略,需要瞄准重点领域,进一步加大高层次人才和外国专家的引进力度。针对以往海外人才反映的出入境和居留不方便、子女落户难、社会保险难以国际转接等问题,要尽快协调和解决。促进和完善相关出入境制度,拓宽引才通道。根据国家实施创新驱动发展的政策和部署,紧紧围绕国家重大科技专项的实施和体现国家战略意图的重大科技项目和重大工程的确定,调整和优化既有重大人才工程的引才结构。

(五)开发利用老年人才资源

鼓励有就业意愿的老年人返回劳动力市场。对于具备良好的人力资本水平和就业竞争力、希望继续通过就业活动改善生活质量的老年人,应该为其创造良好的就业环境,完善劳动合同、社会保险以及个人所得税等政策,消除他们进入正规就业部门的制度性障碍。

要合理开发老年人力资源,创造适合老年人的就业岗位,探索弹性退休制度。目前,中国在24—64岁年龄段,年龄每增加1岁,受教育年限平均减少10.2%。而越是年龄偏大,教育水平递减的趋势就越明显,在44—64岁之间,年龄每增加1岁,受教育年限平均减少16.1%。可见,普遍提高退休年龄的条件尚不成熟,急需通过发展教育和培训来创造,以便在未来提高老年人的劳动参与率,缓解社会养老资源不足的问题，延长人口红利期。

同时，还要创造条件挖掘老龄化人口新的消费需求，并将其转化为经济发展的拉动力。老年人是一个特殊的消费群体，包括他们健身、休闲的精神文化需求以及居家和社会养老的物质需求。国家应该从财政、税收、金融和工商管理等方面给予扶持和鼓励，使这类伴随着人口老龄化而产生并不断增长的需求逐步形成一些新型服务业态，成为经济发展的新动力。

（高文书）

第十一章　社会保障：建设与基本公共服务均等化

中国改革开放 40 年来经济高速增长的成就举世瞩目。同时，一个不容忽视的事实是中国政府在力所能及的前提下，尽力推进基本公共服务均等化，努力建设覆盖城乡、区域均衡的基本公共服务体系和社会保障体系。2017 年，习近平总书记在中国共产党第十九次全国代表大会的报告中充分肯定了中国民生与社会保障建设的成绩，同时指出今后仍将"完善公共服务体系""加快推进基本公共服务均等化"[①]，以适应人民日益增长的美好生活需要和不断提高的公共服务需求。

基本公共服务均等化是指主要由政府部门或公共机构向国民提供的、与经济社会发展水平相适应的、能够体现公平正义原则的大致均等的公共产品和基本服务。基本公共服务均等化的内涵与外延十分宽泛，没有十分明确的界定。广义的基本公共服务一般包括公共事业性服务（如公共教育、公共卫生、公共文化等）、公益基础性服务（如公共设施、生态维护、环境保护等）、公共安全性服务（如社会治安、生产安全、食品药品安全等）、民生保障性服务（如

[①] 习近平：《决胜全面建成小康社会　夺取新时代中国特色社会主义伟大胜利——在中国共产党第十九次全国代表大会上的报告》，人民出版社 2017 年版。

就业服务、社会救助、养老保障等）等内容；狭义的基本公共服务往往受相关部门的工作需要或学者的研究需要而有不同的界定。不论广义还是狭义，把社会保障、教育、卫生等民生保障和公共服务包括在基本公共服务均等化范畴之内已达成共识。本章也主要从这三个方面介绍改革开放40年来中国公共服务均等化的进展成就及实践特色。

一 高速经济增长促进了基本公共服务的快速发展

伴随改革开放以来中国经济的高速增长，政府财政收入规模不断扩大，用于基本公共服务的财政支出和公共投入持续增加。中国全年一般公共预算支出从1978年的1122.1亿元增至2017年年底的203330.0亿元，年均增长14.3%（见表11—1）。[①] 日益扩大而又相对宽裕的公共预算支出为基本公共服务快速发展提供了物质基础和财力保证。

表11—1 改革开放以来中国经济与公共财政支出增长状况一览表　　单位：亿元

年份	1978	1980	1990	2000	2010	2015	2017
国内生产总值	3678.7	4587.6	18872.9	100280.1	413030.3	689052.1	827121.7
一般公共预算收入	1132.3	1159.9	2937.1	13395.2	83101.5	152269.2	172566.6
一般公共预算支出	1122.1	1228.8	3083.6	15886.5	89874.2	175877.8	203330.0
财政社保就业支出	18.9	20.3	55.0	1517.6	9130.6	19018.7	24812.4
财政教育支出	75.1	114.2	462.5	2562.6	12550.0	26271.9	30259.5
财政卫生支出	35.4	51.9	187.3	709.5	4804.2	11953.2	14599.7

资料来源：国家统计局：《中国统计年鉴（2017）》《中国统计摘要（2018）》。

[①] 国家统计局：《中国统计摘要（2018年）》，中国统计出版社2018年版，第10页。

日益扩大和不断提高的基本公共服务需求，为政府向社会保障、就业服务、教育事业、公共卫生、医疗保障、基本医疗服务等领域扩大支出提供了内生动力。中国人口基数庞大，计划经济时期基本公共服务处于严重短缺状态。因财力所限，国家只能把有限的财力用于重点保障城镇公有制经济单位职工基本福利，广大城乡居民和非单位从业人员只能供给最低水平的基本服务。随着经济发展和财力增强，政府用于提供基本公共服务的支出可以逐步向全体劳动者和城乡居民扩展。在这一背景下，社会保障制度体系的覆盖面不断扩大，义务教育、公共卫生、基本卫生服务逐步实现覆盖全社会。同时，中国从低收入国家向中高收入国家的成功跨越，进一步促使基本公共服务供给水平不断提高，教育服务、卫生服务、社保服务的制度结构不断优化升级。据统计，1978年，中国初中及小学在校学生人数为19639万人，普通高中为1553万人，大专以上只有85万人；到2017年年底，相应数据分别为14535.8万人、2374.5万人、3017.5万人。接受普通高中和大专以上教育人数分别提高821.5万人和2668.6万人。[1] 改革开放初期，普及九年制义务教育是教育服务均等化的主要内容。进入21世纪之后，接受高中和高等教育的学生数量大幅度增长，中国教育事业进入了中等教育质量不断提高和高等教育大众化的发展阶段。医疗卫生服务和社会保障事业的发展也出现了相同趋势。据统计，1990年中国参加基本养老保险的只有6166万人，到2017年参加基本养老保险、基本医疗保险、失业保险、工伤保险、生育保险的人数分别达到91548万人、117681万人、18784万人、22724万人、19300万人。[2] 社会保险覆

---

[1] 《中华人民共和国2017年国民经济和社会发展统计公报》，国家统计局网站，http://www.stats.gov.cn/tjsj/zxfb/201802/t20180228_1585631.html。

[2] 《2017年度人力资源和社会保障事业发展统计公报》，人力资源和社会保障部网站，http://www.mohrss.gov.cn/ghcws/BHCSWgongzuodongtai/201805/t20180521_294290.html。

盖率明显提升，2017年基本养老保险和基本医疗保险参保人数占全国总人口的比例分别为65.8%和84.7%。

基本公共服务水平的提升不是经济发展的自然结果，而与中国共产党为人民谋幸福的初心和中国政府积极担当密不可分。增进民生福祉是中国共产党立党为公、执政为民的本质要求，也是中国特色社会主义建设的根本目的。习近平总书记在十八届中央政治局常委与中外记者见面会上指出，"人民对美好生活的向往，就是我们的奋斗目标。"党的十八大以来，中国特色社会主义建设进入新时代，中国社会主要矛盾转化为人民日益增长的美好生活需要和不平衡不充分的发展之间的矛盾，人民对基本公共服务均等化的愿望和需求更加强烈。"人民群众盼望有更好的教育、更稳定的工作、更满意的收入、更可靠的社会保障、更高水平的医疗卫生服务、更舒适的居住条件、更优美的环境。"① 基本公共服务是实现上述目的的基本方式，政府在上述基本公共服务和民生保障领域的投入规模更大，支出比重不断提升，促进了公共服务和民生保障范围、水平的大幅度提高。纵向分析1978—2017年的政府一般公共预算支出发现，1978—1996年，政府一般预算支出占GDP的比重由30.5%直线降至11.1%。而1997年之后这一指标则不断提升（个别年份有波动）。具体来看，2000年政府一般预算支出占GDP的比重升至15.8%，2010年升至21.8%，2017年升至24.6%，已接近1/4。社保、教育、卫生支出占一般公共预算支出比重也持续上升，从1978年的11.53%升至2017年的34.27%（见表11—2）。可以说，改革开放以来尤其是21世纪以来，中国基本公共服务支出的规模和增幅均有显著提高。20世纪90年代末期以来，中国高度重视社会保障事业和

---

① 中共中央宣传部：《习近平新时代中国特色社会主义思想三十讲》，学习出版社2018年版，第225页。

教育发展，伴随着的便是这两项事业的投入规模大幅增长。在短短20年的时间里，中国社会保障的覆盖面和待遇水平均大幅提高。同时，国家在基本完成九年义务教育的基础上实现了高等教育大众化。自2009年启动的新一轮医疗卫生体制改革，提升了国家对卫生事业的投入规模，并且显著加快了卫生公共服务与基本医疗保障制度的发展速度。

表11—2　改革开放以来中国社保教育卫生支出占公共财政支出增长比重　　单位：%

年份	1978	1980	1990	2000	2010	2015	2017
一般公共预算支出GDP比重	30.50	26.80	16.34	15.84	21.80	25.50	24.58
社保、教育、卫生支出占一般公共预算支出比重	11.53	15.17	22.86	30.15	29.47	32.55	34.27

资料来源：国家统计局：《中国统计年鉴（2017）》《中国统计摘要（2018）》。

二　社会保障制度改革与社会保障事业发展

中华人民共和国成立以来，中国建立了针对"五保户"的生存保障、针对城乡居民的初级卫生保障和针对国有企事业单位职工的就业保障制度。1978年之后，中国社会保障制度进入了以改革促发展的新时期。20世纪80年代初是我国改革开放的启动期，也是传统保障制度功能日益弱化、新型社会保障体系尚未发展建立的过渡期。从20世纪80年代末到1997年亚洲金融危机爆发的十年间，则是中国确立建立社会主义市场经济体制改革目标、建立新型社会保障制度的改革探索期。在这一时期，中国社会保障制度进行了形式多样、内容广泛、制度创新的地方改革试点，为确立社会统筹与个人账户相结合的社会保险制度模式、建立面向社会低收入群体的最低生活保障制度积累了实践经验。从1997年8月国务院颁布建立企业统一养老保险制度到 2012 年 11 月党的十八大，是中国现代社会保障制度的快速发展期，基本建立了以城镇职工社会保险制度为主体、以最低生活保障等社会救助制度为基础、以教育卫生等基本公共服务均等化和社会福利服务为目标的三大社会保障制度体系，基本实现了社会保障制度的全覆盖。党的十八大之后，中国社会保障制度和公共服务发展进入巩固提高期。社会保险制度的城乡统筹、制度整合速度加快，制度框架和待遇水平的公平性进一步提升；在精准扶贫、脱贫攻坚的过程中，以最低生活保障制度为核心的社会救助体系的兜底保障功能也进一步强化，为实现 2020 年决胜全面建成小康社会奠定坚实基础。总体而言，推进教育均等化、深化医疗卫生改革、促进社会化养老服务发展，为中国构筑了世界上覆盖范围最广的社会保障网，并初步形成了实践特色鲜明的社会保障制度中国模式。

（一）逐步明确现代社会保障建设的目标定位

以经济建设为中心是中国共产党在改革开放初期的工作重心，其目的是打破计划经济时期严重存在的平均主义和劳动积极性不高的问题。当时对社会保障制度地位作用的认识不够充分。[①] 随着改革的不断推进，中国对社会保障目标功能的认识不断发生变化，社会保障在改革发展过程中的重要性也逐步提升。20 世纪 80 年代中期，中国主要目标是推进经济体制改革，社会保障改革则被定位为经济体制改革的配套措施。为了促进城镇国有企业改革，国家推动改革传统单位就业保障制度，并实行劳动合同制改革。在单位用人制度的改革背景下，原来与单位捆绑在一起的就业保障制度、企（事）业单位保障制度越来越不适应经济体制改革的需要。1991 年，国务

---

① 《中共中央关于经济体制改革的决定》，载中共中央文献研究室编《十二大以来重要文献选编（中）》，人民出版社 1986 年版。

院颁布《关于企业职工基本养老保险制度改革的决定》，提出逐步建立起基本养老保险、企业补充养老保险和职工个人储蓄性养老保险相结合的制度，实行国家、企业、个人三方共同负担，建立养老费用社会统筹的制度，启动了城镇职工基本养老保险制度改革进程。1993年《中共中央关于建立社会主义市场经济体制若干问题的决定》提出，"建立多层次的社会保障体系，对于深化企业和事业单位改革，保持社会稳定，顺利建立社会主义市场经济体制具有重大意义"。社会保障制度成为构筑中国社会主义市场经济框架的重要组成支柱。多层次社会保障体系包括社会保险、社会救济、社会福利、优抚安置和社会互助、个人储蓄积累保障等内容，多层次社会保障体系的内容也指明了社会保障制度改革发展的目标与方向。20世纪90年代，中国陆续出台了《国有企业职工待业保险规定》（1993）、《关于深化企业职工养老保险制度改革的通知》（1995）、《企业职工工伤保险试行办法》（1996）等法规和政策文件，积极推进社会保障制度试点改革，也形成了多种改革模式。

随着社会主义市场经济体制的深入推进，建立统一的劳动力市场成为改革开放的一项重大任务，为实现这一目标，加快整合各地多种多样的社会保险制度试点改革模式与实践成为当务之急。1997年之后，国务院加强了对社会保险制度改革试点的统筹指导，逐步统一基本制度。国务院相继颁布了《关于建立统一的企业职工基本养老保险制度的决定》（1997）、《关于建立城镇职工基本医疗保险制度的决定》（1998）、《失业保险条例》（1999）、《城市居民最低生活保障条例》（1999），中国城镇职工基本养老保险制度、城镇职工基本医疗保险制度、失业保险制度和城镇居民最低生活保障制度等现代社会保障制度陆续建立。进入21世纪以来，在科学发展观的指引下，社会保障体系为建成社会主义市场经济体制配套的同时，也逐步成为一项独立的社会事业。党的十六大提出了健全社会保障体系作为全面建设小康社会的重要任务和目标，并提出"建立健全同经济发展水平相适应的社会保障体系，是社会稳定和国家长治久安的重要保证"。2003年上半年爆发的"非典"事件，使中国政府认识到不仅需要发展职工社会保险制度，而且需要建立面向全民尤其是农村居民的社会保障制度体系。建立以保障农民健康为重点的新型农村合作医疗制度是重中之重。2003年国务院出台《关于建立新型农村合作医疗制度的意见》，开始进行新型农村合作医疗制度试点，到2007年新农合基本覆盖了90%以上的农村居民。新农合的建立，意味着失去初级卫生保健制度20多年的农村居民再次拥有了基本卫生保障制度。自2007年起，中国在农村全面建立了农村居民最低生活保障制度，同时开始探索建立城镇居民基本医疗保险制度，并且迅速扩大覆盖面。在2009年、2011年，中国先后提出建立新型农村社会养老保险制度和城镇居民社会养老保险制度。到党的十八大召开前夕，覆盖城乡居民的四大基本保障制度即新型农村合作医疗制度、城镇居民基本医疗保险制度、农村居民基本养老保险制度、城镇居民基本养老保险制度基本建立。这一阶段，中国继续深化城镇职工基本养老保险制度改革，建立了城乡医疗救助制度，修改完善《工伤保险条例》等。覆盖全体职工和城乡居民的社会保障制度框架基本建立，这一系列改革措施为实现人人享有基本生活保障的愿望奠定了制度基础。

党的十八大提出了"全面建成小康社会"的奋斗目标，标志着中国进入了全面建成小康社会、全面深化改革的新阶段。社会保障的改革与发展也有了新定位、新使命、新任务，那就是"加快健全基本公共服务体系，推动社会主义和谐社会建设，维护最广大人民群众根本利益"，在"学有所教、劳有所得、病有所医、老有所养、住有所居"上持续获得新进展。党的十八大对社会保障制度功能作用的认识有很大提升。党的十八大报告明确指出，"社会保障是保障人民生活、调节收入分配的一项基本制度",[1] 社会保障制度的独立地位得以确立。一方面,围绕全面建成小康社会目标,中国实施了精准扶贫、精准脱贫战略;另一方面,围绕推进国家治理体系和治理能力现代化,国家不断完善以税收、社会保障、转移支付为主要手段的收入再分配调节机制,加大税收调节力度,建立更加公平可持续的社会保障制度。2014年国务院颁布《社会救助暂行办法》,构建了包括最低生活保障制度、特困人员供养、受灾人员救助、医疗救助、教育救助、住房救助、就业救助、临时救助等在内的综合救助体系。这一时期,我国机关事业单位养老保险制度改革迈出重要步伐,实现了机关事业单位工作人员基本养老保险制度与城镇职工基本养老保险制度的并轨。2015年,国务院发布《关于机关事业单位养老保险制度改革的决定》《机关事业单位职业年金办法》。机关事业单位养老保险制度改革提升了养老保险制度形式的公平性。此外,为了促进城乡协调发展,加强城乡居民社会保障制度的整合,我国建立了城乡居民基本养老保险制度和城乡居民基本医疗保险制度。2017年,党的十九大报告提出中国进入了中国特色社会主义新时代,提出并确立了以习近平新时代中国特色社会主义思想为指导思想,把"以人民为中心""带领人民创造美好生活"作为奋斗目标;进一步强调了社会保障作为民生事业核心的重要地位,"让改革发展成果更多更公平惠及全体人民、实现全体人民共同富裕";强调"多谋民生之利、多解民生之忧,在发展中补齐民生短板、促进社会公平正义",在"幼有所育、学有所教、劳有所得、病有所医、老有所养、住有所居、弱有所扶"上不断取得新进展,提出"全面建成覆盖全民、城乡统筹、权责清晰、保障适度、可持续的多层次社会

---

[1] 胡锦涛:《坚定不移沿着中国特色社会主义道路前进,为全面建成小康社会而奋斗》(2012年11月8日),中共中央文献研究室编《十八大以来重要文献选编(上)》,中央文献出版社2014年版,第28页。

保障体系"①。这一时期中国对民生与社会保障尤其是脱贫攻坚方面的投入力度之大前所未有。改革开放以来尤其是20世纪末以来的20年间，中国现代社会保障体系建设取得了辉煌成就，保障了广大人民群众的基本权益和基本生活，得到了国际社会的高度评价。为表彰中国在社会保障工作中取得的卓越成就，2016年11月17日，国际社会保障协会将"社会保障杰出成就奖"授予中华人民共和国政府。

（二）投入不断增长实现社会保障广覆盖

随着社会保障改革推进和事业发展，社会保障投入持续增多，收支渠道和结构发生了明显变化。20世纪80年代国有企业和机关事业单位为职工提供的单位保障是国家社会保障的主体。国家财政仅仅对严格界定的绝对贫困人口提供生存保障，对军人等严格限定的政策优惠对象提供有限的社会福利。20世纪90年代末期建立职工社会保险制度后，引入了个人缴费和多主体责任共担机制，社会保险基金逐步成为社会保障主要来源。2002年全国社会保险基金总收入为4048.7亿元，总支出3471.5亿元。由于社会保障范围的不断扩展和保障水平的提高，特别是一些特殊政策导致的支出缺口，公共财政用于社会保障的支出规模不断扩大。2002年，中国政府财政用于社会抚恤、福利和救济的支出为372.97亿元；加上行政事业单位职工离退休费和各类社会保障补助支出，2002年全国社会保障财政支出达到了2636.22亿元，占当年财政总支出的11.95%。进入21世纪之后，社会保障制度覆盖对象从职工向全民扩展。此外，农村九年义务教育经费已经全部纳入财政保障，贫困救助、深化医药卫

---

① 习近平：《决胜全面建成小康社会　夺取新时代中国特色社会主义伟大胜利——在中国共产党第十九次全国代表大会上的报告》，人民出版社2017年版，第44—50页。

生改革和住房保障等事业的发展也进一步扩大了民生与社会保障支出范围，国家财政、社会保险基金对社会保障的投入不断加大。社会保障类支出已经成为中国政府公共支出中规模巨大、增长最快的支出科目。

我们把财政性社会福利、救助、社会保险补助支出作为狭义社会保障支出（口径一）、社会保险支出作为广义社会保障支出（口径二，扣除社会保险财政补助）。这两个口径的社会保障支出都是持续增长的。狭义支出从1978年的18.91亿元增至2016年的21591.45亿元（口径一）；社会保险基金支出规模也迅速扩大（口径二），从1998年的2210.98亿元增长到2016年的57562.91亿元。公共服务均等化作为建设社会主义和谐社会的重要内容，国家财政用于教育、卫生等基本公共服务的支出也应计算在内。由于文化事业、住房保障等民生保障性类别很庞杂，为方便测算，我们仅仅统计财政性教育、卫生事业费投入，与上述两项投入加在一起形成公共服务均等化支出（口径三）。把狭义财政社会保障、社会保险支出和教育卫生财政投入汇总在一起，其总规模已经相当可观，从1998年的4527.34亿元增至2016年的98794.46亿元（见表11—3）。如果再加上住房保障支出（口径四），2016年全国社会保障与基本公共服务总支出达到105570.67亿元，占财政支出和GDP的比重分别为56.23%、14.19%（见表11—4）。各类社会保障支出的迅速增长，不仅提升了这些支出占财政支出和GDP的比重，而且缩小了与国外在社会保障待遇水平之间的差距。与国际同等发展水平的国家相比，中国社会保障与基本公共服务支出水平已经不算太低。值得注意的是，为了解决社会保险制度建设中的历史欠账，努力实现社会保险基金收支平衡，财政对社会保险基金的补助金额逐年增多，2016年达到7633.54亿元（见表11—5）。

表 11—3　　　　　　　中国政府社会保障性支出情况　　　　　　单位：亿元、%

| 年份 | 口径一 | 口径二 | 口径三 | 占财政总支出的比重 ||| 占GDP的比重 |||
				口径一	口径二	口径三	口径一	口径二	口径三
1978	18.91	—	129.40	1.65	—	11.53	0.52	—	3.55
1986	35.58	—	432.53	1.61	—	19.62	0.35	—	4.21
1992	66.45	—	916.77	1.78	—	24.50	0.25	—	3.41
1994	95.14	—	1456.20	1.64	—	25.14	0.20	—	3.02
1996	128.03	—	2005.35	1.61	—	25.26	0.18	—	2.82
1998	595.63	2210.98	4527.34	5.52	17.81	36.47	0.71	2.62	5.36
2000	1517.57	3604.52	6493.56	9.55	20.05	36.13	1.53	3.63	6.54
2002	2636.22	5590.43	9604.93	11.95	22.36	38.41	2.19	4.65	7.98
2004	3116.08	7223.71	12368.39	10.94	22.16	37.95	1.95	4.52	7.74
2006	4361.78	9950.23	16898.14	10.79	21.63	36.73	2.06	5.18	7.97
2008	6804.29	15098.51	26865.76	10.87	21.30	37.90	2.26	5.02	8.94
2010	9130.62	21639.32	38273.52	10.16	24.08	37.38	2.26	5.37	9.49
2011	11109.40	26834.81	49761.15	10.17	21.47	39.62	2.35	5.67	10.52
2012	12585.50	30939.20	59426.40	9.99	20.89	40.12	2.36	5.79	11.13
2013	14490.54	38831.40	69113.06	10.33	22.98	40.91	2.46	6.60	11.75
2014	15968.85	44607.02	77825.54	10.52	24.05	41.96	2.51	7.01	12.23
2015	19018.69	51540.50	89765.56	10.81	23.97	41.75	2.81	7.62	13.27
2016	21591.45	57562.91	98794.46	11.50	24.88	42.70	2.90	7.74	13.28
2017	24812.40	75746.40	124605.60	11.71					

注：口径一包括抚恤和社会福利救济支出、行政事业单位离退休费、社会保障补助支出；口径二是在口径一的基础上增加除财政补助之外的社会保险基金支出，计算口径二比重的分母（财政总支出）包含了除去财政补助之外的社会保险基金支出。口径三是在口径二的基础上增加了教育、卫生支出；这里需要注意的是2002年的社会保障财政支出比重相对较大，与国家财政对社会保险基金补助支出的大幅增加有关。

资料来源：根据历年《中国财政统计年鉴》《中国统计年鉴》《中国卫生统计年鉴》有关数据整理。其中1998—2008年社会保险基金支出的数据来源于《2008年中国财政年鉴》；2010—2016年数据来源于全国财政支出决算报告；由于不同年份统计口径不同，有些年份数据有所差异。2015年的《中国统计年鉴》数据中对2013年以前的GDP数据根据第三次经济普查做了修正。2015年GDP数据来源于2015年国民经济和社会发展统计公报。2016年GDP数据来源于《2017年中国统计年鉴》。2017年数据来源于《中国统计摘要（2018）》和《2017年度人力资源和社会保障事业发展统计公报》，2017年社会保险基金总支出57145亿元，其中养老保险基金财政补贴6211亿元。

表 11—4　　　　　　　　中国政府社会保障支出　　　　　　　单位：亿元、%

年份	住房保障支出	口径四	占财政总支出的比重	占GDP的比重
2010	2376.88	40650.40	45.23	9.94
2011	3820.69	52759.34	48.29	10.90
2012	4479.62	63906.02	50.74	11.96
2013	4480.55	73593.61	52.49	12.52
2014	5043.72	82869.26	54.60	13.03
2015	5797.02	95562.58	54.33	14.12
2016	6776.21	105570.67	56.23	14.19

注：口径四为口径三加上住房保障支出，也就是狭义的社会保障支出加上教育、医疗卫生、住房、教育支出。2010年之前的住房保障支出是统计在社会保障与就业支出中的，这里从2010年起单独计算。

表 11—5　**财政对社会保险基金的补助额度及其占财政支出比重**　　单位：亿元、%

年份	财政对社会保险基金的补助支出（A）	财政总支出（B）	A/B
1998	21.55	10798.18	0.20
1999	169.66	13187.67	1.29
2000	298.65	15886.50	1.88
2001	342.97	18902.58	1.81
2002	517.29	22053.15	2.35
2003	493.90	24649.95	2.00
2004	519.77	28486.89	1.82
2005	577.23	33930.28	1.70
2006	888.95	40422.73	2.20
2007	1275.00	49781.35	2.56
2008	1630.88	62592.66	2.61
2009	1776.73	76299.93	2.33
2010	2309.80	89874.16	2.57
2011	3152.19	109247.80	2.89
2012	3828.30	125953.00	3.04
2013	4403.14	140212.10	3.14
2014	5042.83	151785.56	3.32
2015	6596.19	175877.77	3.75
2016	7633.54	187755.21	4.07

资料来源：历年财政统计年鉴和国家财政决算报告。

第十一章 社会保障：建设与基本公共服务均等化

政府高度重视并持续加大公共投入的举措，为中国社会保障制度尤其是各类社会保险制度的建立与发展奠定了坚实基础。改革开放40年来，中国不仅实现了从计划经济时期职工就业保障为主体的传统单位保障制度向社会主义市场经济体制下现代社会保障制度的成功转型，而且建成了现代社会救助、社会保险和基本公共服务为重点的三大制度框架，参保人数持续扩大，社会保证覆盖面不断扩大，基本实现了制度全覆盖，并且向人群全覆盖和"全民参保计划"迅速发展。1978年，拥有基本保障的城镇单位职工数量只有1.5亿人，城镇总人口不到全国总人口的18%；得到集中供养的农村五保人数不足100万；占人口绝大多数的城乡居民尤其是农村居民很难享受社会保障。随着社会保障制度的不断建立和完善，社会保障覆盖人数尤其是社会保险参保人数快速增长（见表11—6）。尤其是党的十八大以来，社会保险参保人数呈现持续显著增加态势（见图11—1）。

表11—6　　　　1995—2017年中国社会保险参加人数　　　　单位：万人

年份	职工基本养老保险	城镇基本医疗保险	失业保险	工伤保险	生育保险	新型农村合作医疗	城乡居民养老保险
1995	10979.0	745.9	8238.0	2614.8	1500.2	—	—
1998	11203.1	1878.7	7927.9	3781.3	2776.7	—	—
2000	13617.4	3786.9	10326.3	4350.3	3001.6	—	—
2001	14182.5	7285.9	10354.6	4345.3	3455.1	—	—
2002	14736.6	9401.2	10181.6	4405.6	3488.2	—	—
2003	15506.7	10901.7	10372.4	4574.8	3655.4	—	—
2004	16352.9	12403.6	10583.9	6845.2	4383.8	8000.0	—
2005	17487.9	13782.9	10647.7	8477.8	5408.5	17900.0	—
2006	18766.3	15731.8	11186.6	10268.5	6458.9	41000.0	—
2007	20136.9	18020.3	11644.6	12173.4	7775.3	72600.0	5171.0
2008	20136.9	19995.6	12399.8	13787.2	9254.1	81500.0	5595.0
2009	23550.0	21937.0	12715.0	14896.0	10876.0	83300.0	8691.0
2010	25707.3	43262.9	13375.6	16160.7	12335.5	83600.0	10276.8
2011	28391.3	47343.2	14317.1	17695.9	13892.0	83200.0	33182.0

续表

年份	职工基本养老保险	城镇基本医疗保险	失业保险	工伤保险	生育保险	新型农村合作医疗	城乡居民养老保险
2012	30426.8	53641.3	15224.7	19010.1	15428.7	80500.0	48369.5
2013	32218.4	57072.6	16416.8	19917.2	16392.0	80200.0	49750.1
2014	34124.4	59746.9	17042.6	20639.2	17038.7	73600.0	50107.5
2015	35361.2	66581.6	17326.0	21432.5	17771.0	67000.0	50472.2
2016	37929.7	74391.6	18088.8	21889.3	18451.0	—	50847.0
2017	40293.0	117681.0	18784.0	22724.0	19300.0	—	51255.0

资料来源：1989—2008 年数据来源于 2009 年《中国劳动统计年鉴》。2010—1016 年数据来源于《2017 年中国统计年鉴》，新型农村合作医疗数据来源于 2009 年中国卫生统计年鉴；城乡居民养老保险数据在 2010 年之前只包括农村社会养老保险，新型农村社会养老保险数据来源于历年劳动保障统计公报。2010—2015 年新型农村合作医疗数据来源于历年统计公报。2010 年以后新型农村合作医疗参保人数减少是由于部分省市将其纳入城乡居民医疗保险之中。2016 年城镇基本医疗保险参保人数中城镇居民参保人数为 44860 万人，城镇职工 29531.6 万人。由于城乡居民医疗保险合并实施，故新型农村合作医疗参保人数呈现下降趋势，2016 年之后不再公布统计数据，但未纳入统计的农村居民一般都参加新型合作医疗（居民医保）制度。2017 年数据来源于《2017 年度人力资源和社会保障事业发展统计公报》，中华人民共和国人力资源和社会保障部，http://www.mohrss.gov.cn/ghcws/BHCSWgongzuodongtai/201805/t20180521_294290.html。

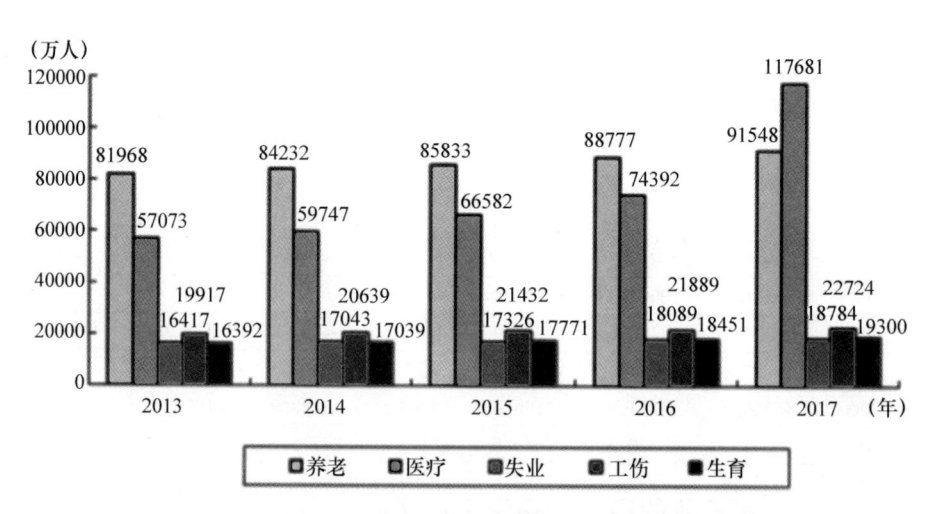

图 11—1　2013—2017 年社会保险参保人数变化示意图

资料来源：《2017 年度人力资源和社会保障事业发展统计公报》，人力资源和社会保障部网站，http://www.mohrss.gov.cn/ghcws/BHCSWgongzuodongtai/201805/t20180521_294290.html。

三 教育保障促进公共教育服务均等化

（一）推动基本公共教育服务均等化

1949年，中国80%人口是文盲，小学和初中入学率仅为20%和6%，高校在校生仅有11.7万人。为尽快改变教育落后的状况，党和政府高度重视教育事业，把改造旧教育、建设新教育作为教育工作的首要任务，着力提高人民群众受教育水平。但是，在一个人口多、底子薄、经济社会发展很不平衡的发展中国家，发展教育事业、建设覆盖全民的公共教育体系是十分艰巨的任务。

中华人民共和国成立后，在"一穷二白"的情况下发展教育事业。任务艰巨重要，但资源十分有限，如何处理高质量精英教育与普及大众教育的关系一直很难取舍。尽管教育事业总体上看不论数量还是质量都有所发展，但在相当长一段时间内对教育服务属性、教育资源投入、教育方式等方面的认识与探索都经历了曲折的历程。计划经济时期，由于国家或集体控制所有经济和服务资源，基础教育事业更多强调其福利性。城镇教育服务与职工技能培训服务，属于国家和单位的公共福利，农村教育体系则是在国家支持下由乡村集体举办的集体福利。尽管当时福利保障能力有限，教学质量也不高，但学校普及化大大提高了绝大多数适龄儿童的入学率和识字率，扫除青壮年文盲教育也取得了一定的成绩。但受十年"文化大革命"的干扰破坏，中国教育秩序一度十分混乱、高等教育基本中断、整体教育质量出现严重滑坡。

1977年恢复高考制度，是中国教育事业拨乱反正的信号，也拉开了中国改革开放的序幕。伴随经济体制改革的推进和国家对教育事业投入的不断增长，中国教育事业在改革开放之后发展突飞猛进。20世纪80年代初期，办学资金来源从国家单一主体承担投资责任转变为国家、社会、家庭等共同分担教育成本的机制。多渠道筹措教育经费制度为开展多种形式的社会教育和高等教育提供了新的资源。从20世纪80年代中期开始，高等学校实行公费生、自费生、委培生相结合的制度，对一部分计划外的学生实行收费。政府鼓励发展多种形式的社会力量办学，突破了单一的公办教育体制。20世纪90年代中期，我国非义务教育阶段实行收费制度，高等学校实行收费并轨，统一按教育成本的一定比例收取学费和住宿费，义务教育阶段的公立学校收取少量学杂费，从而逐步确立了政府财政性教育经费、社会团体和公民个人办学经费、社会捐集资、学杂费、其他收入等多种渠道并存的教育筹资局面。1997年亚洲金融危机之后，为了扩大内需，大规模扩大招生成为一项重要的战略措施和政策目标。当时国家财力依然十分薄弱，而市场机制在经济领域中的成功理念和做法被直接移植到教育卫生领域。在提出继续抓好基础教育的同时，"教育产业化"观念从理论到实践都大踏步向前推进。由于显著扩大高等教育招生数量，家庭和社会用于高等教育的投入迅速增长。教育成本分担机制的引入和其他非政府渠道收入的增加，客观上为教育事业快速发展提供了财力支持，支撑了世纪之交普及义务教育和高等教育大众化的两次超前发展，一定程度上改善了教育服务的效率。但是，超常快速增长的教育收费超越了城乡居民的支付能力，逐渐成为社会人群沉重的经济负担，尽管同时期也出台了一些学生资助政策，但统一的贫困学生资助制度长期缺失，一度造成大量学龄儿童少年因贫困而失学。[1] 同时期开展的财税体制改革造成城乡、区域教育投入很不平衡，基础教育的投入和管理重心过低，政府对农村教育的投入责任长期缺位，"人民教育人民办"事实上成为

---

[1] 国家教育发展研究中心在1994—1995年进行的一项大型义务教育专项调查表明贫困地区儿童失学的首要原因是家庭贫困。

"农村教育农民办"。由于历史、自然条件、经济发展水平等原因，特别是在"重点发展""梯度发展"的政策导向下，还形成了教育资源优先向重点学校倾斜的制度，重点小学、中学、大学是财政性教育经费的重点拨款对象，而非重点学校的办学条件长期得不到改善。这一时期，教育服务的公平性、公益性不断弱化与教育事业的快速发展形成了鲜明对比，而且进一步导致了择校难、中小学生课业负担过重、教育乱收费等问题，社会反映十分强烈。

进入21世纪之后，国家更加重视教育的公平性和均衡发展。促进教育服务的均等化成为这一时期教育事业的主要特点，国家财政转移支付和一系列特殊优惠政策的实施，提升了中西部地区农村教育、欠发达地区教育事业的快速发展。2003年中央召开"全国农村教育工作会议"，要求把农村教育摆在重中之重的战略地位。之后在全国范围内全面免除农村义务教育学杂费，将义务教育全面纳入各级政府财政保障的范围，实现了完全意义上的九年免费义务教育。九年义务教育战略的实施，是中国教育事业最大的成就之一。义务教育经费保障新机制确立后，国家对把促进教育公平作为国家基本教育政策的意识更为明确和坚定，并逐步形成制度机制，特别是国家基本公共服务体系"十二五"规划、"十三五"规划对基本公共教育服务进行了具体设计，逐步概括为免费义务教育、农村义务教育学生营养改善、寄宿生生活补助、普惠性学前教育资助、中等职业教育国家助学金、中等职业教育免除学杂费、普通高中国家助学金、免除普通高中建档立卡等家庭经济困难学生学杂费八个方面。2017年党的十九大报告进一步明确了优先发展教育事业的战略目标，提出"推动城乡义务教育一体化发展、普及高中阶段教育，努力让每个孩子都能享有公平而有质量的教育"的目标，并且提出通过完善和"健全学生资助制度，使绝大多数城乡新增劳动力接受高中阶段教育、更多接受高等教育"① 的具体要求。

在国家重视和大幅度增加投入的前提下，通过持续不断的教育改革，促进了改革开放以来中国教育事业的快速发展。学校、教师、在校生数量持续增长；教育结构不断优化，不仅按时完成了普及义务教育的目标，而且在中国这样一个人口与劳动力大国实现了高中教育的大发展、高等教育的普及化和教学科研质量的持续提升。1978 年以后小学入学率长期保持在 95% 以上，初中入学率由 1995 年接近 80% 到 2002 年之后超过 90%，高中阶段的入学率由 1995 年 33.6% 提高到 2008 年之后的 70% 以上。变化最明显的是高等教育，全国本专科在校学生由 1978 年的 85.6 万人增长到 2017 年的 2753.6 万人，高等教育入学率由 1990 年的 3.4% 提高到 1999 年的 10.5% 和 2015 的 40%（见表 11—7），可谓突飞猛进。中国已经成为名副其实的教育大国，并积极向教育强国迈进。

表 11—7　　　　　1978—2017 年中国教育事业发展基本情况一览表

单位：万人、人、%

年份	在校学生数				每十万人口在校学数				升学率			
	小学	初中	高中	高等教育	小学	初中	高中	高等教育	小学	初中	高中	高等教育
1978	14624	4995	1766	86	—	—	—	—	87.7	40.9	—	—
1980	14627	4552	1556	114	—	—	—	—	75.9	45.9	—	—
1985	13370	4010	1217	170	—	—	—	—	68.4	41.7	—	—
1990	12241	3917	1481	206	10707	3426	1337	326	74.6	40.6	27.3	3.4
1995	13195	4727	1943	291	11010	3945	1610	457	90.8	48.3	49.9	7.2
2000	13013	6256	2486	556	10355	4969	2000	723	94.9	51.2	73.2	12.5
2005	10864	6215	4009	1562	8358	4781	3070	1613	98.4	69.7	76.3	21.0

① 习近平：《决胜全面建成小康社会　夺取新时代中国特色社会主义伟大胜利——在中国共产党第十九次全国代表大会上的报告》，人民出版社 2017 年版，第 45—46 页。

续表

年份	在校学生数				每十万人口在校学数				升学率			
	小学	初中	高中	高等教育	小学	初中	高中	高等教育	小学	初中	高中	高等教育
2010	9941	5279	4665	2232	7448	3955	3504	2189	98.7	87.5	83.3	26.5
2015	9692	4312	4031	2625	7086	3152	2965	2524	98.2	94.1	92.5	40.0
2017	10094	4442	3952	2754	7300	3213	2861	2576	98.8	94.9	—	45.7

注：高等教育升学率一项为高等教育"毛入学率"数据，即在校学生数与政府规定的该级别学龄人口（18—22周岁）总数之比。

资料来源：国家统计局：《中国统计摘要2018》，中国统计出版社2018年版，第177—181页。

（二）基本教育服务均等化的特点与成就

第一，"教育优先"的态势逐步稳固。教育投入是评价一个国家、地区教育事业是否优先发展的重要标尺。1993年，《中国教育改革和发展纲要》就提出"逐步提高国家财政性教育经费支出占国民生产总值的比例，本世纪末达到百分之四"的目标。由于各种原因，这个目标未能如期实现。2010年，《教育规划纲要》进一步明确提出"提高国家财政性教育经费支出占国内生产总值的比例，2012年达到4%"。经过不懈努力，2012年国家财政性教育经费支出21994亿元，占GDP比例首次超过4%，之后几年一直保持在4%以上。在党的十八届三中全会确定"重点支出一般不同财政收支增幅或生产总值挂钩"的原则下，仍然明确国家财政性教育经费支出占GDP的比例一般不低于4%，体现了党中央国务院优先发展教育的坚定决心。

第二，免费义务教育全面实现。中国在确定教育发展战略重点时，一直将普及教育作为教育工作的首要任务。2005—2006年，建立了中央和地方分项目、按比例分担的农村义务教育经费保障新机制，全部免除农村义务教育阶段学生学杂费，政府还补助学校公用经费、维修改造校舍、免费提供教科书、补助寄宿生生活费等。据统计，政策实施当年就有近 20 万名因贫困辍学学生返回学校。①2008 年进一步免除城市义务教育学杂费，从而把义务教育全面纳入国家财政保障范围，实现了真正意义上的免费义务教育。经过不懈努力，2011 年年底，全国 31 个省（自治区、直辖市）和新疆生产建设兵团全面普及了九年义务教育，青壮年文盲率降到 1.08%。这一成就成为中国教育发展史上的重要里程碑，标志着中国履行了对国际社会的承诺，提前实现了联合国教科文组织《达喀尔行动纲领》提出的到 2015 年使所有儿童享有高质量的免费初等教育的目标，也为其他国家普及教育提供了中国智慧。与此同时，为遏制城乡之间、区域之间和校际之间教育差距扩大的势头，特别是解决日益突出的中小学择校问题，党和政府把均衡发展作为义务教育发展的一项重要任务，坚持义务教育阶段公办学校免试就近入学，推动义务教育学校标准化建设和教师交流制度化。重点监测的 24 个大城市数据显示，义务教育基本实现免试就近入学、划片规范入学和阳光监督入学，19 个热点大城市"幼升小"就近入学率达到 99%，"小升初"就近入学率达到 97%。

第三，学前教育、职业教育、高等教育等短板逐步加强。为解决人民群众反映强烈的入园难、入园贵问题，2011 年起国务院连续推出三个"学前教育三年行动计划"，多种形式扩大学前教育资源，多种途径加强幼儿教师队伍建设，多种渠道加大学前教育投入。中央财政投入专项资金 1000 多亿元，支持中西部农村地区改扩建幼儿园，扶持普惠性民办园。2016 年，学前三年毛入园率达到 77.4%，小学新生中接受过学前教育的比例达 98.4%，快速普及的学前教育为社会起点公平提供了坚实保障。2002 年以来，中国高度重视职业

---

① 袁贵仁主编：《百年大计 教育为本——党的十六大以来教育事业改革发展回顾》，人民出版社 2012 年版，第 112 页。

教育工作，强调把发展职业教育作为经济社会发展的重要基础和教育工作的战略重点，职业教育在办学上以服务为宗旨、以就业为导向，与促进就业、消除贫困紧密结合起来，面向社会、面向市场，建成了世界上规模最大的职业教育体系。全国1.23万所职业院校开设约10万个专业点，年招生总规模930万人，在校生2682万人，每年培训上亿人次。在现代制造业、战略性新兴产业和现代服务业等领域，一线新增从业人员70%以上来自职业院校毕业生，快速发展的职业教育不仅为经济发展提供了人力资源支撑，也拓宽了社会纵向流动的渠道。在快速普及高等教育过程中，中国还大力促进高等教育机会公平。2008年启动的"支援中西部地区普通高校招生协作计划"实施以来，中西部录取率最低省份与全国平均水平差距缩小到5个百分点以内。2012年起实施的重点高校定向招收农村和贫困地区学生的国家专项计划、地方专项计划和高校专项计划累计招收农村和贫困地区学生27.4万人。

第四，农村地区、边远贫困地区、民族地区教育事业得到明显加强。坚持底部攻坚，将教育资源更多投向农村地区、边远贫困地区、民族地区。一是通过教育专项倾斜、城乡义务教育和学生资助经费分担、中央对地方教育专项转移支付因素倾斜等措施，提高欠发达地区教育保障能力。二是通过深入实施师范生免费教育政策、中小学教师国家级培训计划、边远艰苦地区农村学校教师周转宿舍建设等，农村教师整体素质和农村教师地位待遇显著提高，特别是2013年9月启动实施的乡村教师生活补助政策，覆盖中西部708个连片特困地区县，惠及130多万人，最高人均月补助标准达到2000元，补助标准较高的部分地区，还出现了城镇教师到乡村任教的"逆向流动"。三是通过实施全面改薄、校长教师交流轮岗、乡村教师支持计划、集团化办学、县管校聘、推进教育信息化等多项举措，推动教育资源配置均衡化。四是加强地区间教育协作。加强东中西部的教育协作，实施对口支援西部地区高等学校计划，扎实推进教育援疆、教育支援西藏和四省藏区工作，西部和民族地区的主要教育发展指标与全国平均水平差距正在缩小。

第五，特殊群体接受教育的权利得到较好保障。在义务教育经费保障新机制确立后，国家及时将学生资助体系建设的重点转移到非义务教育阶段，经过几年攻坚，建立起完整的覆盖学前教育至研究生教育阶段的国家资助政策体系，基本实现了"不让一名学生因家庭经济困难而失学"的庄严承诺。特别是从 2011 年开始实施的营养改善计划，中央财政累计安排资金 1591 亿元，为 699 个国家连片特困地区 3600 多万名农村义务教育学生提供营养膳食补助。2003 年以来，按照"以输入地政府管理为主、以全日制公办中小学为主"的政策，各地积极接收进城务工人员随迁子女接受义务教育，进城务工人员随迁子女在公办学校就读比例一直保持在 80% 以上，2017 年起约 1400 万进城务工人员随迁子女实现"两免一补"和生均公用经费基准定额资金可携带。同时，加快寄宿制学校建设，满足留守儿童住宿需求，积极构建政府、社区、学校、家庭多方联动的留守儿童教育与管理服务网络。修订《残疾人教育条例》，健全特殊教育保障机制，目前，有超过一半的残疾学生在普通学校随班就读，一个学校教育、家庭教育与社会教育相配合的残疾人教育体系正在形成。

中国文化高度重视教育。经过改革开放以来的不懈努力，中国教育事业的面貌发生了翻天覆地的变化。一个包括学前教育、初等教育、中等教育、高等教育的比较完善的现代国民教育体系初步形成，建成了世界上规模最大的教育体系，特别是基本公共教育服务均等化在广度、深度及内涵上都取得了重要进展。公共教育服务均等化取得了显著的效果。

一是公民总体受教育机会大幅提升。在建国初期 80% 人口是文盲的国情下，中国不断扩大教育规模，保障公民享有更多受教育机会。截至2016年年底，中国拥有世界最大的教育规模，有51.2万所学校，2.65亿名在校生；学前教育毛入园率77.4%，小学净入学率为99.9%，初中毛入学率达到104%，九年义务教育巩固率93.4%；高中毛入学率达到87.5%，基本普及了高中教育；高等教育毛入学率为42.7%，接近高等教育大众化水平。总体来看，中国教育各级各类教育均超过中高收入国家平均水平，教育总体发展水平进入世界中上行列。[①]

二是人民群众教育获得感明显增强。均等化的基本公共教育服务必须直接回应人民群众的现实问题，才有针对性。随着基本公共教育服务均等化深入推进，教育的民生属性不断加强，直接反映在人民对教育的真实需求、期盼和感受上。中国教育科学研究院于2017年9月至10月开展的第二轮基础教育满意度调查显示，社会公众的全国教育发展总体满意度指数是76.09，地方基础教育发展的总体满意度指数是72.82，处于比较满意水平。

三是教育促进社会公平的作用不断凸显。向全民逐步普及的教育服务较好地发挥了调节社会分配、促进社会流动的功能，许多社会成员通过接受教育改变了一生的命运。不断扩大普及的教育体系，使得新增劳动力大部分接受过高中阶段及以上教育，职业教育每年为各行各业输送近1000万技术技能人才，其中大部分来自中低收入家庭。这不仅适应了当前发展阶段的劳动力需求，也使中低收入家庭子女可以通过有效参与劳动力市场改善收入状况。中国疾病预防控制中心对农村义务教育学生营养改善计划跟踪监测显示，2016年，营养改善计划试点地区男、女生各年龄段的平均身高分别比2012年高1.4cm和1.6cm，平均体重多0.9kg和1.0kg，高于全国农村学生

[①] 《中国教育的时代选择——党的十八大以来教育改革发展成就述评·提高质量篇》，《中国教育报》2017年10月17日。

平均增长速度。贫血率从 2012 年的 17.0% 降至 2016 年的 7.6%。①

四是教育选择性日益丰富。均等化的基本公共教育服务绝不是整齐划一的简单的平均化,而应该是在保障机会公平的基础上,为人民群众提供丰富的服务选择。目前,中国已经形成了完善的教育体系。从纵向上看,学前、初等、中等、高等以及职前教育与职后教育相互衔接。从横向上看,普通教育、职业教育、继续教育相互贯通。民办教育不断发展壮大。2016 年,民办学校占全国学校总数的比例为 33.4%,民办教育在校学生占全国学生总数的比例为 18.2%。随着考试招生改革深入推进,引导学校在人才培养环节不断创新,为学生提供了多样化的学习选择。应当指出的是,随着收入的持续增长,越来越多的家庭选择将子女送到国外接受更优质的教育,2014 年度中国出国留学人员为 45.98 万人。中国正处于历史上最大规模的留学浪潮中,已成为世界上第一大留学生输出国。②

五是教育对经济社会发展的支撑能力显著增强。均等化的基本公共教育服务不能超越发展阶段,也不能脱离经济社会发展的现实,必须发挥好对经济社会发展的支撑能力,才能真正有生命力。随着教育普及,我国新增劳动力平均受教育年限已超过 13.3 年,相当于大学一年级水平,高等教育和中等职业教育成为新增劳动力的主力军,为经济发展提供了坚实的人才支撑。高等教育还积极发挥科技创新与服务作用。高校获国家科技三大奖占全部授奖数量的 60% 以上,发明专利授权量超过全国年发明专利授权总数的 1/5,依托高校建设的各类科技园区已经成为创新创业和创客空间的主要聚集区。③

---

① 《营养改善计划铸就民族未来》,教育部网站,http://www.moe.gov.cn/jyb_xwfb/xw_fbh/moe_2069/xwfbh_2018n/xwfb_20180627/sfcl/201806/t20180627_341250.html。
② 《全球留学生人数稳步增长 中国迎最大规模留学潮》,岳阳市教育局网站,http://www.yueyang.gov.cn/jytyj/22483/22495/content_521329.html。
③ 《教育部介绍从数据看党的十八大以来我国教育改革发展有关情况》,教育部网站,http://www.gov.cn/xinwen/2017-10/10/content_5230685.htm。

四 建设医疗保障体系，促进基本卫生服务持续发展

改革开放以来，中国基本卫生服务体系的改革与发展取得的成绩显著。主要做法是通过大力发展卫生事业为广大人民群众提供普遍可及的医疗服务，通过不断深化改革提高医药企业生产能力和经营活力，通过发展和完善职工和居民医疗保障制度提高医疗服务的公平性，通过发展公共卫生和提倡健康生活方式促进人民健康状况持续改善。不论是计划经济时期还是改革开放以来，中国人均预期寿命明显超过经济发展水平相同国家，总体卫生绩效得到了国际社会的肯定与认可。当然，在不同时期中国不断推进医药卫生体制改革，不断探索卫生政策和卫生服务发展路径方式，以适应经济体制和国家治理体系的变迁。

（一）逐步建立广覆盖的医疗保障制度

医疗保障制度是现代社会保障体系的重要组成部分，也是确保健康公平的制度保障。计划经济时期，中国在经济发展水平很低的情况下分别建立了城镇单位职工的劳保医疗制度，农民集体互助的合作医疗制度，财政负担的公职人员公费医疗制度。三项制度对城市地区劳动者、农民、公职人员提供了基本医疗保障。尽管当时经济困难、卫生投入总体水平不高，但是基本公共卫生制度和三级卫生服务体系的建立，对提高广大职工居民尤其是农村居民的健康发挥了很大作用。

改革开放以后，计划体制下的微观经济主体运行机制逐步市场化。农村集体经济趋于薄弱，国有企业改革深入推进，都导致了原有的劳保医疗制度和合作医疗制度难以为继。从20世纪80年代起，政府实施了药品加成、以药补医的政策，以市场化手段为主筹集医

疗机构发展资金来促进卫生事业的发展。20世纪90年代尤其是中期以来，由于市场化后医疗费用上涨的速度更加迅猛，越来越多的人难以就医。虽然改革开放之后人们的收入持续增长，但远远落后于医疗费用的增长。大批患者由于失去医疗保障变成自费医疗群体，加剧了看病难、看病贵和因病致贫、因病返贫的问题。

在医疗服务能力不断提升的情况下，如何为职工与居民提供基本健康保障成为十分重要的社会问题甚至政治问题。中国自20世纪80年代中后期开始，围绕上述难题进行了持续不断而又十分艰难的改革探索，就是开展以医疗保障制度、医疗卫生服务和药品生产流通体制改革为核心内容的三项制度改革。医疗保障制度建设是中国医药卫生体制改革的重要内容和中心环节。主要围绕四大领域展开，即公共卫生保障、职工基本医疗保险、居民基本医疗保障、贫困人群医疗救助。

第一大领域是针对传染病防治的公共卫生保障体系，这是完全的政府责任。在这个领域中国政府不仅高度重视，而且逐步建立完善了财政投入保障机制、危机处置机制和一系列的法制制度。计划经济时期中国针对大规模流行病、传染病、地方病防治取得了很大成效，积累了比较丰富的经验。改革开放以来特别是经历"非典"、禽流感冲击之后，中国政府提高了财政投入力度，建立了以CDC（疾病预防控制中心）为主的公共卫生专职机构。围绕艾滋病等新型传染性疾病，持续不断大力开展打击"黄赌毒"的斗争，努力控制血液、吸毒等传染病传播渠道，同时加大治疗艾滋病药物研制。汲取历史经验，贯彻预防为主方针，继续开展爱国卫生运动、禁烟控烟运动和健康教育活动，确保人群整体健康。

第二大领域是建立职工基本医疗保险制度。与社会保障制度改革进程相一致，从20世纪80年代末期开始进行试点改革，到1998年国务院颁布《关于建立城镇职工基本医疗保险制度的决定》，要求在全国建立覆盖全体城镇职工，社会统筹和个人账户相结合的基本医疗保险制度。尽管存在很多争议乃至问题，在改革中探索出的社会统筹和个人账户相结合职工基本医疗保险制度，与城镇职工基本养老保险制度一样，成为中国医疗保障乃至社会保障制度的一大特色。按照这一制度模式，城镇职工包括离退休职工参保人数不断上升，覆盖面持续扩大，基本保障水平逐渐提高。参保人数从1998年的1877.6万人提高到2008年的19995.6万人，2016年和2017年又分别提高到29531.5万人和30323万人。城镇基本医疗保险基金收支规模也从2000年的383.3亿元和244.1亿元提高到2010年的4308.9亿元和3538.1亿元。2017年，人力资源和社会保障部门统计的基本医疗保险基金总收入17932亿元，支出14422亿元，累计结存13234亿元（含城乡居民基本医疗保险基金累计结存3535亿元、个人账户积累6152亿元）。① 城镇职工基本医保基金是全国医保基金的主体部分，其保障的人群只占全国总人口的1/4左右，总体上看政策性报销补偿比和医疗保障待遇相对较高。

第三大领域是居民基本医疗保障。2002年10月，我国明确提出要积极引导农民建立以大病统筹为主的新型农村合作医疗制度。这一制度强调了政府的筹资和管理责任。经过多年恢复合作医疗制度的试点徘徊之后，终于在农村传统集体经济瓦解之后找到了保障农村健康的保障主体，因而称之为新型农村合作医疗制度。2007年，新型农村合作医疗制度扩大到全国86%的县，参合农民达到7.3亿人，参合率超过70%。2008年，参加新型农村合作医疗的人口8.14亿，参合率91.5%。此后参保率一直保持在95%以上。根据党的十七大报告"全面推进城镇职工基本医疗保险、城镇居民基本医疗保险、新型农村合作医疗制度建设"的要求，中国加快推进城镇居民

---

① 《2017年度人力资源和社会保障事业发展统计公报》，人力资源和社会保障部网站，http://www.mohrss.gov.cn/ghcws/BHCSWgongzuodongtai/201805/t20180521_294290.html。

基本医疗保险制度建设。这一制度从2007年试点到2011年基本建立。2011年年末,全国近13亿人参保,超过总人口的95%,全民医保体系初步形成。到2017年,中国基本医疗保险覆盖13.5亿人,实现城乡居民基本医疗保险制度的基本统一。"政府补贴+个人筹资"是新型农村合作医疗制度和城镇居民基本医疗保险制度的基本筹资模式,其中政府筹资增长最快,在医保基金所占比重超过2/3,是筹资主体。党的十八大以后,按照"统筹城乡"原则加快新型农村合作医疗制度和城镇居民基本医疗保险制度的整合力度,统称为"居民基本医疗保险制度",同时进一步提高了财政补助标准。2017年,城乡居民基本医保人均财政补助标准由2012年的240元提高到450元,政策范围内门诊和住院费用基金支付比例达到50%和70%左右。[①] 经过改革开放前20年的探索,在1998—2017年的短短二十年内,中国建立了世界上覆盖人数最多的基本医疗保障制度(见表11—8)。从建设速度、覆盖人群数量和政府财政支出增幅看,覆盖城乡的居民基本医疗保险制度的建立,是中国推进基本卫生服务均等化、改善居民健康最突出的成就之一。

表11—8　　　　　　　　中国基本医疗保障制度覆盖面情况

年份	职工基本医疗保险		居民基本医疗保险			
			新型农村合作医疗		城镇居民基本医疗保险	
	参保人数（万人）	参保率（%）	参保人数（亿人）	参保率（%）	参保人数（万人）	参保率（%）
1995	745.9	3.84				
1998	1877.6	8.69				
2000	3786.9	16.36				

---

① 国务院研究室编:《十三届全国人大一次会议〈政府工作报告〉辅导读本(2018)》,人民出版社2018年版,第106页。

续表

| 年份 | 职工基本医疗保险 ||居民基本医疗保险 ||||
| | 参保人数（万人） | 参保率（%） | 新型农村合作医疗 || 城镇居民基本医疗保险 ||
			参保人数（亿人）	参保率（%）	参保人数（万人）	参保率（%）
2003	10901.7	37.39	—			
2005	13872.9	41.55	1.79	76.7		
2007	18020.0	50.68	7.30	96.0	4291.1	10.07
2010	23734.7	58.42	8.36	96.0	19528.3	45.16
2013	27443.0	60.74	8.02	98.7	29629.0	64.88
2015	28893.1	60.23	6.70	98.8	37688.5	78.15
2016	29531.5	59.97	—	—	44860.0	90.14
2017	30323.0	60.05				

资料来源：根据《中国统计年鉴（2017）》等相关资料整理。城镇职工参合率为参保人数与城镇就业人数＋参加职工基本医疗保险离退休职工之比；新农合参合率应当为参保人数与乡村户籍总人口之比，本表数据来源于历年卫生部统计公报；城镇居民参合率为参保人数与城镇居民人数（城镇户籍总人口－城镇参保职工）之比。由于统计口径变化及重复参保等原因，参合率并不十分准确，只是提供一个中国医疗保障制度发展历程的参考。2017年城乡居民基本医保合并，只提供了人力资源与社会保障部发布的公报数据，没有区分城乡，也没有计算参保率。

第四大领域是医疗救助制度和大病医疗保险。医疗服务与健康促进消费是无止境的，如何为医疗服务消费筹资是世界各国都面临的巨大难题。中国一方面促进经济发展，另一方面又需要在低收入阶段尽可能为医疗保障服务筹资。因此，医疗保障制度的建设只能定位于"保基本"，还无法为所有劳动者和居民提供较高水平的医疗福利。个人筹资仍然占据医疗服务支出的相当比重。居民医保基金只能为报销目录内的门诊和住院费用的50%和70%左右，个人或家庭需要承担全部医疗支出的50%以上。同时，收入越低的家庭，面临重大疾病风险时负担越重，甚至没有能力参加基本医疗保险，"因病致贫、因病返贫"问题也就难以克服，这又制约了中国政府提出到 2020 年摆脱绝对贫困、全面建成小康社会目标的实现。如何为低收入人群提供基本医疗保障成为一个难题。中国在建立新型农村合作医疗和城镇居民基本医疗保险制度的过程中通过财政补贴低保人群参保的方式尽量覆盖更多的人口，同时探索建立大病医疗保险缓解高额医疗费用对疾病负担较重家庭的支出负担。2012 年，国家发展改革委等六部委联合发布《关于开展城乡居民大病保险工作的指导意见》，明确建立大病保险制度，减轻城乡居民的大病负担，大病医保报销比例不低于 50%。2013 年，在一些省市开展大病医疗保险试点和应急救助试点。2014 年，城乡居民大病保险试点扩大到所有省份，疾病应急救助制度基本建立。2015 年，在居民大病保险基础上进一步建立重特大疾病医疗救助制度。2013—2017 年，大病医疗保险合规医疗费用报销比例在基本医保基础上平均提高 12 个百分点，超过 1700 万人受益。[①] 这一改革丰富了我国医疗保障体系，同时通过特定制度安排在一定程度上缓解了低收入人群"因病致贫、因病返贫"难题。

四大领域医疗保障制度建设，为居民健康提供了基本保障，并形成了两个鲜明特色：一是医疗保障制度体系全，参保人数多，覆盖面广，已经建成了世界最大的医疗保障制度体系；二是中国政府在建立医疗保障制度的过程中，不断探索符合中国国情的制度模式，不断加大投入和财政支持力度，政府主导作用更加明显（见图 11—2）。中国卫生总费用从 1978 年的 110.21 亿元增至 2016 年的 46344.88 亿元。其中，政府卫生支出由 1978 年的 35.44 亿元增至 2016 年的 13910.31 亿元。卫生总费用占 GDP 的比重从 1978 年的

---

① 国务院研究室编：《十三届全国人大一次会议〈政府工作报告〉辅导读本（2018）》，人民出版社 2018 年版，第 106 页。

3.0%增至 2016 年的 6.23%。[1]

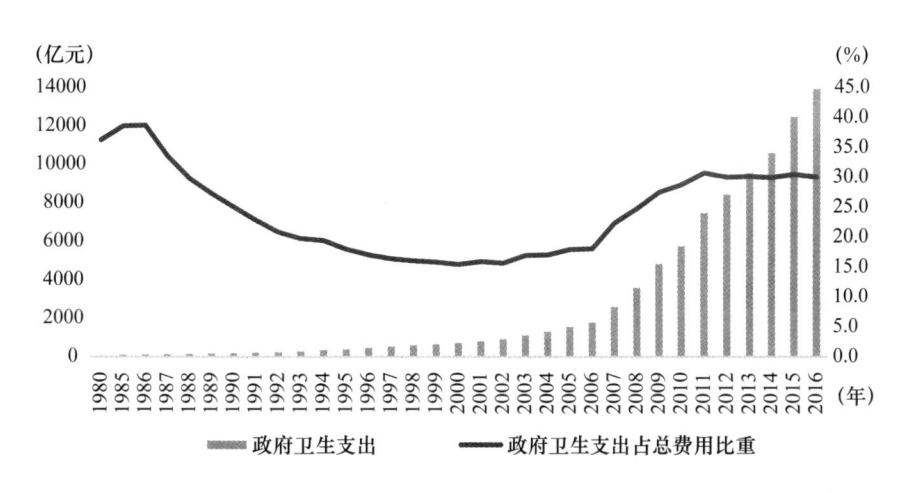

图 11—2　1980—2016 年中国卫生总费中政府卫生支出情况

（二）大力发展医疗卫生服务事业

城乡居民对医疗服务的获取，一方面取决于医疗服务消费者所拥有的支付能力，既包括个人和家庭拥有的资金和资源，也包括政府与社会为医疗服务系统提供的资金和资源，尤其是日益庞大的医疗保障基金；另一方面则取决于医疗服务提供者供给能力，包括服务机构和服务人员的数量与质量以及服务设施水平，也包括医疗服务过程中需要的或涉及的药品、耗材、器械及相关服务。供给能力包括数量与质量两个层面，但受资金保障能力的约束。医疗保障体系建设旨在减轻患者的医疗费用支出，为参保对象基本医疗服务提供可负担的、相对公平的经济支持，医疗服务体系则从技术层面满足患者基本医疗需求，确保城乡居民病有所医。不同于政府直接提供资金保障，医疗服务体系可以通过公立医疗机构提供，也可以通

---

[1] 国家统计局：《中国统计年鉴（2017）》，中国统计出版社 2018 年版，第 722 页。

过私营医院和社会办医院提供，一些非住院类医疗服务还可以由医护人员直接提供。医疗服务供需双方共同塑造了一个国家或地区的医疗市场。除政府直接管理这一市场外，医疗保障管理部门作为第三方付费体系也承担医疗服务的控费与质量管理等职责。

针对改革开放之前严重缺医少药、医疗服务供给能力严重不足的状况，中国政府大力发展卫生事业，动员城市支持乡村，在广大乡村兴建卫生机构、培养医护人员，发展乡村赤脚医生，挖掘中草药和中医资源，逐步建立了"县、乡、村"农村三级医疗和预防保健服务网络，为保障居民尤其是农民健康发挥了积极作用。

改革开放以来，在传统政府举办医疗机构的渠道之外，逐步利用市场机制和社会资源发展医疗卫生事业。尽管这个阶段有些政策产生过一些争议，局部领域也发生了一些问题，但从整体看，卫生事业和医疗服务能力的提高还是十分迅速的。1978—2017年，医疗卫生机构数量、床位、卫生技术人员数量呈现3—4倍的增长（见表11—9）。2017年年末，全国医疗卫生机构总数达986649个，其中医院31056个，基层医疗卫生机构933024个，专业公共卫生机构19896个。全国医疗卫生机构床位794.0万张。每千人口医疗卫生机构床位数5.72张。全国卫生人员总数达1173.9万人。每千人口执业（助理）医师2.44人，每千人口注册护士2.74人；每万人口全科医生1.82人，每万人口专业公共卫生机构人员6.28人。[①] 由医院、基层医疗卫生机构、专业公共卫生机构等组成的覆盖城乡的医疗卫生服务体系的发展和扩张，从根本上解决了"缺医少药"的问题，为保障向城乡居民提供基本医疗卫生服务奠定了物质技术基础。

---

① 《2017年我国卫生健康事业发展统计公报》，国家卫生健康委员会网站，http://www.nhfpc.gov.cn/guihuaxxs/s10743/201806/44e3cdfe11fa4c7f928c879d435b6a18.shtml。

表 11—9　　　　　1978—2017 年卫生事业能力建设基本情况

单位：个、万张、万人

年份	医疗卫生机构	医院	医疗卫生机构床位	卫生人员	卫生人员中卫生技术人员
1978	169732	9293	204.2	788.3	246.4
1980	180553	9902	218.4	735.5	279.8
1985	978540	11955	248.7	560.6	341.1
1990	1012690	14377	292.5	613.8	389.8
1995	994409	15663	314.1	670.4	425.7
2000	1034229	16318	317.7	691.0	449.1
2005	882206	18703	336.8	644.7	456.4
2010	936927	20918	478.7	820.8	587.6
2015	983528	27587	701.5	1069.4	800.8
2017	986649	31056	794.0	1173.9	897.8

资料来源：国家统计局：《中国统计摘要（2018）》，中国统计出版社 2018 年版，第 182—183 页。

经过几十年的发展，中国卫生服务体系形成了鲜明的实践特色，积累了不同经济体制下通过改革促进发展的若干经验。

第一，高度重视农村卫生工作，持续建设农村三级卫生服务网络。中国作为一个发展中国家，农村人口在相当长的时间内占据人口中的绝大多数。没有农民的健康，不可能有全国居民的健康。从中华人民共和国成立到改革开放初期，再到 2009 年开始的新一轮医改，国家一直重视农村卫生事业的发展。最突出的例子是农村三级卫生服务网络建设，不断加大基层卫生服务资源的投入。农村三级卫生服务网是指以县级医疗卫生机构为龙头，乡镇卫生院为主体，村卫生室为基础的卫生服务体系。农村三级卫生服务网主要承担着预防保健、基本医疗、卫生监督、健康教育、计划生育技术指导等任务，为农民获得基本卫生服务提供保障。农村卫生服务网络经过发展，形成了县、乡、村三级医疗预防保健网，它与乡村医生、新型农村合作医疗一起，被称为农村卫生的三大法宝。2004年，国家提出切实把医疗卫生工作的重点放在农村，加强农村医疗卫生基础设施和农村卫生队伍建设，逐步改善农村缺医少药的状况。

第二，高度重视预防工作，加强公共卫生服务体系和基层服务能力建设。在县级医疗卫生机构设置中，由医疗服务机构和公共卫生服务机构两套系统构成。2003年"非典"事件，促使中国政府进一步重视基层机构能力和公共卫生服务体系建设。农村三级卫生服务网络与城镇社区卫生事业得到更多经费支持。2005年，中央安排30亿元国债资金支持中西部乡镇卫生院建设，改善农村医疗卫生条件。2006年，国家启动农村卫生服务体系建设，中央财政安排27亿元国债资金用于县、乡、村三级医疗卫生基础设施和社区医疗服务体系建设。2009年中央提出三年内实现全国每个行政村都有卫生室，安排专项资金改造和新建2.3万所乡镇卫生院、2400所社区卫生服务中心、1500所县医院、500所县中医院和1000所县妇幼保健院。2012年印发的《关于农村卫生机构改革与管理的意见》规定，村卫生室承担规定的疾病预防、妇幼保健、健康教育、残疾人康复等工作，提供常见病、多发病的一般诊治和转诊服务，乡镇卫生院承上启下，提供一般医疗服务和公共卫生管理职责。针对传染性疾病的控制与预防，建立了全国范围的CDC（疾病预防控制中心）体系，加强了公共卫生服务体系的服务能力。

第三，高度重视医改工作，持续推进医药卫生领域体制机制的改革与完善。1978年以来，改革成为此时期的代名词。改革开放40年间，中国经历了建立市场化医疗服务体制、逐步建立健全医疗保障体系、全面深化医药卫生体制改革三个阶段。每个阶段虽有改革重点，但一般都涉及医疗、医保、医药三大领域。三医联动成为中国深化医药卫生体制改革的一大特点。改革总体而言有一定成效，但也往往产生新的问题。问题积累到一定程度，不得不进行新的改革。其实这也是医疗卫生领域的国际惯例。每三至五年或者五至七年，很多国家都要对卫生领域进行一些调整与改革，这也是卫生领域问题复杂性十足的一个体现。中国的医药卫生体制改革总体上比较主动，针对性比较强，阶段性效果比较明显。通过改革管理体制机制不断完善，扩大了医疗卫生资源供给，提高了医疗服务可及性和公平性，促进了卫生绩效的提高。2016年，中国全面启动多种形式的医疗联合体建设试点，增强基层服务能力，方便群众就近就医。截至2017年年底，全国已设立社区卫生服务中心（站）34652个，社区卫生服务中心人员43.7万人，社区卫生服务站人员11.7万人。全国55.4万个行政村共设63.2万个村卫生室。每千农村人口乡镇卫生院床位达1.35张，每千农村人口乡镇卫生院人员1.42人。[①] 改革与发展相辅相成，除了扩大卫生资源投入，改革成为中国卫生事业发展的一大动力。

五　社会保障与公共服务发展的实践特色与中国模式

改革开放40年只是历史的一瞬间，但却是中国现代化和实现中华民族伟大复兴进程中十分重要的历史时期，是中国实现从"站起来"到"强起来"的关键环节。社会保障与公共服务体系的改革与发展在其中扮演了十分重要的角色，是中国特色社会主义建设的有机组成部分，为中国道路、中国实践、中国方案的形成发展做出了突出贡献。

回顾中国社会保障与公共服务体系发展历程，值得总结梳理的

---

① 《中华人民共和国2017年国民经济和社会发展统计公报》，国家统计局，http://www.stats.gov.cn/tjsj/zxfb/201802/t20180228_1585631.html。

实践经验十分丰富。择其要，归纳以下几个突出特点。

第一，坚持社会保障保基本的定位，促进经济增长与社会保障建设相互协调。中国社会保障制度是在发展水平很低、经济增速很高、经济体制和经济社会结构迅速变革中进行改革和建设的。以经济建设为中心是中国改革开放的指导思想，只有经济快速增长才能快速摆脱贫困。社会保障建设早期定位是为经济建设服务，为国企改革和建立社会主义市场经济体制配套。这是中国社会保障制度改革发展的逻辑起点。在这个阶段，中国担心过快的社会保障支出造成巨大负担、拖累经济增长，因此确立了"保基本"的社保发展思路。各项制度设计，不论是个人账户、医保起付线和封顶线，还是住房公积金、全国社会保障基金，都是立足于资金自我积累，解决两代人的保障问题。经过近20年的艰苦奋斗，到20世纪末期人民生活水平总体达到小康阶段。但是，这个时期的收入差距扩大、市场消费不足、教育卫生养老等基本公共服务短缺问题日益凸显。因此，促进社会公正、社会和谐和经济增长，成为快速发展社会保障和公共服务体系的重要任务。从1998年开始到2018年，国家对社会保障和教育卫生服务的投入迅速增长，促进了社会保障和公共服务体系的建立和发展，用20年时间在人口最多的发展中国家建成了覆盖范围最广的社会保障网和公共服务体系。这个体系不仅有效地发挥了自己的功能，而且助力经济体制改革，为国民经济健康持续发展做出了非常大的贡献。经济体制改革为社会保障制度改革提供了强大动力，经济发展为社会保障的发展奠定了坚实的物质基础。相反，社会保障的发展从多个方面直接或间接地促进了经济发展。社会保障改革为经济体制改革创造了良好的社会环境，社会保障改革促进了国有企业改革进度，曾经为3000多万下岗职工提供了基本生活保障。社会保障制度的完善促进了人力资本和经济效率的提升，社会保障水平的提升促进了居民消费能力的提升，社会保障在经济危机时期发挥了重要的"减震器"和"调节器"作用。此外，社会保障基金投资、保障性住房建设、医疗服务体系建设、养老服务体系建设直接促进了经济增长。在改革开放中建立的经济发展与社会保障相互促进的良性互动关系，来之不易，值得其他发展中国家借鉴。

第二，坚持以改革促发展，建设适应社会主义市场经济体制的现代社会保障体系。改革是1978年十一届三中全会确定的主旋律，也是社会保障制度建设发展的根本动力。40年来，社会保障的改革有力地促进了社会保障体系的完善与可持续发展。改革领域设计方方面面，主要完成了从单位管理走向社会化管理、从多部门分散管理向相对集中管理、从地区城乡分割逐步走向统筹协调发展三大任务，实现了社会保障从传统计划经济体制到社会主义市场经济体制的历史性转变。在计划经济时期，强调的是单位管理，社会保障实行"国家—单位"保障模式，职工的生老病死均由单位负责，单位包办各类社会保障事务，包括社会保障的筹资、待遇给付与相关社会保障档案资料的管理。在经济体制改革的过程中，我国积极推进国有企业改革，减轻国有企业负担，增强国有企业的活力、效率和竞争力。围绕为国有企业改革配套，中国积极转换社会保障模式，从"国家—单位"保障走向社会统筹，进而实现社会化保障。由单位管理的各类社会保障事务逐步实行社会化管理，使企业从繁重的社会保障管理事务中解脱出来，交由专门的社会保障管理部门与经办服务机构负责，有效推动了国有企业改革的实施。从单位管理走向社会化管理是我国社会保障管理体制改革的第一步，为后续社会保障管理体制改革奠定了基础。在行政管理方面，实现了从多部门分散管理走向相对集中管理的转变。在社会保障改革初期，管理上采取了"多龙治水"的做法，诸多部门和行业分散管理着不同人群和类别的社会保障事务。其中劳动部主要负责城镇职工的社会保障管理，人事部主要负责机关事业单位人员的社会保障事务，中央组织部也承担着领导干部的社会保障管理职能，民政部负责农村社会保障的管理，卫生部主要负责农村合作医疗的管理，残疾人联合会承担着残疾人保障的管理职能，中央军委总后勤部负责军人社会保障管理事务。财政部、教育部、国家发展改革委员会、住房和城市建设部等其他有关部门和行业也分别承担了部分社会保障管理职能。中国人民保险公司负责管理集体所有制企业的养老保险，铁道、邮电、水利、电力、中建总公司、煤炭、石油、交通、有色金属、民航、金融11个行业分别管理本行业的养老保险事业。这种"多龙治水"的格局容易使得部门职责混乱、管办不分，影响了社会保障的改革的决策与实施，不利于社会保障资源的整合，不利于社会保障公平与效率的实现，不利于社会保障的可持续发展。1998年国务院机构改革中，成立了劳动和社会保障部，整合了原来劳动部、人事部等相关部门的职能，劳动与社会保障部设立了养老保险司、失业保险司、医疗保险司、农村社会保险司和社会保险基金监督司五个社会保障相关职能司局。第一次以"社会保障"的字眼体现在部门名称中，进一步凸显了社会保障改革的重要性。此外，国务院发布了《关于实行企业职工基本养老保险省级统筹和行业统筹移交地方管理有关问题的通知》（国发〔1998〕28号），劳动和社会保障部、财政部出台了《关于基本养老保险行业统筹移交地方管理有关事项的通知》（劳社部函〔1998〕80号），改变了社会保障的行业分割局面，逐步移交地方管理。使得社会保障管理实现了从分散管理、部门分割、行业分割逐步走向相对集中管理，标志着我国的社会保障管理体制改革迈出了重要步伐，为后续社会保障事业的改革与发展提供了有力的管理体制保障。在宏观管理方面，逐步改变地区和城乡分割局面，建设城乡统筹、地区协调、全国调剂的平衡与协调发展体制。在成立劳动和社会保障部的基础上，中国进一步推进社会保障管理体制改革，进一步理顺社会保障的管理职能与相关关系，基于社会保障改革与发展实践中存在的管理问题，在大部制改革的背景下，于2008年成立了人力资源和社会保障部，进一步整合了相关部门的社会保障职责，尤其是将民政部的农村社会保险职能并入进来。这一改革有利于实现社会保障的城乡统筹发展，促进社会保障公平性的提升，为建立公平共享、覆盖城乡居民的社会保障体系奠定了重要基础。2016年逐步实现了城乡居民基本养老保险制度的统一和城乡居民基本医疗保险制度的整合。为提高社会保障公平性，逐步提升社会保障统筹层次。基本养老保险基本实现了从地、市级统筹向省级统筹的转变，并在实践中积极探索中央调剂金制度，为实现基础养老金全国统筹奠定基础。社会保障统筹层次的提升有利于改变地区分割、制度碎片化的局面，进一步提升社会保障的公平与效率。

第三，坚持政府主导和共建共享原则，积极发挥市场作用和社会力量作用。政府主导是现代社会保障的基本特征，这是其公平性和普惠制的基本保证。但是，如果仅仅依靠政府而不动员社会力量甚至发挥市场机制的作用，不仅导致财政负担日益沉重而且带来体制的僵化。20世纪80年代中期，伴随经济体制改革开始改革过于僵化的单位就业保障体制。为了促进城镇国有企业改革，搞活用人机制，实行劳动合同制改革，实现减员增效，中国逐步改革城镇企业职工养老制度，对养老费用实行社会统筹，并逐步探索城镇职工基本养老保险制度改革，在20世纪90年代发布了若干政策文件。1991年，国务院《关于企业职工基本养老保险制度改革的决定》提出，逐步建立起基本养老保险与企业补充养老保险和职工个人储蓄性养老保险相结合的制度，要"改变养老保险完全由国家、企业包下来的办法，实行国家、企业、个人三方共同负担，职工个人也要缴纳一定的费用"。社会保险制度成为中国社会保障的主体部分，体现了权利与义务相结合的原则，对企业、用人单位、参保职工、参保家庭都建立了比较明确的激励约束机制，奠定了社会保险制度持续发展的制度基础。同样，在社会福利、社会救助、社会服务等领域，积极动员社会力量参与，努力建设多支柱、多层次的社会保障和公共服务体系，一直是中国社会保障制度建设的重要原则。在一些领域，也发挥了很好的作用。

第四，坚持生存型保障与发展型保障相结合，开展扶贫攻坚和积极就业政策。不论是经济发展还是社会保障，面临的最大问题是反贫困。中国一直实施积极的反贫困道路，包括长期以来的扶贫攻坚、精准脱贫政策，目的是通过政府引导、社会扶持，让贫困人口提高发展能力，靠自己的双手和辛勤劳动摆脱贫困。当然，面对缺乏劳动能力的贫困人口，以最低生活保障为基础的社会救助体系也要发挥好"兜底"保障责任。在就业领域也是如此，既大力发展失业保险制度，又实施积极就业政策全力以赴帮助待业和下岗失业人员重新回到就业岗位。国有企业改革时期的"两个确保"对于经济体制改革时期维护劳动者的生存权利发挥着积极作用。社会保险制度将保障劳动者在年老、疾病、伤残、失业、生育等特殊时期的基本生活作为直接目标。社会福利制度有助于实现城乡居民的体面生活，提高其生活质量。在发展基础性保障的同时，中国还越来越重视教育、医疗卫生、就业等发展性保障，促进劳动者素质技能与人力资本的提升，进而提升劳动者的发展能力与竞争力。

第五，加强法制建设，注重国际经验和新技术开发运用，积极发挥社会保障的正向功能。中国社会保障制度在改革与发展过程中十分注重加强法制建设，通过法制建设明确社会保障体系相关主体的职责及权利义务关系，促进社会保障管理与运行机制的完善，促进社会保障制度的定型与可持续发展。20世纪90年代国务院颁布了《失业保险条例》《工伤保险条例》《社会救助暂行办法》等一系列政策法规。2010年全国人大颁布《中华人民共和国社会保险法》，2011年付诸实施。2012年颁布与实施了《中华人民共和国军人保险法》。围绕老年人福利、残疾人福利、妇女儿童福利，全国人大陆续颁布并不断修订《中华人民共和国残疾人保障法》《中华人民共和国未成年人保护法》《中华人民共和国妇女权益保障法》《中华人民共和国老年人权益保障法》《中华人民共和国慈善法》等相关法规。社会保障法制建设有力推动社会保障健康持续快速发展。

40年来，中国社会保障的快速发展，与充分学习、借鉴国际经验是分不开的。中国对国外不同社会保障模式进行了充分调研考察，充分吸收国外有关机构和专家学者的建议，尤其是世界银行、国际劳工组织、国际社会保障协会等机构的意见和建议。无论是多层次社会保障体系的构建，还是社会统筹与个人账户相结合社会保险模式的形成、社会保障运行机制的完善，都充分吸收了国外社会保障发展的先进经验。社会保险制度设计与实施过程中充分借鉴国外的技术经验，比如在医疗保险基本药品目录、诊疗服务目录的制定，医疗保险支付方式的改革，社会保障基金的投资，均充分吸收借鉴国外的先进经验。重视社会保障的效率问题，注重运用现代技术手段，不断加强经办服务的信息化建设，提高社会保障的精准性与经办服务效率。

经过40年的改革与发展，中国不断扩大和健全的社会保障制度的综合效用逐步体现为：一是社会保障促进了反贫困。社会救助制度的指向性非常明确，主要针对贫困群体，为贫困群体提供各类综合性的援助，为贫困群体提供"兜底"保障；社会保险在更高层次上发挥着预防贫困的作用。二是社会保障促进了收入再分配。由于社会保障投入的增加和社会保障待遇水平的提升，社会保障正发挥着积极的收入再分配作用，尤其是社会救助与社会福利制度的福利性和公共性直接调节收入分配，社会保险也在一定程度上发挥着积极的收入再分配作用。三是社会保障促进了社会稳定。这是社会保障社会治理功能的重要体现，社会保障在预防和化解国民的生存危机、贫困风险，在国有企业改革和金融危机时期发挥着重要的"减震器"作用，为促进社会稳定与社会和谐发挥了积极作用。四是推动了全面小康社会建设。社会保障和公共服务体系促进了城乡居民收入水平与生活质量的整体提升，为精准扶贫、打赢脱贫攻坚战、全面建成小康社会做出了重要贡献。

（王延中）

第十二章　收入分配：走向公平与效率的统一

在收入分配领域，最为著名的两个理论假说当属平等与效率的关系，以及倒 U 曲线。阿瑟·奥肯在他的《平等与效率》一书中，阐述了平等与效率的关系，并认为平等与效率是一个交换关系。其后的研究者亦将平等与效率的关系理解为交换关系，但一些新的研究对此开始产生一定的质疑。倒 U 曲线是由库兹涅茨根据世界各国以往的发展过程总结出来的，即在经济发展的初期阶段收入差距会上升，当经济发展达到一定水平时，随着经济的发展，收入差距将会下降。这两个理论假说至今深深地影响着中国的学术界。但东亚一些经济体的经验表明，经济发展并不一定带来收入差距的扩大，所以近年来对倒 U 曲线一直存在这样或者那样的质疑，而效率与公平的交换关系也未能得到学理上的支持。中国近 40 年的发展过程中收入分配也具有某种倒 U 曲线的特征，但与其他国家有所不同，中国的收入分配演变过程中，尽管在某些阶段曾经出现效率优先于公平的情况，由于有稳定的执政者和执政理念，所以在努力做大蛋糕之余，始终将分好蛋糕视为己任，从而具有某种效率与公平统一的特点。

一 收入差异化战略与激励（1977—1987 年）

（一）按劳分配是社会主义原则

改革之初，中国城市和农村内部的收入差距是比较小的，根据世界银行的估计，当时城市和农村内部的居民收入基尼系数都在 0.2 左右，但需要注意的是，当时城乡之间的收入差距还是很大的。城镇和农村居民内部收入的低差距和城乡之间的高差距同时并存是改革初期收入分配的主要特征。

关于按劳分配的讨论，自 20 世纪 50 年代取消供给制后就已经开始了。特别是在资产阶级法权、物质利益原则和计件工资制等方面有过较大的争论。而"文化大革命"期间"四人帮"的一些言论进一步将按劳分配原则推向了平均主义大锅饭。这种劳动贡献与劳动收益相脱离的分配方式极大打击了生产积极性。

为了从微观上激发劳动者的生产积极性，从而造就宏观的经济增长，这就必然要求收入分配从思想到制度都要做出相应的调整。如果说改革开放初期拨乱反正的标志是《实践是检验真理唯一标准》的话，那么改革开放初期经济学的拨乱反正就是从按劳分配原则大讨论开始的。

改革开放初期，我国思想理论界关于按劳分配的讨论异常热烈，许多重要的经济学家都参与其中，仅 1977 年春至 1978 年冬就召开了四次有关按劳分配的大型讨论会，[①] 构成当时思想解放运动的重要组成部分。其中，在第二次研讨会上，苏绍智和冯兰瑞提交的《驳姚文元按劳分配产生资产阶级的谬论》，对按劳分配做了正本清源的解读，但全文以驳斥极"左"的绝对平均主义分配思想为主。

---

① 参见《按劳分配理论讨论会四次会议纪要汇编》，中国财政经济出版社 1979 年版。

在该文的基础上，邓小平指示国务院政治研究室起草一份关于按劳分配的理论文章。在文章起草过程中，邓小平还多次接见起草组成员并作出重要指示。如1978年3月28日，邓小平同国务院政治研究室负责人谈话时指出，"按劳分配就是按劳动的数量和质量进行分配。根据这个原则，评定职工工资级别时，主要是看他的劳动好坏、技术高低、贡献大小。政治态度也要看，但要讲清楚，政治态度好主要应该表现在为社会主义劳动得好，做出的贡献大。处理分配问题如果主要不是看劳动，而是看政治，那就不是按劳分配，而是按政分配了。总之，只能是按劳，不能是按政，也不能是按资格"[①]。对按劳分配做出了明确的界定，分配原则也重新回到按劳分配上来。

研讨会的成果与中央高层决策者的思想相结合，便产生了《贯彻按劳分配社会主义原则》。该文总结了几次研讨会的主要的一些一致性的意见，如按劳分配不是资产阶级法权，不会产生资产阶级，不会出现两极分化；为计件工资制和奖金正名；强调物质利益原则，提出兼顾国家、集体、个人三者关系。从而为收入分配制度改革提供了坚实的理论基础。

为了调动几亿农民的社会主义积极性，恢复农业生产，逐步实现农业现代化，十一届三中全会明确指出，"公社各级经济组织必须认真执行按劳分配的社会主义原则，按照劳动的数量和质量计算报酬，克服平均主义"。随后，1982年中央一号文件中提出，实行建立在土地公有基础上的联产承包责任制，极大地提高了农民的生产积极性。联产承包责任制的实施增加了农业剩余，促进了农业劳动力向非农领域、城镇地区的转移。从收入分配的视角来说，农村经济体制改革的推行使得家庭禀赋特征成为农村居民收入差距的基础性原因。

农村地区的联产承包责任制给城市改革提供了经验借鉴。十二

[①]《邓小平文选》第2卷，人民出版社1994年版，第101页。

届三中全会提出建立以承包为主的多种形式的经济责任制，将职工劳动所得同劳动成果相联系，并在利改税和多种形式经济责任制建立的基础上，进一步贯彻落实按劳分配原则，实行企业工资总额与经济效益相挂钩的方法，同时要求企业搞活内部分配，使企业职工的工资分配形式呈现出多样化的格局。

（二）让一部分人先富起来

1978年12月，邓小平在题为《解放思想，实事求是，团结一致向前看》的著名讲话中，明确提出了要实行社会主义的物质利益原则。他说："不讲多劳多得，不重视物质利益，对少数先进分子可以，对广大群众不行，一段时间可以，长期不行。革命精神是非常宝贵的，没有革命精神就没有革命行动。但是，革命是在物质利益的基础上产生的，如果只讲牺牲精神，不讲物质利益，那就是唯心论。"[1] 邓小平还提出了"先富"论断，同时阐释了"先富"和"共富"的内在联系。他说："要允许一部分地区、一部分企业、一部分工人农民，由于辛勤努力成绩大而收入先多一些，生活先好起来。一部分人生活先好起来，就能产生极大的示范力量，影响左邻右舍，带动其他地区、其他单位的人们向他们学习。这样，就会使整个国民经济不断地波浪式地向前发展，使全国各族人民都能够比较快地富裕起来。"[2] 此后相当一段时间，"让一部分人先富起来"成为主导改革过程中收入分配的基本政策取向，也是一定阶段内决定着我国居民收入分配格局变迁的主导思想。城乡所实施的一系列改革措施正是"让一部分人先富起来"的实现机制。此外，为适应对外开放，经济特区和沿海开放城市优先发展的地区不平衡发展战略也是

---

[1] 《邓小平文选》第2卷，人民出版社1994年版，第146页。
[2] 同上书，第152页。

实现"让一部分人先富起来"的重要途径，并造成了地区收入差距的扩大。

总体而言，这一时期收入分配改革的任务是克服平均主义、提高劳动者的生产积极性，在分配制度上则实行按劳分配。无论是农村的联产承包责任制还是城市的经济责任制，均以生产资料的公有制为前提，这正是按劳分配得以实行的条件。尽管十二届三中全会提出坚持和发展集体经济和个体经济等多种经济形式，并在对外开放的过程中通过兴办经济特区和开放沿海城市，不断引入外资和建立外资企业，但在公有制占主导地位的情况下，其他经济形式仅被认为是社会主义经济的有益补充。对于按劳分配可能出现的收入差距问题，先富论认为，先期的收入和发展差距是共同富裕必经的过程，并指出完全平均和同步富裕只能导致共同贫穷，这事实上是对平均主义的深刻反思以及为按劳分配原则正名。

（三）效率优先兼顾公平

基于上述指导方针的改变，在公平与效率的关系方面率先取得理论进展就是顺理成章的事情了。周为民和卢中原率先提出了效率优先兼顾公平的原则[1]。与此同时，更多的研究者也倾向于效率优先兼顾公平这一分配原则[2]。该原则后来被吸收进党的文件而成为20世纪90年代收入分配的指导方针。

1987年10月，党的十三大报告第一次提出了以按劳分配为主体、其他分配方式为补充的分配制度，并指出"非劳动收入只要是合法的，就应当允许"；社会主义的分配政策是，"既要有利于善于经营的企业和诚实劳动的个人先富起来，合理拉开收入差距，又要

---

[1] 周为民、卢中原：《效率优先、兼顾公平——通向繁荣的权衡》，《经济研究》1986年第2期。

[2] 金碚：《以公平促进效率 以效率实现公平》，《经济研究》1986年第7期。

防止贫富悬殊,坚持共同富裕的方向,在促进效率的前提下体现公平"。这既承认了其他分配方式存在的合法性,也初步提出了效率优先兼顾公平的收入分配指导原则。

1992年10月党的十四大提出建立社会主义市场经济体制目标,同时为与社会主义市场经济相配套,对收入分配的指导方针也做出了一些调整。1993年11月,十四届三中全会《中共中央关于建立社会主义市场经济体制若干问题的决定》提出了社会主义市场经济体制下分配体制的框架。该决定主要包括这样几个方面:个人收入分配坚持以按劳分配为主体、多种分配方式并存的制度;首次提出"效率优先、兼顾公平"的原则;劳动者的个人劳动报酬要引入竞争机制,打破平均主义,实行多劳多得,合理拉开差距;提倡先富带动和帮助后富,逐步实现共同富裕;建立多层次的社会保障体系,重点完善企业养老和失业保险制度,建立统一的社会保障管理机构。其中,比较之前的收入分配原则,最为突出的变化就是在效率和公平的关系上明确提出了"效率优先,兼顾公平"的原则。

效率优先、兼顾公平明确了效率与公平的相对重要性。效率优先延续了改革开放以来重视提高劳动积极性以提高生产效率的基本主张,而兼顾公平除了反映党和人民对公平一直以来的追求以外,也是对改革前期中出现的一些收入分配问题的政策应对。在前期实行生产责任制后,归企业支配的利润留存不断增多,由于在计划经济条件下企业缺乏扩大再生产的激励,出现留利大量转化为工资奖金福利,即工资侵蚀利润的情况,宏观上表现为职工工资总额增长幅度超过国民收入增长幅度和职工平均工资增长幅度超过劳动生产率提高幅度[1]。为此,十四届三中全会还提出"国有企业在职工工资

---

[1] 戴园晨、黎汉明:《工资侵蚀利润——中国经济体制改革中的潜在危险》,《经济研究》1988年第6期。

总额增长率低于企业经济效益增长率，职工平均工资增长率低于本企业劳动生产率增长"。

为了缩小收入差距，十四届三中全会提出"建立多层次的社会保障体系"，"逐步建立个人收入应税申报制度，依法强化征管个人所得税，适时开征遗产税和赠与税。要通过分配政策和税收调节，避免由于少数人收入畸高形成两极分化"，党的十五大报告提出"调节过高收入，完善个人所得税制，开征遗产税等新税种。规范收入分配，使收入差距趋向合理，防止两极分化"，开始通过税收和社会保障等再分配手段调节收入差距。此外，十四届五中全会和党的十五大还提出"落实国家扶贫攻坚计划和政策措施""加大扶贫攻坚力度"。税收、转移支付、社会保障等再分配调节机制和扶贫攻坚等措施均是缩小收入差距、实现收入分配公平性的重要手段，并在此后成为常规的收入差距调节机制。但这些指导思想并未能完全落实，而相应的税收调节、社会救助等受到覆盖面和力度的影响作用也不明显。

"效率优先，兼顾公平"这一原则，其实质是将公平置于效率之后，是为效率服务的。这一指导方针在相当程度上推动了我国经济的快速增长，但对于20世纪90年代收入差距的持续扩大也起到了一定的推波助澜作用。

（四）改革红利和收入增长

改革初期收入分配差距其实已经开始呈现扩大的态势。但一方面原来的收入差距太小，平均主义问题严重，所以这种扩大确实对提高劳动者生产积极性和促进经济增长起到了较为显著的作用；而另一方面，由于这一时期的改革重点在农村，农村居民的收入增长超过城市居民收入的增长，所以城乡之间的收入差距明显地缩小了。从收入分配的分解方法来讲，如果我们基于城乡的组内和组间差距进行分解的话,这就是组内(城市内部、农村内部)收入差距扩大,而组间(城乡之间)的收入差距缩小。从而总体上收入差距扩大的幅度不算很大。特别值得一提的是,在1985年,城乡居民收入差距出现了改革以后的最小值,这一记录一直保持到今天。(见图12—3)

地区之间的收入差距是考察组间差距的另外一个常用指标。从图12—4中可以看到,我国地区之间的收入差距经历了先下降,再上升,然后再下降的过程。改革开放初期到20世纪80年代末期,随着改革,特别是农村改革的快速推进,省际差异迅速缩小,其中一些以前比较落后的省份GDP出现了更快的增长(图12—4)。在这一时期,行业之间的收入差距尚未显现,行业收入差距仍处在较小的水平上(图12—5)。

改革初期偏重农村的改革令农村居民收入快速增长,一定程度上实现了帕累托改进式的福利提升和全国性收入差距相对稳定,根据世界银行估计,1981年中国基尼系数为0.29,1984年小幅下降至0.2769。而在改革初期,经济增长无论如何都是第一位的,而且收入差距的问题并不严重。在减贫效果方面,收入分配的增长效应明显超过了分配效应,这一时期中国农村尽管贫困发生率仍处在高位,但比起改革的起始时期,贫困发生率大幅度下降了。所以在这个时期通过收入差异化战略实现经济增长,提高经济效益的做法是值得肯定的。

二 按劳分配和按生产要素贡献分配(1988—2001年)

(一) 按生产要素贡献分配

随着我国经济体制改革的深入,以公有制为主体、多种所有制形式并存的局面开始出现。与此同时,收入来源也呈现多样化。一方面，非国有经济产值占国民经济产值的比重不断上升，非公有制企业所有者存在对其所有企业的收益权；另一方面，居民的收入在保证自己消费的情况下也出现了剩余，从而存在私人投资的可能，这些投资带来的收益显然也不完全符合劳动报酬的定义。而随着对外开放的展开，一些国外投资企业需要获得投资回报，而这种投资回报的索取同样形成了对传统按劳分配原则的挑战。此外，某些具有特别才能的个人会以技术参股的方式获得收入，也有管理者通过承包制、年薪制等获得其管理才能的收益。所有制的多样性和收入来源的多样化令按劳分配原则的适用性受到质疑。

尽管一个发展了的按劳分配原则已经可以解释改革中出现的部分新兴事物，如承认科技是一种劳动，从而认可了知识作为一种劳动参与分配的权利；又如将个体经营者收入划定为劳动收入，从而使之符合按劳分配原则等。但三资企业和私营经济的出现以及社会主义市场经济的确立都给继续坚持按劳分配原则提出了挑战，因雇佣劳动带来的收益如何匹配按劳分配原则成为一个巨大的理论问题。这一方面挑战着传统的社会主义按劳分配原则，但另一方面也成为按劳分配原则中国化的契机。

收入分配理论探索的另一条主线则是在社会主义市场经济条件下如何坚持和发展按劳分配原则的问题。随着中国经济改革的不断深入以及经济的快速增长，收入来源呈现多样化趋势。如何使用按劳分配原则解释这些收益成为摆在我们面前的新情况新问题。

因此，从20世纪80年代中后期开始，随着多种所有制形式的出现，如何贯彻执行和解读按劳分配原则成为理论界争论的一个焦点问题[①]。在初期的讨论中，因为存在明显的意识形态限制，所以辩

---

① 金喜在、刘春林：《关于按资分配的讨论》，《经济研究》1987年第8期；刘解龙：《社会主义市场经济分配方式探讨》，《江海学刊》1993年第3期；余陶生：《三位一体公式与按生产要素分配》，《武汉大学学报》（哲学社会科学版）1994年第5期。

护的色彩比较重。当时的一些主流观点是将应归属于资本、技术和管理的要素收入解释为劳动收入。比如通过讨论活劳动和物化劳动等重新定义劳动收入，进而提出活劳动和物化劳动共同创造价值的观点。而另一派则将这些劳动以外的要素收入全部解释为"按资分配"，混淆了技术、管理和资本要素之间的关系。我们回过头去看，这两种说法无论如何都是偏颇的，都过分地掺杂了意识形态色彩而忽视了技术和管理等非劳动要素的作用。

1992—1997年，随着社会主义市场经济模式的确立，在社会主义市场经济条件下如何坚持和发展按劳分配原则因其重大的现实意义成为理论热点，学界围绕着公有制为主的多种所有制形式及其分配原则的关系展开理论探讨，争论的焦点在于如何看待按生产要素分配的问题。这些理论探讨和争鸣中的一些有价值的讨论被主流意识形态所接纳和吸收，并渐渐形成了按生产要素分配的分配原则，该原则成为社会主义市场经济中以按劳分配为主体、多种分配形式并存的分配原则的一个重要补充，即社会主义公有制实行按劳分配，而在非公有制经济中实行按生产要素分配。1997年召开的中国共产党第十五次全国代表大会报告提出："把按劳分配和按生产要素分配结合起来，坚持效率优先、兼顾公平，有利于优化资源配置，促进经济发展，保持社会稳定。"第一次明确提出了按劳分配和按生产要素分配结合的分配原则。

（二）收入分配变动的体制性因素

1. 非国有经济的发展与收入分配

进入20世纪90年代，非国有经济获得较快增长，体制内外的收入差距开始出现。这一时期，体制内的收入差距不大，但体制外的收入差距较大，而且体制内外之间的收入差距也较大。但和当下的体制内外收入差距的感受不同，90年代体制内职工的收入要远远低于体制外的收入，从而出现了 90 年代初期政府和事业单位人员的下海潮。这些新情况的出现，一方面推进了非公经济的发展，但另一方面，也扩大了体制内外收入的差距。这种体制的变革对收入分配起到了一定的扩大影响，是这一时期收入分配差距扩大的一个重要体制性原因。

2. 农村贸易条件的恶化

作为收入分配重要因素的城乡收入差距。随着中国经济体制改革重点转向城市，城市人群的收入增长速度开始快于农村。而农村居民由于耕作土地有限，资金规模小，农业收入增长缓慢。在经历了改革初期农产品价格的快速增长之后，农产品价格增长变得非常缓慢，且明显慢于工业品价格的增长，即农村贸易条件开始恶化。

由于很难从土地获得足够快速增长的收益，农民开始向非农产业转移。最早的农村向城市的农民工转移在 20 世纪 90 年代初期开始出现，这是城市地区产业快速发展这一拉力和农业收益增长缓慢这一推力共同作用的结果。

（三）重新检视按生产要素贡献分配

按生产要素贡献分配是在传统的按劳分配原则无法满足社会主义初级阶段发展需求情况下的一种理论创新。是对按劳分配原则的一个重要补充，也是马克思主义政治经济学中国化的重要成果。所以，其对实践的意义和理论价值毋庸置疑。

但按生产要素贡献分配和按劳分配之间的协调关系，以及如何界定各生产要素的价格适中是个难题，特别是后者，成了此后收入差距不断扩大的一个重要诱因。在谈到按生产要素贡献分配对收入差距的影响之前，我们首先应该看到并承认这一原则在促进经济繁荣和快速增长方面的积极作用。因为按生产要素贡献分配原则的确立，意味着资产所有者投资获取回报的合法性得以确立，这相当程度上激发了资产所有者投资的积极性。而投资的旺盛，又会促进经济快速增长。这个逻辑是清晰的，我们也必须认识到并接受。但按生产要素贡献分配一直存在的难题在于，如何知道每种生产要素的贡献有哪些？各自的贡献应占多大的份额？事实上，在理论层面上或许可以回答，但在实践层面上却很难真正落地。

在西方国家，一方面，有较为强大的工会力量的存在，工人和资本家可以展开谈判。而双方力量的相对均衡可以在一定程度上保障工人的利益，从而确立劳动的贡献；另一方面，发达国家往往已经跨过了劳动力剩余的阶段，劳动力相对短缺，从而劳动力市场价格信号比较清晰，劳动者通过流动获得合理回报的可能性也要大很多。

但在我国，各级政府长期受到经济增长优先战略的影响，出于促进本地区经济发展的目的，各地政府在招商引资等活动中，大都给投资者以各种税收优惠的待遇，从而最大限度地保障了投资者的利益。

这一战略在某些方面是成功的，其最大的成功之处在于从整体上扩大了中国经济增长的规模，保证了中国经济的快速增长并扩大了就业。但其缺点也是明显的，即各级政府往往过度保护了投资者，甚或帮助投资者一起压低受雇者（尤其是供给较为充裕的普通劳动者）的工资水平，从而使受雇者在劳资博弈中处于相对弱势的地位。地方政府对投资者的过度保护和压低受雇者工资两方面原因结合在一起，使得按生产要素贡献分配更多地表现为生产要素分配更多地向行业垄断企业和投资方倾斜。这使得按生产要素贡献分配原则表现为保护投资的原则，而宏观上，则是在国民经济统计中体现为劳动者报酬占比的下降。

按生产要素贡献分配原则和"先富论"以及"效率优先，兼顾公平"原则的结合，其影响就在于一正一反两个方面：一方面是鼓励加大投资以推动经济快速增长，另一方面则是收入差距的扩大。

需要说明的是,其实中国普通大众对于因为劳动和资产投资获得收益的差异大多能表示理解,但对非法非正常收入造成的差距十分痛恨。在这一时期,非法非正常收入开始出现并对于收入分配秩序产生了负面的影响。但这是权力不受控制从而参与收入分配带来的,而不是按生产要素分配带来的。

(四) 收入差距的扩大趋势

正如上一节谈到的,随着社会主义市场经济模式的确立,效率优先兼顾公平原则和按生产要素贡献分配原则和其他的多项经济体制改革一起,对于推动中国经济快速稳定增长起到了非常重要的作用,中国的经济增长速度比改革初期明显加快。在如何将蛋糕做大这方面,我们确实做得不错,但在如何将蛋糕分好这方面,两个原则的长期坚持,在带来经济快速增长的同时,在收入分配方面则产生了一定的负面效果。

宏观分配格局和居民收入分配都出现了一定的问题。宏观分配格局方面,受到"两个低于"原则的影响,劳动报酬占GDP比重出现了快速的下降趋势,迅速从20世纪90年代初期所担心的"工资侵蚀利润",转变为劳动报酬和居民收入多年低于GDP增长,从而造成劳动者报酬和居民收入占GDP比重迅速下降的事实(见图12—1)。

与此同时,伴随着沿海梯度开放战略的实施,沿海与内地之间的地区收入差距开始扩大,行业间收入差距扩大,城乡之间和城乡内部收入差距扩大,所有这些现象集合在一起,显现为全国居民收入差距的迅速扩大(图12—2至图12—5)。

不过好在经济增长足够强劲,所以尽管分配状况在恶化,但增长效应明显超过了分配效应,再加上强大的政府动员能力和对贫困人群的足够关注,我国农村居民的贫困发生率又进一步下降了(图12—6)。

420 | 中国智慧

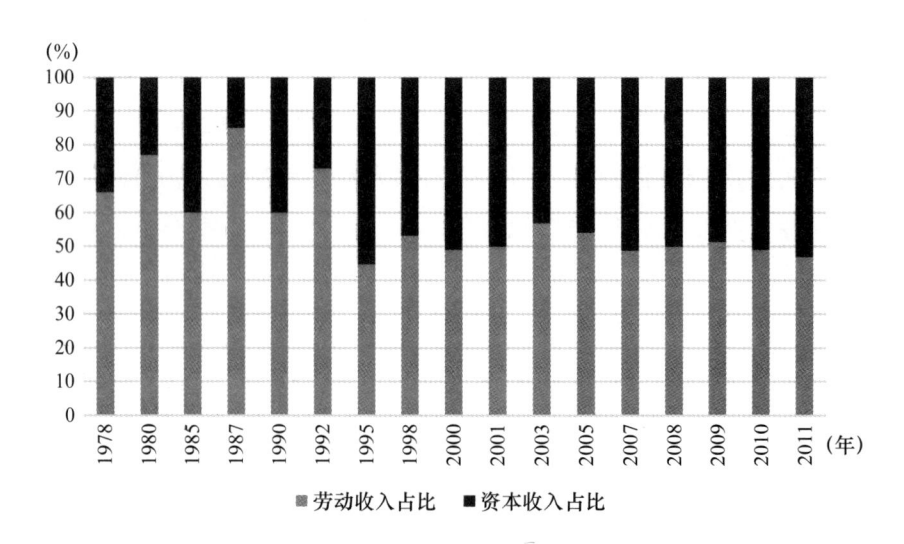

图12—1 雇员部门劳动收入和资本收入占GDP（扣除生产税净额）的比重

资料来源：张车伟和赵文（2015）。

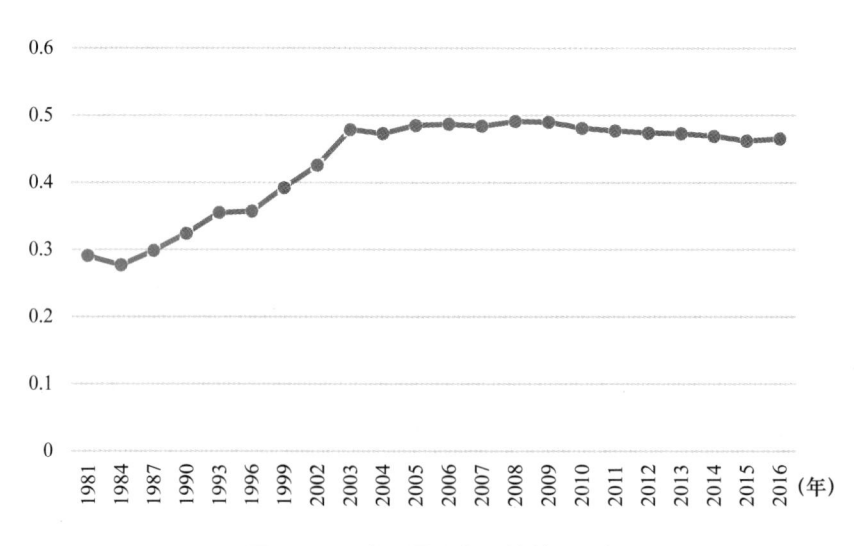

图12—2 全国居民收入的基尼系数

资料来源：2003年以前的数据来自世界银行2016年WDI，2003年及以后的数据来自国家统计局。

图 12—3 城乡居民人均收入比

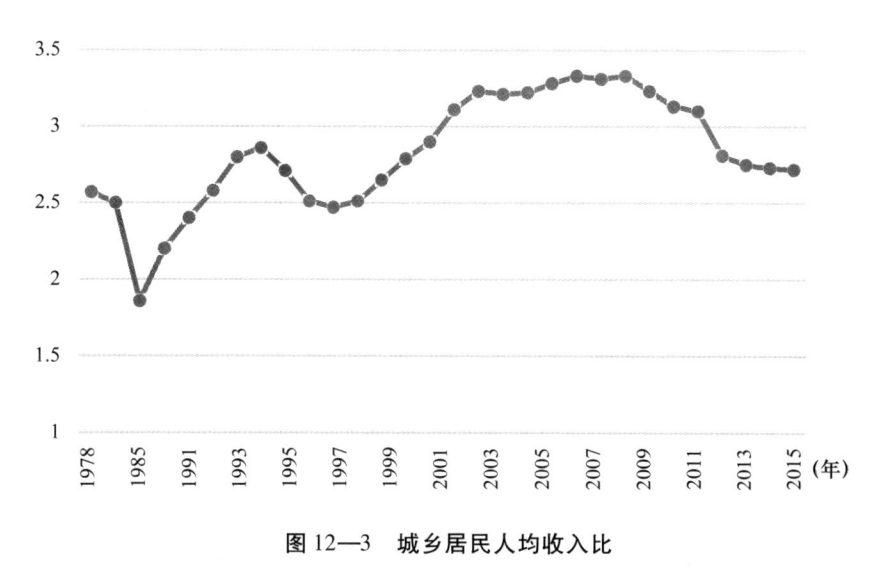

资料来源：2013 年以前的数据中，城镇居民人均收入为人均可支配收入，农村居民为人均纯收入，2013 年及以后，城乡居民人均收入均为人均可支配收入。数据来源于国家统计局。

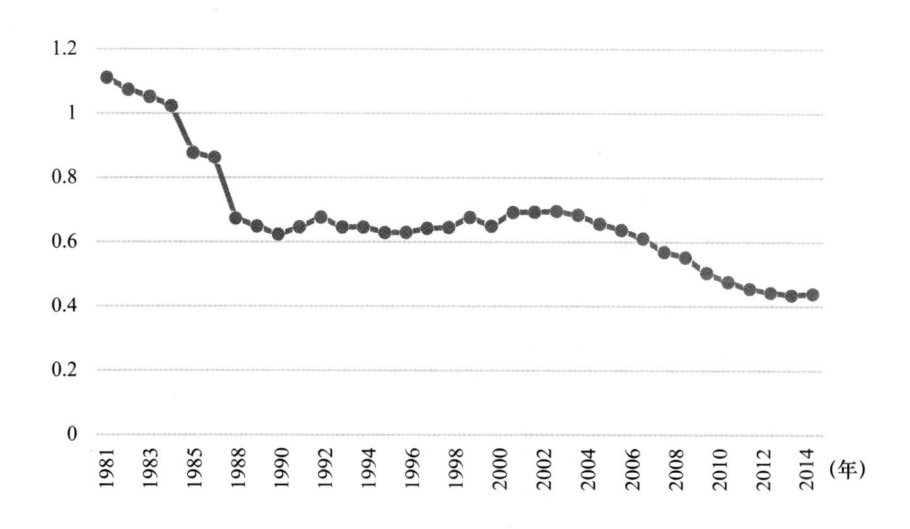

图 12—4 分省人均 GDP 的变异系数

资料来源：通过历年《中国统计年鉴》计算得到。

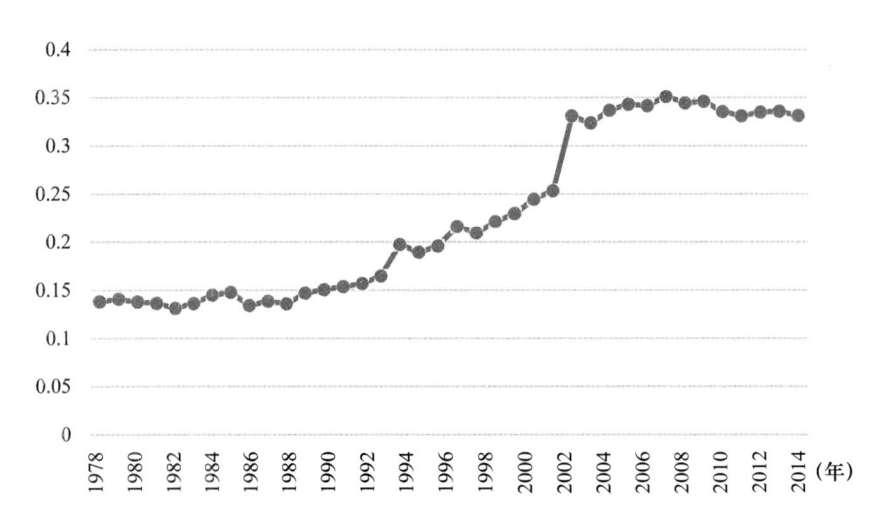

图 12—5　分行业职工平均工资的变异系数

资料来源：1992 年及以前年份的分行业职工平均工资数据来自 1993 年《中国统计年鉴》，1993—2002 年分行业职工平均工资数据来自 2003 年《中国统计年鉴》，2003 年及以后年份的职工平均工资为城镇就业单位人员行业平均工资，数据来自 2016 年《中国统计年鉴》。

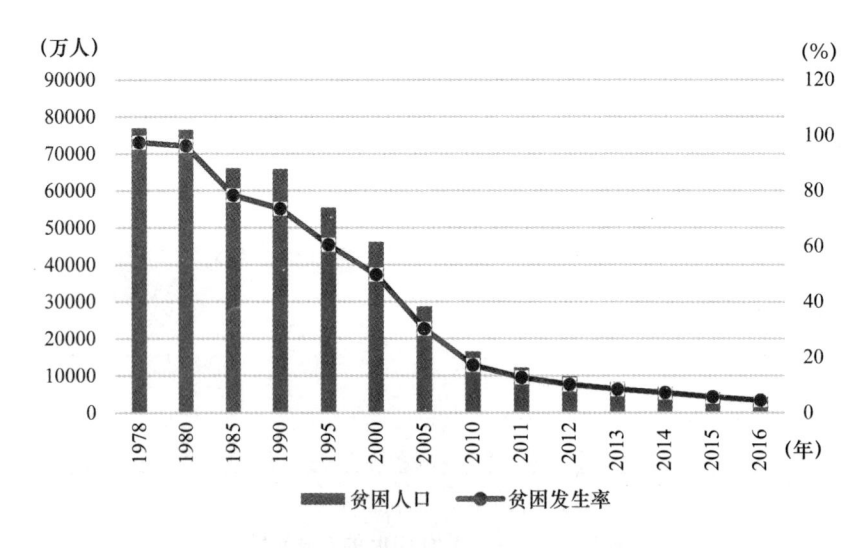

图 12—6　农村贫困人口规模和贫困发生率

资料来源：2017 年《中国住户调查年鉴》。

三　增长与公平并重（2002—2011 年）

（一）从注重效率转向增长和公平并重

改革前期的收入分配改革，无论是克服平均主义、重新实行按劳分配，还是效率优先、兼顾公平以及实行按劳分配和按生产要素分配相结合的多元化分配方式，均是出于为促进经济稳定快速增长提供合理的激励机制这一目的，因而对经济增长的追求优先于对社会公平诉求，效率先于公平。然而，在这种经济增长优先于社会公平的分配思想指导下，我国的收入分配出现了一些不利于收入均等化的变动。在经济快速增长的前提下，微观层面上，无论是城乡之间居民收入差距还是城镇和农村内部居民收入差距都呈现出扩大的趋势；宏观层面上则出现了劳动者报酬占初次分配的比重以及居民部门收入占国内生产总值的比重双双下降的态势。即"蛋糕"做得越来越大，但分给居民和劳动的份额却相对较少，而在居民部门内部，也存在分配越发不均的情况。收入差距的快速扩大对公平正义价值观形成了挑战，收入分配改革也开始向社会公平倾斜，逐渐形成社会公平和经济增长并重的收入分配指导思想。

21世纪初召开的党的十六大尽管一定程度上依旧延续着这样的收入分配指导方针："放手让一切劳动、知识、技术、管理和资本的活力竞相迸发，让一切创造财富的源泉充分涌流。确立劳动、资本、技术和管理等生产要素按贡献参与分配的原则，完善按劳分配为主体、多种分配方式并存的分配制度。既要反对平均主义，又要防止收入悬殊。"但在具体方面还是有了一些改变，如提出了"初次分配注重效率，发挥市场的作用，鼓励一部分人通过诚实劳动、合法经营先富起来。再分配注重公平，加强政府对收入分配的调节职能，调节差距过大的收入。以共同富裕为目标，扩大中等收入者比重，提高低收入者收入水平"。这是在对效率优先兼顾公平的原则进行必要的修订。初次分配注重效率,再分配注重公平,实际上在一定程度上重新界定了公平与效率的边界,初次分配和再分配各司其职,将公平与效率放在了同等重要的位置上。

党的十六大的这一改变和"和谐社会"理念的提出在一定程度上改变了"效率优先,兼顾公平"的原则。2002—2005 年,开始有一些理论文章探讨社会公平正义,讨论效率和公平并重等问题[1]。当然,当时争鸣也依然存在,有些理论研究者仍然坚持"效率优先,兼顾公平"是社会主义市场经济的原则,所以不能变[2]。最终,由于客观存在对收入分配的指导思想进行调整的要求,效率与公平并重的观点被中央采纳。《中共中央关于制定"十一五"规划的建议》提出收入分配体制改革的总体思路:完善按劳分配为主体、多种分配方式并存的分配制度,坚持各种生产要素按贡献参与分配。在经济发展的基础上,特别提出"要更加注重社会公平,使全体人民共享改革发展成果"。随后,党的十七大报告则把对社会公平的关注进一步提高,并对收入分配的指导方针进行了进一步的修订。党的十七大报告明确提出:"初次分配和再分配都要处理好效率和公平的关系,再分配更加注重公平",从而彻底改变了"效率优先兼顾公平"的指导方针,为收入分配领域的发展方向给出了新的界定。

在缩小收入差距方面,除了常规的扶贫攻坚以及税收和社会保障等再分配政策以外,党的十六大提出"以共同富裕为目标,扩大中等收入者比重,提高低收入者收入水平。"十六届五中全会提出

---

[1] 刘国光:《向实行"效率与公平并重"的分配原则过渡》,《中国特色社会主义研究》2003 年第 5 期;范恒山:《现阶段社会保障体制改革的政策取向》,《中国党政干部论坛》2004 年第 7 期;中国社会科学院课题组:《努力构建社会主义和谐社会》,《中国社会科学》2005 年第 3 期。

[2] 杨尧忠:《转型与发展对收入分配的必然要求:效率优先兼顾公平——兼议范恒山"效率与公平并重"的主张》,《长江大学学报》(社会科学版)2005 年第 1 期。

"着力提高低收入者收入水平，逐步扩大中等收入者比重，有效调节过高收入，规范个人收入分配秩序，努力缓解地区之间和部门社会成员收入分配差距的扩大趋势。"党的十七大则提出"保护合法收入，调节过高收入，取缔非法收入。扩大转移支付，强化税收调节，打破经营垄断，创造机会公平，整顿分配秩序，逐步扭转收入分配差距扩大趋势。"这实际上是中央对收入差距过大带来的收入分配结构不合理问题的政策回应。此后，提高低收入者收入、扩大中等收入者比重、调节过高收入以形成合理的收入分配格局，成为缩小收入差距的直接目标。

（二）缩小收入分配差距的政策调整

自党的十六大以来，党和政府对收入分配问题非常重视，为构建和谐社会，提出了"五统筹"的指导方针，并基于公共服务均等化理念，制定了一系列保护弱势群体、缩小收入差距的政策措施。由于以平衡发展和关注民生为出发点，其中不乏和收入分配相关的政策。而这些政策调整最终对收入分配产生了影响。

1. 区域平衡发展与西部大开发战略

在这一时期，率先推出的是旨在推进区域平衡发展的西部大开发战略，对于缩小区域收入差距起到了较为明显的作用。2000年1月，国务院成立了西部地区开发领导小组，研究加快西部地区发展的基本思路和战略任务，部署实施西部大开发的重点工作。2000年10月，中共十五届五中全会通过的《中共中央关于制定国民经济和社会发展第十个五年计划的建议》，提出实施西部大开发战略。

2. 侧重民生的策略调整：社保、低保、扶贫

（1）以提高低收入者收入为目标的制度和发展战略。这方面的制度和政策措施包括：覆盖城乡的最低生活保障制度、失业保险制度、最低工资标准制度、临时救助、特困人员救助供养等制度、重

特大疾病医疗救助制度、困难残疾人生活补贴和重度残疾人护理补贴制度以及精准扶贫脱贫战略。这些制度建设和政策措施的标准也在不断提高，这对于提低起到了重要作用。上述制度和政策虽然没能对缩小收入差距做出显著的贡献，但其对于保持社会稳定、防止社会动荡起到了至关重要的作用。

（2）各种惠农政策。如减免农业税、取消烟叶以外的农业特产税，对种粮农民实行直接补贴，对部分地区农民实行良种补贴和农机具购置补贴等。义务教育阶段农村中小学生全部免除学杂费也在一定程度上对农民收入的实际增长起到了保障性作用。这些政策对于缩小城乡差距，促进城乡协调可持续发展起到了重要的作用。

（3）公共服务均等化。这方面的制度和政策包括：覆盖城乡的社会医疗救助制度、整合城乡的居民基本医保制度、农村和城镇居民养老保险制度、财政的转移支付、实施西部大开发等面向中西部的区域发展战略。

（4）调节高收入者收入。这方面的措施主要是在近些年推出的，在党的十八大以后进一步细化并推进了落实。这方面的主要政策文件如2009年推出的《关于进一步规范中央企业负责人薪酬管理的指导意见》。上述政策措施已经或者正在对缩小收入差距发挥作用。

（三）公平与效率并重下的收入分配变动趋势

在公平与效率并重的指导思想下，收入分配差距迅速扩大的趋势得到了一定程度的抑制。从全国居民收入差距情况来看。国家统计局近几年连续公布了全国居民收入的基尼系数（见图12—2），自1980年以来直到2009年中国居民收入差距总体呈较为快速的上升趋势，但从2010年开始，全国居民收入的基尼系数开始出现小幅而稳定的下降。

对于2009年以后收入差距是否缩小，目前研究者之间还存在不同的认识。即便认可国家统计局基尼系数估计的学者中，对于这几年基尼系数缩小究竟是暂时性的，还是趋势性的，也仍存在一定的争论。但大体而言，中国全国居民收入差距在近几年没有出现之前的持续较快的扩大趋势基本上应该说是符合事实的。

我们知道，由于存在显著的城乡二元结构，中国居民收入分配的基尼系数中很大一部分是由城乡差距解释的，城乡之间的收入差距曾经解释了全部差距的约60%。在2002年以后，城乡居民收入差距呈现先扩大再缩小的态势。城乡居民收入差距在2009年达到峰值，相应地我们会看到2009年全国基尼系数也达到峰值。因为城乡差距占比较高，且近几年呈现城乡差距缩小较明显，2014年年底城乡居民收入差距仅比1994年的当时峰值略高，因而造就了全国收入差距保持稳定乃至降低的态势（见图12—3）。

地区之间的收入差距是考察组间差距的另外一个常用指标。从图12—4中可以看到，我国地区之间的收入差距在最近十年基本上处于下降趋势，与此前先下降、再上升的过程不一样。2002年开始的西部大开发战略的实施是对20世纪90年代沿海开发战略的一个修正和补充，从此以后，西部地区的经济增长速度逐渐提升，因而区域间收入差距自2004年开始缩小，这一趋势一直延续至今。

地区间收入差距缩小的趋势和国家这一时期的区域发展战略有密切的关系，除西部大开发战略外，还有东北老工业基地振兴计划、中部崛起等区域发展的战略规划，加上提高地区间财政转移支付比例等政策措施的落实，这些战略规划和政策措施对于地区之间收入差距的缩小起到了相当重要的作用。

行业差距是收入分配领域目前依然存在的一个突出问题。计划经济时代乃至改革初期的20世纪80年代，行业之间的收入差距较小，但自20世纪90年代以来，我国行业之间工资差距不断扩大。这种行业工资差距的扩大与垄断行业工资增长速度过快有相当重要的关系。垄断行业与竞争性行业在20世纪90年代初期人均工资比率均在1.1∶1以内，20世纪90年代中后期则逐步扩大到1.1—1.3∶1的幅度范围内，21世纪以来，这一比率超过了1.3∶1。种种证据说明自20世纪90年代以来我国的行业收入出现了向垄断性行业倾斜的情况，并因而造成行业差距的逐步扩大。

关于垄断行业和竞争性行业工资差别问题的研究发现，垄断行业工资高于竞争性行业，而且差距在不断扩大。垄断行业的高工资往往还伴随着高福利，其福利部分对收入差距的影响总体超过工资的影响，从而进一步加剧了垄断行业与竞争性行业的收入差距。

四　新时代与共享发展（2012年至今）

在经济快速增长的条件下，相对收入不平等的恶化可能伴随着绝对收入的增加，这种收入差距的扩大相对而言是可以接受的，因为这可能是一个帕累托改进。然而，随着经济增速放缓以及人们对收入差距的感知强度增加，社会对收入不平等的容忍度可能会降低，进而对社会公平提出更高的要求。2012年以来，中国的GDP增长率降至8%以下，而收入差距自2008年到达0.491的高位后缩小的趋势不够明显，与此同时，农村仍然存在规模庞大的贫困人口的事实也对共同富裕提出了挑战。这些因素加剧了解决分配不公和实现共同富裕问题的紧迫性。

全面建成小康社会时间的临近也要求收入分配原则向共享发展和共同富裕转变。共同富裕是社会主义的本质特征和最终目标，也是社会主义优越性的体现。为了实现共同富裕，邓小平开创性地提出先富带动后富，最终实现共同富裕的构想，这就意味着收入差距扩大是一个必经的阶段。邓小平提出解决贫富差距和两极分化问题的时间表："可以设想，在本世纪末达到小康水平的时候，就要突出地提出和解决这个问题。"① 即小康社会是解决收入差距问题、从先富迈向共同富裕的一个时间节点。有研究指出，党的十六大提出的"在本世纪头二十年，集中力量，全面建设惠及十几亿人口的更高水平的小康社会"意味着从"先富论"向"共同富裕论"发展思路的转变，其中共享发展成果是共同富裕的核心之一②。发展成果由人民共享、走共同富裕道路也成为党的十六大以来提出的以人为本的科学发展观的重要内容。因此，面对收入差距较大的现实和党的十八大确立的"到2020年实现全面建成小康社会宏伟目标"，解决收入分配不公、共享发展和共同富裕就自然成为党的十八大以来收入分配政策的指导思想。

党的十八大以来，党中央更加强调注重公平的分配理念，并重申了中国共产党一直以来的社会公平追求。党的十八大在党的十七大的基础上进一步明确了公平与效率的关系："初次分配和再分配都要兼顾效率和公平，再分配更加注重公平。"体现了公平在收入分配中的重要性。十八届三中全会也将实现社会公平正义作为改革关键点，习近平还在《切实把思想统一到党的十八届三中全会精神上来》③中指出："'蛋糕'不断做大了，同时还要把'蛋糕'分好"，以促进社会公平正义。与此同时，习近平还将共享发展上升为国家发展理念，并指出"共享发展注重的是解决社会公平正义问题"④。此外，党的十八大还明确了共同富裕在收入分配中的指导意义："共同富裕是中国特色社会主义的根本原则。要坚持社会主义基本经济制度和分配制度，调整国民收入分配格局，加大再分配调节力度，

---

① 《邓小平文选》第3卷，人民出版社1993年版，第379页。
② 胡鞍钢：《各地区如何全面建设小康社会》，中央文献出版社2002年版。
③ 习近平：《切实把思想统一到党的十八届三中全会精神上来》，《求是》2014年第1期。
④ 习近平：《中共十八届五中全会第二次全体会议上的讲话（节选）》，《求是》2016年第1期。

着力解决收入分配差距较大问题,使发展成果更多更公平惠及全体人民,朝着共同富裕方向稳步前进。"党的十九大提出新时代中国的主要矛盾,是人民日益增长的美好生活需要和不平衡不充分的发展之间的矛盾,更凸显了共享发展在新时代经济社会发展中的重要地位。在具体政策上,实行扶贫攻坚工程,将消除贫困人口与全面建成小康社会联系在一起,是这一时期收入分配改革的重点。

(一)以人民为中心是新时期收入分配的指导思想

以人民为中心是新时代改革和发展的主线,也是新时代收入分配理论和实践向前推进的主线。2015年十八届五中全会首次明确提出了"以人民为中心"的发展思想,并把"共享"作为五大发展理念之一。2015年11月23日十八届中央政治局集体学习时,习近平指出:"坚持以人民为中心的发展思想。发展为了人民,这是马克思主义政治经济学的根本立场。"① 党的十九大进一步强调了以人民为中心的发展思想。在十九届一中全会后的记者见面会上,习近平特别提出:人民对美好生活的向往,就是我们的奋斗目标。

贯彻以人民为中心的发展思想,新时代收入分配理论发展具有两个鲜明底色。一是更加注重社会公平正义,强调在不断做大"蛋糕"的同时,把"蛋糕"分好。二是更加强调迈向共同富裕。通过一系列政策措施调整收入分配格局,通过完善以税收、社会保障、转移支付为主要手段的再分配调节机制,缓解收入差距问题,使发展成果更多更公平惠及全体人民。

(二)共享发展是社会主义的本质要求

党的十八大以来,全国居民收入分配差距有所缩小,但发展不

---

① 《习近平关于社会主义经济建设论述摘编》,中央文献出版社2017年版,第30页。

平衡的问题依然存在。党的十九大提出新时代中国的主要矛盾,是人民日益增长的美好生活需要和不平衡不充分的发展之间的矛盾,更凸显了共享发展在新时代经济社会发展中的重要地位。

在实现共享发展和共同富裕的过程里,必须要强调以经济建设为基础,通过培育和壮大中等收入群体,最终形成橄榄型分配格局。

中等收入群体具有明显的经济特征,他们拥有较为宽裕的收入,可以自由地用于耐用消费品、高质量教育和医疗、住房、度假和其他休闲活动等支出。我国已经迈入中等偏上收入国家行列,中等收入群体成长对于我国经济社会持续健康发展具有重要意义。根据国际经验,"繁荣的中产阶层是促进消费需求、维持经济增长和摆脱中等收入陷阱的必要条件"[1]。一些中等收入国家迟迟没有成功地跨越中等收入陷阱,一个重要原因可能就是没有培育出一个中等收入群体。因为"如果没有这样的群体,就很难创造支撑增长所需要的巨大的消费市场、对教育的投资、制度化的储蓄和社会动员力"[2]。例如,韩国1986年的人均收入与巴西1979年的水平相当,韩国成功跨越中等收入陷阱而巴西没有,部分原因是韩国培育了一个庞大的中产阶层,当时已占到总人口的55%,是巴西的2倍。

2010年10月,《中共中央关于制定国民经济和社会发展第十二个五年规划的建议》提出了"中等收入群体"的概念,十八届三中全会《决定》明确提出:增加低收入者收入,扩大中等收入者比重,努力缩小城乡、区域、行业收入分配差距,逐步形成橄榄型收入分配格局。十八届五中全会把"扩大中等收入群体"作为全面建成小康社会的重要内容,"扩大中等收入者比例"纳入了"十三五"规划纲要。党的十九大报告对于扩大中等收入群体提出了更长远的目标:

---

[1] 林重庚、[美]迈克尔·斯宾塞编著:《中国经济中长期发展和转型:国际视角的思考与建议》,中信出版社2011年版,第40页。

[2] 同上书,第42页。

从2020—2035年，在全面建成小康社会的基础上，使中等收入群体比例明显提高，基本实现社会主义现代化。

党的十八大以来，我国中等收入群体增长速度较快。习近平总书记在2015年西雅图中美企业家投资座谈会上表示，中国的中等收入人群接近3亿人，未来十年内还将翻番。有学者估算，2012年我国中等收入群体占总人口的比重为38.1%，2014年提高到47.6%。但与高收入国家相比，中国中等收入群体规模偏小。美国中产阶层2.3亿人，占全国人口的3/4，韩国、日本、欧盟国家超过全部人口的90%。因此，中国中等收入群体还有很大的成长空间。新时代需要加速中等收入群体的成长，以尽快形成橄榄型收入分配格局。

然而，我们也需要注意到，共享发展是一个渐进的过程，收入差距较大、分配结构不合理的问题有经济发展的原因，需要通过发展来解决，也可能是不合理的法律、制度和政策导致的，这些问题的解决则需要寻求制度变革的途径。

（三）实现共享发展的具体举措

1. 精准扶贫，全面建成小康社会

"十三五"时期是全面建成小康社会的决胜阶段，共享发展是全面小康的必然要求，这意味着阻碍共享发展目标实现的一些突出问题的解决随着全面建成小康社会时间节点的临近而具有紧迫性，其中在收入分配领域，贫困问题是全面小康社会的短板，必须在"十三五"时期予以解决。

改革开放以来，我国经济高速增长使许多人摆脱了贫困。据中国社会科学院和国务院扶贫办联合发布的《中国扶贫开发报告2016》，1981—2012年，中国贫困人口减少了7.9亿，占全球减贫人口的71.82%。党的十八大报告进一步提出到2020年全面建成小康社会的目标。全面建成小康社会，关键是使贫困人口尽快脱贫。习近平总书记一直关注消除贫困问题，2013年11月3日在湖南湘西土家族苗族自治州十八洞村考察扶贫开发时，首次提出"精准扶贫"理念。2015年11月中央扶贫开发工作会议在北京召开，习近平总书记指出："到2020年实现'两不愁、三保障'。……同时，实现贫困地区农民人均可支配收入增长幅度高于全国平均水平，基本公共服务主要领域指标接近全国平均水平。"[①] 至此，中国扶贫开发工作进入脱贫攻坚新阶段。

2012年，我国贫困人口为9899万人，到2014年，贫困人口为7017万人，到2020年，确保现行标准下农村贫困人口实现脱贫、贫困县全部摘帽、解决区域性整体贫困。党的十八大以来，我国减贫成效非常明显。2012—2017年，贫困人口共减少6853万人，平均每年减少1370.6万人，贫困发生率由10.2%降低到3.1%。2017年，井冈山、兰考县等28个贫困县已率先脱贫，实现贫困县数量历史上首次减少。

2. 限高迈出实质性一步

以往的收入分配政策大多从"提低"这样的兜底性思维出发，而我国收入分配的问题在近年突出地表现为高收入阶层收入增长过快。所以，近年来对高收入阶层收入的调节政策陆续出台。党的十八大之后，在2014年推出了《中央管理企业负责人薪酬制度改革方案》以及主要面向高收入群体的个人所得税自行纳税申报制度，都是调节高收入阶层收入的具体政策措施。其中，针对大型国有垄断企业的限薪令预计会对减缓行业收入差距起到一定的作用，而个人所得税申报制度对于增加个人所得税税源和控制居民收入差距会起到一定的作用，但上述政策的效果预计有一个滞后期。

此外，在区域平衡发展方面，"一带一路"倡议的进行是值得关

---

① 《习近平关于社会主义经济建设论述摘编》，中央文献出版社2017年版，第214页。

注的，它对于中西部的经济发展会有进一步的带动作用，从而有利于缩小区域发展的差距，进而对实现共享发展起到积极的推动作用。

五　对改革开放以来收入分配领域经验和教训的总结

经过40年的改革开放，中国社会主要矛盾已经转化为人民日益增长的美好生活需要和不平衡不充分发展之间的矛盾，经济发展已开始由高速增长转向高质量发展阶段，我们追求的将是更高质量、更有效率、更加公平、更可持续的发展。根据党的十九大的战略安排，在2020年全面建成小康社会的基础上，2035年基本实现社会主义现代化，到那时，人民生活更加富裕，中等收入群体比例明显提高，城乡区域发展差距和居民生活水平差距显著缩小，基本公共服务均等化基本实现，全体人民共同富裕迈出坚实步伐。到2050年，建成富强民主文明和谐美丽的社会主义现代化强国，全体人民共同富裕基本实现，人民将享有更加幸福安康的生活。改革开放40年的实践证明，以按劳分配为主体、多种分配方式并存的基本分配制度是行之有效的，促进了居民收入的快速增长和社会财富的快速积累。但公平问题始终是执政党重要理念的一部分，在不同的发展阶段体现为不同的特征，是一个在发展的动态过程中探索效率与公平统一的总体战略。以下我们分时段从公平与效率的关系视角对收入分配的状况进行总结。

（一）在改革初期强调收入差异化，强调效率是必经之路，同时也兼顾了社会公平

改革开放初期，为了克服平均主义，激发人们的生产热情，从理论到实践都需要强调"效率"的作用，效率的优先地位被逐渐确立下来,并为社会所广泛接受。在中国经济体制改革开始阶段,中国不仅居民收入水平很低,贫困发生率很高,而且作为一个经济体经济总量的国内生产总值也很低。在这一时期,如果过分强调均等而忽视效率,将会走回计划经济的老路,进而因效率的损失而很难维持均等。另外,均等并不必然等于公平。在计划经济时代,职工工资收入差距是比较小的,但这并不意味着公平。相反,由于平均主义大锅饭,干多干少一个样,劳动者的生产积极性无法调动。这种收入分配的均等实际上却是对积极努力工作的劳动者的不公平。所以,收入是均等的,却是不公平的。而收入差异化,是对按劳分配的有效回归,也是公平原则的体现。故而这个时期看起来收入变得不均等,但反而是比较公平的。在以按劳分配原则的指导下,这一时期的效率也大幅度提高,经济增长速度也加快了。

(二)在建立和完善社会主义市场经济模式的过程中,相对偏重效率,但以兜底思维出发关注脆弱人群

1993年十四届三中全会在提出中国经济体制改革目标是社会主义市场经济的同时,首次提出"效率优先,兼顾公平"的原则,党的十五大重申了这一原则。1997年党的十五大首次提出:"把按劳分配和按生产要素分配结合起来",首次明确了按劳分配和按生产要素分配结合的分配原则。这两项收入分配的原则是马克思主义政治经济学中国化的重要进展,也符合当时中国经济发展的实际情况,从而造就了更高的经济增长率。但也应该看到,由于相对强调效率,在这一时期收入差距全方位地扩大了。

保证基本的公平和兜底思维是这一阶段收入分配调节的重要思想。兜底思维表现在对贫困人口的高度重视。在经济增长导致迅速减贫的阶段过去以后,中央将农村扶贫工作纳入议事日程,成立扶贫办并着手进行开发式扶贫。1993年提出"八七扶贫攻坚计划",

大幅度降低了中国农村的贫困发生率。在国有企业向现代企业转型的过程中，推出了针对城镇职工的新型社会保障制度，一定程度上缓解了因下岗失业带来的社会压力。

（三）增长与公平并重是公平与效率统一的再平衡

党的十六大之后，随着收入差距的日益扩大，注重公平、促进共同富裕等提法越来越多地出现在党和政府的决定、政策文件中。从2004年十六届四中全会开始，就不再提"效率优先、兼顾公平"。党的十七大将原来的"初次分配注重效率，再分配注重公平"改为"初次分配和再分配都要处理好效率与公平的关系，再分配更加注重公平"，把公平与效率的关系置于生产与分配的全过程来考量。配合"和谐社会"理论和"五统筹"等指导思想，这一时期的增长与公平并重思想是对公平与效率统一关系的重新平衡。

这一时期，党和政府对低收入群体实行的有关制度措施比较得当。如一系列扶助农业的政策措施，覆盖城乡的低保制度，覆盖城乡的居民养老保险制度和医疗救助制度，不断提高的最低工资标准等。这些制度建设和政策措施对于缓解社会不满情绪有一定的正向作用。所以，尽管收入差距在21世纪初的前几年间仍在扩大，广大人民群众对此颇为不满，收入分配也成为社会极为关注的热点问题，但毕竟没有大规模的社会骚乱出现。从这方面讲，增长与分配并重的出现是比较及时和有效的。

（四）共享发展是实现公平与效率统一的必由之路

党的十八大以来，对公平与效率的关系有了一系列新的认识，树立了"以人民为中心"的发展思想，在理论和实践上越发突出公平。强调以"权利公平、机会公平、规则公平"为基本准则，以"起点公平、过程公平、结果公平"为关键着力点，将公平内嵌于社会主义市场经济体制之中，奠定人民美好生活的坚实基础。

面对全面建成小康社会的奋斗目标，目前主要的着力点在于精准扶贫。这一不同以往的举措对于贫困的减少有着非常重要的意义。此外，为了缩小收入差距，中央开始从调节高收入者收入下手，加强了个人所得税的监管力度，同时对国企高管实行了限薪令。这些措施都意味着在效率与公平的关系上更加偏重社会公平的政策选择。

综观40年中国收入分配指导思想和政策措施的演变，我们的收入分配是一个动态的变化过程。这种动态变化体现为在不同时期，因主要任务的不同，在效率与公平关系问题上会有所侧重。尽管在相当一段时期收入差距不断扩大，但由于效率的大幅度提高，经济快速增长，即便最低收入阶层的收入也在提高，而收入差距扩大的原因主要在于高收入阶层的收入增长得更为迅猛。所以，尽管中低收入群体对收入差距扩大牢骚满腹，但毕竟他们中的绝大多数也从经济增长中获益，故而没有造成社会动荡。另一方面，中国由于有中国共产党的长期稳定的执政，能够兼顾短期和中长期发展规划，在无法保证静态条件下分好蛋糕的时候，能够选取重点人群保障基本权利，但当民粹主义情绪高涨的时候又能够从实际出发，尽力保障经济增长，从而能够在公平与效率之间做出正确的选择，进而在长期中保持了效率与公平的相对统一。

（魏　众）

参考文献

《按劳分配理论讨论会四次会议纪要汇编》，中国财政经济出版社1979年版。

蔡守秋：《从斯德哥尔摩到北京：四十年环境法历程回顾》，《可持续发展·环境保护·防灾减灾——2012年全国环境资源法学会（2012.6.22—25·成都）论文集》，2012年。

常纪文、焦一多：《环境法治四十年之演进》，载潘家华主编《中国的生态建设与环境保护1978—2018》，社会科学文献出版社2018年版。

巢宏、方华、婵谢华：《我国科技体制改革进程及政策演变研究》，《中国集体经济》2013年第24期。

陈德华：《社会主义实践不是否定了而是丰富了马克思主义关于按劳分配的理论》，《教学与研究》1990年第1期。

陈建辉：《科技体制改革的回顾与展望》，《中国经济网—经济日报》2013年11月6日。

陈钊、陆铭、[日]佐藤宏：《谁进入了高收入行业？——关系，户籍与生产率的作用》，《经济研究》2009年第10期。

陈宗胜：《经济发展中的收入分配》，上海三联书店1991年版。

程建华：《非劳动生产要素不能创造价值——兼与谷书堂和柳欣同志商榷》，《当代经济研究》1995年第3期。

程帅：《我国科技体制改革历程及评价》，《中国集体经济》2011年第30期。

戴园晨、黎汉明：《工资侵蚀利润——中国经济体制改革中的潜在危险》，《经济研究》1988年第6期。

邓小平：《邓小平文选》第二卷，人民出版社1994年版。

邓小平：《邓小平文选》第三卷，人民出版社1993年版。

狄文：《也谈物质利益原则的性质——和乌家培同志商榷》，《经济研究》1959年第12期。

董静纹、任成好、刘冰冰等：《中国世界遗产的保护与利用》，《科学导报》2016年第6期。

樊纲：《论改革过程》，《改革、开放与增长——中国经济论坛1990年学术论文集》，上海三联书店1991年版。

樊纲、张晓晶：《"福利赶超"与"增长陷阱"：拉美的教训》，《管理世界》2008年第9期。

范恒山：《现阶段社会保障体制改革的政策取向》，《中国党政干部论坛》2004年第7期。

范晓峰：《科技政策发展与科技法制建设—科技立法工作的回顾与思考》，知识产权出版社2006年版。

方新：《深化科技体制改革加快国家创新体系建设》，《科学学研究》2012年第10期。

方新、柳卸林：《我国科技体制改革的回顾及展望》，《求是》2004年第5期。

高吉喜、邹长新、杨兆平等：《划定生态红线保障生态安全》，《中国环境报》2012年10月18日第2版。

高培勇、蒋震：《新常态下的中国财政：若干趋势性变化》，《财政研究》2016年第6期。

葛秋萍：《中国科技体制改革与发展矛盾的深层思考》，《科学管理研究》2003 年第 6 期。

谷书堂：《对"按贡献分配"的再探讨》，《改革》1992 年第 5 期。

谷书堂、蔡继明：《按生产要素的贡献分配》，全国高校"纪念十一届三中全会十周年暨社会主义经济理论与实践研讨会"会议论文，1988 年 10 月 24 日。该文经修改后全文以《按贡献分配是社会主义初级阶段的分配原则》为题发表在《经济学家》1989 年第 2 期。

谷书堂、柳欣：《新劳动价值论一元论——与苏星同志商榷》，《中国社会科学》1993 年第 6 期。

国家统计局科技统计司：《中国科学技术四十年》，中国统计出版社 1990 年版。

侯学煜：《生态平衡与农业现代化》，农业出版社 1980 年版。

胡鞍钢：《各地区如何全面建设小康社会》，中央文献出版社 2002 年版。

胡鞍钢、任皓：《中国高技术产业如何赶超美国》，《中国科学院院刊》2016 年第 31 卷第 12 期。

胡和立：《1988 年我国租金价值的估算》，《经济社会体制比较》1989 年第 5 期。

黄黎：《"按劳分配"正名始末》，《北京日报》2008 年 10 月 13 日第 19 版。

纪岩青：《我国新增 11 个国家级海洋特别保护区》，《广西水产科技》2014 年第 2 期。

蒋明康、王智、秦卫华等：《我国自然保护区分级分区管理制度的优化》，《环境保护》2006 年第 11 期。

金碚：《以公平促进效率 以效率实现公平》，《经济研究》1986 年第 7 期。

金喜在、刘春林：《关于按资分配的讨论》，《经济研究》1987 年第

8 期。

科学技术部发展计划司：《科技统计公报》2007 年 9 月 11 日。

寇宗来：《中国科技体制改革 30 年》，《世界经济文汇》2008 年第 1 期。

李璟：《中国提前三年实现化肥用量零增长》，《长江商报》2018 年 7 月 30 日。

李林：《改革开放 30 年中国立法的主要经验》，《学习时报》2008 年 8 月 11 日。

李培林、朱迪：《努力形成橄榄型分配格局——基于 2006—2013 年中国社会状况调查数据的分析》，《中国社会科学》2015 年第 1 期。

李强、王昊：《中国社会分层结构的四个世界》，《社会科学战线》2014 年第 9 期。

李瑞环：《关于我国绿化的几个问题》，《人民日报》1999 年 6 月 26 日第 1 版。

李实、［加］史泰丽、［瑞典］古斯塔夫森主编：《中国居民收入分配研究Ⅲ》，北京师范大学出版社 2008 年版。

李正风：《关于深化我国科技体制改革的若干思考》，《清华大学学报》（哲学社会科学版）2000 年第 6 期。

廖添土、戴天放：《建国 60 年来我国科技体制改革的历史演变与启示》，《江西农业学报》2009 年第 9 期。

林毅夫：《关于制度变迁的经济学理论：诱致性变迁与强制性变迁》，载《财产权利与制度变迁》，上海三联书店 1991 年版。

林毅夫、蔡昉、李周：《中国的奇迹：发展战略与经济改革》，上海三联书店、上海人民出版社 1994 年版。

刘国光：《是"国富优先"转向"民富优先"还是"一部分人先富起来"转向"共同富裕"？》，《浙江社会科学》2011 年第 4 期。

刘国光：《向实行"效率与公平并重"的分配原则过渡》，《中国特色社会主义研究》2003 年第 5 期。

刘鹤：《两次全球大危机的比较研究》，中国经济出版社 2013 年版。

刘解龙：《社会主义市场经济分配方式探讨》，《江海学刊》1993 年第 3 期。

楼继伟：《深化财税体制改革》，人民出版社 2015 年版。

绿文：《我国湿地保有量将稳定在 8 亿亩》，《国土绿化》2016 年第 1 期。

罗伟：《中国科技体制改革可能需要换个思路》，《科学与社会》2012 年第 3 期。

马世：《环境保护与生态系统》，《环境保护》1978 年第 2 期。

潘家华：《负面冲击 正向效应——美国总统特朗普宣布退出〈巴黎协定〉的影响分析》，《中国科学院院刊》2017 年第 9 期。

潘家华：《绿色发展改变中国（人民观察）》，《人民日报》2018 年 7 月 29 日第 8 版。

潘家华：《气候变化经济学》，中国社会科学出版社 2018 年版。

潘家华：《中国的环境治理与生态建设》，中国社会科学出版社 2015 年版。

饶毅：《谈谈中国科技体制改革》，《科学博议》2013 年 5 月。

宋海龙：《中国科技体制改革三十年回顾与展望》，《中共郑州市委党校学报》2008 年第 4 期。

苏绍智、冯兰瑞：《驳姚文元按劳分配产生资产阶级的谬论》，《人民日报》1977 年 8 月 9 日。

苏星：《劳动价值论一元论》，《中国社会科学》1992 年第 6 期。

特约评论员：《贯彻执行按劳分配的社会主义原则》，《人民日报》1978 年 5 月 8 日。

万钢：《中国科技发展 60 年》，科学技术文献出版社 2009 年版。

万钢：《中国科技改革开放 30 年》，科学出版社 2008 年版。

王长仁：《关于我国科技体制改革的几个问题》，《宏观经济研究》2004 年第 4 期。

王春法：《主要发达国家国家创新体系的历史演变和发展趋势》，经济科学出版社 2003 年版。

王庆一：《2017 能源数据》，能源基金会，2017 年。

王瑞红：《森林公园已成生态旅游主力军》，《生态文化》2016 年第 4 期。

王天骄：《论技术转化成本与中国科技体制改革》，《生产力研究》2014 年第 2 期。

王维兴：《全国重点钢铁企业节水情况和节水思路》，中国高铁工业协会，2011 年 2 月。

王伟光：《走共同富裕之路是发展中国特色社会主义的战略选择》，《红旗文稿》2012 年第 2 期。

王小鲁：《灰色收入拉大居民收入差距》，《中国改革》2007 年第 7 期。

王小鲁：《灰色收入与国民收入分配》，《比较》2010 年第 3 期。

王元地、刘凤朝：《国家创新体系国际化实现模式与中国路径——基于中、德、日、韩的案例》，《科学学研究》2013 年第 1 期。

蔚东英：《国家公园管理体制的国别比较研究——以美国、加拿大、德国、英国、新西兰、南非、法国、俄罗斯、韩国、日本 10 个国家为例》，《南京林业大学学报》（人文社会科学版）2017 年第 3 期。

魏众、王琼：《按劳分配原则中国化的探索历程——经济思想史视角的分析》，《经济研究》2016 年第 1 期。

奚洁人编：《科学发展观百科辞典》，上海辞书出版社 2007 年版。

习近平：《切实把思想统一到党的十八届三中全会精神上来》，《求是》2014 年第 1 期。

习近平：《中共十八届五中全会第二次全体会议上的讲话（节选）》，《求是》2016 年第 1 期。

夏军、左其亭：《中国水资源利用与保护（1978—2018）》，《城市与环境研究》2018 年第 2 期。

杨超：《中国的森林公园》，《森林与人类》2014 年第 1 期。

杨尧忠：《转型与发展对收入分配的必然要求：效率优先兼顾公平——兼议范恒山"效率与公平并重"的主张》，《长江大学学报》（社会科学版）2005 年第 1 期。

余陶生：《三位一体公式与按生产要素分配》，《武汉大学学报》（哲学社会科学版）1994 年第 5 期。

岳希明、李实：《真假基尼系数》，《南风窗》2013 年第 5 期。

岳希明、李实、史泰丽：《垄断行业高收入问题探讨》，《中国社会科学》2010 年第 3 期。

云涛：《我国科技体制改革的阶段成效与深化改革的对策建议》，《科学管理研究》2009 年第 4 期。

张车伟、赵文：《中国劳动报酬份额问题——基于雇员经济与自雇经济的测算与分析》，《中国社会科学》2015 年第 12 期。

张佳文：《我国科技体制改革的回顾与进展》，《国土资源科技管理》2002 年第 2 期。

张景安：《建设我国国家创新体系总体框架的思考》，《中国软科学》2003 年第 7 期。

张俊芳、雷家骕：《国家创新体系研究：理论与政策并行》，《科研管理》2009 年第 4 期。

张敏容：《中国科技体制改革的路径选择》，《北京理工大学学报》（社会科学版）2007 年第 6 期。

张晓山、李周主编：《新中国农村 60 年的发展与变迁》，人民出版社

2009年版。

张晓山、李周主编：《中国农村改革30年研究》，经济管理出版社2008年版。

张卓元等：《新中国经济学史纲（1949—2011）》，中国社会科学出版社2012年版。

赵人伟：《劳动者个人收入分配的若干变化趋势》，《经济研究》1985年第3期。

赵人伟、［美］基斯·格里芬主编：《中国居民收入分配研究》，中国社会科学出版社1994年版。

赵人伟、李实：《中国居民收入差距的扩大及其原因》，《经济研究》1997年第9期。

赵人伟、李实、［美］卡尔·李思勤主编：《中国居民收入分配再研究》，中国财政经济出版社1999年版。

中共科学技术部党组：《党的十八大以来我国科技创新的主要进展与成就》，《求是》2017年第11期，http://www.rmlt.com.cn/2017/0602/476934.shtml。

中共中央：《中共中央关于制定"十一五"规划的建议》，http://news.xinhuanet.com/politics/2005-10/18/content_3640318.htm。

《中国高技术产业迈入"黄金时代"》，http://www.gov.cn/xinwen/2017-03/02/content_5172385.htm。

《中国法律年鉴》编辑部：《中国法律年鉴（1989）》，法律出版社1990年版。

《中国科技发展研究报告》研究组：《中国科技发展研究报告（2000）——科技全球化及中国面临的挑战》，社会科学文献出版社2000年版。

《中国科学院发展史（预印本）》，《中国科学院》1989年第94期。

中国社会科学院课题组：《努力构建社会主义和谐社会》，《中国社会科学》2005 年第 3 期。

周其仁：《市场里的企业：一个人力资本与非人力资本的特别合约》，《经济研究》1996 年第 6 期。

周为民、卢中原：《效率优先、兼顾公平——通向繁荣的权衡》，《经济研究》1986 年第 2 期。

朱玲、蒋中一：《以工代赈与缓解贫困》，上海三联书店、上海人民出版社 1994 年版。

朱玲等：《包容性发展与社会公平政策的选择》，经济管理出版社 2013 年版。

［美］D. 诺思、罗伯特、［美］托马斯：《西方世界的兴起》，华夏出版社 1989 年版。

［美］罗纳德·科斯：《企业、市场与法律》，盛洪、陈郁等译校，上海三联书店 1990 年版。

后　　记

2018年标志着中国改革开放已经进入不惑之年。这四十年的历程及其创造的奇迹和取得的成就，拓展了发展中国家走向现代化的途径，给世界上那些既希望加快发展又希望保持自身独立性的国家和民族提供了全新选择，为解决人类问题贡献了中国智慧和中国方案。作为理论工作者，这是一个良好的时机，对改革开放发展的经验进行回顾和总结，把中国故事提炼为中国智慧。

过去几年，我一直在"四个一批"资助课题《中国长期经济发展理论与经验》这一框架下，从事这项研究工作，时有学术性论文和专著问世。我在中国社会科学院人口与劳动经济研究所的同事都阳、王美艳、陆旸和贾朋，都参与了课题相关的研究。为了在更广泛的领域深入研究，实现本课题预期的设想，本书约请了中国社会科学院相关研究所的同事撰写各章，希望能够在提炼经验、提升理论、提出方案方面做出理论工作者的贡献。

本书分工如下：

绪　论　蔡　昉

第一章　改革路径：基层探索与顶层设计　张晓晶

第二章　对外开放：从参与者到引领者　张宇燕　冯维江

第三章　宏观经济：坚持稳中求进统领　姚枝仲

第四章　区域发展：梯度推进到协调发展　魏后凯

第五章　"三农"政策：从城乡融合发展破题　张晓山

第六章　从大规模减贫到精准脱贫　吴国宝

第七章　产业发展：从做大到做强　黄群慧

第八章　科技引领：超越传统后发优势　李　平

第九章　生态文明：从手段论到目的论　潘家华

第十章　人力资源：从人口红利到人才红利　高文书

第十一章　社会保障：建设与基本公共服务均等化　王延中

第十二章　收入分配：走向公平与效率的统一　魏　众

中国社会科学出版社赵剑英社长和王茵总编助理帮助策划了本书。书中内容不完善的问题有待我们进一步深入研究，如有不妥之处乃至错误，应该由作为主编的我负全部责任。敬请读者不吝赐教。

蔡　昉

2018 年 11 月 24 日